武汉统计年鉴

2017

（总第 29 期，NO. 29）

中国统计出版社
China Statistics Press

图书在版编目(CIP)数据

武汉统计年鉴. 2017 / 武汉市统计局编. - - 北京：中国统计出版社，2017.8
ISBN 978-7-5037-8197-1

Ⅰ. ①武… Ⅱ. ①武… Ⅲ. ①统计资料-武汉-2017-年鉴 Ⅳ. ①C832.631-54

中国版本图书馆 CIP 数据核字(2017)第 164669 号

武汉统计年鉴—2017

作　　者 / 武汉市统计局
责任编辑 / 陈越月
装帧设计 / 蒋　于
出版发行 / 中国统计出版社
地　　址 / 北京市丰台区西三环南路甲 6 号 邮政编码/100073
电　　话 / 邮购(010)63376909　书店(010)68783171
网　　址 / http://csp.stats.gov.cn
印　　刷 / 武汉市仁达印刷厂
经　　销 / 新华书店
开　　本 / 890mm×1240mm 1/16
字　　数 /760 千字
印　　张 / 24
版　　别 / 2017 年 8 月第 1 版
版　　次 / 2017 年 8 月第 1 次印刷
定　　价 / 300 元

编 辑 说 明

一、《武汉统计年鉴－2017》以大量数据，全面、系统地反映了武汉市2016年经济、科技和社会发展情况，是一本信息密集的资料性年刊和工具书。

二、全书内容由统计公报等12部分组成。包括综合、核算、人口与劳动统计、工业、能源消费、农业、固定资产投资与建筑业、公用事业、公共交通及邮电、贸易、外经、旅游、财政金融和保险、物价指数和人民生活、科技、教育、文化、分区资料等方面的数据和区主要统计资料。为便于读者正确使用统计资料，篇首加注了简要说明，篇末附有主要统计指标解释。

三、本年鉴辑入的统计数据，以2016年为主，重点指标还列出了建国以来主要历史年份的统计数据。部分资料来自抽样调查。

四、根据最新掌握的统计资料以及国家新的统计制度之规定，本年鉴对过去发表的一些重要统计资料重新予以核实，对部分历史数据进行了调整。因此，读者在使用历史资料时，凡与本年鉴有出入的，均以本年鉴为准。

五、本年鉴各表中，有关对全表的注解均在该表的上方，对表中部分指标的注解则在该表的下方。

六、资料中所使用的度量衡单位均采用国际标准计量单位。

七、本年鉴表中的使用符号说明："－"表示无数据；"…"表示数据不足本表最小单位；"空格"表示该项统计指标数据不详或无该项数据；"#"表示其中的主要数据；"＊"或"①"表示本表下有注解。

八、本年鉴中的部分数据由于单位取舍不同产生的计算误差均未作机械调整。

EDITORS NOTES

I. Wuhan Statistical Yearbook –2017 is an annual statistical publication with dense information. It comprehensively and systematically reflects the achievements of Wuhan economic, technological and social development in 2016 making use of a large number of statistical data.

Ⅱ. This annual publication contains twelve parts such as features, including General Survey, Population and Employment, Industry, Consumption of energy, Agriculture, Investment in Fixed Assets, Public Utilities, Transportation、Post and Telecommunications, Trade, International Cooperation, Tourism, Finance、Banking and Insurance, Price Indices and People's Livelihood, Science and Technology, Education, Culture, and Main Statistical Information on the administrative areas of Wuhan. There are brief introductions at the beginning of each part so that readers are able to use correctly statistical data in it. In addittion, Explanatory Notes on Main Statistical Indicators are provided at the end of each section.

Ⅲ. Most of the statistical data in this yearbook is based on all kinds of 2016's reports. The statistical data of main historic years since 1949 for some key indicators are listed in it. Some of the data are from sample survey.

Ⅳ. According to the up – to – data statistical information and the newnational stipulation conncerned, some data in this yearbook has been revised after verifying a number of important statistical data released in the past. Therefore, readers should use data in this yearbook in case that it is not in accord with this yearbook.

V. The notes concerning the whole table are placed at the upper part of the book, while the notes concerning the individual indicators are at the bottom of the table.

VI. The units of measurement used in this book are international standard measurement ones.

VII. Notations used in this book: " – " indicates no data in the item, "…" indicates that the figures are not large enough to be measured with the smallest unit in the table, the blank indicates that the data aren't available, "#" indicates the major items in the tabel. " * " indicates "see the footnotes below".

Ⅷ. The calculating errors of some data in this yearbook caused by the unit conversion aren't adjusted mechanically.

目　　录
Content

三、工业、能源消费

INDUSTRY ADN ENERGY CONSUMPTIONS

四、农　　业

AGRICULTURE

五、固定资产投资与建筑业
INVESTMENT IN FIXED ASSETS，CONSTRUCTION

六、公用事业

URBAN PUBLIC UTILITIES

七、公共交通、邮电

PUBLIC TRANSPORTATION, POST AND TELECOMMUNTCATIONS

八、贸易、外经、旅游业
DOMESTIC TRADE, FOREIGN TRADE, ECONOMIC COOPERATION AND TOURISM

九、财政、金融和保险

FINANCE, BANKING AND INSURANCE

十、物价指数和人民生活

PRICE INDICES AND PEOPLES LIVELIHOOD

十二、分区资料

STATISTICS FOR DISTRICT

特　　载

FEATURE ARTICLES

武汉市2016年国民经济和社会发展统计公报

2016年,面对经济持续下行压力和特大暴雨洪涝灾害双重考验,全市上下牢固树立和贯彻落实新发展理念,扎实推进供给侧结构性改革,狠抓稳增长、调结构、促创新、转动力,经济社会保持平稳健康发展,实现了"十三五"良好开局。

一、综合

初步核算,全年地区生产总值11912.61亿元,比上年增长7.8%。其中,第一产业增加值390.62亿元,增长3.4%;第二产业增加值5227.05亿元,增长5.7%;第三产业增加值6294.94亿元,增长9.9%。第一产业增加值占地区生产总值的比重为3.3%,第二产业增加值比重为43.9%,第三产业增加值比重为52.8%,比上年提高1.8个百分点。三次产业对GDP增长贡献率分别为1.4%、33.7%和64.9%。按常住人口计算,全年人均地区生产总值111469元,比上年增长5.6%。

表1 2016年地区生产总值及其增长速度

指 标	2016年(亿元)	比上年增长(%)
地区生产总值	11912.61	7.8
第一产业	390.62	3.4
第二产业	5227.05	5.7
第三产业	6294.94	9.9

图1 2012－2016年地区生产总值及其增长速度

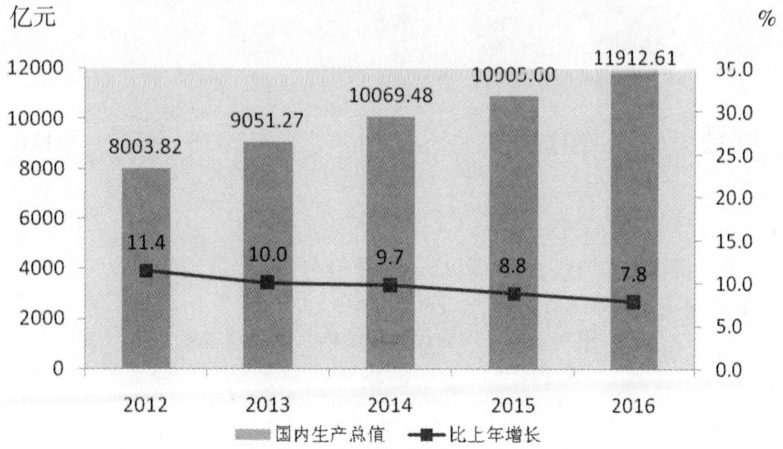

图2 2012－2016年三次产业增加值占地区生产总值比重

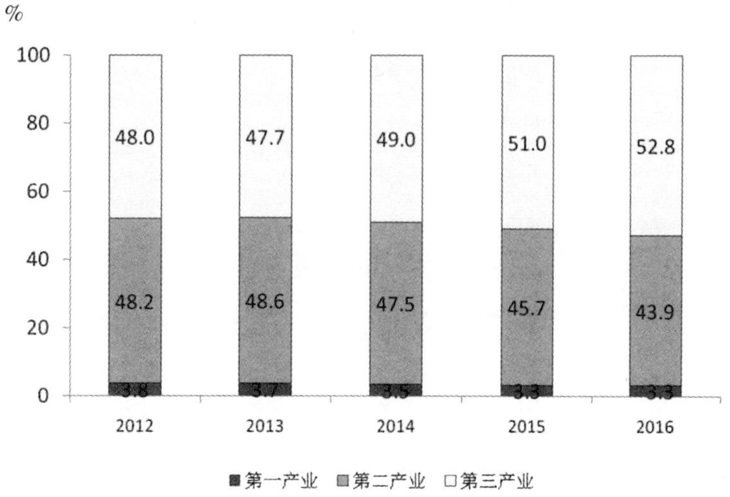

年末常住人口1076.62万人，比上年增加15.85万人，其中，城镇人口858.82万人。常住人口城镇化率为79.77%，比上年提高0.36个百分点。户籍人口833.84万人，增加4.57万人。其中，农业人口235.65万人，非农业人口598.19万人。全年出生人口9.5万人，出生率为11.48‰；死亡人口4.5万人，死亡率为5.44‰；自然增长率为6.03‰。人口净迁移率-0.29‰。

全年城镇新增就业17.94万人。年末城镇登记失业率2.94%，比上年下降0.14个百分点。拥有"国家千人计划专家"57名，引进"城市合伙人"116名，扶持创业2.66万人。

年末市场主体98.79万户，其中，新登记14.61万户。全部市场主体中，企业38.12万户，其中，新登记6.95万户；个体工商户60.26万户，其中，新登记7.61万户。

全年财政总收入2423.2亿元，比上年增长11.8%，其中地方一般公共预算收入1322.1亿元，增长10.1%。在地方一般公共预算收入中，税收收入1091.9亿元，增长7.5%，占比82.6%；非税收入230.2亿元，增长0.2%。

图3　2012-2016年地方一般公共预算收入及其增长速度

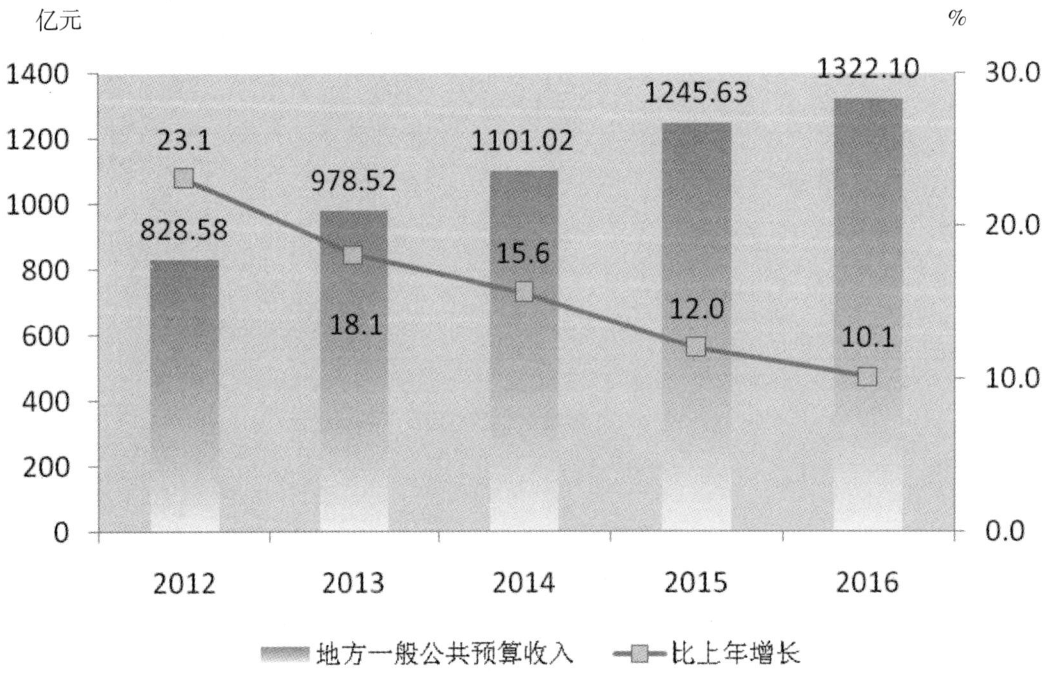

全年居民消费价格比上年上涨2.4%。工业生产者出厂价格下降1.04%。工业生产者购进价格下降2.4%。固定资产投资价格上涨0.3%。12月份，我市新建商品住宅价格指数环比下降0.3个百分点，同比上涨25.5个百分点。

图4　2016年居民消费价格月度涨跌幅度

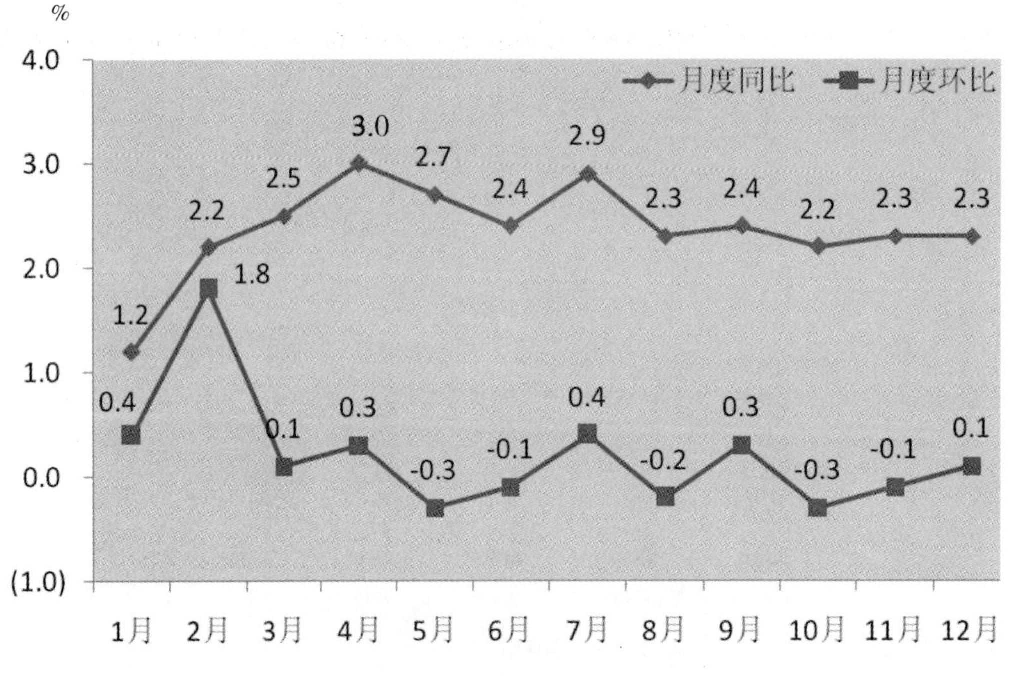

表 2　2016 年居民消费价格指数(上年 =100)

单位:%

指　　标	2016 年
居民消费价格	102.4
其中:食品烟酒	104.3
衣着	102.2
居住	103.3
生活用品及服务	100.8
交通和通信	97.9
教育文化和娱乐	101.5
医疗保健	101.9
其它用品和服务	102.9

二、农业

全年完成农业总产值 669.65 亿元,比上年增长 3.6%。其中,种植业 392.27 亿元,增长 6.6%;林业 8.14 亿元,下降 17.0%;牧业 139.30 亿元,下降 4.8%;渔业 101.80 亿元,增长 2.7%;农林牧渔服务业 28.14 亿元,增长 16.9%。

图 5　2012 -2016 年农业总产值

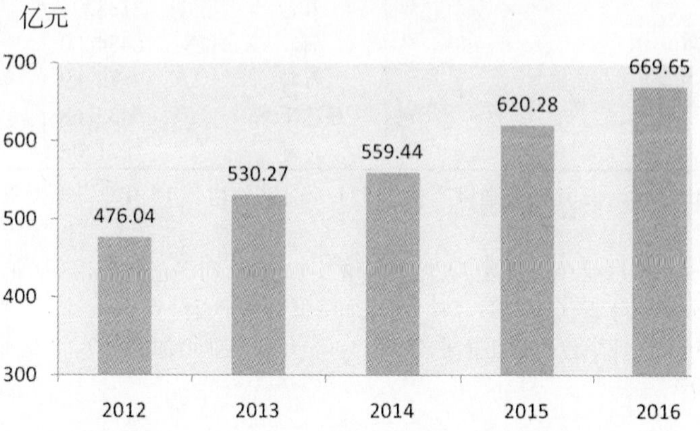

全年粮食种植面积 209.69 千公顷,比上年减少 5.07 千公顷。棉花种植面积 8.23 千公顷,减少 4.29 千公顷。油料种植面积 85.59 千公顷,减少 1.31 千公顷。蔬菜种植面积 176.08 千公顷,增加 2.01 千公顷。

全年粮食总产量 110.01 万吨,比上年下降 13.4%。棉花 0.76 万吨,下降 53.9%。油料 18.14 万吨,下降 1.0%。蔬菜 774.91 万吨,增长 4.4%。茶叶产量 3512 吨,增长 16.5%。

全年生猪出栏 288.46 万头,比上年下降 5.1%。家禽出笼 4047 万只,下降 22.9%。禽蛋产量 18.92 万吨,下降 17.5%。水产品产量 50.92 万吨,下降 2.9%。

三、工业和建筑业

全年全部工业增加值 4238.78 亿元,比上年增长 4.9%。规模以上工业增加值增长 5.0%。其中,国有企业增长 1.4%;集体企业下降 6.1%,股份制企业增长 3.6%,外商及港澳台商投资企业增长 9.6%;私有企业增长 16.2%。

图 6　2012 -2016 年全部工业增加值及其增长速度

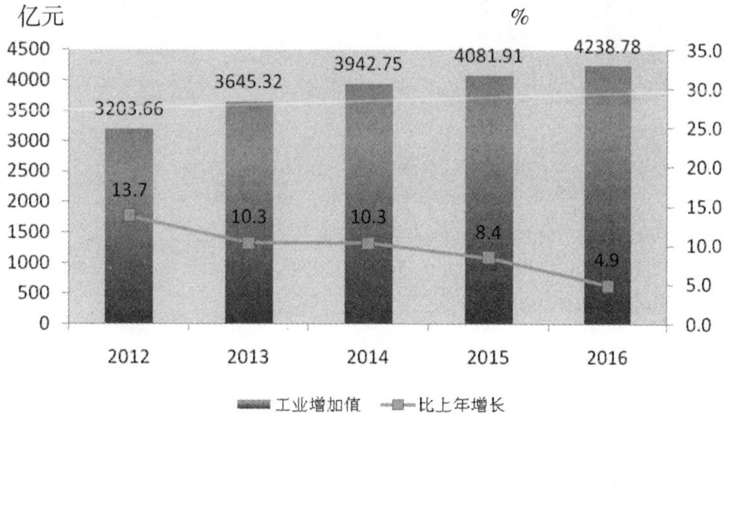

年末规模以上工业企业2514户。产值过100亿元的企业18户,过10亿元的企业134户。在11大工业行业中,5个行业产值超千亿元,分别是汽车及零部件、电子信息制造、装备制造、食品烟草和能源及环保业。

表3　2016年主要工业产品产量及其增长速度

指　　标	计量单位	2016年	比上年增长(%)
生铁	万吨	1488.48	-1.8
钢材	万吨	1562.95	-2.9
汽车	万辆	176.68	23.9
卷烟	万箱	244.19	-12.1
原油加工量	万吨	676.41	-12.2
发电量	亿千瓦时	217.07	-0.2
机制纸及纸板(外购原纸加工除外)	万吨	72.80	23.4
房间空气调节器	万台	1206.38	-0.5
纱	万吨	3.84	-69.0
布	万米	7964.21	-4.3
服装	万件	7516.23	-10.0
软饮料	万吨	323.41	-5.1
显示器	万台	2183.94	19.0
化学药品原药	吨	16434.00	-1.4
乙烯	万吨	72.89	-14.6
光缆	万芯千米	5435.68	28.7
水泥	万吨	1071.06	-5.0

全年规模以上工业总产值比上年增长5.8%,销售产值13574.50亿元,增长15.0%。规模以上工业产品销售率105.5%,提升8.5个百分点。

全年规模以上工业企业实现利税总额1622.5亿元,比上年增长13.3%;利润总额672.8亿元,增长30.5%。全年规模以上工业企业财务费用和利息支出分别下降23.6%和11.5%,亏损面降低0.9个百分点。

年末具有资质等级的总承包和专业承包建筑业企业1300户。全年建筑业增加值997.59亿元,比上年增长9.8%。建筑业总产值6980.37亿元,增长16.0%。

四、固定资产投资

全年全社会固定资产投资7093.17亿元,比上年下降2.6%。

图7　2012-2016年全社会固定资产投资

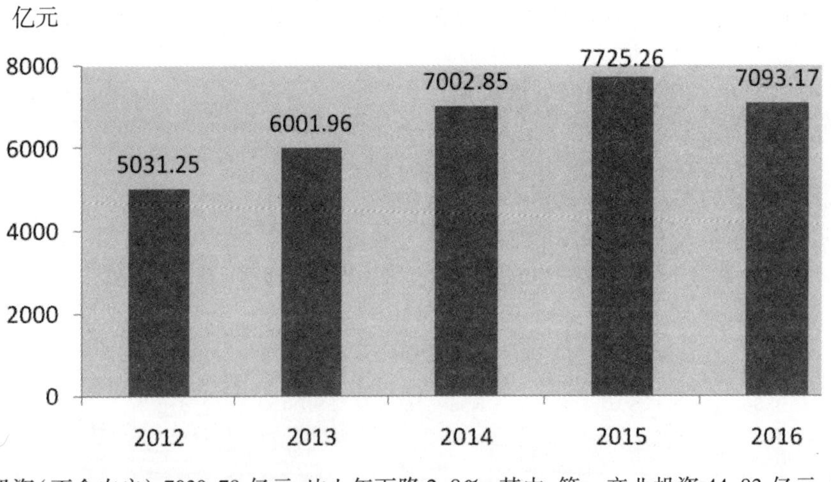

全年固定资产投资(不含农户)7039.79亿元,比上年下降2.8%,其中,第一产业投资44.83亿元,增长31.4%;第二产业2263.36亿元,下降13.1%;第三产业4731.60亿元,增长2.8%。城市基础设施投资1763.59亿元,增长14.6%,占固定资产投资(不含农户)的比重为25.1%。民间投资3839.49亿元,下降10.3%,占固定资产投资(不含农户)的比重为54.5%。建筑业、卫生和社会工作、金融业等领域投资快速增长。

图8　2016年按领域分固定资产投资(不含农户)及其占比

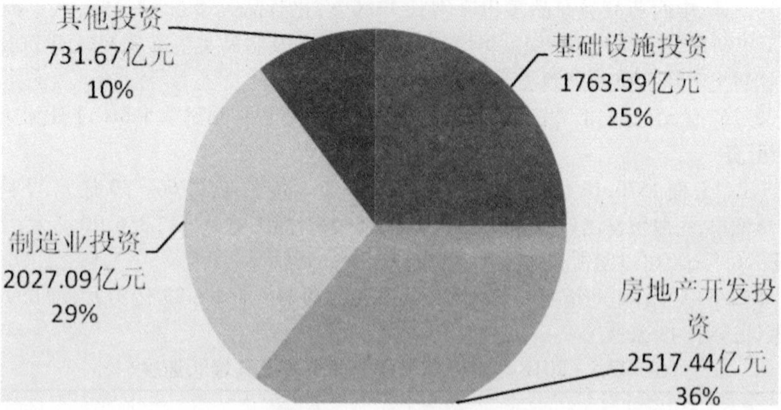

全年房地产开发投资2517.44亿元,比上年下降2.5%。其中,住宅开发投资1726.79亿元,下降2.9%;办公楼投资190.46亿元,增长1.0%;商业营业用房投资237.65亿元,下降23.5%。全年新建商品房销售面积3255.66万平方米,增长23.9%。商品房销售额3271.20亿元,增长45.5%。商品房待售面积445.93万平方米,下降28.8%。

表4　2016年房地产开发和销售主要指标及其增长速度

指　　标	计量单位	2016年	比上年增长(%)
房地产开发投资	亿元	2517.44	-2.5
其中:住宅	亿元	1726.79	-2.9
房屋施工面积	万平方米	11803.10	6.7
其中:住宅	万平方米	8334.84	4.5
房屋新开工面积	万平方米	2629.89	13.4
其中:住宅	万平方米	1848.90	1.6
房屋竣工面积	万平方米	813.17	1.1
其中:住宅	万平方米	600.10	-8.3
商品房销售面积	万平方米	3255.66	23.9
其中:住宅	万平方米	2931.06	21.4
商品房销售额	亿元	3271.20	45.5
其中:住宅	亿元	2878.15	41.9
商品房待售面积	万平方米	445.93	-28.8

五、国内贸易

全年社会消费品零售总额5610.59亿元,比上年增长10.0%。其中,限额以上企业零售额3694.09亿元,增长6.2%。按行业分,批发零售业零售额5077.23亿元,增长9.7%;住宿餐饮业零售额533.36亿元,增长12.2%。

图9　2012-2016年社会消费品零售总额及其增长速度

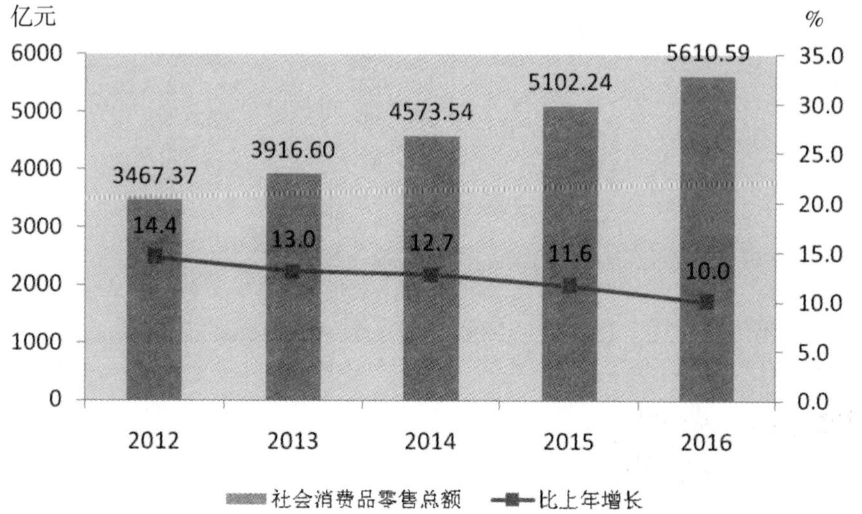

在限额以上企业商品零售额中，通讯器材类比上年增长56.1%，文化办公用品类增长30.5%，日用品类增长14.9%，家用电器和音像器材类增长14.1%，中西药品类商品零售额增长13.6%，化妆品类增长12.1%，汽车类增长9.9%，家具类增长5.4%，粮油食品类增长3.9%，服装、鞋帽、针纺织品类增长1.3%。石油及制品类下降3.6%，建筑及装潢材料类下降3.7%，金银珠宝类下降4.3%，饮料类下降8.6%，烟酒类下降15.7%。

全年无店铺零售额327.67亿元，比上年增长55.4%，占社会消费品零售总额比重5.8%，同比提高1.7个百分点。

六、对外经济和招商引资

全年全市实现外贸进出口总额1570.10亿元，比上年下降10.2%。其中，进口664.30亿元，下降17.5%；出口905.80亿元，下降4.1%。在出口总额中，一般贸易出口462.70亿元，增长5.0%；加工贸易出口356.20亿元，下降14.9%。高新技术产品出口548.20亿元，增长26.5%。出口国别和地区数203个。

全年招商引资总额5822.60亿元，比上年增长20.9%，其中实际利用外资85.23亿美元，增长16.1%。在汉投资的世界500强企业新增13家，累计达到243家。

表5　2016年对外贸易和招商引资及其增长速度

指　　标	计量单位	2016年	比上年增长(%)
进出口总额	亿元	1570.10	-10.2
其中：一般贸易	亿元	994.60	3.2
加工贸易	亿元	414.30	-38.4
进口	亿元	664.30	-17.5
其中：一般贸易	亿元	531.90	1.7
加工贸易	亿元	58.10	-77.1
出口	亿元	905.80	-4.1
其中：一般贸易	亿元	462.70	5.0
加工贸易	亿元	356.20	-14.9
实际利用外资	亿美元	85.23	16.1
对外承包工程完成营业额	亿美元	33.12	18.0
口岸货运量	万吨	1089.05	10.3

全年对外承包工程业务完成营业额33.12亿美元，比上年增长18.0%；对外劳务合作派出各类劳务人员7635人次。对外直接投资额31.66亿美元，增长4.5%。

全年全市引进内资项目771个，实际到位内资5268.4亿元，比上年增长20.5%。

七、交通、邮电和旅游

全年交通客货运输换算周转量4001.2亿吨公里，比上年增长4.1%。全社会货运量49981.8万吨，增长3.7%；货物周转量3082.4亿吨公里，增长4.4%。

表6　2016年各种运输方式完成货物运输量及其增长速度

指　　标	计量单位	2016年	比上年增长(%)
货物运输量	万吨	49981.8	3.7
铁路	万吨	6744.2	2.5
水运	万吨	14331.9	9.4
航空	万吨	13.8	27.0
公路	万吨	28891.9	1.4
货物周转量	亿吨公里	3082.4	4.4
铁路	亿吨公里	971.5	-2.4
水运	亿吨公里	1471.7	8.4
航空	亿吨公里	2.5	50.3
公路	亿吨公里	636.6	6.7
货物吞吐量	万吨	9017.5	6.5

全社会客运量28639.4万人，比上年增长3.7%；旅客周转量1151.4亿人公里，增长4.5%。全年航空港旅客吞吐量2077.2万人，增长9.7%。

表 7　2016 年各种运输方式完成旅客运输量及其增长速度

指　　标	计量单位	2016 年	比上年增长（%）
旅客运输量	万人	28639.4	3.7
铁路	万人	15855.3	5.1
航空	万人	1300.1	11.7
公路	万人	11484.0	0.9
旅客周转量	亿人公里	1151.4	4.5
铁路	亿人公里	895.8	3.0
航空	亿人公里	174.3	14.7
公路	亿人公里	81.4	0.4

全年国际航线新增 4 条，达 41 条；国内航线新增 10 条，达 112 条。新增国外通航城市 4 个，国外通航国家和地区总数达 21 个。

年末全市汽车拥有量 231 万辆，比上年增长 16.7%，其中，私人小汽车 196 万辆，增长 20.2%。全市公交线路 489 条，增长 4.7%；营运公共汽（电）车 8970 辆，增长 8.1%；公共汽（电）车客运总量 147387.8 万人次，增长 3.0%；轨道交通客运量 71658.5 万人次，增长 26.8%；出租汽车 17376 辆，增长 3.8%。

全年完成邮政业务总量 112.4 亿元，比上年增长 45.4%。其中，邮政函件包裹业务量 14.83 亿元，增长 38.3%；快递业务量 54761 件，增长 44.9%；快递业务收入 60.07 亿元，增长 39.1%。

全年完成电信业务总量 393.0 亿元，比上年增长 40.3%。固定电话用户 195 万户，移动电话用户 1475.4 万户，移动电话普及率 139.5 部/百人。固定互联网宽带接入用户 408.6 万户。光纤到户覆盖数 437.5 万户。城域网出口宽带 3280G，增长 36.7%。

年末旅游景区 37 个，旅游星级以上宾馆 78 家。全年接待国内旅游者 23096 万人次，比上年增长 12.5%，国内旅游收入 2398 亿元，增长 13.4%。接待海外旅游者 225 万人次，增长 11.4%，国际旅游收入 15.1 亿美元，增长 13.0%。

八、金融

年末武汉地区金融机构本外币存款余额 22196.21 亿元，比上年增长 14.5%。其中，住户存款 6606.01 亿元，增长 9.0%。金融机构本外币贷款余额 20754.87 亿元，增长 21.1%。境内贷款中，短期贷款 3695.30 亿元，下降 5.7%；中长期贷款 14328.89 亿元，增长 26.3%。消费贷款 4488.43 亿元，增长 58.3%，其中，个人住房贷款 3999.64 亿元，增长 65.2%；个人购车贷款222.00 亿元，增长 30.3%。

表 8　2016 年末全部金融机构本外币存贷款余额及其增长速度

指　　标	2016 年末（亿元）	比上年增长（%）
金融机构本外币存款余额	22196.21	14.5
#住户存款	6606.01	9.0
非金融企业存款	10458.97	24.5
#金融机构本币存款余额	21792.80	14.4
金融机构本外币贷款余额	20754.87	21.1
#短期贷款	3695.30	-5.7
中长期贷款	14328.89	26.3
#金融机构本币贷款余额	19386.30	21.0

年末总部设在武汉的金融机构 25 家。在汉设立或筹建后台服务中心的金融机构 33 家。上市公司 70 家，其中，境外 18 家，境内 52 家。

九、教育和科技

全年研究生教育招生 3.8 万人，在校研究生 11.5 万人。普通本专科招生 26.3 万人，在校生 94.9 万人。中等职业教育招生 2.9 万人，在校生 8.5 万人。普通初高中招生 10.7 万人，在校生 30.8 万人。普通小学在校生 50.3 万人。幼儿园在园幼儿 28.4 万人。

全市拥有国家重点实验室 20 个，国家工程实验室 3 个，国家级工程技术研究中心 27 个，国家级科技企业孵化器 30 家，国家 863 计划成果产业化基地 10 个，两院院士 68 人。全年登记重大科技成果 139 项，获国家奖 27 项。全年受理专利申请 44826 件，授予专利权 22967 件，其中，授予发明专利 6514 件。每万人发明专利拥有量 23.05 件。全年技术市场合同成交额 504.21 亿元，比上年增长 7.0%。

图10 2012－2016年专利申请、授权量

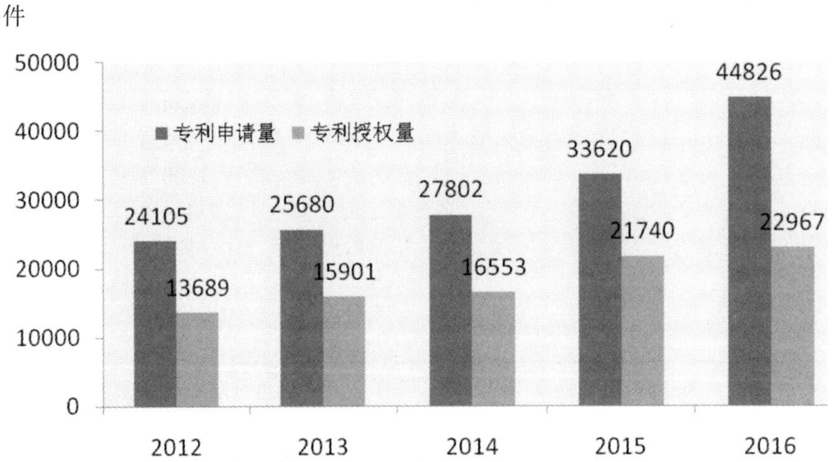

年末全市高新技术企业2177家，比上年新增521家。全年“四上”高新技术企业实现高新技术产值8446.11亿元，比上年增长12.6%；高新技术产业增加值2423.18亿元，增长12.4%，占GDP比重20.3%。

图11 2012－2016年高新技术产业产值及其增长速度

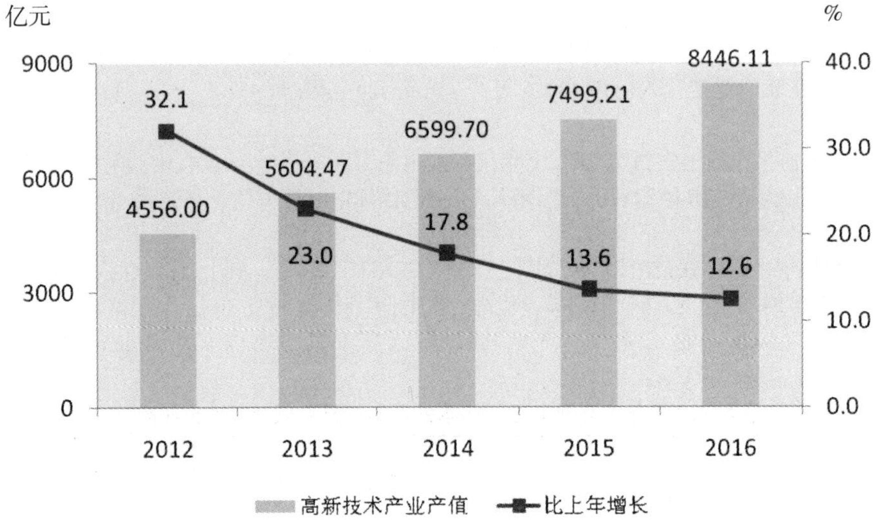

十、文化、卫生和体育

年末全市文化系统共有艺术表演团体8个，获国家奖6个，获省级奖2个。公共图书馆2个，藏书430万册，接待读者364.36万人次。文化馆1个。博物馆13个，总流通1065.3万人次。

全市共有卫生事业机构（含村卫生室）5542个，其中医院、卫生院386个，社区卫生服务中心133个，卫生防疫、防治机构28个，妇幼保健院、所、站18个。全市共有卫生技术人员97957人，其中医生34684人，护师、护士48981人。全市共有卫生机构床位87408张，其中医院病床74453张。平均每千常住人口拥有医生3.22人，拥有医院病床6.92张。甲乙类法定传染病报告发病率178.69人/10万，下降5.7%。国家免疫规划接种率99.7%。农村新型合作医疗参合率99.7%。农村卫生厕所普及率68.5%。

年末拥有体育场馆154个，其中体育馆51个。市属优秀运动员人数39人，发展等级运动员365人。成功举办2016武汉网球公开赛、环中国国际公路自行车赛、世界体育舞蹈大奖赛、亚洲羽毛球锦标赛、“中国之队”国际足球锦标赛、首届武汉马拉松等大型体育赛事13次。全年开展各类市级群众性体育活动95场次。全年我市运动员在国内外重大体育比赛中获6枚世界级金牌，9枚国家级金牌。全年销售体育彩票24亿元。

十一、人民生活和社会保障

全年全市城乡居民人均可支配收入35383元，比上年增长8.94%。其中，城镇常住居民人均可支配收入39737元，增长9.06%。人均消费支出26535元，增长10.8%。其中，食品烟酒支出8190元，增长8.5%。人均住房建筑面积32.47平方米。每百户家庭拥有家用汽车31.46辆，计算机105.91台，空调器207.54台，移动电话252.54部。

全年农村常住居民人均可支配收入19152元，比上年增长8.07%。人均消费支出14750元，增长14.0%。其中，食品烟酒支出4646元，增长12.6%。人均居住面积47.38平方米。每百户家庭拥有洗衣机83.20台，计算机36.08台，空调器100.85台，移动电话235.02部。

图 12　2012－2016 年城镇及农村常住居民人均可支配收入

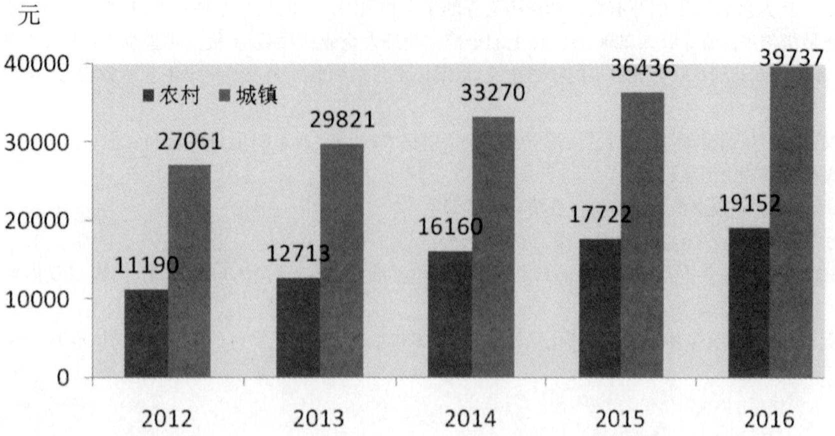

年末基本养老保险参保职工 274.83 万人，比上年增长 3.3%；城乡居民养老保险参保 143.02 万人，增长 0.9%。城镇医疗保险参保 615.07 万人，增长 2.1%。其中职工 391.89 万人，增长 0.4%；居民 223.18 万人，增长 5.2%。失业保险参保 192.59 万人，增长 4.6%。工伤保险参保 279 万人，增长 2.2%。生育保险参保 242.31 万人，增长 2.2%。城市居民最低生活保障标准由每人每月 580 元调整为 600 元，农村居民最低生活保障标准由每人每月 320 元调整为 360 元。全年城市居民享受低保 8.2 万人，减少 3.21 万人；发放保障金 6.25 亿元，下降 13.3%。农村居民享受低保 8.72 万人，减少 1.54 万人；发放保障金 3.91 亿元，与上年持平。年末社会福利院 290 家，床位 46523 张。福利彩票销售额 36.3 亿元，增长 8.9%。筹集社会福利资金 2.82 亿元，增长 7.6%。

十二、资源、环境和安全生产

初步核算，全年万元地区生产总值能耗下降 4.59%。

图 13　2012－2016 年万元地区生产总值能耗降低率

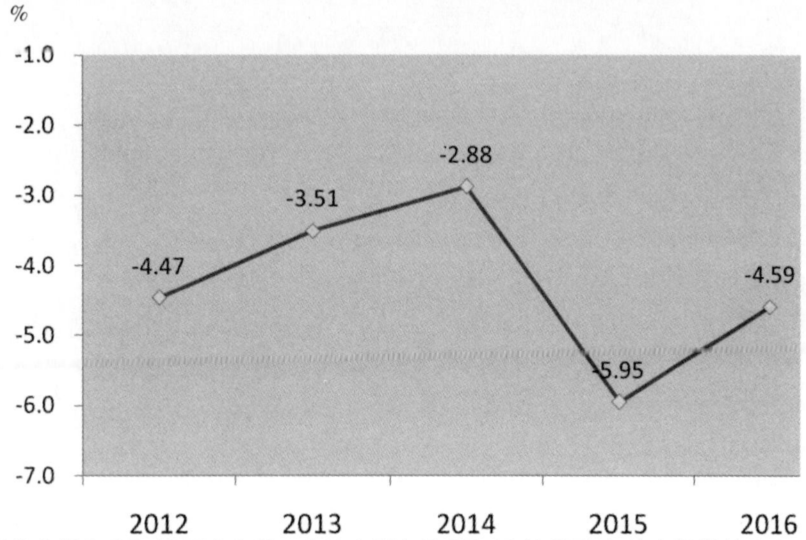

全年自来水厂日供水能力 563.08 万立方米。全社会用电量 491.32 亿千瓦时，比上年增长 5.8%，其中全行业用电 400.07 亿千瓦时，增长 4.3%，城乡居民生活用电 91.25 亿千瓦时，增长 13.1%。供应液化石油气 18.2 万吨，供应天然气 18 亿立方米。

年末全市共有公园 76 个，其中免费开放 70 个，游人量 9603 万人次。新增绿道 304.6 公里，比上年增长 30.3%。造林 2.73 千公顷，森林覆盖率 14%，比上年提高 0.14 个百分点。

全年城市污水处理厂日处理能力 248.5 万吨，比上年增长 8.7%；城市污水集中处理率 95.6%，提高 0.5 个百分点。城市生活垃圾无害化处理率 100%。化学需氧量排放量 13.3 万吨，下降 3.2%；二氧化硫排放量 7.1 万吨，下降 12.9%；氨氮排放量 1.6 万吨，下降 3.1%；氮氧化物排放量 10.6 万吨，下降 12.4%。工业固体废弃物综合利用率 98%。

全年环境空气颗粒物（PM10）年均值为 92 微克/立方米，空气质量优良天数 237 天，比上年增加 45 天。

全年亿元 GDP 生产安全事故死亡率 0.034%，比上年下降 0.008 个百分点。工矿商贸企业 10 万从业人员生产安全事故死亡率 1.41%，下降 0.01 个百分点。

注释：

1. 本公报数据为初步统计数，最终核实数以当年《武汉统计年鉴》为准。

2. 本公报中生产总值、各产业增加值绝对额按现价计算，增长速度按可比价格计算。

3. 市场主体是指在市场上从事经济活动，享有权利和承担义务的个人和组织体，由企业、个体工商户、农民专业合作社三类主体构成。

4. 规模以上工业企业是指年主营业务收入2000万元以上的全部工业法人企业；限额以上批发零售企业是指年主营业务收入达到2000万元以上的批发企业、年主营业务收入达到500万元以上的零售企业；限额以上住宿和餐饮企业是指年主营业务收入达到200万元以上住宿和餐饮企业。

5. 全社会固定资产投资等于城镇投资加农村投资，其中农村投资包括农村企事业组织项目投资和农户投资两部分。固定资产投资包括城镇投资和农村投资中的农村企事业组织项目投资。

6. 森林覆盖率2016年、2015年数据根据全省统一要求进行了调整。

7. PM10指空气动力学当量直径≤10微米的颗粒物。

8. 空气质量指数（AQI），是2012年3月国家发布的新空气质量评价标准，污染物监测为6项：二氧化硫、二氧化氮、PM10、PM2.5、一氧化碳和臭氧。

9. 本公报中森林覆盖率、化学需氧量排放量、二氧化硫排放量、氨氮排放量、氮氧化物排放量、工业固体废弃物综合利用率为2016年预计数。

一、综合、核算

GENERAL SURVEY

资料整理人员: 蒋　于　张晓勇　秦永荣　陈　阳　张　雯　蒋知非　郭书鹏
胡开锋　余　晖　肖从新　杨　凡　吴华章

STAFF FOR DATA PROCESSING:

Jiang Yu　Zhang Xiaoyong　Qin Yongrong　Chen Yang　Zhang Wen　Jiang Zhifei　Guo Shu-peng
Hu Kaifeng　Yu Hui　Xiao Congxin　Yang Fan　Wu Huazhang

简要说明

本篇资料由武汉市行政区划与自然状况、国民经济综合资料和国民经济核算资料三部分组成。

行政区划与自然状况涵盖了全市版图面积、人口规模、气象情况等。其中行政区划及群众自治组织、版图面积由民政局整理提供；户数、人口数由市公安局按行政区户籍人口变动情况汇总整理提供；人口密度由市统计局人口处根据人口数与土地面积之比计算整理；气象资料由武汉市气象局提供。

国民经济综合资料是抽取全书的精华，是通过对各篇章主要统计指标及其速度、结构、比例和效益等的加工计算，来反映国民经济和社会发展的总体情况。

国民经济核算资料中城市生产总值数据是市统计局核算处根据不同产业部门、不同支出构成的特点和资料来源情况而采用不同方法计算的。本年鉴公布的国民经济核算资料，最后一年数据是初步核实数；如果遇到普查年，在能够获得更详细的基础资料的情况下，生产总值的历史数据也会发生变动。

Brief Description

The data in this chapter involve administrative division and natural conditions, comprehensive data on national economy, data on national accounts of Wuhan city.

Administrative division and natural conditions include land area, population scale and meteorological data of Wuhan city. Data on administrative division and land area are prepared by Wuhan Civil Affairs Bureau. Households and population are prepared by Wuhan Public Security Bureau according to changes of population of household register. Population density is prepared and collected by population department of Wuhan Statistics Bureau in line with ratio of population number and land area. Meteorological data are provided by Wuhan Weather Bureau.

Comprehensive data on national economy highlight the overall situation of economic and social development by processing key statistical indicators including growth, structure, ratio and efficiency data derived from other chapters.

The data on GDP are calculated by national accounts department of Wuhan Statistics Bureau with various approaches in the light of various sectors, various expenditure structure and data sources. Data on national accounts of the latest year published in the yearbook are preliminary. When it comes to census year, the historical data on GDP will also be revised, on condition that more detailed data can be obtained.

1-1 土地面积、人口密度、户数、人口数
LAND AREA, POPULATION DENSITY, HOUSEHOLDS AND POPULATION

地区 District		土地面积 (平方公里) LandArea (sq. km)	人口密度 (人/平方公里) Population Density (person/sq. km)	2016年户籍人口		2015年户籍人口		2016年常住人口 (万人) Resident Population (10000 persons)
				户数 (户) Households (household)	年末人数 (人) Population (person)	户数 (户) Households (household)	年末人数 (人) Population (person)	
全市	Whole City	8569.15	1256	3021180	8338450	2970977	8292666	1076.62
江岸区	Jiang'an	80.28	11974	283393	726209	278705	719531	96.13
江汉区	Jianghan	28.29	25786	194590	486214	193062	486430	72.95
硚口区	Qiaokou	40.06	21645	208153	524620	207257	526494	86.71
汉阳区	Hanyang	111.54	5814	240644	595834	234640	585373	64.85
武昌区	Wuchang	64.58	19727	351186	1041746	346310	1056137	127.40
青山区	Qingshan	57.12	9223	152097	428816	152131	433676	52.68
洪山区	Hongshan	573.28	2808	338090	964851	320199	948785	160.99
东西湖区	Dongxihu	495.34	1092	113797	296479	110420	288541	54.11
汉南区	Hannan	287.05	458	42160	113891	41985	113189	13.16
蔡甸区	Caidian	1093.17	659	150289	459923	149570	456551	71.99
江夏区	Jiangxia	2018.31	443	227264	598280	222932	590510	89.46
黄陂区	Huangpi	2256.70	429	398050	1132828	394008	1124832	96.71
新洲区	Xinzhou	1463.43	611	321467	968759	319758	962617	89.48

注:1、人口密度按常住人口计算。

2、行政区户籍人口户数中:江汉区含水上分局85户,汉阳区含武汉经济技术开发区54233户,洪山区含东湖新技术开发区121188户、东湖生态旅游风景区16118户、武汉化学工业区13470户。

3、行政区户籍人口中:江汉区含水上地区0.79万人,汉阳区含武汉经济技术开发区15.55万人,洪山区含东湖新技术开发区35.71万人、东湖生态旅游风景区3.60万人、武汉化学工业区3.35万人。

4、行政区常住人口中:武昌区含东湖生态旅游风景区1.76万人,洪山区含东湖新技术开发区33.10万人、东湖生态旅游风景区6.62万人和武汉化学工业区4.60万人,蔡甸区含武汉经济技术开发区26.68万人,江夏区含东湖新技术开发区19.06万人。

Note: 1. Population density is calculated according to resident population.

2. The households of Jianghan district includes 85 households of Water Bureau. The households of Hanyang district includes 54233 households of Wuhan Economic and Technological Development Zone. Hongshan district includes 121188 households of East Lake High - Tech Development Zone, 16118 households of East Lake Ecotourism Scenic Zone, 13470 households of Wuhan Chemical Industry Park.

3. The registered population of Jianghan district includes 7.9 thousand people of Water Bureau. Hanyang district includes 1155.5 thousand people of Wuhan Economic Technological Development Zone. Hongshan district includes 357.1 thousand people of East Lake HighTech Development Zone, 36.0 thousand people of East Lake Ecotourism Scenic Zone, 33.5 thousand people of Wuhan chemical Industry Park.

4. The resident population of Wuchang district includes 17.6 thousand people of East Lake Ecotourism Scenic Zone, Hongshan district includes 331 thousand people of to East Lake High - Tech Development Zone, 66.2 thousand people of East Lake Ecotourism Scenic Zone, 46 thousand people of Wuhan Chemical Industry Park. Caidian district includes 266.8 thousand people of Wuhan Economic and Technological Development Zone, Jiangxia district includes 190.6 thousand people of East Lake High - Tech Development Zone.

1－2　行政区划及群众性自治组织(2016年)
ADMINISTRATIVE DIVISION AND GRASSROOTS UNITS(2016)

单位:个　　　　　　　　　　　　　　　　　　　　　　　　　(Unit)

地区 District	乡政府 Township Governments	镇政府 Town Governments	街办事处 Subdistrict Offices	社区居委会 Community Committees	村民委员会 Villagers´ Committees
全市 Whole City	3	1	156	1319	1825
江岸区 Jiang'an			16	137	14
江汉区 Jianghan			13	108	
硚口区 Qiaokou			11	127	1
汉阳区 Hanyang			11	118	
武昌区 Wuchang			14	140	1
青山区 Qingshan			10	82	12
洪山区 Hongshan	1		9	160	14
东西湖区 Dongxihu			11	64	
汉南区 Hannan			4	15	29
蔡甸区 Caidian	1		8	44	283
江夏区 Jiangxia			10	66	268
黄陂区 Huangpi	1		15	74	589
新洲区 Xinzhou		1	12	67	546
武汉经济技术开发区 Wuhan Economic Technological Development Zone			3	37	21
东湖新技术开发区 East Lake High－Tech Development Zone			8	63	26
东湖生态旅游风景区 East Lake Ecotourism Scenic Zone			0	16	1
武汉化学工业区 Wuhan Chemical Indurstry Park			1	1	20

1-3 气 象 情 况
METEOROLOGICAL DATA

指标名称 Index Name	计量单位	2012	2013	2014	2015	2016
年平均气温(℃) Annual Average Temperature(℃)	摄氏度	16.4	17.1	16.7	16.8	17.3
年平均最低气温(℃) Annual Average Lowest Tmperature(℃)	摄氏度	12.6	12.8	12.8	13.0	13.5
年平均最高气温(℃) Annual Average Highest Temperature(℃)	摄氏度	21.0	22.7	21.8	21.8	21.9
年极端最低气温(℃) Annual Utmost Lowest Temperature(℃)	摄氏度	-6.5	-7.2	-6.4	-5.2	-9.4
最低气温日期(日/月) Utmost Lowest Temperature Day	(日/月)	25/1 30/12	5/1	11/2	17/12	25/1
年极端最高气温(℃) Annual Utmost Highest Temperature(℃)	摄氏度	37.5	39.5	37.1	36.4	38.4
最高气温日期(日/月) Utmost Highest Temperature Day	(日/月)	31/7	11/8	22/7 4/8	29/6	31/7

1-4 分月气象情况(2016年)
METEOROLOGICAL DATA OF MONTH (2016)

月份 Month		当月平均气温(℃) Average Temperature(℃)	当月日照时数(小时) Sunshine Hours (hour)	当月降雨天数(天) Number of Rainy Days (day)	当月降雨量(毫米) Volume of Precipitation (mm)
一月	January	3.6	44.3	16.0	39.5
二月	February	6.9	152.1	6.0	23.8
三月	March	12.5	129.1	12.0	69.9
四月	April	18.8	141.0	16.0	166.4
五月	May	21.0	131.8	16.0	70.1
六月	June	24.9	139.0	16.0	360.3
七月	July	29.1	208.8	15.0	676.1
八月	August	29.2	214.6	12.0	163.8
九月	September	25.1	177.6	4.0	7.5
十月	October	18.0	55.9	15.0	117.5
十一月	November	11.0	91.4	8.0	57.0
十二月	December	6.9	129.0	8.0	58.1

1－5 国民经济和社会发展总量指标
AGGREGATE INDICATORS ON NATIONAL ECONOMIC AND SOCIAL DEVELOPMENT

指标名称 Index Name	总量指标 Aggregate Data				
	2012	2013	2014	2015	2016
人口与就业 Population and Employment					
人 口 Population					
年末户籍总人口数(万人) Registered Population at the Year－end(10 000 persons)	821.71	822.05	827.31	829.27	833.85
男性人口(万人) Male(10 000 persons)	420.99	420.69	423.04	423.63	425.45
女性人口(万人) Female(10 000 persons)	400.72	401.36	404.27	405.64	408.40
乡村人口(万人) rural population(10 000 persons)	265.01	266.18	268.03	243.56	235.66
城镇人口(万人) urban population(10 000 persons)	555.02	555.60	559.26	585.71	598.19
就 业 Employment					
从业人员数(万人) Employment(10 000 persons)	506.40	522.24	530.44	544.92	550.37
#城镇非私营单位从业人员数(万人) Staff and Workers(10 000 persons)	191.85	198.54	205.74	207.28	213.26
宏观经济 Macroeconomy					
国民核算 National Accounts					
生产总值(亿元) Gross Domestic Product (100 million yuan)	8003.82	9051.27	10069.48	10905.60	11912.61
第一产业(亿元) Primary Industry(100 million yuan)	301.21	335.40	350.06	359.81	390.62
第二产业(亿元) Secondary Industry(100 million yuan)	3859.56	4396.17	4785.66	4981.54	5227.05
第三产业(亿元) Tertiary Industry(100 million yuan)	3843.05	4319.70	4933.76	5564.25	6294.94
物价指数 Price Index					
居民消费价格指数(%) Consumer Price Index(%)	102.8	102.4	101.9	101.4	102.4
商品零售价格指数(%) Retail Price Index(%)	102.3	100.9	100.5	100.0	101.3
能 耗 Energy Gonsumption					
单位 GDP 能耗上升或下降(±%) The Reduced Rate of Unit GDP Energy Gonsumption(±%)	－4.47	－3.51	－2.88	－5.95	－4.59

注:1、从 2015 年起,公安户籍数据调整统计口径,由原来的农业人口、非农业人口调整为乡村人口、城镇人口。
2、2011 年开始单位 GDP 能耗上升或下降(±%)按 2010 年不变价格计算。

Note:1、Data on household register of public security bureau have adjusted caliber since 2015 that former agricultrual and non－agricultural population are replaced with urban and rural population.
2、Unit GDP Energy Consumption and it's reduced rate are calculated at 2010's constant price from 2011.

1－5　续　表　1　Continued　1

指标名称 Index Name	总量指标　Aggregate Data				
	2012	2013	2014	2015	2016
工　业 Industry					
规模以上工业总产值(亿元) Above－Scale Industrial Output Value (100 million yuan)	9018.88	10394.07	11764.59	12374.92	13159.09
主要工业产品产量 Output of Major Industrial Products					
纱(万吨) Yarn(10000 tons)	12.56	13.51	13.97	14.37	3.84
布(万米) Cloth(10 000 metres)	13829.00	14861.50	10192.20	8412.10	7964.21
原油加工量(万吨) Grude Oil Processing (10 000 tons)	432.71	641.48	788.28	770.24	676.41
化学药品原药(万吨) Chemical Raw Medicine (10000 tons)	1.14	1.29	1.34	1.67	1.64
中成药(万吨) Traditional Chinese Patent Medicine (10000 tons)	9.77	9.20	4.21	4.37	4.44
显示器(万台) Monitors (10 000 unit)	1380.57	1372.37	1636.59	1834.78	2183.94
生　　铁(万吨) Pig Iron (10 000 tons)	1625.05	1680.78	1637.15	1515.49	1488.48
粗　　钢(万吨) Steel (10 000 tons)	1844.28	1895.23	1842.76	1698.05	1647.66
钢　　材(万吨) Steel Products (10 000 tons)	1766.57	1809.12	1725.50	1587.97	1562.95
汽　　车(万辆) Automobile (units)	79.52	95.35	112.47	142.64	176.68
光　　缆(万芯千米) Optical Cable (10 000 tons km)	2624.72	2915.57	3372.34	4223.81	5435.68
房间空气调节器(万台) Household Air Conditioner (10 000 units)	829.84	1189.35	1441.50	1213.04	1206.38
规模以上的工业企业主要经济指标 Major Economic Indicators of Industrial Enterprises Above Designated Size					
固定资产合计(亿元) Total Fixed Assets (100 million yuan)	3613.44	3603.90	3720.55	3925.90	4199.03
利润总额(亿元) Pre－tax Profits (100 million yuan)	391.17	465.88	468.17	480.65	691.31

注:规模以上工业指年主营业务收入2000万元及以上法人工业企业。

Note:Industrial enterprises above designated size refer to corporate industrial enterprises with annual sales income of 20 mil yuan and above.

1－5 续 表 2 Continued 2

指标名称 Index Name	总量指标 Aggregate Data				
	2012	2013	2014	2015	2016
农 业 Agriculture					
年末耕地资源面积(千公顷) Cultivated Areas (1 000 hectares)	203.82	199.44	198.53	198.36	191.37
乡村农林牧渔业从业人员(万人) Employment in Farming, Forestry, Animal Husbandry and Fishery (10 000 persons)	49.94	47.05	49.93	42.88	42.96
农林牧渔业总产值(亿元) Gross Output Value of Farming, Forestry, Animal Husbandry and Fishery (100 million yuan)	476.04	530.27	559.44	620.28	669.65
主要农产品产量 Output of Major Farm Products					
粮　食(万吨) Grain(10 000 tons)	125.89	126.87	127.13	127.00	110.01
棉　花(万吨) Cotton(10 000 tons)	2.46	3.32	2.05	1.65	0.76
油　料(万吨) Oil－bearing Crops(10 000 tons)	18.02	18.66	18.55	18.33	18.14
蔬　菜(万吨) Vegetables(10 000 tons)	661.62	688.09	702.74	742.30	774.91
水　果(万吨) Fruits(10 000 tons)	7.68	8.48	11.02	11.50	12.25
肉猪出栏(万头) Slaughtered Hogs (10 000 heads)	298.40	308.20	311.00	304.04	288.46
家禽出笼(万只) Slaughtered Poultry (10 000 heads)	5552.20	5802.05	5500.40	5247.40	4047.00
禽　蛋(万吨) Eggs(10 000 tons)	20.57	21.49	22.04	22.92	18.92
牛　奶(万吨) Milk(10 000 tons)	6.69	7.14	7.95	9.04	7.30
水产品(万吨) Aquatic Products(10 000 tons)	46.86	49.02	50.55	52.46	50.92
固定资产投资 Investment in Fixed Assets					
全社会固定资产投资(亿元) Total Investment in Fixed Assets (100 million yuan)	5031.25	6001.96	7002.85	7725.26	7093.17
#工业投资(亿元) Industrial Investment (100 million yuan)	1701.04	2258.07	2606.32	2769.36	2117.05
房地产开发投资(亿元) Investment in Real Estate development (100 million yuan)	1574.86	1905.60	2353.63	2581.79	2517.44
建筑业 Construction					
建筑业总产值(亿元) Gross Output Value (100 million yuan)	4040.70	4879.24	5840.50	6016.26	6980.37
房屋建筑施工面积(万平方米) Floor Space of Buildings Under Construction (10 000 sq. m)	20900.00	26369.04	28609.06	35391.07	44516.58
房屋建筑竣工面积(万平方米) Floor Space Completed (10 000 sq. m)	9223.50	10103.98	10223.95	11958.87	13612.53

1-5 续 表 3 Continued 3

指标名称 Index Name	总量指标 Aggregate Data				
	2012	2013	2014	2015	2016
交通运输 Transportation					
全社会旅客运输量(万人) Passenger Traffic in Transportation System (10 000 persons)	27492.40	29621.69	27899.48	27628.71	28639.35
铁　路(万人) Railway (10 000 persons)	9764.90	12105.40	14053.90	15083.90	15855.30
公　路(万人) Highway (10 000 persons)	16794.00	16521.00	12748.00	11381.26	11484.00
航　空(万人) Aviation (10 000 persons)	933.50	995.29	1097.58	1163.55	1300.05
全社会货物运输量(万吨) Freight Traffic in Transportation System (10 000 tons)	43892.49	44528.75	48529.99	48185.19	49981.81
铁　路(万吨) Railway (10 000 tons)	9177.40	9010.40	7683.20	6579.00	6744.20
公　路(万吨) Highway (10 000 tons)	24354.00	25023.00	28083.00	28495.59	28891.92
水　运(万吨) Waterway (10 000 tons)	10351.73	10485.55	12753.56	13099.71	14331.86
航　空(万吨) Aviation (10 000 tons)	9.36	9.80	10.23	10.89	13.83
邮电通信业 Postal and Telecommunication Services					
邮电业务总量(2010 年不变价格)(亿元) Total Business Revenue (2010's constant price) (100 million yuan)	167.87	193.76	260.71	356.71	527.08
函　件(万件) Number of Letters Delivered (10 000 pieces)	6260.57	5200.00	3357.57	3558.35	3364.27
包　件(万件) Number of Parcels (10 000 pieces)	29.73	39.22	35.84	38.31	32.54
固定电话用户数(万户) Resident Telephone Subscribers(10 000 subscribers)	295.00	294.00	254.79	249.03	221.73
移动电话用户数(万户) Mobile Telephone Subscribers(10 000 subscribers)	1593.00	1662.00	1644.18	1584.50	1518.86
互联网用户(万户) Internet Subscribers(10 000 subscribers)	336.00	388.00	390.32	463.49	488.80
国内商业 Domestic Trade					
社会消费品零售总额(亿元) Total Retail Sales of Consumer Goods(100 million yuan)	3467.37	3916.60	4573.54	5102.24	5610.59

注:1. 邮电业务总量按 2010 年不变价格计算;邮电业务总量为邮政业务总量和电信业务总量合计,邮政业务总量含快递业务。
2. 2014 年社会消费品零售额为第三次经济普查口径。

Note:1. Total amount of posts and telecommunications services is calculated by 2010 constant price. The total number of Posts and telecommunication business is the total amount of postal services and telecommunications business. Total amount of postal service includes express delivery business.
2. Total retail sales of consumer goods are caliber of the third economic census for 2014.

1-5 续 表 4 Continued 4

指标名称 Index Name	总量指标 Aggregate Data 2012	2013	2014	2015	2016
对外经济贸易 Foreign Trade					
进出口总额(亿元) Total Imports and Exports(100 million yuan)	1285.1	1349.6	1624.2	1749.3	1570.1
#进口总额(亿元) Imports(100 million yuan)	606.5	608.7	777.0	804.9	664.3
出口总额(亿元) Exports(100 million yuan)	678.6	740.9	847.2	944.4	905.8
利用外资 Utilization of Foreign Capital					
实际利用外资(亿美元) Amount of Foreign Capital Actually Utilized(USD 100 million)	44.44	52.50	61.99	73.43	85.23
#境外客商直接投资(亿美元) Foreign Direct Investment(USD 100 million)	34.22	41.01	52.42	64.76	75.57
国际旅游 International Tourism					
接待海外旅游者人数(万人次) Total Number of International Tourists Received (10 000 persons)	150.89	161.37	170.58	202.35	224.94
国际旅游(外汇)收入(亿美元) International Tourism Foreig Exchange Earnings (USD 100 million)	8.52	9.14	9.34	13.37	15.15
财　政 Public Finance					
一般公共预算总收入(亿元) General Public Budget Revenue(100 million yuan)	1530.33	1730.65	1979.53	2231.67	2423.16
#地方一般公共预算收入(亿元) Local General Public Budget Revenue(100 million yuan)	1530.33	978.52	1112.09	1245.63	1322.10
一般公共预算支出(亿元) General Public Budget Expenditure(100 million yuan)	885.55	1122.88	1175.10	1338.05	1524.68
金融保险 Finance and Insurance					
金融机构本外币存款(亿元) Local and Foreign Currency Deposits of Financial Institutions (100 million yuan)	13131.59	14915.69	16268.71	19393.16	22196.21
金融机构本外币贷款(亿元) Local and Foreign Currency Loans of Financial Institutions (100 million yuan)	11575.84	12803.87	14463.40	17135.79	20754.87
保险公司保费收入(亿元) Premium Income of Insurance Companies(100 million yuan)	175.28	202.23	265.71	324.57	425.76
保险公司赔款及给付(亿元) Claim and Indemnity of Insurance Companies(100 million yuan)	46.15	60.48	75.33	99.50	122.90

注:2012 年以后改为一般公共预算总收入、一般公共预算支出。
Note: Full caliber financial income, local fistal expenditure have adjusted to the public revenue and public finance expenditure since 2012.

1-5 续 表 5 Continued 5

指标名称 Index Name	总量指标 Aggregate Data				
	2012	2013	2014	2015	2016
教育、文化 Education and Culture					
教　育 Education					
在校学生数(万人) Students Enrollment(10 000 persons)	184.75	185.42	182.83	186.30	188.63
#普通高等院校(万人) Institutions of Higher Education(10 000 persons)	94.70	96.64	96.21	95.68	94.88
普通中学(万人) Regular Secondary Schools(10 000 persons)	32.99	31.40	30.66	30.28	30.83
中等职业学校(万人) Vocational Secondary Schools(10 000 persons)	12.05	12.43	11.32	10.81	10.49
小　学(万人) Primary Schools(10 000 persons)	41.28	42.38	44.45	47.39	50.26
专任教师数(万人) Full - time Teachers(10 000 persons)	12.31	12.65	12.32	12.53	12.55
#普通高等院校(万人) Institutions of Higher Education(10 000 persons)	5.50	5.70	5.65	5.72	5.78
普通中学(万人) Regular Secondary Schools(10 000 persons)	3.21	3.15	3.15	3.12	3.13
中等职业学校(万人) Vocational Secondary Schools(10 000 persons)	0.59	0.85	0.80	0.74	0.69
小　学(万人) Primary Schools(10 000 persons)	2.66	2.67	2.69	2.70	2.76
文　化 Culture					
出版社图书种数合计(种) Species of Books by Publishing House(species)	14256	13905	16043	15939	15105
#出版新图书(种) New Book Published(species)	8476	8446	9662	8932	7911
图书总印数(万册) Number of Books Printed(10 000 copies)	25972.00	26273.68	27193.00	26299.74	27044.43
家庭、生活、环境 Family,People's Livelihood and Environment					
家　庭 Family					
家庭总户数(万户) Total Number of Households(10 000 households)	281.29	286.39	288.02	297.10	302.12
城镇常住居民平均每户家庭人口(人) Average Household Size in Urban Areas(person)	2.88	2.71	2.64	2.66	2.65
农村常住居民平均每户家庭人口(人) Average Household Size in Rural Areas(person)	3.66	3.41	2.74	2.70	2.78

注:不包含研究生教育机构、成人教育高校及民办教育机构等。

Note:Postgraduate Education Institutions, Adult Education Colleges and Non - governmental Education Organizations are not inducled.

1-5 续 表 6 Continued 6

指标名称 Index Name	总量指标 Aggregate Data 2012	2013	2014	2015	2016
婚 姻 Marriages and Divorces					
结婚数(对) Number of Marriages(couples)	96517	104760	106949	99560	89242
离婚数(对) Number of Divorces(couples)	28384	31271	32181	31359	41211
居 住 Housing					
城市居民人均住宅建筑面积(平方米) Per Capita Net Floor Space of Urban Residents(sq. m)	33.50	34.75	35.78	37.25	32.47
农村居民人均居住面积(平方米) Per Capita Net Floor Space of Rural Residents(sq. m)	51.40	47.82	48.20	49.08	47.38
生 活 Livelihood					
城镇常住居民人均可支配收入(元) Per Capita Disposable Income of Urban Residents(yuan)	27061.00	29821.22	33270.39	36436.00	39737.00
农村常住居民人均可支配收入(元) The Disposable Income of Rural Residents(yuan)			16160.14	17722.18	19152.00
城镇非私营单位就业人员平均工资(元) Average Wag of Employees in Urban Non-private Units(yuan)	46965	52387	59143	64407	70590
卫 生 Health Care					
医院、卫生院及社区卫生服务中心(个) Number of Hospitals(unit)	363	368	395	505	519
卫生事业床位数(张) Number of Beds in Health Institutions(units)	62178	66563	72827	80726	87408
执业(助理)医师(人) Certified Assistant Doctors(person)	26420	27767	29523	32888	34730
市政建设 Municipal Construction					
铺装道路总长度(公里) Length of Paved Roads(km)	5245.20	4833.12	5143.40	5354.00	5704.00
排水管道长度(公里) Length of Sewer Drain Pipes(km)	8173.00	9010.00	9102.00	9202.00	9316.00
建成区绿化覆盖率(%) Coverage Rate of Green Area in Developed Area(%)	38.20	38.21	39.21	39.65	39.65
水厂综合生产能力(万吨/日) General Productive Capacity of Water Works(10 000 tons/day)	445.70	453.00	453.00	478.20	527.70
营运公共车辆(辆) Operating Public Vehicles(unit)	7375	7594	7767	8301	8970

注:2014 年城乡居民收入为一体化新口径数据。2014 年以前分别为城镇居民人均可支配收入和农民人均纯收入。
Note:2014 urban and rural resident's income is the new caliber data. Before 2014, the indexes' names were per capita disposable income of urban residents and per capita net income of farmers.

1－6 国民经济和社会发展主要结构指标
STRUCTURAL INDICATORS ON NATIONAL ECONOMIC AND SOCIAL DEVELOPMENT

单位:%　　　　　　　　　　　　　　　　　　　　　　　　　　　　　　　　(%)

指标名称	Index Name	2012	2013	2014	2015	2016
人口与就业	**Population and Employment**					
人　口	**Population**					
性别结构	Sex Structure					
男	Male	51.2	51.2	51.1	51.1	51.0
女	Female	48.8	48.8	48.9	48.9	49.0
城乡结构	urban and Rural Structure					
乡村人口	rural population	32.3	32.4	32.4	29.4	28.3
城镇人口	urban population	67.5	67.6	67.6	70.6	71.7
就　业	**Employment**					
产业结构	Industrial Structure					
第一产业	Primary Industry	12.1	9.7	9.1	9.1	9.0
第二产业	Secondary Industry	38.4	38.5	38.6	38.4	38.0
第三产业	Tertiary Industry	49.5	51.8	52.3	52.5	53.0
宏观经济	**Macro Economy**					
国民核算	**National Accounts**					
生产总值产业结构	Industrial Structure					
第一产业	Primary Industry	3.8	3.7	3.5	3.3	3.3
第二产业	Secondary Industry	48.2	48.6	47.5	45.7	43.9
第三产业	Tertiary Industry	48.0	47.7	49.0	51.0	52.8
投　资	**Investment**					
固定资产投资结构	Investment Structure of Fixed Assets					
第一产业	Primary Industry	0.5	0.4	0.6	0.5	0.6
第二产业	Secondary Industry	34.3	37.7	37.7	37.0	32.2
第三产业	Tertiary Industry	65.2	61.9	61.7	62.5	67.2
利用外资	**Utilization of Foreign Capital**					
实际利用外资结构	Structure of Foreign Capital Actually Utilized					
外商直接投资	Direct Investment by Foreign Entrepreneurs	77.0	78.1	84.6	88.2	88.7
外商其他投资	Other Investment by Foreign Entrepreneurs	23.0	21.9	15.4	11.8	11.3

注:1. 2012 年户籍人口数据中存在户口待定人口 16856 人。
2. 从 2015 年起,公安户籍数据调整统计口径,由原来的农业人口、非农业人口调整为乡村人口、城镇人口。
3. 固定资产投资结构为不含农户口径。

Note: 1. Data on registered households contained 1216856 persons undetermined in 2012.
2. Data on household register of public security bureau have adjusted caliber since 2015 that former agricultrual and non - agricultural population were replaced with urban and rural population.
3. The investment structure of fixed assets is not including farmers.

1－6 续 表 Continued

指标名称	Index Name	2012	2013	2014	2015	2016
产业结构	**Industrial Structure**					
农 业	**Agriculture**					
农林牧渔业产值结构	Structure of Gross Output Value					
农 业	Farming	54.3	57.5	56.5	57.9	58.6
林 业	Forestry	1.0	1.2	1.6	1.6	1.2
牧 业	Animal Husbandry	25.5	22.4	22.7	21.8	20.8
渔 业	Fishery	16.5	15.8	15.6	14.8	15.2
农林牧渔服务业	Farming, Forestry, Animal Husbandry & Fishery Services	2.7	3.1	3.6	3.9	4.2
工 业	**Industry**					
规模以上工业总产值结构	Structure of Above Scale Industrial Output Value					
轻工业	Light Industry	21.8	23.0	23.1	26.2	22.8
重工业	Heavy Industry	78.2	77.0	76.9	73.8	77.2
运输业	**Transportation**					
货运量结构	Structure of Freight Traffic					
按运输方式分	By means of Transportation					
铁 路	Railway	20.9	20.2	15.8	13.7	13.5
公 路	Highway	55.5	56.2	57.9	59.1	57.8
水 运	Waterway	23.6	23.6	26.3	27.2	28.7
国际旅游	**International Tourism**					
来汉旅游人数结构	Structure of Tourists to Wuhan					
外国人	Foreigners	75.7	79.8	81.5	81.1	78.5
港澳台同胞	Compatriots form Hong Kong, Macao and Taiwan	24.3	20.2	18.5	18.9	21.5
教 育	**Education**					
在校学生结构	Structure of Student Enrollment					
普通高等学校	Institutions of Higher Education	51.3	52.1	52.0	51.4	50.3
普通中学	Regular Secondary Schools	17.9	16.9	16.6	16.3	16.3
中等职业及技工学校	Secondary vocational and technical schools	8.4	8.0	7.3	6.9	6.6
小 学	Primary Schools	22.3	22.9	24.0	25.3	26.7
盲、聋、哑学校	Schools for the Blind and the Deaf－mute	0.1	0.1	0.1	0.1	0.1
专任教师结构	Structure of Full－time Teachers					
普通高等学校	Institutions of Higher Education	44.7	45.0	45.0	45.7	46.0
普通中学	Regular Secondary Schools	26.1	24.9	25.1	24.9	24.9
中等职业及技工学校	Secondary vocational and technical school	7.4	8.9	8.2	7.7	6.9
小 学	Primary Schools	21.6	21.0	21.5	21.5	22.0
盲、聋、哑学校	Schools for the Blind and the Deaf－mute	0.2	0.2	0.2	0.2	0.2

注：运输业货运量结构中，航空运输量相对于其它三种方式运量极低，所占比重可以忽略不计。

Note: Freight traffic by air transportation is so small compared with other three means that its proportion can be negligible.

1－7 按经济类型分的国民经济比例关系
PROPORTIONS OF AGGREGATE INDICATORS BY TYPE OF OWNERSHIP

单位：%　　　　　　　　　　　　　　　　　　　　　　　　　　　　　　　　(%)

指标名称 Index Name	2012	2013	2014	2015	2016
规模以上工业总产值 Above Scale Industrial Output Value					
国有经济 State－owned	30.9	24.8	16.0	16.5	16.0
集体经济 Collective owned	0.4	0.3	0.3	0.3	0.2
外商及港澳台经济 Economy of foreign, Hong Kong, Macao and Taiwan	31.1	31.4	30.9	30.8	30.9
其　他 Other	37.6	43.5	52.8	52.4	52.9
全社会从业人员数 Employment					
国有经济 State－owned	16.3	16.8	17.0	15.7	15.4
集体经济 Collective owned	0.8	0.9	0.8	0.7	0.6
私营个体经济 Private Individuals	39.6	40.6	40.6	41.1	40.7
农村经济 Agriculture	18.9	17.0	15.4	15.3	15.2
其　他 Other	24.4	24.7	26.2	27.2	28.1
全社会固定资产投资额 Total Investment in Fixed Assets					
国有经济 State－owned	31.2	26.2	24.5	24.9	13.4
集体经济 Collective－owned	3.4	2.8	2.8	2.3	0.3
私营个体经济 Private individuals	13.8	16.5	16.3	14.0	15.6
其他 Other	51.6	54.5	56.4	58.8	70.7

1-8 历年生产总值及构成
GROSS DOMESTIC PRODUCT AND ITS COMPOSITION OVER THE YEARS

本表按当年价格计算　　Data in this table are calculated at current prices

年份 Year	生产总值（亿元） Gross Domestic Product (100 million yuan)	第一产业 Primary Industry	第二产业 Secondary Industry	第三产业 Tertiary Industry	构成（%） Composition (%)	第一产业 Primary Industry	第二产业 Secondary Industry	第三产业 Tertiary Industry	人均生产总值（元） Per Capita GDP (yuan)
1949	3.28	0.84	0.79	1.65	100.0	25.6	24.1	50.3	118
1950	4.07	0.92	1.01	2.14	100.0	22.6	24.8	52.6	141
1951	4.60	0.99	1.17	2.44	100.0	21.5	25.4	53.1	147
1952	5.87	1.10	1.72	3.05	100.0	18.7	29.3	52.0	176
1953	7.25	1.28	2.49	3.48	100.0	17.7	34.3	48.0	205
1954	7.78	1.02	2.76	4.00	100.0	13.1	35.5	51.4	215
1955	8.82	1.27	3.37	4.18	100.0	14.4	38.2	47.4	240
1956	10.98	1.53	5.00	4.45	100.0	13.9	45.5	40.6	281
1957	12.08	1.65	5.91	4.52	100.0	13.7	48.9	37.4	291
1958	15.58	1.65	9.05	4.88	100.0	10.6	58.1	31.3	363
1959	18.95	1.36	11.77	5.82	100.0	7.2	62.1	30.7	431
1960	19.76	1.49	12.65	5.62	100.0	7.5	64.0	28.5	441
1961	12.30	1.47	5.94	4.89	100.0	11.9	48.3	39.8	277
1962	12.40	1.64	6.14	4.62	100.0	13.2	49.5	37.3	284
1963	15.14	2.06	8.30	4.78	100.0	13.6	54.8	31.6	345
1964	16.46	2.07	9.49	4.90	100.0	12.6	57.6	29.8	367
1965	19.87	2.79	11.84	5.24	100.0	14.0	59.6	26.4	436
1966	22.02	3.14	13.37	5.51	100.0	14.3	60.7	25.0	476
1967	19.74	3.06	11.23	5.45	100.0	15.5	56.9	27.6	422
1968	16.19	2.96	7.84	5.39	100.0	18.3	48.4	33.3	342
1969	18.60	2.55	10.42	5.63	100.0	13.7	56.0	30.3	389
1970	24.71	3.12	15.24	6.35	100.0	12.6	61.7	25.7	515
1971	25.81	3.44	15.77	6.60	100.0	13.3	61.1	25.6	531
1972	26.35	3.70	16.07	6.58	100.0	14.0	61.0	25.0	532
1973	28.26	3.83	17.48	6.95	100.0	13.6	61.8	24.6	560
1974	24.47	4.22	13.60	6.65	100.0	17.2	55.6	27.2	480
1975	30.51	4.11	18.90	7.50	100.0	13.5	61.9	24.6	598
1976	27.31	4.16	15.36	7.79	100.0	15.2	56.3	28.5	526
1977	33.28	4.31	20.34	8.63	100.0	13.0	61.1	25.9	623
1978	39.91	4.69	25.24	9.98	100.0	11.7	63.3	25.0	735
1979	46.20	6.62	28.51	11.07	100.0	14.3	61.7	24.0	835
1980	53.44	5.84	34.53	13.07	100.0	10.9	64.6	24.5	950
1981	56.29	4.59	36.64	15.06	100.0	8.2	65.1	26.7	983
1982	63.31	8.64	38.42	16.25	100.0	13.6	60.7	25.7	1087

注：1、2001－2008 年地区生产总值按经济普查口径进行了重新修订。

2、从 2000 年开始人均生产总值按常住平均人口计算。

3、三次产业分类和行业分类是根据《国民经济行业分类》（GB/T4754－2011）和《三次产业划分规定》（国统字[2012]108号）。

1-8 续 表 Continued

年份 Year	生产总值（亿元）Gross Domestic Product (100 million yuan)	第一产业 Primary Industry	第二产业 Secondary Industry	第三产业 Tertiary Industry	构成（%）Composition (%)	第一产业 Primary Industry	第二产业 Secondary Industry	第三产业 Tertiary Industry	人均生产总值（元）Per Capita GDP (yuan)
1983	68.58	6.61	44.20	17.77	100.0	9.6	64.5	25.9	1161
1984	83.75	11.93	50.74	21.08	100.0	14.2	60.6	25.2	1402
1985	97.32	12.48	59.21	25.63	100.0	12.8	60.8	26.4	1610
1986	106.35	13.82	62.11	30.42	100.0	13.0	58.4	28.6	1732
1987	124.61	16.08	72.81	35.72	100.0	12.9	58.4	28.7	1995
1988	156.44	21.89	87.93	46.62	100.0	14.0	56.2	29.8	2462
1989	168.75	23.67	96.58	48.50	100.0	14.0	57.2	28.8	2606
1990	176.83	27.50	92.04	57.29	100.0	15.6	52.0	32.4	2673
1991	207.95	25.65	99.98	82.32	100.0	12.3	48.1	39.6	3088
1992	255.42	30.44	122.56	102.42	100.0	11.9	48.0	40.1	3752
1993	357.23	35.87	177.46	143.90	100.0	10.0	49.7	40.3	5192
1994	485.76	44.01	242.62	199.13	100.0	9.1	49.9	41.0	6980
1995	606.91	60.74	294.67	251.50	100.0	10.0	48.6	41.4	8609
1996	782.13	71.61	366.19	344.33	100.0	9.2	46.8	44.0	10970
1997	912.33	78.79	422.06	411.48	100.0	8.6	46.3	45.1	12673
1998	1001.89	75.85	449.72	476.32	100.0	7.6	44.9	47.5	13765
1999	1085.68	78.54	478.39	528.75	100.0	7.2	44.1	48.7	14751
2000	1206.84	81.36	533.31	592.17	100.0	6.7	44.2	49.1	15082
2001	1335.40	85.00	582.40	668.00	100.0	6.4	43.6	50.0	16515
2002	1467.80	90.40	635.50	741.90	100.0	6.2	43.3	50.5	17971
2003	1622.18	95.13	701.87	825.18	100.0	5.8	43.3	50.9	19569
2004	1882.24	102.23	825.78	954.23	100.0	5.4	43.9	50.7	23148
2005	2261.17	109.57	1026.27	1125.33	100.0	4.8	45.4	49.8	26548
2006	2679.33	115.91	1205.42	1358.00	100.0	4.3	45.0	50.7	30921
2007	3209.47	129.15	1440.00	1640.32	100.0	4.0	44.9	51.1	36347
2008	4115.51	144.70	1867.21	2103.60	100.0	3.5	45.4	51.1	46035
2009	4620.86	149.06	2142.14	2329.66	100.0	3.2	46.4	50.4	51144
2010	5565.93	170.04	2532.82	2863.07	100.0	3.1	45.5	51.4	58961
2011	6762.20	198.70	3254.02	3309.48	100.0	3.0	48.1	48.9	68315
2012	8003.82	301.21	3859.56	3843.05	100.0	3.8	48.2	48.0	79482
2013	9051.27	335.40	4396.17	4319.70	100.0	3.7	48.6	47.7	89000
2014	10069.48	350.06	4785.66	4933.76	100.0	3.5	47.5	49.0	98000
2015	10905.60	359.81	4981.54	5564.25	100.0	3.3	45.7	51.0	104132
2016	11912.61	390.62	5227.05	6294.94	100.0	3.3	43.9	52.8	111469

Note: 1. From 2001 to 2008, Gross Domestic Product had been adjusted by economic census.
2. Since 2000, per capita GDP have been calculated according to resident population.
3. The three strata of industry are classified according to Provisions for the Three Industry Classification ([2012] NO. 108) Sectors are classified according to National Economic Industry Classification (GB/T 4754 - 2011)

1-9 历年生产总值指数
INDICES OF GROSS DOMESTIC PRODUCT OVER THE YEARS

上年=100

年份 Year	生产总值 Gross Domestic Product	第一产业 Primary Industry	第二产业 Secondary Industry	第三产业 Tertiary Industry	人均生产总值 Per Capita Gross Domestic Product
1949	100.0	100.0	100.0	100.0	100.0
1950	121.8	111.6	124.2	130.1	117.3
1951	103.8	114.2	113.8	93.9	96.0
1952	126.4	109.5	149.3	135.6	118.4
1953	114.2	112.5	150.2	104.8	107.7
1954	102.0	77.6	122.0	112.7	99.6
1955	114.4	126.3	121.7	104.7	112.8
1956	121.1	117.8	152.8	106.3	114.0
1957	104.8	107.0	111.9	97.9	98.5
1958	118.0	96.4	147.7	109.1	114.2
1959	111.2	77.6	128.3	114.4	108.4
1960	101.6	107.8	104.9	94.2	99.9
1961	60.1	90.5	43.2	68.6	60.7
1962	104.1	110.1	103.4	100.5	105.9
1963	121.1	126.1	135.7	103.2	120.2
1964	114.5	99.9	126.4	113.6	112.2
1965	122.4	129.4	125.0	113.0	120.4
1966	106.7	98.5	112.4	105.7	105.0
1967	91.4	97.6	83.8	98.2	90.4
1968	85.9	96.6	69.7	99.1	84.8
1969	107.3	83.2	131.5	104.4	106.3
1970	131.6	122.5	150.9	113.9	131.3
1971	111.3	112.8	114.9	104.3	109.9
1972	102.1	105.8	101.9	99.6	100.1
1973	106.5	103.4	108.4	105.5	104.6
1974	89.3	107.2	78.3	95.5	88.4
1975	119.6	97.5	139.0	109.9	119.6
1976	94.4	102.1	85.0	106.5	92.6
1977	119.0	102.4	132.7	110.6	115.8
1978	117.0	106.2	122.3	115.1	115.0
1979	113.8	121.8	113.5	108.9	111.7
1980	115.8	79.8	130.2	112.9	113.9
1981	106.3	119.5	100.5	113.0	104.4
1982	107.7	120.2	104.9	106.5	105.8

1-9 续 表 Continued

Preceding year = 100

年 份 Year	生产总值 Gross Domestic Product	第一产业 Primary Industry	第二产业 Secondary Industry	第三产业 Tertiary Industry	人均生产总值 Per Capita Gross Domestic Product
1983	104.3	86.5	107.3	109.2	102.9
1984	117.3	126.5	117.1	112.9	115.9
1985	115.0	109.5	115.6	116.5	113.6
1986	103.2	104.4	99.9	109.7	101.6
1987	108.8	102.8	110.0	109.3	106.9
1988	111.1	104.3	111.3	114.0	109.2
1989	101.7	101.9	101.6	101.7	99.8
1990	97.5	110.5	91.3	103.7	95.5
1991	110.8	91.6	102.7	133.6	108.9
1992	113.0	115.5	115.1	109.4	111.8
1993	119.3	107.1	119.7	123.0	118.0
1994	119.8	108.2	120.6	122.1	118.4
1995	116.7	109.5	115.9	119.8	115.2
1996	116.0	108.2	115.1	118.8	114.6
1997	114.6	108.3	114.5	116.2	113.5
1998	111.2	99.0	110.4	114.6	110.0
1999	111.0	103.7	109.7	113.8	109.8
2000	112.0	104.4	112.5	112.6	110.7
2001	112.0	105.3	112.9	112.1	110.7
2002	111.8	103.9	112.3	112.4	110.4
2003	112.1	104.3	112.7	112.5	110.5
2004	114.5	105.2	116.7	113.8	114.5
2005	114.7	104.5	117.9	113.1	113.3
2006	114.8	104.0	118.0	113.0	112.9
2007	115.6	103.1	118.3	114.2	113.5
2008	115.1	103.0	117.6	113.5	113.7
2009	113.7	101.6	116.0	112.2	112.5
2010	114.7	104.5	117.5	112.5	109.8
2011	112.5	104.0	116.4	109.6	107.3
2012	111.4	104.5	112.9	110.4	111.1
2013	110.0	104.5	110.3	110.0	110.0
2014	109.7	105.0	110.2	109.5	108.6
2015	108.8	104.8	108.2	109.6	106.8
2016	107.8	103.4	105.7	109.9	105.6

1-10 分行业生产总值及指数
GROSS DOMESTIC PRODUCT BY SECTOR AND ITS INDICES

项目 Item	生产总值（亿元） Gross Domestic Product (100 million yuan)		生产总值指数（上年=100） Indices of Gross Dometic Product (preceding year = 100)	
	2016年	2015年	2016年	2015年
生产总值 Gross Domestic Product	11912.61	10905.60	107.8	108.8
按产业分: By Type of Industry				
第一产业 Primary Industry	390.62	359.81	103.4	104.8
第二产业 Secondary Industry	5227.05	4981.54	105.7	108.2
第三产业 Tertiary Industry	6294.94	5564.25	109.9	109.6
按行业分: By Sector				
农林牧渔业 Farming, Forestry, Animal Husbandry and Fishery	409.71	370.04	103.5	104.8
工业 Industry	4238.78	4081.91	104.9	108.4
建筑业 Construction	997.59	906.98	109.8	107.1
交通运输、仓储和邮政业 Transport, Storage, Postal and Telecommunication Services	492.10	455.28	107.1	104.1
批发和零售业 Wholesale and Retail Trade	1054.50	994.05	105.2	108.3
住宿和餐饮业 Hotel and Catering Services	373.99	349.13	115.4	106.5
金融业 Banking	974.32	837.49	105.4	114.1
房地产业 Real Estate	770.06	641.47	110.0	108.8
其他服务业 Others	2601.56	2269.25	111.0	110.8

主要统计指标解释

生产总值 根据国家统计局规定，从2003年起，将各地区原来所称的国内生产总值改称为地区生产总值。它是一个地区所有常住单位在一定时期内生产活动的最终成果。生产总值有三种表现形态，即价值形态、收入形态和产品形态。从价值形态看，它是所有常住单位在一定时期内所生产的全部货物和服务价值超过同期投入的全部非固定资产货物和服务价值的差额，即所有常住单位的增加值之和；从收入形态看，它是所有常住单位在一定时期内所创造并分配给常住单位和非常住单位的初次分配收入之和；从产品形态看，它是最终使用的货物和服务减去净出口货物和服务的差额。在实际核算中，三种表现形态表现为三种计算方法，即生产法、收入法和支出法。三种方法分别从不同的方面反映生产总值的形成过程。

不变价格 指用同类产品的年平均价格作为固定价格来计算各年产品价值。按不变价格计算的产品价值消除了价格变动因素，不同时期对比可以反映生产的发展速度。新中国成立后，随着工农业产品价格水平的变化，国家统计局先后多次制定了全国统一的工业产品不变价格和农业产品不变价格，从1949年到1957年使用1952年工（农）业产品不变价格，从1957年到1971年使用1957年不变价格，从1971年到1981年使用1970年不变价格，从1981年到1990年使用1980年不变价格，从1990年开始使用1990年不变价格，从2001年开始使用2000年不变价格，从2006年到2010年使用2005年不变价格，从2011年到2015年使用2010年不变价格，从2016年开始使用2015年不变价格。

平均每年增长速度 在我国计算平均增长速度有两种方法，一种是习惯上经常使用的“水平法”，又称几何平均法，是以间隔期最后一年的水平同基期水平对比来计算平均每年增长（或下降）速度。另一种是“累计法”，又称代数平均法或方程法，是以间隔期内各年水平的总和同基期水平对比来计算平均每年增长（或下降）速度。

在一般正常情况下，两种方法计算的平均每年增长速度比较接近，但在经济发展不平衡，出现大起大落时，两种方法计算的结果差别较大。

本书内所列的平均每年增长速度，除固定资产投资是用“累计法”计算以外，其余均用“水平法”计算。从某年到某年平均增长速度的年份，均不包括基期年在内。如“十一五”的平均增长速度是以2005年为基期计算的，则写为2006—2010年平均增长速度，余类推。

国有经济单位 指生产资料归国家所有的各种企业、事业单位，以及各级国家机关、人民团体等单位。

集体经济单位 指生产资料归公民集体所有的各种企业、事业单位。包括农村各种经济组织经营的农、林、牧、渔业，乡、村经营的企业、事业单位；城市、县、镇以及街道兴办的集体经济性质的企业、事业单位。

私营经济单位 指生产资料归公民私人所有的单位。包括私营独资企业、私营合伙企业和私营有限责任公司。

联营经济单位 指不同所有制性质的企业之间或者企业、事业单位之间共同投资组成新的经济实体。包括紧密型联营企业，半紧密型联营企业和松散型联营企业。

股份制经济单位 指全部注册资本由全体股东共同出资，并以股份形式投资举办企业。主要包括股份有限公司和有限责任公司。

外商投资经济单位 指外国投资者根据中华人民共和国有关涉外经济的法律、法规，以合资、合作或独资的形式在中国大陆境内开办企业。包括中外合资经营企业、中外合作经营企业和外资企业。

港、澳、台投资经济单位 指港、澳、台地区投资者参照中华人民共和国有关涉外经济的法律、法规，以合资、合作或独资的形式在大陆兴办企业。包括合资经营企业、合作经营企业和独资企业。

三次产业 三次产业的划分是世界上较为常用的产业结构分类，但各国的划分不尽一致。我国的三次产业划分是：

第一产业包含农、林、牧、渔业，不含农林牧渔业服务业。

第二产业包含采矿业，制造业，电力、燃气及水的生产和供应业，建筑业，不含开采辅助活动、金属制品、机械和设备修理业。

第三产业包含除第一、二产业以外的其他行业。

Explanatory Notes on Main Statistical Indicators

Gross Domestic Product Gross Domestic Product Called in every Region has been called Gross Regional Product since 2003 according to the regulation for which China bureau of statistics stipulates. It is the final products of all resident units in a country(or region) during a certain period of time. Gross domestic product is expressed in three different forms, i. e. value, income, and products. The form of value refers to the total value of all products and services produced by all resident units during a certain period of time minus total value of input of materials and services of the nature of non – fixed assets or the summation of the value added of all resident units; the form of income includes all the income created by all resident units and distributed primarily to all resident and non – resident units; the form of products refers to all final goods and services minus net exports of goods and services. In the practice of national accounting, gross domestic product is calculated with three approaches, i. e. product approach, income approach, and expenditure approach respectively to reflect gross domestic product and its establishment from different aspects.

Constant Price refers to the average price of a given product in a certain year, which is used for comparison of output value over time. As the output value at constant prices remove the factor of price changes, it reflects the trend of production development over time. Since 1949, with the changes in general price level, the State Statistics Bureau has issued nationally unified constant prices many times: the 1952 constant price for 1949 – 1957; the 1957 constant price for 1957 – 1971; the 1970 constant price for 1971 – 1981; the 1980 constant price for 1981 – 1990, the 1990 constant price had been used since 1990; the 2000 constant price had been used since 2001; the 2005 constant price for 2006 – 2010; the 2010 constant price for 2011 – 2015; and the 2015 constant price had been used since 2016.

Average Annual Growth Rate Two methods for calculating average annual growth rate are applied in China, one is often called "level approach" or the method of calculating geometric average, which is derived by comparing the level of the last year of the interval with that of the beginning year; the other is called "accumulative approach" or algebraic average or equation method, which is derived by the summation of the actual figure of each year in the interval divided by the figure in the base year.

Usually the results calculated by the two methods are fairly close, but they differed sharply when uneven economic development occurred with striking fluctuations in growth.

The average annual growth rates listed in this statistical yearbook are calculated by "level approach" except for the growth rate of investment in fixed assets. The base years are not included when calculating average annual growth rates. For instance, the average annual growth rate of the period of The Eleventh Five Year Plan is listed as average annual growth rate of 2006 – 2010 without listing the base year 2005. And the analogy of this is also for the rest.

State – owned Economic Units refer to various enterprises, institutions, and government administrative organizations at various levels, social organizations and etc. , with state ownership of production means.

Collective – owned Economic Units refer to various enterprises and institutions with collective ownership of production means, including various rural economic organizations engaged in farming, forestry, animal husbandry, and fishery, enterprises and institutions run by townships and villages; collective enterprises and institutions run by cities, counties, towns and subdistrict offices.

Private – owned Economic Units refer to economic units owned by private individuals, including individual owned private enterprises, jointly owned private enterprises, and private owned companies, Ltd.

Joint Owned Units refer to economic entities jointly invested by enterprises of different types of ownership or by enterprises and institutions, and the partnerships among the joint owned units can be close, half close, or loose.

Share Holding Economic Units refer to enterprises invested in the form of share holding with its investment by all the share holders, which mainly include companies limited by shares and companies with limited liabilities.

Foreign Owned Economic Units refer to enterprises established by foreigners in the territory of mainland China according to related economic laws and regulations of the People's Republic of China as joint ventures, cooperative corporations, or ventures exclusively with sole investment, including joint ventures, cooperative enterprises, and foreign enterprises.

Economic Units Funded by Overseas Chinese from Hong Kong, Macao, and Taiwan refer to enterprises established by entrepreneurs from Hong Kong, Macao, and Taiwan in the territory of mainland China according to related economic laws and regulations of the People's Republic of China as joint ventures, cooperative corporations and ventures exclusively with sole investment, including joint ventures, cooperative enterprises, and exclusively invested enterprises.

Three Industries Three Industries Classification of economic activities is a common practice in the world, although the grouping varies to some extent form country to country. In China economic activities are categorized into following industries:

Primary industry: includes agnculture, forestry, animal husbandry and fishery, except farming, forestry, animal husbandry and fishery service.

Secondary industry: includes mining and quarrying, manufacturing, production and supply of electricity, water and gas, and construction, except mining auxiliary activities or metal products, machinery and repair of equipment.

Tertiary industry: refers to all other economic activities not included in primary or secondary industry。

二、人口与劳动统计

POPULATION, EMPLOYMENT AND WAGE

资料整理人员：胡　增　金　英　刘　江　王保汉　陈　巍　李　晖　史　瑾　张　瑾　汪　冲

STAFF FOR DATA PROCESSING:

Hu Zeng　Jin Ying　Liu Jiang　Wang Baohan　Chen Wei　Li Hui　Shi Jin　Zhang Jin　Wang Chong

简要说明

本篇资料反映我市2016年及历年人口、劳动经济方面的基本情况,包括全市的主要人口统计和劳动经济统计数据。人口的统计范围是全市人口;劳动统计的调查范围是城镇独立核算法人单位。全市人口构成及变动情况、分年龄的人口数等,是根据市公安局提供的“人口及其变动情况统计表”、“人口年龄统计表”计算整理;计划生育情况是根据市卫生和计划生育委员会提供的“自然变动情况报表”和“分孩次长效节育及女性初婚、独生子女领证情况报表”整理;历年从业人员人数、分产业从业人员人数、在岗职工年末人数及在岗职工年平均工资由市统计局人口与社会科技处根据有关单位上报的劳动统计基层年报表汇总整理。

Brief Description

This chapter shows the basic condition of population and employment statistics in 2016 and previous years of Wuhan City, including major population, emplyment ststistics of the whole city. The scope of population statistics is the household population of the whole city. The survey scope of employment statistics is the whole independent accounting department. Data on composition and change of population are prepared by Wuhan Public Security Bureau according to statistics table on population changes and population grouped by age. Data on family planning are prepared by Health and Family Planning Commission of Wuhan Municipality according to statistics table of natural changes of population. Data on employment over the years, annual average wage number of staff and workers at the year end and number of employed persons by type of industry are prepared by department of population statistics according to historical information and Basic annual employment statistics to which the whole city and every district report.

2-1 户籍总户数、总人口数与常住人口数
REGISTERED HOUSEHOLDS AND POPULATION, RESIDENT POPULATION

年 份 Year	户籍总户数(万户) Registered Households (10 000 Households)	户籍总人口数(万人) Registered Population (10 000 Persons)	常住人口(万人) Resident population (10 000 persons)
1978	124.28	548.29	555.10
1979	126.53	558.36	563.08
1980	129.53	567.23	571.18
1981	135.46	577.90	579.40
1982	139.43	586.97	587.74
1983	143.16	594.40	599.68
1984	146.82	600.59	611.86
1985	151.33	608.39	624.28
1986	157.00	619.96	636.96
1987	161.88	629.34	649.90
1988	167.93	641.72	663.10
1989	173.62	653.26	676.57
1990	178.83	669.75	690.31
1991	184.76	677.03	700.64
1992	188.23	684.46	711.13
1993	190.89	691.69	721.77
1994	194.20	700.01	732.56
1995	196.34	710.01	743.53
1996	199.17	715.94	754.65
1997	201.28	723.90	765.94
1998	205.43	731.79	777.40
1999	208.71	740.20	789.03
2000	213.66	749.19	804.81
2001	218.66	758.23	813.80
2002	224.59	768.10	823.70
2003	229.91	781.19	836.80
2004	241.58	785.90	845.43
2005	249.95	801.36	858.00
2006	255.45	818.84	875.00
2007	260.46	828.21	891.00
2008	265.00	833.24	897.00
2009	269.90	835.55	910.00
2010	274.58	836.73	978.54
2011	276.50	827.24	1002.00
2012	281.29	821.71	1012.00
2013	286.39	822.05	1022.00
2014	288.02	827.31	1033.80
2015	297.10	829.27	1060.77
2016	302.12	833.85	1076.62

2-2 人口构成(户籍统计)
POPULATION COMPOSITION

项目	Item	全市 The Whole City 人口(人) Population (person)	比重(%) Percentage of Total Population(%)
2016 年合计	Total in 2016	8338450	100.0
男	Male	4254463	51.0
女	Female	4083987	49.0
乡村人口	Rural Population	2356559	28.3
城镇人口	Urban Population	5981891	71.7
2015 年合计	Total in 2015	8292666	100.0
男	Male	4236256	51.1
女	Female	4056410	48.9
乡村人口	Rural Population	2435614	29.4
城镇人口	Urban Population	5857052	70.6
2014 年合计	Total in 2014	8273117	100.0
男	Male	4230378	51.1
女	Female	4042739	48.9
农业人口	Agricultural Population	2680335	32.4
非农业人口	Non - agricultural Population	5592628	67.6

注:从 2015 年起,公安户籍数据调整统计口径,由原来的农业人口、非农业人口调整为乡村人口、城镇人口。
Note: Data on household register of public searity bureau have adjusted caliber since 2016 that former agricultrual and non - agricultural population are replaced with urban and vural population.

2-3 人口变动(户籍统计)
POPULATION CHANGES

指标名称	Index Name	全市 The Whole City 2016 年	2015 年	2014 年
出生人口(人)	Number of births(person)	95436	105169	100784
死亡人口(人)	Number of Deaths(person)	45259	47637	41007
自然增长人口(人)	Natural Increase In Population(person)	50177	57532	59777
净迁移人口(人)	Net Migrating Population(person)	-2430	-14762	360
出生率(‰)	Birth Rate(‰)	11.48	12.70	12.22
死亡率(‰)	Death Rate(‰)	5.44	5.75	4.97
自然增长率(‰)	Natural Growth Rate(‰)	6.03	6.95	7.25
净迁移率(‰)	Net Migrating Rate(‰)	-0.29	-1.78	0.04

2-4 计划生育（2016年）
STATISTICS ON FAMILY PLANNING(2016)

地区	District	计划生育率(%) Family Planning Rate(%)	一孩率(%) Rate of the First Child (%)	二孩率(%) Rate of the Second Child (%)	多孩率(%) Rate of The Third Child and above (%)
全市	**Whole City**	98.66	65.63	32.39	1.97
江岸区	Jiang'an	98.80	66.97	30.96	2.07
江汉区	Jianghan	98.51	67.84	30.08	2.08
硚口区	Qiaokou	97.62	68.24	29.99	1.77
汉阳区	Hanyang	98.70	68.03	30.36	1.61
武昌区	Wuchang	98.84	67.75	30.14	2.11
青山区	Qingshan	98.77	72.46	25.90	1.64
洪山区	Hongshan	98.99	66.46	32.05	1.49
东西湖区	Dongxihu	98.30	63.47	34.23	2.30
蔡甸区	Caidian	99.27	66.29	31.87	1.84
江夏区	Jiangxia	98.78	61.10	36.99	1.91
黄陂区	Huangpi	98.49	63.26	34.32	2.41
新洲区	Xinzhou	98.41	61.39	36.19	2.42
武汉经济技术开发区（含汉南区）	Wuhan Economic Technological Development Zone (Including Hannan)	99.04	68.13	30.29	1.58
东湖新技术开发区	East Lake High-Tech Development Zone	99.04	66.54	32.10	1.36
东湖生态旅游风景区	East Lake Ecotourism Scenic Zone	99.22	63.50	35.15	1.36
武汉化学工业区	Wuhan Chemical Industry Park	98.14	65.84	31.99	2.17

2-5 分年龄的人口数(2016年户籍统计)
POPULATION GROUPED BY AGE (2016)

单位:人 (person)

指标名称 Index Name	合计 Total	男 Male	女 Female
总 计 Total	8338450	4254463	4083987
0-17岁(year sold)	1229119	662716	566403
0	63459	33747	29712
1	85471	45433	40038
2	92191	49465	42726
3	86992	46572	40420
4	92718	49541	43177
5	79497	42863	36634
6	78169	41971	36198
7	71065	38523	32542
8	70006	37408	32598
9	68254	36769	31485
10	60770	32610	28160
11	57045	30346	26699
12	57051	30534	26517
13	51441	27993	23448
14	52665	29102	23563
15	52339	28893	23446
16	55528	30720	24808
17	54458	30226	24232
18-34岁(year sold)	2172171	1145347	1026824
18	57683	31951	25732
19	64257	34832	29425
20	77223	42413	34810
21	91055	50444	40611
22	102011	56165	45846
23	112558	60812	51746
24	116442	61932	54510

2-5 续 表 1 Continued 1

单位:人 (person)

指标名称 Index Name	合　计 Total	男 Male	女 Female
25	130655	68941	61714
26	151518	79675	71843
27	164475	85698	78777
28	164772	85317	79455
29	175128	90641	84487
30	163200	84953	78247
31	150006	77935	72071
32	150338	78456	71882
33	146972	75898	71074
34	153878	79284	74594
35-59(year old)	3209643	1615825	1593818
35	128560	65802	62758
36	115503	58782	56721
37	129861	65762	64099
38	120848	61337	59511
39	118794	59791	59003
40	117362	59207	58155
41	115336	57809	57527
42	108821	54292	54529
43	114364	57453	56911
44	131588	66613	64975
45	134128	67497	66631
46	154071	76793	77278
47	146239	72972	73267
48	166811	83064	83747
49	110697	55428	55269
50	125564	63744	61820
51	121997	61954	60043

2-5 续 表 2 Continued 2

单位:人 (person)

指标名称 Index Name	合 计 Total	男 Male	女 Female
52	143928	72949	70979
53	193507	97833	95674
54	163366	82410	80956
55	97637	48802	48835
56	78059	38424	39635
57	102715	52024	50691
58	128916	65041	63875
59	140971	70042	70929
60-79(year old)	1482671	726956	755715
60	125895	61743	64152
61	114873	56546	58327
62	131741	64423	67318
63	111062	54165	56897
64	105264	52174	53090
65	92427	45960	46467
66	90608	44936	45672
67	90692	45986	44706
68	78930	38975	39955
69	78786	39273	39513
70	67848	33842	34006
71	51767	25657	26110
72	51408	25589	25819
73	43565	21059	22506
74	44283	21390	22893
75	50327	24077	26250
76	43791	20648	23143

2-5 续 表 3 Continued 3

单位:人 (person)

指标名称 Index Name	合计 Total	男 Male	女 Female
77	34922	16122	18800
78	39614	18365	21249
79	34868	16026	18842
80-99(year old)	243270	103191	140079
80	35355	16047	19308
81	31918	14104	17814
82	29265	12817	16448
83	29871	13082	16789
84	20450	8762	11688
85	17461	7629	9832
86	16540	7275	9265
87	12529	5142	7387
88	10641	4324	6317
89	9232	3676	5556
90	7168	2759	4409
91	5849	2108	3741
92	5010	1699	3311
93	3675	1148	2527
94	2630	860	1770
95	2043	651	1392
96	1364	415	949
97	980	312	668
98	731	218	513
99	558	163	395
100岁及以上(100 years old and above)	1576	428	1148

2-6 历年从业人员人数
EMPLOYMENT OVER THE YEARS

单位:万人 (10 000 person)

年份 Year	合计 Total	城镇非私营单位从业人员 Staff And Workers	国有经济单位 State-owned Units	城镇集体经济单位 Urban Collective-owned Units	其他经济类型单位 Units of Other Types of Ownership	个体经济从业人员 Employment of Individual Economy	农村经济从业人员 Employment of Rural Economy	私营经济从业人员 Employment of Private Enterprises	其他从业人员 Others
1949	93.45	18.38	9.59	8.79		4.21	70.86		
1950	97.05	21.29	12.39	8.90		3.61	72.14		
1951	102.73	25.55	15.49	10.06		3.34	73.84		
1952	105.21	26.84	21.59	5.26		3.02	75.35		
1953	114.86	33.93	28.11	5.82		3.32	77.62		
1954	118.28	36.30	31.29	5.01		3.82	78.17		
1955	125.19	38.24	33.55	4.70		3.09	83.86		
1956	150.61	59.70	47.70	12.00		2.88	88.03		
1957	152.70	62.78	48.38	14.40		3.56	86.37		
1958	175.41	91.28	79.78	11.51		0.60	83.53		
1959	170.54	94.14	81.23	12.91		0.11	76.29		
1960	176.85	100.43	84.36	16.07		0.30	76.12		
1961	166.35	83.32	69.61	13.71		0.59	82.43		
1962	159.03	71.42	58.33	13.09		1.82	85.79		
1963	165.49	72.97	59.84	13.13		1.98	90.54		
1964	172.96	78.44	62.79	15.65		1.61	92.92		
1965	178.30	81.86	66.60	15.26		1.29	95.15		
1966	180.13	83.84	68.17	15.67		0.80	95.50		
1967	182.83	86.79	70.68	16.11		0.00	96.04		
1968	188.38	88.67	72.12	16.56		0.00	99.71		
1969	197.27	93.10	73.90	19.20		0.00	104.17		
1970	206.58	99.96	80.03	19.93		0.00	106.62		
1971	218.55	111.26	90.53	20.73		0.00	107.29		
1972	225.18	117.68	95.02	22.66		0.00	107.50		
1973	230.56	120.05	95.05	25.00		0.00	110.51		
1974	235.30	121.92	96.21	25.71		0.00	113.38		
1975	246.41	132.06	101.46	30.60		0.00	114.35		
1976	252.31	139.00	106.51	32.49		0.00	113.31		
1977	257.91	145.83	113.08	32.75		0.00	112.08		
1978	271.92	158.22	125.04	33.18		0.00	113.70		
1979	280.17	166.12	124.58	41.54		0.33	113.72		
1980	293.25	177.90	130.89	47.01		0.55	114.79		
1981	305.64	190.05	138.54	51.51		0.90	114.69		
1982	313.18	195.79	142.51	53.28		1.08	116.31		

2-6 续 表 Continued

单位:万人 (10 000 person)

年 份 Year	合 计 Total	城镇非私营单位从业人员 Staff And Workers	国 有 经济单位 State - owned Units	城镇集体经济单位 Urban Collective - owned Units	其他经济类型单位 Units of Other Types of Ownership	个体经济从业人员 Employment of Individual Economy	农村经济从业人员 Employment of Rural Economy	私营经济从业人员 Employment of Private Enterprises	其 他从业人员 Others
1983	319.77	201.86	148.27	53.59		1.95	115.96		
1984	325.97	205.03	149.14	55.75	0.15	3.00	117.94		
1985	335.81	212.55	154.41	57.96	0.18	4.04	119.22		
1986	340.90	215.36	155.71	59.41	0.24	3.50	122.05		
1987	348.30	219.50	159.95	59.29	0.27	3.96	124.84		
1988	351.25	223.02	163.42	59.20	0.39	4.95	123.29		
1989	355.15	224.99	165.32	59.07	0.60	5.86	124.31		
1990	357.80	227.12	167.99	58.45	0.68	5.21	125.47		
1991	360.24	230.15	169.78	58.72	1.65	4.62	124.62	0.85	
1992	360.61	230.02	171.08	57.07	1.87	5.22	124.46	0.91	
1993	374.92	233.58	173.23	53.53	6.92	14.89	123.42	2.93	
1994	386.83	226.34	168.39	48.70	9.25	28.12	124.71	7.67	
1995	398.64	222.30	166.71	43.27	12.32	37.48	128.51	10.35	
1996	406.42	218.85	164.50	41.13	13.22	40.48	121.87	25.22	
1997	411.83	216.44	161.91	40.61	13.92	45.76	121.41	28.22	
1998	415.20	210.74	155.43	36.64	18.67	51.49	120.36	32.61	
1999	417.78	206.89	150.49	33.80	22.60	54.15	121.44	35.30	
2000	417.80	199.64	144.04	28.95	26.65	63.61	121.30	33.25	
2001	406.12	192.96	138.52	23.18	31.26	59.67	120.33	33.16	
2002	407.30	183.79	134.65	17.23	31.91	60.79	123.78	38.94	
2003	412.00	176.24	117.49	13.85	44.90	70.04	127.99	36.80	0.93
2004	417.50	148.60	89.66	7.54	51.40	30.57	154.33	22.83	61.17
2005	421.80	148.53	90.05	7.86	50.62	42.77	148.90	29.20	52.40
2006	429.60	153.89	86.10	6.77	61.02	43.62	143.98	34.03	54.08
2007	442.20	159.58	83.61	6.94	69.03	61.14	145.60	22.78	53.10
2008	456.00	170.45	84.56	7.75	78.14	74.60	144.23	37.74	28.98
2009	468.60	175.84	80.36	7.78	87.70	90.11	143.47	38.45	20.73
2010	483.00	178.46	79.85	7.09	91.52	92.54	141.75	47.86	22.39
2011	498.00	189.77	85.15	4.53	100.09	95.69	145.74	48.30	18.50
2012	506.40	191.85	82.74	4.04	105.07	115.41	95.48	85.41	18.25
2013	522.24	198.54	87.85	4.62	106.07	124.96	88.63	87.29	22.82
2014	530.44	205.74	89.88	4.22	111.64	125.40	81.90	90.16	27.24
2015	544.92	207.28	85.46	4.00	117.82	128.89	83.11	95.16	30.48
2016	550.37	213.26	84.94	3.01	125.31	128.92	83.55	95.17	29.47

2-7 分产业从业人员人数
EMPLOYMENT BY TYPE OF INDUSTRY

单位:万人 (10 000 persons)

年份 Year	总计 Total	第一产业 Primary Industry	第二产业 Secondary Industry	第三产业 Tertiary Industry
1995	398.64	93.64	150.98	154.02
1996	406.42	91.43	154.60	160.39
1997	411.83	92.97	154.22	164.64
1998	415.20	92.85	152.25	170.10
1999	417.78	92.96	151.87	172.95
2000	417.80	91.43	148.95	177.42
2001	406.12	90.42	141.47	174.23
2002	407.30	86.02	143.41	177.87
2003	412.00	83.08	144.43	184.49
2004	417.50	81.81	141.30	194.39
2005	421.80	80.58	137.66	203.56
2006	429.60	83.36	140.39	205.85
2007	442.20	82.96	146.60	212.64
2008	456.00	79.57	156.00	220.43
2009	468.60	63.84	175.26	229.50
2010	483.00	63.52	178.46	241.02
2011	498.00	61.10	189.50	247.40
2012	506.40	61.34	194.50	250.56
2013	522.24	50.87	200.86	270.51
2014	530.44	48.38	204.75	277.31
2015	544.92	49.68	209.24	286.00
2016	550.37	49.60	209.16	291.61

2－8 历年城镇非私营单位就业人员平均工资
AVERAGE WAGE OF EMPLOYEES IN URBAN NON－PRIVATE UNITS OVER THE YEARS

单位:元 (yuan)

年 份 Year	单位就业人员平均工资 Average Wage of Employees	其中:在岗职工 Staff and Workers
1949	548	
1950	464	
1951	485	
1952	533	
1953	546	
1954	548	
1955	569	
1956	621	
1957	637	
1958	597	
1959	549	
1960	559	
1961	555	
1962	595	
1963	630	
1964	651	
1965	648	
1966	639	
1967	637	
1968	637	
1969	681	
1970	581	
1971	498	
1972	567	
1973	568	
1974	583	
1975	589	
1976	570	
1977	568	
1978	620	
1979	679	
1980	780	
1981	770	

2-8 续 表 Continued

单位:元 (yuan)

年 份 Year	单位就业人员平均工资 Average Wage of Employees	其中:在岗职工 Staff and Workers
1982	786	
1983	798	
1984	968	
1985	1107	
1986	1239	
1987	1379	
1988	1630	
1989	1893	
1990	2093	
1991	2332	
1992	2689	
1993	3533	
1994	4580	
1995	5327	
1996	5981	
1997	6406	
1998	6746	8225
1999	7091	8812
2000	7628	9728
2001	9080	11314
2002	10039	12161
2003	11719	13729
2004	13818	15971
2005	16255	18505
2006	19759	21839
2007	22999	25136
2008	27212	28431
2009	32429	33320
2010	38428	39303
2011		45643
2012	46965	48942
2013	52387	53745
2014	59143	60624
2015	64407	65720
2016	70590	71963

注:根据国家统计局劳动工资统计报表制度的变化,从2012年起,本表中原"全部职工"变更为"单位就业人员"。
Note:According to the change of the labor wage statistics reporting system of the State Statistics Bureau, "Employees" on this table refered to "All Staff and Workers" before 2012.

2-9 按行业分城镇非私营单位就业人员平均工资
AVERAGE WAGE OF EMPLOYEES IN URBAN NON-PRIVATE UNITS BY SECTORS

单位:元 (yuan)

指标名称 Index Name	2013 年	2014 年	2015 年	2016 年
合 计 Total	**52387**	**59143**	**64407**	**70590**
(一)农、林、牧、渔业 Farming, Forestry, Animal Husbandry and Fishery	23323	29982	31540	34814
(二)采矿业 Mining	38204	47059	52718	42636
(三)制造业 Manufacturing	51049	55846	59943	64705
(四)电力、热力、燃气及水生产和供应业 Elcctric Power, Gas and Water Production and supply	58523	66310	74479	80901
(五)建筑业 Construction	42543	44511	49677	53574
(六)批发和零售业 Wholesale and Retail Trade	39645	48055	50125	53689
(七)交通运输、仓储和邮政业 Transportation, Storage and Post	52360	55947	62363	65569
(八)住宿和餐饮业 Hotel and Catering Services	31658	37818	41119	43164
(九)信息传输、软件和信息技术服务业 Information Transmission, Software and Information Technology Service	65016	74593	82796	95196
(十)金融业 Banking	86067	102916	122171	132750
(十一)房地产业 Real Estate	53339	61543	65950	68352
(十二)租赁和商务服务业 Leasing and Commercial Services	47435	53872	59706	61549
(十三)科学研究和技术服务业 Scientific Research and Technical Services	76741	89033	99102	107946
(十四)水利、环境和公共设施管理业 Water Conservancy, Environment and public Facilities Management	40278	41083	46791	55217
(十五)居民服务、修理和其他服务业 Resident Services, Repairs and Others	36973	37651	39959	44447
(十六)教育 Education	60961	67227	75463	88138
(十七)卫生和社会工作 Health care and Social Work	69042	81712	93437	99046
(十八)文化、体育和娱乐业 Culture, Sports and Entertainment	59810	64095	69163	74861
(十九)公共管理、社会保障和社会组织 Public Management, Social Security and Social Organizations	66674	76321	88278	102335

主 要 统 计 指 标 解 释

出生率(又称粗出生率) 指在一定时期内(通常为一年)一定地域范围内出生人数与同期人口平均数之比。一般用千分率表示,计算公式:

$$出生率=\frac{年出生人数}{年平均人数}\times 1000‰$$

出生人数 是指活产婴儿,即胎儿脱离母体时(不管怀孕月数),有过呼吸或其他生命现象。

年平均人数 是年初、年底人口数的平均数,也可用年中人口数代替。

死亡率(又称粗死亡率) 指在一定时期内(通常为一年)一定地区的死亡人数与同期平均人数(或期中人数)之比,一般用千分率表示。计算公式:

$$死亡率=\frac{年死亡人数}{年平均人数}\times 1000‰$$

人口自然增长率指在一定时期内(通常为一年)人口自然增加数(出生人数减死亡人数)与该时期内平均人数(或期中人数)之比,一般用千分率表示。计算公式:

$$人口自然增长率=\frac{本年出生人数-本年死亡人数}{年平均人数}\times 1000‰$$

$$人口自然增长率=人口出生率-人口死亡率$$

从业人员 指从事一定社会劳动并取得劳动报酬或经营收入的人员。包括:(1)全部在岗职工;(2)再就业的离退休人员;(3)私营业主;(4)个体户主;(5)私营和个体从业人员;(6)乡镇企业从业人员;(7)农村从业人员;(8)其他从业人员。这一指标反映了一定时期内全部劳动力资源的实际利用情况,是研究我国基本国情国力的重要指标。

国有经济单位 指资产归国家所有的经济组织。包括按《中华人民共和国企业法人登记管理条例》规定登记注册的非公司制的经济组织,以及中央、地方各级国家机关、事业单位和社会团体。

集体经济单位 指生产资料归集体所有,并按《中华人民共和国企业法人登记管理条例》规定登记注册的经济组织。

其他经济单位 包括股份合作单位、联营单位、有限责任公司、股份有限公司、港澳台商投资单位以及外商投资单位等其他登记注册类型单位。

在岗职工 指在本单位工作并由单位支付工资的人员,以及有工作岗位,但由于学习、病伤产假等原因暂未工作,仍由单位支付工资的人员。

工资总额 指各单位在一定时期内直接支付给本单位全部单位从业人员的劳动报酬总额。工资总额的计算原则应以直接支付给单位从业人员的全部劳动报酬为根据。各单位支付给职工的劳动报酬以及其他根据有关规定支付的工资,不论是计入成本的还是不计入成本的,不论是按国家规定列入计征奖金税项目的,还是未列入计征奖金税项目的,不论是以货币形式支付的还是以实物形式支付的,均包括在工资总额内。

平均工资 指企业、事业,机关单位的从业人员在一定时期内平均每人所得的货币工资额。它表明一定时期单位从业人员工资收入的高低程度,是反映单位从业人员工资水平的主要指标。计算公式为:

$$平均工资=\frac{报告期实际支付的全部单位从业人员工资总额}{报告期全部单位从业人员平均人数}$$

Explanatory Notes on Main Statistical Indicators

Birth Rate(or Crude Birth Rate) refers to the ratio of the number of births to the average population during a certain period of time(usually a year), which is often expressed in ‰. The following formula is used:

$$\text{Birth Rate} = \frac{\text{Number of births}}{\text{Average Number of Population}} \times 1000‰$$

Number of Births refers to live births, i. e. the births when babies had showed any vital phenomena regardless of the length of pregnancy.

Annual Average Number of Population is the average number of population at the beginning of the year and that at the end of the year. Sometimes it is substituted with the mid - year population.

Death Rate(or Crude Death Rate) refers to the ratio of the number of deaths to the average population(or mid - year population) during a certain period of time(usually a year), which is often expressed in ‰. The following formula is used:

$$\text{Death Rate} = \frac{\text{Number of Deaths}}{\text{Average Number of Population}} \times 1000‰$$

Natural Growth Rate of Population refers to the ratio of natural increase in population (number of births minus number of deaths) in a certain period of time(usually a year) to the average population(or mid - year population) of the same period. which is often expressed in ‰. The following formula is applied:

$$\text{Natural Growth Rate of Population} = \frac{\text{Number of Births} - \text{Number of Deaths}}{\text{Average Number of Population}} \times 1000‰$$

Natural Growth Rate of Population = Birth Rate - Death Rate

Employees refers to people who are engaged in social labour and receive remuneration payment or earn business income, including: (1) total staff and workers; (2) re - employed retirees; (3) employers of private enterprises; (4) employers of individual economy; (5) employees in private enterprises and individual economy; (6) employees in township enterprises; (7) employees in rural areas; (8) other employees.

This indicator reflects the actual utilization of total labour force during a certain period of time and is the key to the research on China's economic affairs and national power.

State - owned Units refer to economic units where the entire assets are owned by the state, including non - corporation economic units, government agencies at all levels, institutions and social organizations which have registered in accordance with the Regulation of the People's Republic of China on the Management of Registration of Corporate Enterprises.

Collective - owned Units refer to economic units where the assets are owned collectively and which have registered in accordance with the Regulation of the People's Republic of China on the Management of Registration of Corporate Enterprises.

Units of other types of ownership Include Cooperative units, joint ownership units, limited liability corporations, share - holding corporations Ltd, units with investment from HongKong, Macau and Taiwan, units with foreign investment and so on.

Fully Employed Staff and Workers refer to people who work in, and receive wages from their working units, as well as people who have their work posts, but are temporarily absent from work for reasons of study or sickness, injury or maternal leave and still receive wages from their working units.

Total Wages of Staff and Workers refer to the total remuneration payment to staff and workers in various units during a certain Deriod of time. The calculation of total wages is based on the total remuneration payment to staff and workers. Therefore, all the wages and salaries and other payments to staff and workers are included in the total wages regardless of their sources, categories, and forms (in kind or cash).

Average Wage of Staff and Workers refers to the average wage in money terms per person during a certain period of time for staff and workers in enterprises, institutions, and government agencies, which reflects the general level of wage income during a certain period of time and is calculated as follows:

$$\text{Average Wage of Staff and Workers} = \frac{\text{Total Wages of Staff and Workers in Reference Period}}{\text{Average Number of Staff and Workers in Reference Period}}$$

三、工业、能源消费

INDUSTRY ADN ENERGY CONSUMPTIONS

资料整理人员：胡　红　杨伟成　肖诗军　朱朝雨　刘　洁　栾　波　孙振华　张　莉
陈全意　万庆敏　朱　颖　王　婷　王　立

STAFF FOR DATA PROCESSING：
Hu Hong　Yang Weicheng　Xiao Shijun　Zhu Chaoyu　Liu Jie　Luan Bo　Sun Zhenhua
Zhang Li
Chen Quanyi　Wan Qingmin　Zhu Ying　Wang Ting　Wang Li

简要说明

本篇工业资料内容包括武汉市规模以上工业企业单位数、工业总产值、主要工业产品产量等主要经济指标;能源消费内容包括能源消费量(折标煤)和全社会用电量。

工业统计调查范围为武汉地区全部工业企业。1997 年以前,我国工业的统计范围分为乡及乡以上独立核算工业企业和非独立核算生产单位、村办工业、城镇合作工业、农村合作工业、城镇个体工业、农村个体工业六大部门(1984 年以前村办工业不在工业统计范围内)。1998 年后统计范围修定为按企业规模划分:全部国有及年产品销售收入 500 万元及以上非国有工业企业和年产品销售收入 500 万元以下非国有工业企业两部分。2007 年后统计范围又进行了调整,改为全部 500 万元及以上工业企业和年主营业务收入 500 万元以下工业企业。2010 年后统计范围再次调整,改为全部年主营业务收入 2000 万元及以上工业企业和年主营业务收入 2000 万元以下工业企业。统计数据是根据工业统计年度报表中有关资料整理汇总的。2003 年起,工业统计执行新的国民经济行业分类和大中小型企业划分标准,有关轻、重工业和行业分组资料与往年比已发生变化。

能源消费统计范围,1999 年以前年份为全社会统计口径,1999 年以后年份(含 1999 年)为规模以上工业企业。全社会用电量资料由武汉供电公司提供。

Brief Description

Data in this chapter involve numbers of industrial enterprises, the gross industrial output value, sales output, output of key industrial products, major indicators of industrial enterprises above designated size in Wuhan City. The content of energy consumption involves consumption of energy(in standard coal equivalent) and electricity specifically.

The scope of industrial statistics includes all industrial enterprises within Wuhan city. Before 1998, industrial statistics was based on types of ownership, and there were mainly six categories which were industrial enterprises at and above county level with independent accounting system and productive units without accounting system, village industrial enterprises, urban joint industrial enterprises, rural joint industrial enterprises, urban individual industrial enterprises, and rural industrial enterprises(not included. until 1984). Since 1998, the categorization of industrial statistics had been modified as sizes of enterprises which consists of all state – owned industrial enterprises and those non – state industrial enterprises with annual sales of 5 million yuan and above, non – state industrial enterprises with annual sales below 5 million yuan. Since 2007, the scope had been adjusted to all industrial enterprises with annual sales of 5 million yuan and above, and with annual sales below 5 million yuan. Since 2010, the scope has been adjusted again, to all industrial enterprises with annual sales of 20 million yuan and above, and with annual sales below 20 million yuan. The statistics data are prepared from annual industrial statistics reporsts. Since 2003, industrial statistics have complied with the new standard industrial classification codes and categorization of big, medium and small enterprises, which leads to different statistic results on light and heavy industry, as well as industry dassification from the past.

The statistic scope of energy consumptions was citywide before 1999, and then modified to industrial enterprises above designated size. Electricity consumption data are provided by Wuhan power supply Company.

3-1 规模以上工业企业单位数及构成

NUMBER OF INDUSTRIAL ENTERPRISES ABOVE DESIGNATED SIZE AND ITS COMPOSITION

项目	Item	2016		2015	
		单位数(个) Number (unit)	构成(%) Composition (%)	单位数(个) Number (unit)	构成(%) Composition (%)
规模以上工业	Industrial Enterprises Above Designated Size	2516	100	2545	100
按登记注册类型分	Grouped by Ownership				
国有企业	State - owned	30	1.19	36	1.41
集体企业	Gollective - owned	29	1.15	36	1.41
股份合作企业	Cooperative Enterprises of Share Holding	3	0.12	3	0.12
联营企业	Joint - owned	1	0.04	1	0.04
有限责任公司	Companies of Limited Liabilities	1228	48.81	1231	48.38
股份有限公司	Share - holding	149	5.92	141	5.54
私营企业	Private - owned	750	29.81	761	29.90
其他企业	Others	1	0.04	1	0.04
港澳台投资企业	Enterprises Funded by Entrepreneurs from Hongkong, Macao & Taiwan	81	3.22	78	3.06
外商投资企业	Foreign - Funded	244	9.70	257	10.10
按企业规模分	Grouped by Size				
大型企业	Large Enterprises	88	3.50	87	3.42
中型企业	Medium - Sized Enterprises	330	13.11	315	12.38
小型企业	Small - Sized Enterprises	2015	80.09	2075	81.53
微型企业	Micro - Sized Enterprises	83	3.30	68	2.67

注:规模以上工业指年主营业务收入2000万元及以上法人工业企业(下同)。

Note: Industrial enterprises above designated size refer to corporate industrial enterprises with annual sales income of 20 mil yuan and above. (the same applied to the following tables)

3-2 规模以上工业总产值(2016年)
GROSS INDUSTRIAL OUTPUT VALUE ABOVE DESIGNATED SIZE(2016)

单位:亿元 (100 million yuan)

项目	Item	2016年(按当年价格计算)(Current Prices)	2016年比2015年±(%) Increase Rate in 2016 over 2015(%)
规模以上工业总产值	Gross industrial output value above designated size	13159.09	5.8
按经济类型分	Grouped by Ownership		
其中:国有企业	State-owned	2106.79	-1.8
集体企业	Collective-owned	31.89	-7.2
股份合作企业	Cooperative Enterprises of Share Holding	4.71	-9.0
股份制企业	Joint-stock Enterprises	6916.51	6.2
外商及港、澳、台投资企业	Foreign Funded and Enterprises Funded by Entrepreneurs From Hongkong, Macao & Taiwan	4072.35	8.9
按轻重工业分	Grouped by Light & Heavy Industry		
轻工业	Light Industry	2995.36	1.0
重工业	Heavy Industry	10163.73	7.3

3-3 历年规模以上工业总产值和增加值

INDUSTRIAL OUTPUT VALUE AND ADDED VALUE ABOVE DESIGNAIED SIZE OVER THE YEARS

本表按当年价格计算　　Data in this table are calculated at current prices.

单位:亿元　　(100 million yuan)

年份 Year	规模以上工业总产值 Above Scale Industrial Output Value	轻工业 Light Industry	重工业 Heavy Industry	规模以上工业增加值 Above Scale Industrial Added Value
2001	1020.84			329.80
2002	1138.98			365.04
2003	1334.49			427.88
2004	1678.34	460.90	1217.44	538.89
2005	2286.69	502.08	1784.61	734.53
2006	2818.59	617.79	2200.80	880.53
2007	3525.63	785.91	2739.72	1055.18
2008	4338.28	944.10	3394.18	1388.00
2009	5032.18	1152.79	3879.39	1656.15
2010	6424.59	1493.30	4931.29	1941.33
2011	7390.66	1564.57	5826.09	2458.77
2012	9018.88	1967.92	7050.96	2711.47
2013	10394.07	2393.00	8001.07	3113.30
2014	11764.59	2721.74	9042.85	3453.35
2015	12374.92	3240.87	9134.05	3504.23
2016	13159.09	2995.36	10163.73	3493.03

3－4 历年规模以上工业总产值和增加值指数

INDUSTRIAL OUTPUT VALUE AND ADDED VALUE INDEX ABOVE DESIGNAIED SIZE OVER THE YEARS

本表按当年价格计算　　Data in this table are calculated at current prices.

上年＝100　　(Preceding year＝100)

年份 Year	规模以上工业总产值 Above Scale Industrial Output Value	轻工业 Light Industry	重工业 Heavy Industry	规模以上工业增加值 Above Scale Industrial Added Value
2001	114.8			111.8
2002	111.6			112.6
2003	117.9			114.3
2004	126.0	118.3	129.2	121.7
2005	128.2	115.1	132.4	123.8
2006	122.7	122.1	122.8	124.2
2007	125.5	129.3	124.4	122.1
2008	125.4	124.7	125.5	120.3
2009	110.2	117.5	108.2	118.5
2010	128.4	130.1	127.9	121.7
2011	121.8	124.8	121.0	116.0
2012	115.3	124.2	113.0	115.2
2013	118.0	117.4	118.2	111.7
2014	112.3	112.0	112.3	110.9
2015	106.8	108.5	106.3	108.5
2016	105.8	101.0	107.3	105.0

3－5　分经济类型的规模以上工业总产值及构成

THE TOTAL ABOVE SCALE INDUSTRIAL OUTPUT VALUE OF ECONOMIC TYPE AND COMPOSITION

本表按当年价格计算　　Data in this table are calculated at current prices.

年份 Year	规模以上工业总产值(亿元) Above Scale Industrial Ortput Value(100 million yuan)			
	国有经济 State－owned Enterprises	集体经济 Colletive－owned Enterprises	外商及港澳台经济 Economy of foreign, Hong Kong, Macao and Taiwan	其他经济 Enterprises of Other Ownership
2008	1315.18	29.63	1274.41	3154.54
2009	1333.86	28.31	1567.96	2868.75
2010	1698.99	32.20	2110.94	2582.46
2011	1914.78	22.71	2411.86	3041.31
2012	2789.15	39.37	2804.30	3386.06
2013	2580.95	29.77	3268.69	4514.66
2014	1885.47	34.47	3634.58	6210.07
2015	2038.93	34.07	3814.58	6487.35
2016	2106.79	31.89	4072.35	6948.06

年份 Year	比重(%) Composition(%)			
	国有经济 State－owned Enterprises	集体经济 Colletive－owned Enterprises	外商及港澳台经济 Economy of foreign, Hong Kong, Macao and Taiwan	其他经济 Enterprises of Other Ownership
2008	22.8	0.5	22.1	54.6
2009	23.0	0.5	27.0	49.5
2010	26.4	0.5	32.9	40.2
2011	25.9	0.3	32.6	41.2
2012	30.9	0.4	31.1	37.6
2013	24.8	0.3	31.4	43.5
2014	16.0	0.3	30.9	52.8
2015	16.5	0.3	30.8	52.4
2016	16.0	0.2	30.9	52.9

3-6 规模以上工业主要产品产量

OUTPUT OF MAJOR INDUSTRIAL PRODUCTS OF ENTERPRISES ABOVE DESIGNATED SIZE

项　目	Item	2016	2015
食用植物油(万吨)	Edible Vegetable Oil(10 000 tons)	121.60	104.25
乳制品(吨)	Dairy Products(ton)	471124.00	375507.00
饮料酒(千升)	Alcoholic Beverages(1000 kilolite)	722576.00	740937.00
软饮料(万吨)	Soft Beverage(10 000 tons)	323.41	340.91
卷　烟(万箱)	Gigarettes(10 000 boxes)	244.19	277.89
纱(吨)	Yarn(ton)	38364.00	143697.00
布(万米)	Cloth InTotal(10 000 meters)	7964.21	8412.10
印染布(万米)	Dyeing Cloth(10 000 meters)	1619.00	2125.00
服　装(万件)	Garments (10 000 units)	7516.23	8317.90
人造板(万立方米)	Synthetic Board(10 000 cubic meters)	30.81	25.23
家　具(万件)	Furniture(10 000 units)	55.70	53.65
原油加工量(万吨)	Grude Oil provessing Volume(10 000 tons)	676.41	770.24
汽　油(万吨)	Gasoline(10 000 tons)	139.24	146.22
柴　油(万吨)	Diesel Oil(10 000 tons)	224.39	261.51
燃料油(万吨)	Fuel Oil(10 000 tons)	0.34	2.64
焦　炭(万吨)	Coke(10 000 tons)	622.25	639.19
农用氮、磷、钾化学肥料(折纯)(万吨)	(10 000 tons)	7.60	12.48
涂　料(吨)	Paint (ton)	104038.00	107991.00
化学药品原药(吨)	Chemical Raw Medicine(ton)	16434.00	16674.00
中成药(吨)	Traditional Chinese Patent Medicine(ton)	44365.00	43723.00
塑料制品(万吨)	Plastic Products(ton)	111.95	201.45
机制纸及纸板(万吨)	Machine Made Papr and Paperboards	72.80	58.98
水　泥(万吨)	Cement (10 000 tons)	1071.06	1127.64
砖(万块)	Bricks(10000 pcs)	6650.00	6319.00
平板玻璃(万重量箱)	Plate Glass(10 000 Weight - Box)	1731.80	2316.97

3-6 续 表 Continued

项目	Item	2016	2015
显示器(万部)	Display(10 000 units)	2183.94	1834.78
生　铁(万吨)	Pig Iron(10 000 tons)	1488.48	1515.49
粗　钢(万吨)	(10 000 tons)	1647.66	1698.05
钢　材(万吨)	(10 000 tons)	1562.95	1587.97
铝　材(万吨)	Aluminum(10 000 tons)	5.70	5.14
工业锅炉(蒸发量吨)	Industrial Boiler(tons)	2810.00	3345.00
金属切削机床(台)	Metal - Cutting Machine(unit)	137.00	296.00
#数控金属切削机床(台)	Numerically Controlled Machine Tool(unit)	94.00	60.00
小型拖拉机(台)	Mini Tractors(unit)	50832.00	48101.00
汽　车(辆)	Motor Vehicles(unit)	1766830.00	1426420.00
#载货汽车(辆)	Trucks	199.00	117.00
轿　车(辆)	Cars	1065549.00	850305.00
改装汽车(辆)	Refit Automobile(unit)	2660.00	2672.00
民用钢质船舶(载重吨)	Loading Capacity of Commerical Steel Ships(ton)	320900.00	224250.00
发电设备(万千瓦)	Generating Equipment(10 000 Kw)	67.96	119.69
光　缆(万芯千米)	Optical Cable(10 000 tons km)	5435.68	4223.81
钢绞线(吨)	Aluminium Twisting Wire With Steel Core(ton)	199281.00	213502.00
铅酸蓄电池(万千伏安时)	Storage Battery(10 000 Kvah)	172.73	208.16
电子元件(万只)	Electronic Component(10 000 units)	1567.30	1825.10
移动通信手持机(万台)	Mobile handsets(1000 units)	4903.79	4493.93
家用电热水器(万台)	Electric Water - Heater(10 000 units)	220.60	202.46
家用冷柜(万台)	Freezers(10 000 units)	57.80	74.34
房间空气调节器(万台)	House Air Conditioner(10 000 units)	1206.38	1213.04
发电量总计(万千瓦时)	Power Generation(10 000 Kwh)	2170718.00	2175461.00
#火　电(万千瓦时)	Thermal power Generation(10 000 Kwh)	2170718.00	2175461.00
交流电动机(万千瓦)	Alternating Current Motor(10 000 Kw)	88.34	75.28
变压器(万千伏安)	Transformer(10 000 kva)	2449.82	1924.07

3－7　规模以上工业企业主要经济指标(2016年)

单位:亿元

项　　目	Item	企业单位数(个) Number of Enterprises (unit)
总　　计	**Total**	2516
一、按登记注册类型分组:	**Grouped by Ownership**	
(一)内资企业	Domestic funded Enterprises	2191
国有企业	State－owned Units	30
集体企业	Collective－owned Units	29
股份合作企业	Share－holding Cooperative	3
联营企业	Joint－owned Economic Units	1
有限责任公司	Companies of Limited Liabilities	1228
股份有限公司	Companies of Share holding with Limited Liabilitios	149
私营企业	Private－owned	750
其他企业	Others	1
(二)港、澳、台商投资企业	Enterprises Funded by Entrepreneurs from Hongkong,Macao & Taiwan	81
(三)外商投资企业	Foreign Funded	244
二、在总计中:亏损企业	**of the Total:Loss－making Enterprises**	337
三、在总计中:国有控股企业	of the Total:State－holding Enterprises	261
四、在总计中:农村工业	of the Total:Rural Industry	5
五、在总计中:轻工业	Light Industry	733
重工业	Heavy Industry	1783
六、在总计中:大型企业	Large－Scale Enterprises	88
中型企业	Medium－Scale Enterprises	330
小型企业	Small－Scale Enterprises	2015
微型企业	Micro－Scale Enterprises	83

MAJOR ECONOMIC INDICATORS OF INDUSTRIAL ENTERPRISES ABOVE DESIGNATED SIZE (2016)

(100 million yuan)

#亏损企业 Loss－making Enterpriese	资产合计 Total Assets	流动资产合计 Total Cureut Assets	#应收账款 Account Receivables	#存 货 Inventories	#产成品 Finished Goods
337	13130.33	6728.80	2011.03	1626.48	580.39
283	10056.51	5036.56	1519.34	1414.52	511.50
7	3368.99	956.46	141.37	326.63	105.78
10	13.56	9.25	3.82	1.71	0.87
1	4.99	4.54	1.36	0.52	0.20
0	0.71	0.56	0.31	0.09	0.06
166	3919.00	2396.72	851.94	696.18	221.50
23	1875.02	1102.75	321.06	291.84	139.78
76	873.86	566.04	199.46	97.36	43.29
0	0.39	0.23	0.02	0.17	0.01
14	541.05	328.46	98.84	41.92	16.19
40	2532.76	1363.78	392.85	170.03	52.70
337	1488.72	764.01	172.88	198.33	78.04
55	7527.42	3357.05	665.30	1024.54	337.64
1	1.93	1.54	0.47	0.16	0.10
82	2385.56	1394.11	304.58	495.89	161.48
255	10744.77	5334.69	1706.45	1130.59	418.91
13	8453.51	3970.94	1039.60	1085.54	355.61
45	2308.99	1323.42	460.51	241.33	103.16
255	2231.35	1345.44	462.56	280.83	118.10
24	136.48	89.00	48.36	18.78	3.52

3-7 续 表 1

单位:亿元

项 目	Item	固定资产合计 Total Fixed Assets
总 计	**Total**	4199.03
一、按登记注册类型分组:	**Grouped by Ownership**	
内资企业	Domestic funded Enterprises	3267.85
国有企业	State - owned Units	1709.30
集体企业	Collective - owned Units	2.04
股份合作企业	Share Holding Cooperative	0.43
联营企业	Joint - owned Economic Units	0.12
有限责任公司	Companies of Limited Liabilities	1017.08
股份有限公司	Companies of Share - holding with Limited Liabilities	349.15
私营企业	Private - owned	189.73
其他企业	Others	0.00
港、澳、台商投资企业	Enterprises Funded by Entrepreneurs from Hongkong, Macao & Taiwan	115.51
外商投资企业	Foreign Funded	815.67
二、在总计中:亏损企业	**of the Total:Loss - making Enterprises**	460.21
三、在总计中:国有控股企业	of the Total:State - holding Enterprises	2887.30
四、在总计中:农村工业	of the Total:Rural Industry	0.19
五、在总计中:轻工业	Light Industry	551.18
重工业	Heavy Industry	3647.85
六、在总计中:大型企业	Large - Scale Enterprises	3087.70
中型企业	Medium - Scale Enterprises	580.80
小型企业	Small - Scale Enterprises	515.89
微型企业	Micro - Scale Enterprises	14.64

3 - 7 Continued 1

(100 million yuan)

负债合计 Total Liabilities	主营业务收入 Revenues of Mojor Business	主营业务成本 Costs of Major Business	主营业务税金及附加 Taxes of Major Business	销售费用 Selling Expenses	管理费用 Management Expenses
8138.43	12124.70	10017.02	558.86	371.41	557.91
6253.49	8566.00	7088.19	460.92	254.96	398.99
2219.78	1966.38	1805.90	6.54	30.18	76.95
8.46	28.82	25.88	0.28	0.34	1.30
3.88	3.94	3.56	0.01	0.12	0.21
0.42	0.41	0.40	0.00	0.00	0.03
2361.83	4157.34	3202.27	439.89	108.29	197.73
1137.23	910.67	694.60	9.22	77.83	71.55
521.66	1497.82	1355.06	4.98	38.16	48.17
0.24	0.62	0.52	0.00	0.03	0.04
313.97	549.07	470.61	1.91	30.42	24.43
1570.97	3009.64	2458.23	96.03	86.04	134.50
1173.91	782.23	726.73	11.25	53.69	57.62
4720.89	5916.00	4683.32	519.98	157.65	285.16
0.50	2.82	2.57	0.02	0.11	0.06
1208.14	2650.89	1793.98	373.54	151.23	124.98
6930.29	9473.81	8223.04	185.33	220.18	432.93
5424.39	7140.99	5709.10	532.97	218.88	308.77
1379.49	2213.19	1908.61	12.55	61.59	110.02
1239.22	2572.60	2209.82	13.11	89.16	135.13
95.33	197.92	189.50	0.24	1.78	3.99

3-7 续 表 2

单位:亿元

项目	Item	财务费用 Financial Expenses
总 计	**Total**	103.77
一、按登记注册类型分组:	**Grouped by Ownership**	
内资企业	Domestic funded Enterprises	92.32
国有企业	State - owned Units	47.49
集体企业	Collective - owned Units	0.11
股份合作企业	Share Holding Cooperative	0.01
联营企业	Joint - owned Economic Units	0.01
有限责任公司	Companies of Limited Liabilities	18.34
股份有限公司	Companies of Share holding with Limited Liabilities	17.86
私营企业	Private - owned	8.51
其他企业	Others	0.00
港、澳、台商投资企业	Enterprises Funded by Entrepreneurs from Hongkong, Macao & Taiwan	2.71
外商投资企业	Foreign Funded	8.74
二、在总计中:亏损企业	**of the Total:Loss - making Enterprises**	12.86
三、在总计中:国有控股企业	of the Total:State - holding Enterprises	57.55
四、在总计中:农村工业	of the Total:Rural Industry	0.00
五、在总计中:轻工业	Light Industry	17.16
重工业	Heavy Industry	86.61
六、在总计中:大型企业	Large - Scale Enterprises	66.48
中型企业	Medium - Scale Enterprises	16.07
小型企业	Small - Scale Enterprises	21.35
微型企业	Micro - Scale Enterprises	-0.13

3－7 Continued 2

(100 million yuan)

利息支出 Interest Expenses	利润总额 Total Profits	亏损企业亏损总额 Total Loss of Loss－making Enterprises	利税总额 Total Profits and taxes	本年应交增值税 Value－added Payable of the Gurrent Year
104.97	691.31	79.49	1647.74	396.08
87.80	375.34	60.21	1117.83	280.35
48.94	13.51	5.42	85.17	65.04
0.10	0.98	0.25	2.26	1.00
0.01	0.02	0.01	0.11	0.08
0.01	0.01	0.00	0.04	0.03
22.25	263.47	32.69	873.80	169.62
10.19	51.55	17.76	88.64	27.67
6.31	45.78	4.08	67.77	16.91
0.00	0.03	0.00	0.03	0.00
3.81	24.24	1.80	35.30	9.12
13.36	291.74	17.48	494.61	106.61
13.19	－79.49	79.49	－56.79	11.33
69.81	300.62	53.38	1098.46	277.41
0.00	0.04	0.00	0.11	0.04
17.34	208.04	15.72	716.57	134.70
87.63	483.27	63.77	931.17	261.37
70.71	445.47	37.77	1270.17	291.24
18.34	126.05	22.31	195.41	56.40
15.58	117.07	18.90	178.24	47.48
0.35	2.72	0.50	3.92	0.97

3-7 续 表 3

项 目	Item	全部从业人员年平均人数（万人）Annual Average employees (10 000 persons)
总 计	**Total**	80.15
一、按登记注册类型分组：	**Grouped by Ownership**	
内资企业	Domestic funded Enterprises	62.70
国有企业	State - owned Units	16.92
集体企业	Collective - owned Units	0.52
股份合作企业	Share Holding Cooperative	0.04
联营企业	Joint - owned Economic Units	0.03
有限责任公司	Companies of Limited Liabilities	27.77
股份有限公司	Companies of Share holding with Limited Liabilities	8.00
私营企业	Private - owned	9.40
其他企业	Others	0.01
港、澳、台商投资企业	Enterprises Funded by Entrepreneurs from Hongkong, Macao & Taiwan	4.88
外商投资企业	Foreign Funded	12.57
二、在总计中：亏损企业	**of the Total: Loss - making Enterprises**	10.49
三、在总计中：国有控股企业	of the Total: State - holding Enterprises	35.99
四、在总计中：农村工业	of the Total: Rural Industry	0.04
五、在总计中：轻工业	Light Industry	18.70
重工业	Heavy Industry	61.45
六、在总计中：大型企业	Large - Scale Enterprises	41.90
中型企业	Medium - Scale Enterprises	17.04
小型企业	Small - Scale Enterprises	21.09
微型企业	Micro - Scale Enterprises	0.11

3－7 Continued 3

总资产贡献率(%) Ratio of Total Assets to Industrial Output Value(%)	资产负债率(%) Ratio of Liabilities to Assets (%)	流动资产周转率(次/年) Turnover of Current Assets (times per year)	成本费用利润率(%) Ratio of Profits to Industrial Costs (%)	产品销售率(%) Sales Ratio of Industrial Products (%)
13.35	61.98	1.83	6.16	96.90
11.92	62.18	1.72	4.73	96.28
3.86	65.89	2.06	0.69	99.59
17.44	62.38	3.12	3.55	97.08
2.28	77.74	0.87	0.64	78.58
5.91	58.83	0.73	1.19	115.65
22.82	60.27	1.77	7.30	96.54
5.26	60.65	0.83	5.92	90.92
8.45	59.70	2.66	3.14	95.30
7.70	60.64	2.71	5.11	98.44
7.44	58.03	1.68	4.57	97.55
20.25	62.03	2.28	10.60	98.37
-2.92	78.85	1.06	-9.07	87.41
15.52	62.72	1.81	5.67	99.06
5.75	26.19	1.83	1.64	96.44
30.67	50.64	1.94	9.72	94.54
9.50	64.50	1.81	5.32	97.60
15.87	64.17	1.84	6.95	98.62
9.23	59.74	1.71	5.89	94.52
8.65	55.54	1.93	4.73	93.99
3.45	69.85	2.23	1.39	101.31

3－8 按行业分的规模以上工业企业主要经济指标(2016 年)

单位:亿元

项　　目	Item	企业单位数(个) Number of Enterprises (unit)
总　　计	**Total**	2516
煤炭开采和洗选业	Coal Mining and Processing	0
石油和天然气开采业	Petroleum and Natural Gas	0
黑色金属矿采选业	Ferrous Metals Mining and Processing	1
有色金属矿采选业	Non－Ferrous Metals Mining and Processing	0
非金属矿采选业	Non－metal Minerals Mining and Processing	2
开采辅助活动	Mining Auxiliary Activities	1
其他采矿业	Other Minerals Mining and Processing	2
农副食品加工业	Food Processing	135
食品制造业	Food Production	67
酒、饮料和精制茶制造业	Wine, Beverage and Refined Tea Production	29
烟草制品业	Tobacco Processing	3
纺织业	Textile Industry	57
纺织服装、服饰业	Textile, Garments and Fashion Industry	47
皮革、毛皮、羽毛及其制品和制鞋业	Leather, Furs, Down and Related Products	7
木材加工和木、竹、藤、棕、草制品业	Timber Processing, Wood, Bamboo, Cane, Palm Fiber and Straw Products	23
家具制造业	Furniture Manufacturing	19
造纸和纸制品业	Papermaking and Paper Products	46
印刷和记录媒介复制业	Printing and Record Processing	42
文教、工美、体育和娱乐用品制造业	Stationery, Education and Sports Goods	18
石油加工、炼焦和核燃料加工业	Petroleum Processing, Coking Products and Nuclear Fuel Processing	14
化学原料和化学制品制造业	Raw Chemical Materials and Chemical Products	114
医药制造业	Medical and Pharmaceutical Products	71
化学纤维制造业	Chemical Fiber Manufacturing	1
橡胶和塑料制品业	Rubber and Plastic Products	113
非金属矿物制品业	Nonmetal Mineral Products	244
黑色金属冶炼和压延加工业	Smelting and Pressing of Ferrous Metals	35
有色金属冶炼和压延加工业	Smelting and Pressing of Non－ferrous Metals	28
金属制品业	Metal Products	208
通用设备制造业	Ordinary Machinery Manufacturing	141
专用设备制造业	Special Purpose Equipment Manufacturing	171
汽车制造业	Automobile Manufacturing	317
铁路、船舶、航空航天和其他运输设备制造业	Railway, Watercraft, Aviation and Other Transportation Equipment Manufacturing	52
电气机械和器材制造业	Electric Equipment and Machinery	226
计算机、通信和其他电子设备制造业	Computer, Telecommunication and Other Electronic Equipment Manufacturing	135
仪器仪表制造业	Instruments and Meters Manufacturing	68
其他制造业	Other Manufacturing	8
废弃资源综合利用业	Utilization of Discard Resource and Material	14
金属制品、机械和设备修理业	Metal Products, Machinery and Repair of Equipment	14
电力、热力生产和供应业	Electric, Steam and Hot Water Production and Supply	16
燃气生产和供应业	Gas Production and Supply	13
水的生产和供应业	Tap Water Production and Supply	14

MAIN ECONOMIC INDICATORS OF ABOVE DESIGNATED SIZE INDUSTRIAL ENTERPRISES(2016)

(100 million yuan)

#亏损企业 Loss – making Enterprises	资产合计 Total Assets	流动资产合计 Total Current Assets	#应收账款 Account receivable	存货 Inventories	#产成品 Finished Goods
337	13130.33	6728.80	2011.03	1626.48	580.39
0	0.00	0.00	0.00	0.00	0.00
0	0.00	0.00	0.00	0.00	0.00
0	0.89	0.45	0.17	0.09	0.00
0	0.00	0.00	0.00	0.00	0.00
0	0.49	0.23	0.13	0.07	0.06
1	20.66	3.17	0.15	0.06	0.00
0	5.36	2.70	1.64	0.23	0.00
20	186.52	103.87	19.42	29.68	12.95
7	112.80	60.45	17.96	12.10	7.21
5	135.72	59.14	7.69	11.04	3.77
0	424.74	332.58	25.88	259.87	40.57
2	42.69	23.01	7.01	6.15	3.10
6	83.86	50.34	9.22	23.21	15.21
2	2.32	1.64	0.73	0.54	0.33
1	11.77	5.99	1.52	2.38	1.05
2	12.27	7.30	1.61	2.22	0.65
7	81.25	44.28	10.83	5.56	2.15
6	93.67	60.88	21.74	15.36	4.98
3	124.58	91.73	4.42	19.03	1.90
2	101.53	36.51	8.13	12.42	2.22
13	334.67	97.61	29.37	24.99	9.27
6	523.07	249.85	72.39	44.93	27.88
0	3.07	0.89	0.32	0.32	0.24
10	148.00	89.52	19.50	14.33	8.61
28	288.57	152.32	59.60	22.08	9.53
5	1813.91	581.36	62.58	194.45	78.96
7	17.42	10.76	2.61	3.13	1.41
24	364.54	239.67	64.28	63.84	28.82
18	796.28	421.74	155.60	75.62	15.70
25	518.97	359.42	98.59	73.68	26.68
46	2245.09	1373.90	409.68	187.67	75.71
8	152.16	91.07	37.35	27.11	5.20
33	734.12	473.94	204.94	103.58	50.45
24	2072.10	1461.10	601.41	355.97	133.44
8	77.54	60.37	23.40	11.56	3.49
0	22.98	17.94	2.03	6.63	5.12
7	40.00	16.37	6.48	5.05	3.01
5	22.02	15.72	4.88	3.53	0.07
2	1248.83	47.88	9.24	3.63	0.00
0	87.76	32.72	3.72	3.05	0.22
4	178.10	50.36	4.83	1.31	0.44

3-8 续 表 1

单位:亿元

项 目	Item	固定资产合计 Total Fixed assets
总 计	**Total**	4199.03
煤炭开采和洗选业	Coal Mining and Processing	0.00
石油和天然气开采业	etroleum and Natural Gas	0.00
黑色金属矿采选业	Ferrous Metals Mining and Processing	0.44
有色金属矿采选业	Non - Ferrous Metals Mining and Processing	0.00
非金属矿采选业	Non - metal Minerals Mining and Processing	0.20
开采辅助活动	Mining Auxiliary Activities	13.65
其他采矿业	Other Minerals Mining and Processing	2.17
农副食品加工业	Food Processing	56.05
食品制造业	Food Production	30.85
酒、饮料和精制茶制造业	Wine, Beverage and Refined Tea Production	48.86
烟草制品业	Tobacco Processing	91.52
纺织业	Textile Industry	12.35
纺织服装、服饰业	Textile, Garments and Fashion Industry	11.54
皮革、毛皮、羽毛及其制品和制鞋业	Leather, Furs, Down and Related Products	0.57
木材加工和木、竹、藤、棕、草制品业	Timber Processing, Wood, Bamboo, Cane, Palm Fiber and Straw Products	4.87
家具制造业	Furniture Manufacturing	2.12
造纸和纸制品业	Papermaking and Paper Products	24.07
印刷和记录媒介复制业	Printing and Record Processing	18.04
文教、工美、体育和娱乐用品制造业	Stationery, Education and Sports Goods	3.60
石油加工、炼焦和核燃料加工业	Petroleum Processing, Coking Products and Nuclear Fuel Processing	62.57
化学原料和化学制品制造业	Raw Chemical Materials and Chemical Products	166.88
医药制造业	Medical and Pharmaceutical Products	114.52
化学纤维制造业	Chemical Fiber Manufacturing	2.16
橡胶和塑料制品业	Rubber and Plastic Products	26.41
非金属矿物制品业	Nonmetal Mineral Products	93.21
黑色金属冶炼和压延加工业	Smelting and Pressing of Ferrous Metals	731.02
有色金属冶炼和压延加工业	Smelting and Pressing of Non - ferrous Metals	5.06
金属制品业	Metal Products	89.46
通用设备制造业	Ordinary Machinery Manufacturing	207.24
专用设备制造业	Special Purpose Equipment Manufacturing	120.00
汽车制造业	Automobile Manufacturing	566.81
铁路、船舶、航空航天和其他运输设备制造业	Railway, Watercraft, Aviation and Other Transportation Equipment Manufacturing	44.23
电气机械和器材制造业	Electric Equipment and Machinery	195.61
计算机、通信和其他电子设备制造业	Computer, Telecommunication and Other Electronic Equipment Manufacturing	286.37
仪器仪表制造业	Instruments and Meters Manufacturing	8.35
其他制造业	Other Manufacturing	2.33
废弃资源综合利用业	Utilization of Discard Resource and Material	14.66
金属制品、机械和设备修理业	Metal Products, Machinery and Repair of Equipment	2.55
电力、热力生产和供应业	Electric, Steam and Hot Water Production and Supply	1051.54
燃气生产和供应业	Gas Production and Supply	39.86
水的生产和供应业	Tap Water Production and Supply	47.29

3－8 Continued 1

(100 million yuan)

负债合计 Total Liabilities	主营业务收入 Revenues of Major Business	主营业务成本 Costs of Major Business	主营业务税金及附加 Taxes of Major Business	销售费用 Selling Expenses	管理费用 Management Expenses
8138.43	12124.70	10017.02	558.86	371.41	557.91
0.00	0.00	0.00	0.00	0.00	0.00
0.00	0.00	0.00	0.00	0.00	0.00
0.26	4.66	4.12	0.14	0.27	0.05
0.00	0.00	0.00	0.00	0.00	0.00
0.06	4.94	4.06	0.19	0.16	0.14
12.87	17.19	16.73	0.00	0.02	0.22
3.66	2.37	0.15	0.00	0.15	0.24
93.55	379.19	330.12	1.12	14.16	10.83
59.70	182.13	150.28	0.79	12.80	9.09
69.83	195.76	157.64	3.31	20.71	6.38
133.69	606.08	127.13	360.97	9.23	19.14
21.15	101.82	90.65	0.56	2.40	3.86
45.40	85.33	72.41	0.44	5.94	3.78
1.24	14.51	13.92	0.04	0.11	0.25
6.16	24.52	21.79	0.37	0.39	0.83
6.79	13.16	10.89	0.08	1.08	0.85
63.08	100.90	90.66	0.27	2.88	3.57
41.72	90.56	73.52	0.27	2.83	6.06
109.11	45.70	41.01	0.11	0.81	1.69
50.36	295.43	215.27	61.84	1.03	8.17
156.25	318.26	261.76	3.08	5.75	19.08
256.00	303.37	184.50	2.16	50.36	30.95
0.98	2.94	2.67	0.00	0.17	0.09
67.20	247.12	216.84	0.95	5.59	8.51
146.46	327.90	284.40	2.20	12.61	14.21
1229.34	901.29	822.24	3.16	12.82	42.62
12.08	47.86	45.11	0.22	0.57	1.20
271.46	414.91	366.08	2.41	15.92	18.91
565.71	265.84	215.66	1.51	8.42	17.51
330.43	347.40	304.61	1.38	11.93	22.42
1496.69	2795.72	2293.63	96.14	81.56	123.46
127.43	155.74	139.68	1.46	3.10	8.81
459.48	872.11	750.79	5.38	25.53	55.06
1282.67	1827.31	1638.17	4.06	52.98	102.52
34.50	57.94	43.02	0.39	3.87	7.17
17.21	11.49	10.66	0.04	0.20	0.44
20.96	50.75	49.52	0.03	0.29	1.06
15.59	19.31	14.92	0.08	0.27	2.26
789.20	904.17	877.11	3.14	0.02	2.37
52.34	61.02	50.70	0.38	2.14	1.88
87.81	27.98	24.58	0.20	2.35	2.23

3-8 续 表 2

单位:亿元

项目	Item	财务费用 Financial Expenses
总　计	**Total**	103.77
煤炭开采和洗选业	Coal Mining and Processing	0.00
石油和天然气开采业	Petroleum and Natural Gas	0.00
黑色金属矿采选业	Ferrous Metals Mining and Processing	0.00
有色金属矿采选业	Non - Ferrous Metals Mining and Processing	0.00
非金属矿采选业	Non - metal Minerals Mining and Processing	0.03
开采辅助活动	Mining Auxiliary Activities	0.31
其他采矿业	Other Minerals Mining and Processing	0.03
农副食品加工业	Food Processing	2.82
食品制造业	Food Production	0.45
酒、饮料和精制茶制造业	Wine, Beverage and Refined Tea Production	0.71
烟草制品业	Tobacco Processing	-0.64
纺织业	Textile Industry	0.51
纺织服装、服饰业	Textile, Garments and Fashion Industry	1.09
皮革、毛皮、羽毛及其制品和制鞋业	Leather, Furs, Down and Related Products	0.06
木材加工和木、竹、藤、棕、草制品业	Timber Processing, Wood, Bamboo, Cane, Palm Fiber and Straw Products	0.36
家具制造业	Furniture Manufacturing	0.13
造纸和纸制品业	Papermaking and Paper Products	1.42
印刷和记录媒介复制业	Printing and Record Processing	0.48
文教、工美、体育和娱乐用品制造业	Stationery, Education and Sports Goods	1.04
石油加工、炼焦和核燃料加工业	Petroleum Processing, Coking Products and Nuclear Fuel Processing	-0.48
化学原料和化学制品制造业	Raw Chemical Materials and Chemical Products	4.35
医药制造业	Medical and Pharmaceutical Products	5.99
化学纤维制造业	Chemical Fiber Manufacturing	0.00
橡胶和塑料制品业	Rubber and Plastic Products	1.03
非金属矿物制品业	Nonmetal Mineral Products	2.42
黑色金属冶炼和压延加工业	Smelting and Pressing of Ferrous Metals	34.20
有色金属冶炼和压延加工业	Smelting and Pressing of Non - ferrous Metals	0.24
金属制品业	Metal Products	2.92
通用设备制造业	Ordinary Machinery Manufacturing	11.78
专用设备制造业	Special Purpose Equipment Manufacturing	2.99
汽车制造业	Automobile Manufacturing	2.15
铁路、船舶、航空航天和其他运输设备制造业	Railway, Watercraft, Aviation and Other Transportation Equipment Manufacturing	2.35
电气机械和器材制造业	Electric Equipment and Machinery	5.99
计算机、通信和其他电子设备制造业	Computer, Telecommunication and Other Electronic Equipment Manufacturing	2.81
仪器仪表制造业	Instruments and Meters Manufacturing	0.47
其他制造业	Other Manufacturing	0.03
废弃资源综合利用业	Utilization of Discard Resource and Material	0.10
金属制品、机械和设备修理业	Metal Products, Machinery and Repair of Equipment	0.58
电力、热力生产和供应业	Electric, Steam and Hot Water Production and Supply	13.38
燃气生产和供应业	Gas Production and Supply	0.29
水的生产和供应业	Tap Water Production and Supply	1.36

3－8 Continued 2

(100 million yuan)

利息支出 Interest Expenses	利润总额 Total Profits	亏损企业亏损总额 Total Loss of Loss－making Enterprises	利税总额 Total Profits and taxes	本年应交增值税 Value－added tax Payable of the Current Year
104.97	691.31	79.49	1647.74	396.08
0.00	0.00	0.00	0.00	0.00
0.00	0.00	0.00	0.00	0.00
0.00	0.08	0.00	0.28	0.06
0.00	0.00	0.00	0.00	0.00
0.00	0.34	0.00	0.63	0.10
0.37	－1.26	1.26	1.04	2.29
0.00	0.19	0.00	0.46	0.25
1.94	20.29	1.86	24.88	3.38
0.41	9.79	0.14	14.52	3.93
1.01	8.58	1.91	18.80	6.91
0.00	90.63	0.00	535.07	83.47
0.54	3.91	0.08	6.38	1.92
0.95	2.34	0.96	4.23	1.44
0.06	0.13	0.01	0.22	0.05
0.16	0.78	0.02	1.45	0.29
0.10	0.37	0.10	0.61	0.19
2.23	3.05	0.65	5.13	1.80
0.55	7.97	0.77	10.92	2.68
0.26	1.32	0.02	1.90	0.47
2.14	9.44	0.69	86.99	15.72
4.25	28.85	1.71	41.33	9.39
6.39	35.77	0.80	53.56	15.52
0.00	0.01	0.00	0.02	0.00
1.08	15.24	0.64	21.20	5.01
1.81	13.41	1.54	24.23	8.61
34.50	－2.35	5.18	30.39	29.50
0.18	0.65	0.11	1.53	0.65
2.76	14.63	2.60	24.26	7.20
2.37	14.63	1.43	20.81	4.44
3.02	4.74	10.33	13.33	7.16
7.10	259.48	18.25	456.48	100.43
2.10	－4.17	8.57	3.38	6.07
4.46	46.45	13.15	68.49	16.55
8.86	80.08	2.64	107.35	23.09
0.46	5.18	0.73	7.92	2.30
0.02	0.28	0.00	0.42	0.09
0.05	－0.17	0.44	－0.24	－0.10
0.53	1.80	0.25	1.88	－0.01
13.48	11.96	0.31	48.32	33.16
0.34	6.69	0.00	8.38	1.29
0.49	0.17	2.35	1.16	0.77

3-8 续表 3

项目	Item	全部从业人员年平均人数（万人）Annual Average employees（10 000 persons）
总计	**Total**	80.15
煤炭开采和洗选业	Coal Mining and Processing	0.00
石油和天然气开采业	Petroleum and Natural Gas	0.00
黑色金属矿采选业	Ferrous Metals Mining and Processing	0.01
有色金属矿采选业	Non－Ferrous Metals Mining and Processing	0.00
非金属矿采选业	Non－metal Minerals Mining and Processing	0.02
开采辅助活动	Mining Auxiliary Activities	0.04
其他采矿业	Other Minerals Mining and Processing	0.08
农副食品加工业	Food Processing	1.95
食品制造业	Food Production	1.61
酒、饮料和精制茶制造业	Wine, Beverage and Refined Tea Production	1.44
烟草制品业	Tobacco Processing	0.63
纺织业	Textile Industry	0.94
纺织服装、服饰业	Textile, Garments and Fashion Industry	1.57
皮革、毛皮、羽毛及其制品和制鞋业	Leather, Furs, Down and Related Products	0.09
木材加工和木、竹、藤、棕、草制品业	Timber Processing, Wood, Bamboo, Cane, Palm Fiber and Straw Products	0.23
家具制造业	Furniture Manufacturing	0.21
造纸和纸制品业	Papermaking and Paper Products	0.66
印刷和记录媒介复制业	Printing and Record Processing	0.85
文教、工美、体育和娱乐用品制造业	Stationery, Education and Sports Goods	0.29
石油加工、炼焦和核燃料加工业	Petroleum Processing, Coking Products and Nuclear Fuel Processing	0.39
化学原料和化学制品制造业	Raw Chemical Materials and Chemical Products	1.43
医药制造业	Medical and Pharmaceutical Products	3.50
化学纤维制造业	Chemical Fiber Manufacturing	0.02
橡胶和塑料制品业	Rubber and Plastic Products	1.57
非金属矿物制品业	Nonmetal Mineral Products	2.82
黑色金属冶炼和压延加工业	Smelting and Pressing of Ferrous Metals	6.20
有色金属冶炼和压延加工业	Smelting and Pressing of Non－ferrous Metals	0.28
金属制品业	Metal Products	3.28
通用设备制造业	Ordinary Machinery Manufacturing	3.07
专用设备制造业	Special Purpose Equipment Manufacturing	3.56
汽车制造业	Automobile Manufacturing	12.33
铁路、船舶、航空航天和其他运输设备制造业	Railway, Watercraft, Aviation and Other Transportation Equipment Manufacturing	1.85
电气机械和器材制造业	Electric Equipment and Machinery	6.26
计算机、通信和其他电子设备制造业	Computer, Telecommunication and Other Electronic Equipment Manufacturing	11.18
仪器仪表制造业	Instruments and Meters Manufacturing	1.12
其他制造业	Other Manufacturing	0.12
废弃资源综合利用业	Utilization of Discard Resource and Material	0.29
金属制品、机械和设备修理业	Metal Products, Machinery and Repair of Equipment	0.55
电力、热力生产和供应业	Electric, Steam and Hot Water Production and Supply	8.43
燃气生产和供应业	Gas Production and Supply	0.47
水的生产和供应业	Tap Water Production and Supply	0.83

3－8 Continued 3

总资产贡献率 (%) Ratio of Total Assets to Industrial Output Value(%)	资产负债率 (%) Ratio of Liabilities to Assets (%)	流动资产周转率 (次/年) Turnover of Current Assets (times/year)	成本费用利润率 (%) Ratio of Profits to Industrial Costs (%)	产品销售率 (%) Sales Ratio of Industrial Products (%)
13.35	61.98	1.83	6.16	96.90
0.00	0.00	0.00	0.00	0.00
0.00	0.00	0.00	0.00	0.00
31.87	29.28	10.39	1.79	100.00
0.00	0.00	0.00	0.00	0.00
128.06	11.30	21.35	7.83	99.82
6.54	62.32	5.42	-7.27	88.54
8.58	68.21	0.88	8.78	100.00
14.37	50.15	3.66	5.62	92.45
13.34	52.92	3.09	5.54	97.34
14.42	51.45	3.39	4.52	95.13
125.87	31.48	1.89	51.24	105.49
16.19	49.54	4.43	4.00	93.40
6.13	54.14	1.71	2.81	94.49
12.08	53.49	8.86	0.91	91.79
13.68	52.39	4.15	3.31	88.18
6.04	55.33	1.84	2.88	89.48
7.79	77.64	2.30	3.08	96.50
12.39	44.54	1.49	9.59	87.03
1.73	87.58	0.50	2.95	97.36
85.20	49.61	8.09	4.21	97.28
13.60	46.69	3.31	9.78	96.30
11.33	48.94	1.22	13.12	97.70
0.61	32.03	3.33	0.49	99.40
15.03	45.41	2.80	6.49	98.43
8.86	50.75	2.16	4.27	94.19
3.36	67.77	1.55	-0.26	99.79
9.85	69.37	4.45	1.37	98.58
7.38	74.47	1.81	3.47	94.36
2.90	71.04	0.63	5.73	96.12
3.11	63.67	0.98	1.37	93.41
20.97	66.67	2.10	10.13	99.02
3.54	83.75	1.74	-2.66	91.76
9.92	62.59	1.90	5.43	90.05
5.74	61.90	1.26	4.44	96.76
10.77	44.50	0.98	9.39	94.77
1.92	74.89	0.65	2.49	96.55
-0.47	52.39	3.10	-0.33	95.91
10.90	70.77	1.25	9.97	90.29
4.92	63.20	19.02	1.33	99.90
9.97	59.63	1.88	12.07	100.03
0.90	49.30	0.58	0.53	87.70

3-9 规模以上工业能源消费量(折标煤)
ENERGY CONSUMPTION OF INDUSTRIAL ENTERPRISES ABOVE DESIGNATED SIZE(coverted into SCE)

单位:万吨 (10 000 tons)

年份 Year	总计 Total	#用于转换 for Coverting into Other Type of Energy	煤炭 Coal	#洗精煤 Pure Coal	焦炭 Coke	原油 Crude	燃料油 Fuel Oil
1997	2335.92	1233.83	960.82	417.66	305.74	412.40	48.49
1998	2285.71	1175.40	962.44	415.60	307.78	333.81	35.39
1999	2189.45	1133.91	917.01	415.39	309.28	390.49	24.58
2000	2485.33	1191.40	926.39	413.95	333.58	430.29	25.16
2001	2265.24	1087.32	863.67	414.91	320.59	365.58	25.62
2002	2356.15	822.71	950.27	432.16	331.34	412.45	21.97
2003	2615.67	1522.64	1084.49	460.09	379.43	435.27	25.47
2004	3274.48	1501.02	1435.12	496.14	368.92	530.24	29.21
2005	3255.39	1330.78	1742.06	589.56	411.12	584.18	38.96
2006	3828.17	1592.27	1891.64	584.12	441.93	580.95	29.58
2007	3884.03	1654.59	1863.85	705.64	422.65	611.07	26.50
2008	3914.27	1652.12	1793.92	699.84	506.28	569.31	27.29
2009	3741.91	1719.81	1672.25	761.05	485.07	646.93	11.68
2010	4071.71	1874.52	1768.01	823.63	644.22	713.41	8.14
2011	4396.63	2010.75	1977.36	912.65	668.84	720.11	8.29
2012	4230.66	1829.82	1824.80	847.81	627.09	619.07	4.61
2013	4872.01	2256.35	1928.65	869.08	637.33	917.30	2.74
2014	5191.93	2406.52	1781.16	824.48	613.81	1127.25	2.30
2015	5105.13	2395.96	1725.62	817.89	585.67	1101.35	1.92
2016	4860.15	2223.59	1659.16	791.38	575.42	967.13	0.66

年份 Year	汽油 Gasoline	柴油 Kerosene	煤油 Diesel Oil	炼厂干气 Refinery Net Gas	液化石油气 Coke Gas	焦炉煤气 Coke Gas	外购热力 Heat Bought Beyond the City	电力 Electricity
1997	16.54	33.46	15.07	8.32	0.68	79.33	35.97	385.59
1998	17.12	31.27	15.67	8.64	1.52	84.18	45.33	431.03
1999	2.73	6.39	0.12	14.96	0.61	88.27	45.68	375.89
2000	5.38	6.40	0.24	11.66	0.48	90.59	49.68	403.96
2001	2.22	6.49	0.32	11.65	0.58	74.82	42.55	442.30
2002	7.61	2.77	0.25	13.58	0.12	89.68	57.42	325.54
2003	5.34	15.53	0.21	17.39	3.53	97.13	49.62	395.33
2004	4.92	9.82	0.61	22.69	2.74	90.54	53.37	710.32
2005	21.68	21.14	0.92	24.97	0.48	112.01	33.09	223.26
2006	44.24	42.21	2.27	26.36	0.45	129.05	103.87	178.24
2007	9.13	20.63	0.31	29.89	0.63	122.79	108.73	215.37
2008	8.26	14.48	0.40	28.48	0.66	140.38	100.04	221.32
2009	7.15	10.60	0.54	28.20	0.71	176.50	105.17	229.67
2010	9.86	11.32	0.68	25.01	1.16	171.15	89.07	259.98
2011	4.11	8.29	0.36	24.91	0.83	184.74	94.12	296.52
2012	4.28	9.02	0.37	21.40	0.58	170.86	88.18	375.71
2013	3.96	8.41	0.43	30.20	11.01	176.69	82.56	391.61
2014	4.10	8.64	0.45	37.86	51.95	175.18	81.58	408.59
2015	4.05	6.82	0.31	36.98	65.63	171.75	102.63	415.28
2016	4.11	6.31	0.34	33.53	45.86	157.05	90.89	434.75

注:规模以上工业企业能源消费量,2004 年为经济普查数据,2005 年电力折算系数由 4.04 改为 1.229。

Note:Energy Consumptions in 2004 of industrial enterprises above designated size were from National Economic Census. The power conversion factor has been adjusted from 4.04 to 1.229 since 2005.

3-10 平均每万元工业总产值能源消费量
ENERGY CONSUMPTION PER 10000 YUAN GROSS INDUSTRIAL OUTPUT VALUE

年份 Year	能源总量（折标煤） Total Energy (SCE)	煤炭（吨） Coal (ton)	焦炭（吨） Coke (ton)	原油（吨） Crude Oil (ton)	燃料油（吨） Fuel Oil (ton)	电力（千瓦时） Electricity (KWH)
1996	2.42	2.63	0.69	0.57	0.10	1631
1997	2.43	2.28	0.60	0.55	0.06	1806
1998	2.09	1.98	0.52	0.38	0.04	1486
1999	2.10	1.55	0.42	0.36	0.02	1131
2000	1.43	1.50	0.44	0.39	0.02	1205
2001	1.15	1.18	0.32	0.25	0.02	1016
2002	1.35	0.84	0.34	0.28	0.02	795
2003	0.82	1.13	0.29	0.23	0.02	733
2004	0.94	0.89	0.23	0.22	0.01	1006
2005	0.81	0.99	0.19	0.18	0.01	975
2006	0.79	0.88	0.16	0.14	0.01	515
2007	0.63	0.74	0.12	0.12	0.01	497
2008	0.45	0.58	0.12	0.09	0.004	415
2009	0.34	0.33	0.10	0.13	0.002	456
2010	0.29	0.28	0.10	0.11	0.001	405
2011	0.27	0.33	0.09	0.10	0.001	400
2012	0.23	0.26	0.07	0.07	0.001	417
2013	0.21	0.24	0.06	0.06	0.002	307
2014	0.20	0.15	0.05	0.10	0.0002	347
2015	0.18	0.18	0.05	0.06	0.001	273
2016	0.17	0.16	0.05	0.05	0.00003	269

注：从2000年开始，万元工业产值能源消费量数据调整为万元工业产值综合能源消费量。
Note: Data on energy consumption per 10000 gross industrial output value have been adjusted to comprehensive energy consumption per 10000 gross industrial output value since 2000.

3－11 全社会用电量
CONSUMPTION OF ELECTRICITY

单位:万千瓦时　　　　(10 000 Kwh)

项目	Item	2016	2015
全社会用电总计	**Total Electricity Consumption**	4913201	4642788
A、全行业用电合计	Total Electricity Consumption of Industries	4000659	3836272
第一产业	Primary Industry	48674	38426
第二产业	Secondary Industry	2639638	2632574
第三产业	Tertiary Industry	1312348	1165272
B、城乡居民生活用电合计	Residential Electricity Consumption	912542	806516
城镇居民	In Urban Areas	799238	707174
乡村居民	In Rural Areas	113304	99342
全行业用电分类	**Classification by Sector**	4000659	3836272
一、农、林、牧、渔业	Farming,Forestry,Animal Husbandry,Fishery and Water Conservancy	48674	38426
二、工业	Industry	2522482	2534876
其中:1. 轻工业	Light Industry	322026	291378
2. 重工业	Heavy Industry	2200456	2243498
其中:1. 采矿业	Mining and Quarrying	4297	7903
2. 制造业	Manufacturing	1796147	1734461
3. 电力、燃气及水的生产和供应业	Electricity,Gas and Tap Water Production and Supply	722038	792512
三、建筑业	Construction	117156	97698
四、交通运输、仓储和邮政业	Transportation,Storage,Postal and Telecommunications Services	174272	149789
五、信息传输、计算机服务和软件业	Information transfer,Computer and Software Services	47343	39886
六、商业、住宿和餐饮业	Commerce,Hotel and Catering Services	359567	341604
七、金融、房地产、商务及居民服务业	Banking,Real Estate,Commerce and Residential Services	348905	294775
八、公共事业及管理组织	Public Enterprise and Management Organization	382261	339218
1. 科学研究、技术服务和地质勘查业	Scientific Reserch,Polytechnical Services and Geological Prospecting	50414	46229
2. 水利、环境和公共设施管理业	Water Conservancy,Environment and Public Facilities	66494	54673
3. 教育、文化、体育和娱乐业	Education,Culture,Sports and Recreation Services	137081	123484
4. 卫生、社会保障和社会福利业	Health Care,Social Security and Welfare	61086	52259
5. 公共管理和社会组织、国际组织	Public Management,Social Organization and International Organization	67186	62574

主 要 统 计 指 标 解 释

工业　指从事自然资源的开采，对采掘品和农产品进行加工和再加工的物质生产部门。具体包括(1)对自然资源的开采，如采矿、晒盐、森林采伐等(但不包括禽兽捕猎和水产捕捞)；(2)对农副产品的加工、再加工。如粮油加工、食品加工、轧花、缫丝、纺织、制革等；(3)对采掘品的加工、再加工，如炼铁、炼钢、化工生产、石油加工、机器制造、木材加工等，以及电力、自来水、煤气的生产和供应等；(4)对工业品的修理、翻新，如机器设备的修理、交通运输工具(包括小卧车)的修理等。1984年以前农村的村及村以下办工业归属农业，1984年以后划归工业。

工业统计调查单位　工业统计调查单位分为两类：独立核算法人工业企业和工业活动单位。

(1)独立核算法人工业企业指从事工业生产经营活动的单位。独立核算法人工业企业应同时具备以下条件：①依法成立，有自己的名称、组织机构和场所，能够承担民事责任；②独立拥有和使用资产，承担负债，有权与其他单位签订合同；③独立核算盈亏，并能够编制资产负债表。

(2)工业活动单位是指在一个场所从事一种或主要从事一种工业生产活动的经济单位。它包括独立核算工业企业按主营业务活动(即工业生产活动)划分的主营业务活动单位和非工业企业所属的工业生产活动单位(即原非独立核算工业生产单位)。工业活动单位，一般应同时具备以下三个条件：①具有一个场所，从事一种或主要从事一种工业活动；②单独组织工业生产经营或业务活动；③单独核算收入和支出。

国有经济工业　(即过去的全民所有制工业或国营工业)指生产资料归国家所有的一种经济类型。包括中央和地方各级国家机关、部队、科研机构、学校、人民团体和国有经济企事业单位等举办的国有经济工业。1957年以前的公私合营和私营工业，后均改造为国营工业，1992年改为国有工业，这部分工业的资料不单独分列时，均包括在国有工业内。

集体经济工业　指生产资料归公民集体所有的一种经济类型，是社会主义公有制经济的组成部分。包括城乡所有使用集体投资举办的企业，以及部分个人通过集资自愿放弃所有权并依法经工商行政管理机关认定为集体所有制的企业。

其他经济类型工业　指除国有经济、集体经济、城乡个体经济以外的其他经济类型工业企业(单位)。包括私营经济、联营经济、股份制经济(股份有限公司，有限责任公司)；外商投资经济(中外合资经营、中外合作经营、外资企业)；港、澳、台投资经济(与大陆合资经营、与大陆合作经营、港、澳、台独资企业)及其他经济类型的工业。

轻工业　指主要提供生活消费品和制作手工工具的工业。按其所使用的原料不同，可分为两大类(1)以农产品为原料的轻工业，是指直接或间接以农产品为基本原料的轻工业。主要包括食品制造、饮料制造、烟草加工、纺织、缝纫、皮革和毛皮制作、造纸以及印刷等工业；(2)以非农产品为原料的轻工业，是指以工业品为原料的轻工业。主要包括文教体育用品、化学药品制造、合成纤维制造、日用化学制品、日用玻璃制品、日用金属制品、手工工具制造、医疗器械制造、文化和办公用机械制造等工业。

重工业　是指为国民经济各部门提供物质技术基础的主要生产资料的工业。按其生产性质和产品用途，可以分为下列三类(1)采掘(伐)工业，是指对自然资源的开采，包括石油开采、煤炭开采、金属矿开采、非金属矿开采和木材采伐等工业；(2)原材料工业，指向国民经济各部门提供基本材料、动力和燃料的工业。包括金属冶炼及加工、炼焦及焦炭化学、化工原料、水泥、人造板以及电力、石油和煤炭加工等工业；(3)加工工业，是指对工业原材料进行再加工制造的工业。包括装备国民经济各部门的机械设备制造工业、金属结构、水泥制品等工业，以及为农业提供的生产资料如化肥、农药等工业。

根据上述划分原则，修理业中以重工业产品为修理作业对象的划为重工业，反之划为轻工业。

工业总产值　是以货币表现的工业企业在一定时期内生产的已出售或可供出售的工业产品总量，它反映一定时间内工业生产的总规模和总水平。它包括：在本企业内不再进行加工，经检验、包装入库(规定不需包装的产品除外)的成品价值，对外加工费收入，自制半成品、在产品期末期初差额价值。工业总产值采用“工厂法”计算，即以工业企业作为一个整体，按企业工业生产活动的最终成果来计算，企业内部不允许重复计算，不能把企业内部各个车间(分厂)生产的成果相加。但在企业之间、行业之间、地区之间存在着重复计算。

轻重工业总产值的划分也是按“工厂法”计算的，即一个工业企业在正常情况下生产的主要产品的性质属于轻工业，则该企业的全部总产值作为轻工业总产值；一个工业企业生产的主要产品的性质属于重工业，则该企业的全部总产值作为重工业总产值。

工业增加值　是指工业企业在报告期内以货币表现的工业生产活动的最终成果。

固定资产原价　指企业在建造、购置、安装、改建、扩建、技术改造某项固定资产时所支出的全部货币总额。它一般包括买价、包装费、运杂费和安装费等。

固定资产净值　是指固定资产原价减去历年已提折旧额后的净额。

流动资产　是指可以在一年或者超过一年的一个营业周期内变现或者耗用的资产，包括现金及各种存款、短期投资、应收及预付货款、存货等。

利税总额　指企业利润总额、产品销售税金及附加和应交增值税之和。

工业企业能源消费量　指工业企业在工业生产活动和非工业生产活动中消费的能源，包括工业生产活动中作为燃料、动力、原料、辅助材料使用的能源，生产工业中使用的能源，用于能源加工转换的能源，非工业生产活动中使用的能源。

Explanatory Notes On Main Statistical Indicators

Industry refers to the material production sector which is engaged in extraction of natural resources and processing and reprocessing of minerals and agricultural products, including(1) extraction of natural resources, such as mining, salt production, logging(but not including hunting and fishing); (2) processing and reprocessing of farm and sideline produces such as rice husking, flour milling, winemaking. oil pressing, cotton ginning, silk reeling, spinning and weaving, andleather making; (3) manufacture of industrial products, such as steel making, iron smelting, chemicals manufacturing, petroleum processing, machine building, timber processing water and gas production and electricity generation and supply; (4) repairing of industrial products such as the repairing of machinery and means of transport(including cars).

Prior to 1984, the rural industry run by villages and cooperative organizations under village was classified into agriculture. Since 1984, it has been grouped into industry.

Units of industrial Statistics and inquiry: They are classified into two categories(1) corporate industrial enterprises with independent accounting system(2) industrial establishments.

(1) Corporate industriat enterprises with independent accounting system refer to enterprises engaging in industrial production activities, which meet the following retluirements: 1. They are established legally, having their own names, organizations, location, able to take civil liability 2. They possess and use their assets independently, assume liabilities, and are entitled to sign contracts with other units 3. They are financially independent and compile their own balance sheets.

(2) Industrial establishnmnts refer to economic units which are located in one single place and engaged entirely or primarily in one kind of industrial activity, including financially independent industrial enterprises and units engaged in industrial activities under the non – industrial enterprises(or financially dependent). Industrial establishments generally meet the following requirements: <a> They have each one location and are engaged in one kind of industry activity <b> They operate and manage their industrial production activities separately <c> They have accounts of income and expenditures separately.

State – owned Industry refers to industrial enterprises where the means of production or income are owned by the state. Joint state – private industries and private industries which existed before 1957 have been transformed into state industries. Statistics on these enterprises have been included in the state – owned industries since 1957 when separation of data was no longer necessary.

Collective Owned industry refers to industrial enterprises where the means of production are owned collectively, including urban and rural enterprises invested by collectives and enterprises which were formerly owned privately but have been registered in industrial and commercial administration agency as collective units through raising fund from the public.

Industry of Other Types of Ownerships refers to industrial enterprises(units) of ownerships other than the state – owned economy, collective economy, individual economy. They include the enterprises of private economy, joint – owned economy, share – holding economy (companies limited by shares and companies limited with liabilities), foreign – funded economy(Sino – foreign joint ventures. Sino – foreign cooperative enterprises and foreign ventures exclusively with their own investment), economy funded by the entrepreneurs from Hong Kong, Macao and Taiwan(joint ventures and cooperative enterprises with the mainland as well as ventures exclusively with their own investment) and other types of ownership.

Light industry refers to the industry which produces consumer goods and hand tools. It consists of two categories, depending on the materials used:

(1) Industries using farm products as raw materials. These are branches of light industry which directly or indirectly use farm products as basic raw materials, including the manufacture of food and beverages, tobacco processing, textile, clothing, fur and leather manufacturing, paper making, printing, etc.

(2) Industries using non – farm products as raw materials. These are branches of light industry which use manufactured goods as raw materials, including the manufacture of cultural, educational articles and sports goods, chemicals, synthetic fiber, chemical products for daily use, glass products for daily use. metal products for daily use, hand tools, medical apparatus and instruments, and the manufacture of cultural and clerical machinery.

Heavy industry refers to tile industry which produces capital goods, and provides various sectors of the national economy with necessary material and technical basis. It consists of the following three branches according to the purpose of production or the use of products:

(1) Milling, quarrying and logging industry refers to the industry that extracts natural resources, including extraction of petroleum, coal, metal and non – metal ores and logging.

(2) Raw materials industry refers to the industry that provides various sectors of the national economy with raw materials, fuels and power. It includes smelting and processing of metals, coking and coke chemistry, chemical materials and building materials such as cement, plywood, and power, petroleum refining and coal dressing.

(3) Manufacturing industry refers to the industry that processes raw materials. It includes machine – building industry which equips sectors of the national economy, industries of metal structure and cement products, industries producing means of agricultural production, such as chemical fertilizers and pesticides.

According to the above principle of classification, the repairing trades which are engaged primarity in repairing products of heavy industry are classified into heavy industry while these engaged in repairing products of light industry are classified into light industry.

Gross Industrial Output Value is the total volume of industrial products sold or available for sale in value terms which reflects the total achievements and overall scale of industrial production during a given period。 It includes the value of the finished products, which are not to be further processed in the enterprises and have been inspected, packed and put in storage, the Value of industrial services rendered to other units and the ehanges in the value of the semi finished products and products in process between the beginning and closing of the period (only the enterprises with long production cycle are required to calculate the changes). The gross industrial output value is calculated with "factory method". No double calculations are to be made within the same enterprise. However, double counting does oceur among different enterprises.

Output value of light and heavy industries are also classified with the "factory" method. Under normal conditions, if the major products of an industrial enterprise belong to light industry products, the gross output value of that enterprise is classified wholly into light industry; the same principle applies to heavy industry.

Value Added of Industry refers to the final results of industrial production of the industrial trade in money terms during the reference period.

Original Value of Fixed Assets refers to the original value of all fixed assets owned by industrial enterprises, calculated at the cost paid at the time of purchase, installation, reconstruction, expansion, and technical innovation and transformation of the said assets, which includes expenses on purchase, package, transportation, and installation, etc.

Net Value of Fixed Assets is obtained by deducting depreciation over years from the original value of fixed assets.

Working Capital (Current Assets) refers to assets which can be cashed in or spent or consumed in an operating cycle of one year or over one year, which includes cash, various deposits, short – term investment, receivable payments, advance payments, and stock, etc.

Total Value of Profit and Tax (Pre – tax Profits) refers to the sum of the total profits, products sales tax and surcharges and the value added tax payable of industrial enterprises. It is also called pretax profits.

Energy Consumptions of Industrial Enterprises Energy Consumptions of industrial enterprises in the industrial production and non – industrial production activities. Including energy utilized as fuel, power, raw materials, auxiliary materials during industrial production activities, energy for manufacturing, processing and conversion, and non – industrial production activities

四、农　　业

AGRICULTURE

资料整理人员：桂永超　帅国豪　张菊萍　王　忠　陈业林　王　莹　郑文毅

STAFF FOR DATA PROCESSING:

Gui Yongchao　Shuai Guohao　Zhang Juping　Wang Zhong　Chen Yelin　Wang Ying　Zheng Wenyi

简要说明

本篇资料反映我市农业生产和农村经济的基本情况，内容主要包括乡村从业人员、耕地、农业机械拥有量、农林牧渔业产值、主要农产品产量、国营农场基本情况等方面的统计资料。

有关资料根据《农林牧渔业统计报表制度》和《农业产值统计报表制度》整理。《农林牧渔业统计报表制度》由各级统计部门根据所在地实际情况，采取抽样调查、重点调查或全面调查的办法搜集资料并层层上报；或利用同级业务部门统计资料。

Brief Description

The data in this chapter show the basic conditions of agricultural production and rural economy, including mainly rural laborer, cultivated land, quantity of agricultural machinery, output value of farming, forestry, animal husbandry and fishery, output of major agricultural products, and basic conditions of the state-owned farms.

Data related are processed according to the comprehensive statistical reporting on farming, forestry, animal husbandry and fishery, the comprehensive statistical reporting on agricultural output value. The comprehensive statistical reporting on farming, forestry, animal husbandry and fishery is collected by statistical offices at all levels by means of sample surveys, surveys of key units or full enumeration depending on the local circumstances, or estimated by using information from other government agencies at the same level.

4－1 农村基层组织、户数、人口、从业人员
RURAL GRASSROOT UNITS, HOUSEHOLDS, POPULATION, LABOR FORCES

指标名称 Index Name	2012	2013	2014	2015	2016
一、农村基层组织(个) Rural Grassroots Units(unit)					
乡政府(个) Township Governments(unit)	5	3	3	3	3
镇政府(个) Town Governments(unit)	7	5	5	3	1
办事处(个) Agency(unit)	64	68	68	72	72
村委会(个) Villagers Committees(unit)	2031	1988	1957	1902	1895
村民小组(个) Villagers Subcommittees(unit)	18175	17777	17346	16948	16787
二、户数、人口 Rural Households, Population					
乡村户数(万户) Households(10 000 households)	77.29	77.20	74.44	72.41	71.19
乡村人口(万人) Population(10 000 persons)	269.97	264.64	252.75	246.08	245.25
二、乡村从业人员(万人) Number of Rural Laborers By Sector(10 000 persons)	141.32	145.32	145.83	136.43	136.14
1. 农林牧渔业(万人) Farming, Forestry, Animal Husbandry & Fishery (10 000 persons)	49.94	47.05	49.93	42.88	42.96
2. 工　　业(万人) Industry(10 000 persons)	25.39	28.36	29.98	28.52	29.04
3. 建筑业(万人) Construction(10 000 persons)	28.76	30.66	28.87	30.72	30.15
4. 交通运输业(万人) Transportation(10 000 persons)	7.24	7.56	7.52	6.56	6.74
5. 仓储及邮电通讯业(万人) Storage, Postal and Telecommunication Services(10 000 persons)	1.24	1.15	1.37	1.42	1.43
6. 信息传输、计算机服务和软件业(万人) Information transfer, Computer and Software Services(10 000 persons)	0.96	0.96	1.04	1.06	1.14
7. 批发与零售业(万人) Wholesale and Retail Trade(10 000 persons)	8.19	9.02	8.64	8.16	7.99
8. 住宿和餐饮业(万人) Hotel and Catering Services(10 000 persons)	5.75	7.14	6.75	6.30	6.17
9. 其他非农行业从业人员(万人) Other Non－agricultural Trades(10 000 persons)	13.85	13.38	11.74	10.82	10.52
四、国营农林牧渔场从业人员(万人) Number of Laborers in State－owned Farms (10000 persons)	6.66	6.84	6.42	6.53	6.11
1. 农业从业人员(万人) Agricultural Laborers(10 000 persons)	2.81	2.82	2.64	2.87	2.61
2. 非农业从业人员(万人) Non－Agricultural Laborers(10 000 persons)	3.85	4.03	3.79	3.66	3.50

注：村委会含具有村级行政管理职能的村级组织。

Note: Villagers Committees include village organizations having administrative functions at village level.

4-2 耕 地 面 积
CULTIVATED AREA

单位:千公顷　　(1 000 hectares)

指标名称	Index Name	2012	2013	2014	2015	2016
年末耕地资源	Cultivated Area (year-end)	203.82	199.44	198.53	198.36	191.37
#水　田	Paddy Fields	121.33	119.44	117.10	117.42	113.32
旱　地	Dry Land	80.79	78.20	80.15	79.04	76.77
年内减少的耕地面积	Decrease in Cultivated Area in the Year	3.51	4.49	1.12	0.99	7.35
#国家基建占地	Capital Construction of Government	2.23	1.99	0.42	0.54	1.12
其他基建占地	Other Capital Construction	0.90	2.36	0.05	0.14	3.71

4-3 农村社会基础设施
RURAL SOCIAL INFRASTRUCTURE

指标名称	Index Name	2016	2015
自来水受益村数(个)	Number of Villages with Access to Tap Water(unit)	1877	1885
占全部村民委员会比重(%)	Proportion in All Villages(%)	99.1	99.1
通有线电视村数(个)	Number of Villages with Access to Cable Television	1892	1899
占全部村民委员会比重(%)	Proportion in All Villages(%)	99.8	99.8
通公交村数(个)	Number of Villages with Access to Public Transportation	1766	1702
占全部村民委员会比重(%)	Proportion in All Villages(%)	93.2	89.5
通宽带村数(个)	Number of Villages with Access to Broadband	1893	1901
占全部村民委员会比重(%)	Proportion in All Villages(%)	99.9	99.9

4-4 乡 村 从 业 人 员
RURAL LABOR FORCES BY SECTOR

单位:万人　　(10 000 persons)

指标名称	Index Name	2012	2013	2014	2015	2016
1.农林牧渔业	Farming,Forestry,Animal Husbandry,Fishery	49.94	47.05	49.93	42.88	42.96
2.工　业	Industry	25.39	28.36	29.98	28.52	29.04
3.建筑业	Construction	28.76	30.66	28.87	30.72	30.15
4.交通运输业	Transportation	7.24	7.56	7.52	6.56	6.74
5.仓储及邮电通讯业	Storage, Postal & Telecommunications Services	1.24	1.15	1.37	1.42	1.43
6.信息传输、计算机服务和软件业	Information transfer,Computer and Software Services	0.96	0.96	1.04	1.06	1.14
7.批发与零售业	Wholesale and Retail Trade	8.19	9.02	8.64	8.16	7.99
8.住宿和餐饮业	Hotel and Catering Services	5.75	7.14	6.75	6.30	6.17
9.其他非农行业从业人员	Other Non-agricultural Trades	13.85	13.38	11.74	10.82	10.52

4-5 农业生产条件和农业投入
AGRICULTURAL PRODUCTION CONDITION AND CONSUMPTION

指标名称	Index Name	2016	2015
一、农田水利建设情况	**Irrigation and Water Conservancy**		
有效灌溉面积(千公顷)	Effective Irrigation Area(1 000 hectares)	150.99	150.27
旱涝保收面积(千公顷)	Flood - Free and Drought - Free Area(1 000 hectares)	114.79	114.59
机电排灌面积(千公顷)	Motor - pumped Irrigation Area(1 000 hectares)	114.01	110.77
二、主要能源及物质消耗	**Consumption of Main Energy and Materials**		
农村用电量(万千瓦小时)	Consumption of Electricity in Rural Area(10 000 kwh)	150159	158531
农用化肥施用量(折纯量,吨)	Consumption of Chemical Fertilizers(scalar quantity, ton)	125445	128928
1. 氮肥(吨)	Nitrogenous Fertilizer(ton)	45517	45975
2. 磷肥(吨)	Phosphate Fertilizer(ton)	18492	19915
3. 钾肥(吨)	Potash Fertilizer(ton)	15416	14944
4. 复合肥(吨)	Compound Fertilizer(ton)	46020	48094
农用塑料薄膜使用量(吨)	Consumption of Plastic Film for Farm Use(ton)	7347	7606
#地膜(吨)	Mulch Film(ton)	3671	3950
#地膜覆盖面积(千公顷)	Coverage Area of Mulch Film(1 000 hectares)	28.61	31.83
农用柴油(吨)	Agricultural Diesel Oil(ton)	23052	24182
农药使用量(吨)	Consumption of Pesticide(ton)	3940	4226

4-6 农业机械化情况
BASIC CONDITIONS OF FARM MECHANIZATION

指标名称	Index Name	2016	2015
农业机械总动力(万千瓦)	Total Power of Agricultural Machinery(10 000 kw)	293.01	284.20
1.柴油发动机动力	Diesel Engines	130.94	187.98
2.汽油发动机动力	Gasoline Engines	7.63	7.51
一、耕作机械	Machines for Cultivation		
大中型拖拉机(台)	Large & Medium Tractors(unit)	10243	9685
动力(万千瓦)	Power(10 000kw)	34.48	31.65
小型及手扶拖拉机(台)	Mini - tractors(unit)	20763	20503
动力(万千瓦)	Power(10 000kw)	18.17	17.94
大中型拖拉机配套农具(部)	Number of Machinery Farm Tools Matching With Large & Medium Tractors(unit)	22992	21948
小型拖拉机配套农具(部)	Number of Machinery Farm Tools Matching With Mini - Tractors(unit)	37236	36546
二、排灌机械	Irrigation Machinery		
柴油机(台)	Diesels(Unit)	17140	17009
动力(万千瓦)	Power(10 000kw)	15.71	15.56
电动机(台)	Electric Motors(unit)	36051	35149
动力(万千瓦)	Power(10 000kw)	52.00	51.18
农用水泵(台)	Pumps(unit)	44394	43824
喷灌机械(套)	Spray Irrigation Machine(unit)	21103	21018
三、收割机械	Harvest Machinery		
联合收割机(台)	Combine(unit)	1749	1656
动力(千瓦)	Power(kw)	89781.2	81175.9
机动脱粒机(台)	Motorized Thresher(unit)	14217	14129
四、植保机械	Equipment for Plant Protection		
机动喷粉(雾)器(部)	Motorized Sprayer(unit)	33661	33360
动力(千瓦)	Power(kw)	42229.26	41622.89
五、农产品加工动力机械(万千瓦)	Machinery for Processing of Farm Products(10 000 kw)	29.58	29.37
轧花机(部)	Cotton Rolling Mill(unit)	690	690
榨油机(部)	Oil Press(unit)	1591	1591
六、推土机(台)	Bulldozer(unit)		
动力(万千瓦)	Power(10 000kw)		

4－7 历年农林牧渔业总产值
GROSS OUTPUT VALUE OF FARMING, FORESTRY,ANIMAL HUSBANDRY AND FISHERY OVER THE YEARS

单位:万元　　　　　　（10 000 yuan）

年份 Year	产值 Output Value	年份 Year	产值 Output Value
1951	9930	1984	133116
1952	11134	1985	161919
1953	13934	1986	178272
1954	10565	1987	216576
1955	14089	1988	294433
1956	17254	1989	326277
1957	19424	1990	368637
1958	20250	1991	352689
1959	16722	1992	411035
1960	19239	1993	485043
1961	20144	1994	723819
1962	22901	1995	943381
1963	29824	1996	1098393
1964	29568	1997	1213162
1965	40569	1998	1176359
1966	46023	1999	1211291
1967	44789	2000	1269443
1968	44403	2001	1337788
1969	36686	2002	1412480
1970	43815	2003	1517909
1971	50414	2004	1656507
1972	53667	2005	1805957
1973	56244	2006	1912103
1974	62128	2007	2159177
1975	59702	2008	2446364
1976	61725	2009	2517873
1977	61436	2010	2810947
1978	65218	2011	3294880
1979	87748	2012	4760365
1980	69502	2013	5302657
1981	81558	2014	5594354
1982	99678	2015	6202842
1983	94353	2016	6696469

4－8 历年农林牧渔业总产值指数(上年＝100)

INDICES OF GROSS OUTPUT VALUE OF FARMING, FORESTRY, ANIMAL HUSBANDRY AND FISHERY OVER THE YEARS (preceding year＝100)

年份 Year	农林牧渔业总计 Total	农业 Farming	林业 Forestry	牧业 Animal Husbandry	渔业 Fishery
1951	111.4	111.9	137.9	109.6	106.2
1952	110.0	109.3	116.1	115.0	108.5
1953	113.9	114.6	111.8	113.4	105.9
1954	76.3	61.0	125.6	125.1	173.8
1955	129.2	158.1	95.2	79.3	71.5
1956	116.3	117.9	135.6	107.6	111.3
1957	109.8	106.8	103.8	129.2	111.7
1958	100.6	103.5	108.8	85.3	99.1
1959	78.2	76.9	110.3	76.0	91.0
1960	111.2	115.6	97.9	94.3	96.2
1961	89.8	91.6	83.1	95.4	61.5
1962	112.7	111.5	77.2	119.7	128.9
1963	129.9	128.2	168.7	142.7	121.7
1964	100.6	101.0	122.9	92.9	107
1965	130.5	134.2	118.1	121.5	97.1
1966	98.1	93.3	139.7	122.4	119.5
1967	97.3	99.4	86.6	92.2	81.9
1968	99.3	100.2	66.7	93.0	115.2
1969	79.8	75.6	101.5	95.2	109.0
1970	119.3	124.2	144.6	102.8	90.4
1971	117.5	118.9	112.9	127.4	72.7
1972	104.3	104.8	92.0	104.6	96.4
1973	104.7	105.5	121.3	95.5	115.9
1974	106.9	109.2	99.1	95.4	94.5
1975	96.1	95.2	108.2	100.7	97.1
1976	104.5	103.8	106.4	109.5	106.0
1977	98.2	98.5	94.2	93.6	111.3
1978	103.3	102.5	89.1	111.0	102.8
1979	114.8	112.9	92.6	133.2	106.0
1980	81.4	80.1	87.8	79.2	122.8
1981	110.2	109.3	122.7	116.4	101.8
1982	121.0	122.4	101.2	113.9	124.3
1983	91.0	87.9	93.4	106.6	100.5

4-8 续 表 Continued

年份 Year	农林牧渔业总计 Total	农业 Farming	林业 Forestry	牧业 Animal Husbandry	渔业 Fishery
1984	125.8	127.1	103.1	119.5	132.9
1985	107.5	102.0	104.4	131.2	124.9
1986	104.1	102.3	99.8	106.1	122.1
1987	106.6	103.2	105.8	114.1	122.0
1988	104.1	100.0	107.3	114.7	114.3
1989	103.8	102.4	96.7	106.3	109.8
1990	106.3	96.5	99.5	115.8	157.8
1991	94.4	88.9	104.3	104.4	100.3
1992	113.3	115.8	78.0	110.4	111.0
1993	107.9	105.8	114.6	107.1	118.2
1994	109.4	104.6	101.9	111.4	124.1
1995	112.0	109.3	122.6	110.0	123.6
1996	108.7	106.7	103.4	113.0	108.7
1997	108.4	108.7	99.1	107.0	109.9
1998	99.7	97.8	110.3	93.4	113.6
1999	106.9	106.6	118.9	107.1	107.1
2000	105.3	104.5	108.0	106.9	105.2
2001	105.6	104.6	88.7	106.1	108.1
2002	105.2	104.7	124.9	104.7	106.2
2003	106.5	103.0	139.5	108.5	103.0
2004	106.2	107.9	91.1	102.3	107.9
2005	105.5	105.8	100.8	106.3	105.0
2006	105.1	105.6	85.8	102.8	107.9
2007	104.0	102.2	99.3	106.6	106.8
2008	103.5	101.3	97.1	110.9	99.5
2009	102.9	100.8	84.9	104.9	107.1
2010	104.5	102.8	125.4	106.5	106.4
2011	104.0	102.4	160.4	105.1	104.7
2012	105.7	106.2	127.7	106.3	102.0
2013	104.5	108.5	122.9	97.6	100.6
2014	105.0	105.6	118.2	103.0	102.5
2015	104.8	105.2	111.7	101.2	105.0
2016	103.6	106.6	83.0	95.2	102.7

4-9 农林牧渔业总产值及构成
GROSS OUTPUT VALUE OF FARMING, FORESTRY, ANIMAL HUSBANDRY, FISHERY AND ITS COMPOSITION

年份 Year	农林牧渔业总计 Total	农业 Farming	林业 Forestry	牧业 Animal Husbandry	渔业 Fishery	农林牧渔服务业 Farming, Forestry, Animal Husbandry & Fishery Service
产值(万元) Output Value(10 000 yuan)						
1999	1211291	757552	7905	263655	182179	
2000	1269443	782006	8473	291210	187754	
2001	1337788	794920	7284	325084	210500	
2002	1412480	842941	8658	338440	222441	
2003	1517909	881895	15520	368760	233701	
2004	1656507	959760	13744	409578	260177	13248
2005	1805957	1033226	14974	458194	289117	10446
2006	1912103	1122949	13214	447692	317139	11109
2007	2159177	1212819	13738	561204	359839	11577
2008	2446364	1322469	14598	695589	401135	12573
2009	2517873	1388083	13867	647831	455231	12861
2010	2810947	1512017	19902	739386	525628	14014
2011	3294880	1746823	34861	900221	594045	18930
2012	4760365	2585872	48708	1213014	784105	128666
2013	5302657	3051002	65857	1186703	836617	162478
2014	5594354	3162714	87107	1269943	874004	200586
2015	6202842	3591590	99532	1352725	918058	240937
2016	6696469	3922745	81363	1392981	1018035	281345
比重(%) Composition(%)						
1999	100.0	62.5	0.7	21.8	15.0	
2000	100.0	61.6	0.7	22.9	14.8	
2001	100.0	59.4	0.5	24.3	15.8	
2002	100.0	59.7	0.6	24.0	15.7	
2003	100.0	58.1	1.0	24.3	15.4	
2004	100.0	58.0	0.8	24.7	15.7	0.8
2005	100.0	57.2	0.8	25.4	16.0	0.6
2006	100.0	58.7	0.7	23.4	16.6	0.6
2007	100.0	56.2	0.6	26.0	16.7	0.5
2008	100.0	54.1	0.6	28.4	16.4	0.5
2009	100.0	55.1	0.6	25.7	18.1	0.5
2010	100.0	53.8	0.7	26.3	18.7	0.5
2011	100.0	53.0	1.1	27.3	18.0	0.6
2012	100.0	54.3	1.0	25.5	16.5	2.7
2013	100.0	57.5	1.2	22.4	15.8	3.1
2014	100.0	56.5	1.6	22.7	15.6	3.6
2015	100.0	57.9	1.6	21.8	14.8	3.9
2016	100.0	58.6	1.2	20.8	15.2	4.2

4-10 农林牧渔业分类总产值

GROSS OUTPUT VALUE OF FFAF BY CATEGORY OF AGRICULTURAL PRODUCTS

单位:万元 (10 000 yuan)

项目	Item	按当年价格计算 At Current Prices 2016	2015
农林牧渔业产值	**Output Value of Farming, Forestry, Animal Husbandry and Fishery**	6696469	6202842
一、农业产值	Farming	3922745	3591590
1. 谷物	Cereal	293514	344368
2. 豆类	Beans	20599	20721
3. 棉花	Cotton	24409	39774
4. 油料	Oil - bearing Crops	106990	109007
5. 麻类	Fiber Crops	128	220
6. 糖料	Sugar Crops	51710	62906
7. 烟叶	Tobacco		
8. 药材	Herb Crops	7324	7434
9. 薯类	Tuber Crops	14328	18952
10. 蔬菜及食用菌(含菜用瓜)	Vegetables & Edible Fungi (Including Melons)	2635653	2328940
11. 茶、桑、果	Tea, Mulberry & Fruit	192755	171592
12. 花卉园艺	Flower and Hoticulture	549870	468862
13. 其他农作物	Other Crops	25465	18814
14. 采集野生植物	Cathering of Wild Plants		
二、林业产值	Forestry	81363	99532
三、牧业产值	Animal Husbandry	1392981	1352725
四、渔业产值	Fishery	1018035	918058
五、农林牧渔服务业产值	Farming, Forestry, Aminal Husbandry and Fishery Service	281345	240937

4－11 主要农产品产量
OUTPUT OF MAJOR AGRICULTURAL PRODUCTS

项目	Item	2012	2013	2014	2015	2016
粮　　食(吨)	Grains(ton)	1258942	1268700	1271300	1270028	1100145
棉　　花(吨)	Cotton(ton)	24557	33168	20457	16490	7622
油　　料(吨)	Oil－bearing Crops(ton)	180191	186620	185481	183337	181361
蔬　　菜(吨)	Vegetables(ton)	6616203	6880851	7027365	7422982	7749141
水　　果(吨)	Fruit(ton)	76848	84824	110214	115024	122489
肉猪出栏(万头)	Slaughtered Hogs (10 000 heads)	298.40	308.20	311.00	304.04	288.46
家禽出笼(万只)	Slaughtered Poultry(10 000 heads)	5552.20	5802.05	5500.40	5247.40	4047.00
禽蛋产量(吨)	Eggs(ton)	205676	214931	220415	229231	189231
牛　　奶(吨)	Milk(ton)	66897	71350	79491	90408	72984
水产品(吨)	Aquatic Products(ton)	468605	490161	505529	524587	509213

4-12 农作物播种面积
SOWN AREA OF FARM CROPS

单位:千公顷　　　　(1 000 hectares)

项目	Item	2012	2013	2014	2015	2016
总计	**Total Sown Area**	**547.98**	**545.72**	**528.01**	**522.02**	**512.71**
一、粮食作物	Sown Area of Grain Crops	229.45	222.45	216.33	214.76	209.69
1.夏收粮食	Summer Grain Crops	32.72	33.91	32.86	31.28	31.52
#小麦	Wheat	26.06	25.12	24.83	23.53	24.01
蚕豌豆	Broad Bean & Pea	4.23	6.39	5.91	5.67	5.42
薯类	Tuber Crops	0.65	0.52	0.60	0.58	0.57
其他杂粮	Other Coarse Cereals	1.78	1.88	1.52	1.50	1.52
2.秋收粮食	Autumn Grain Crops	196.73	188.54	183.47	183.47	178.17
稻谷	Paddy Rice	161.42	152.97	151.20	149.47	145.07
#早稻	Early Season Rice	56.49	52.66	50.24	51.60	48.96
中稻(含一季晚)	Mid-Season Rice(Including Single Rotation Late Season Rice)	44.09	43.41	43.69	42.33	44.13
双季晚稻	Double Rotation Late Rice	60.84	56.90	57.26	55.64	51.98
玉米	Corn	19.15	17.91	15.78	18.23	17.18
大豆	Soybean	9.45	9.57	9.28	8.68	8.82
薯类	Tuber Crops	4.36	5.05	4.48	4.54	4.83
其他杂粮	Other Coarse Cereals	2.35		0.09		
二、棉花	Sown Area of Cotton	26.23	26.25	21.21	12.52	8.23
三、油料	Sown Area of Oil-bearing Crops	93.60	89.48	87.77	86.90	85.59
#油菜籽	Rape Seeds	64.60	63.22	62.47	62.72	61.95
花生	Peanuts	13.67	14.33	14.07	13.92	13.82
芝麻	Sesame	15.33	11.82	11.12	10.18	9.76
四、麻类	Fiber Crops	1.28	1.00	0.59	0.08	0.04
五、糖料	Sugar Crops	1.23	1.17	1.17	1.16	1.14
六、烟叶	Tobacco					
七、药材	Herb Crops	0.84	1.18	1.12	1.05	1.04
八、蔬菜、瓜类	Sown Area of Vegetables & Melons	181.51	187.02	186.08	190.59	193.10
蔬菜	Vegetables	163.08	169.37	169.08	174.07	176.08
瓜类	Melons	18.43	17.65	17.00	16.52	17.02
九、青饲料	Green Fodder	6.22	6.96	6.84	6.95	6.91
十、绿肥	Green Fertilizer Crops	6.24	5.87	5.78	6.15	5.53
十一、其他作物	Other Crops	1.37	4.34	1.12	1.86	1.39

4-13 农作物总产量
TOTAL OUTPUT OF FARM CROPS

单位:吨 (ton)

项目	Item	2012	2013	2014	2015	2016
总计	**Total**					
一、粮食作物	Grain Crops	1258942	1268700	1271300	1270028	1100145
1.夏收粮食	Summer Grain Crops	77107	87476	81000	73624	74452
#小麦	Wheat	60787	70462	64728	58037	59426
蚕豌豆	Broad Bean & Pea	8162	8860	9508	9550	8994
薯类	Tuber Crops	2831	2829	2413	1441	1278
其他杂粮	Other Coarse Cereals	5327	5325	4351	4596	4754
2.秋收粮食	Autumn Grain Crops	1181835	1181224	1190300	1196404	1025693
稻谷	Paddy Rice	1047768	1020491	1014581	1028306	879375
#早稻	Early Season Rice	312824	309682	312906	311408	237094
中稻(含一季晚)	Mid-Season Rice(Including Single Rotation Late Season Rice)	350566	338459	336527	338992	318037
双季晚稻	Double Rotation Late Rice	384378	372350	365148	377906	324244
玉米	Corn	70501	94176	104472	104752	88845
大豆	Soybean	31352	23241	29077	21357	19677
薯类	Tuber Crops	28799	38161	36825	36995	34283
其他杂粮	Other Coarse Cereals	3415		360		
二、棉花	Cotton	24557	33168	20457	16490	7622
三、油料	Oil-bearing Crops	180191	186620	185481	183337	181361
#油菜籽	Rape Seeds	112049	123389	120017	118802	118453
花生	Peanuts	41355	42335	43951	45550	46025
芝麻	Sesame	26787	20832	21183	18835	16793
四、麻类	Fiber Crops	2808	2652	2370	225	111
五、糖料	Sugar Crops	2808	47455	47164	42764	46107
六、烟叶	Tobacco					
七、药材	Herb Crops			8378	8214	8096
八、蔬菜、瓜类	Vegetables & Melons					
蔬菜	Vegetables	6616203	6880851	7027365	7422982	7749141
瓜类	Melons	545749	520840	542552	537465	569655

4-14 农作物单位面积产量
PER HECTARE OUTPUT OF FARM CROPS

单位：公斤/公顷 (kilogram/hectare)

项目	Item	2012	2013	2014	2015	2016
总计	**Total**					
一、粮食作物	Grain Crops	5487	5703	5877	5914	5247
1. 夏收粮食	Summer Grain Crops	2357	2580	2465	2353	2362
#小麦	Wheat	2333	2805	2607	2467	2475
蚕豌豆	Broad Bean & Pea	1929	1387	1609	1684	1659
薯类	Tuber Crops	4363	5440	4041	2484	2242
其他杂粮	Other Coarse Cereals	2999	2832	2861		3128
2. 秋收粮食	Autumn Grain Crops	6007	6265	6488	6521	5757
稻谷	Paddy Rice	6491	6671	6710	6875	6062
#早稻	Early Season Rice	5538	5880	6228	6035	4843
中稻(含一季晚)	Mid-Season Rice(Including Single Rotation Late Season Rice)	7951	7797	7702	8008	7207
双季晚稻	Double Rotation Late Rice	6317	6544	6377	6792	6238
玉米	Corn	3681	5258	6619	5746	5171
大豆	Soybean	3318	2429	3134	2460	2231
薯类	Tuber Crops	6609	7557	8216	8149	7098
其他杂粮	Other Coarse Cereals	1453		4154		
二、棉花	Cotton	936	1264	964	1317	926
三、油料	Oil-bearing Crops	1925	2086	2113	2110	2119
#油菜籽	Rape Seeds	1735	1952	1921	1894	1913
花生	Peanuts	3025	2954	3124	3272	3330
芝麻	Sesame	1747	1762	1906	1850	1721
四、麻类	Fiber Crops	2199	2652	3985	2813	2775
五、糖料	Sugar Crops	47205	40560	40300	36866	40445
六、烟叶	Tobacco					
七、药材	Herb Crops					
八、蔬菜、瓜类	Vegetables & Melons					
蔬菜	Vegetables	40570	40626	41563	41911	44009
瓜类	Melons	29612	29509	31912	32534	33470

4-15 林业生产情况
STATISTICS ON FORESTRY PRODUCTION

项目	Item	2016	2015
一、荒山(沙)地造林面积(公顷)	Barren Mountain(sand) Afforestation(hectare)	3779	6762
按造林方式分	By Way		
1、人工造林(公顷)	Artificial Afforestation(hectare)	3759	6758
2、飞机造林(公顷)	Areial Afforestation(hectare)		
3. 无林地和疏林地新封(公顷)	No Forest and Wood and New Sealed(hectare)	20	
按经济成份分	By Ownership		
1、公有经济造林(公顷)	State - owned(hectare)	1308	4138
2、非公有经济造林(公顷)	Non - state - owned(hectare)	2471	2624
按林种用途分	By Function		
(1)用材林(公顷)	Timber Forest(hectare)	904	2479
(2)经济林(公顷)	Economic Forest(hectare)	1122	1782
(3)防护林(公顷)	Shelter - forest(hectare)	1753	2501
(4)薪炭林(公顷)	Fuel Forest(hectare)		
(5)特种用途林(公顷)	Special Purpose Forest(hectare)		
二、有林地造林面积(公顷)	Forest Afforestation Area(hectare)	545	516
1、林冠下造林(公顷)	Under the Canopy of Afforestation(hectare)	427	400
2、飞播造林(公顷)	Afforestation by Aerial Seeding(hectare)		
3、有林地和灌木林地新封(公顷)	Forest and Wood and New Sealed(hectare)	118	116
三、更新造林面积(公顷)	Reforestation Area(hectare)	167	455
四、低产低效林改造面积(公顷)	Low Efficiency Forest Improvement Area(hectare)	530	529
五、零星(四旁)植树(万株)	Scattered(Four - side) Tree planging(10 000 plants)	718	613
六、年末实有封山(沙)育林面积(公顷)	Year - end Area of Hillsides closed for Afforestation(hectare)	5467	7123
七、幼林抚育作业面积(公顷)	Working Area for Young Stands(hectare)	4703	4991
八、幼林抚育实际面积(公顷)	Actual Tending Area for Young Stands(hectare)	3840	4622
九、成林抚育面积(公顷)	Tending Area for Mature Plantation(hectare)	9962	6521
十,抚育改造出材量(立方米)	Production from Reforestation Area(cubic metre)	68609	76754
十一、林木种子采集量(吨)	Forest Tree Seed Collection(ton)	967	948
十二、当年苗木产量(万株)	Seeding Production(10 000 plants)	2392	2845
十三、育苗面积(公顷)	Areas of Raising Seedlings(hectare)	9205	10483
十四,年末实有母树林面积(公顷)	Parent Forest Area(hectare)	63	64
十五、年末实有种子园面积(公顷)	Seed Orchard Area(hectare)	124	124
十六、木材采伐量(立方米)	Quantity of Timber Cut(cubic meter)	70177	74181

4-16 主要林产品产量
OUTPUT OF MAIN FORESTRY PRODUCTS

单位:吨 (ton)

项目	Item	2016	2015
油桐籽	Seeds of Tung Oil Tree	138	173
油茶籽	Oil - tea Camellia Seed	7783	7115
乌桕籽	Chinese Sapium Seed		
五倍子	Chinese Gall		
板栗	Chinese Chestnut	7634	8942
香菇	Mushroom		
白木耳	White Fungus		
黑木耳	Black Fungus		

4-17 牧业生产情况
STATISTICS ON ANIMAL HUSBANDRY PRODUCTION

项目	Item	2016	2015
年末大牲畜存栏(头)	Year - end Large Animals In Stock(head)	119707	187391
(1)耕牛(头)	Farm Cattle(head)	55867	127331
(2)良种及改良种乳牛(头)	Cows of Fine Breed & Improved Variety(head)	12326	45206
(3)肉用牛(头)	Beef Cattle(head)	51375	14715
(4)马(头)	Horses(head)		
(5)驴(头)	Donkeys(head)	139	139
(6)骡(头)	Mutes(head)		
年末羊只数(只)	Year - end Sheep And Goats in Stock(head)	39545	53760
年末牲猪存栏(万头)	Year - end Hogs in stock(10 000 heads)	164.32	206.04
#能繁母猪(万头)	Female Hogs of Reproductive Ability(10 000 heads)	15.02	16.77
全年肉猪出栏(万头/吨)	Slaughtered Fattened Hogs(10 000 heads/ton)	288.46/213460	304.04/225000
全年出售和自宰肉用牛(头/吨)	Slaughtered Cattle(head/ton)	53739/8061	58264/8740
全年出售和自宰肉用羊(只/吨)	Slaughtered Sheep and Goats(head/ton)	47912/958	51111/1021
全年出售和自宰家禽(万只/吨)	Slaghtered Poultry(10 000 heads/ton)	4047.00/60705	5247.40/78711
牛奶产量(吨)	Milk(ton)	72984	90408
蜂蜜产量(吨)	Honey(ton)	1240	1676
禽蛋产量(吨)	Eggs(ton)	189231	229231

4-18 茶叶、水果生产情况
STATISTICS ON PRODUCTION OF TEA & FRUIT

项目	Item	2016	2015
茶叶产量(吨)	Output of Tea(ton)	3512	3014
#绿　茶(吨)	Green Tea(ton)	3448	2968
青　茶(吨)	Wulong Tea(ton)		
白　茶(吨)	White Tea(ton)	36	18
其它茶(吨)	Other Tea(ton)	28	28
年末茶园面积(公顷)	Tea Plantation Area(hectare)	8624	7751
#本年采摘面积(公顷)	Picked Area This Year(hectare)	6260	5834
水果产量(吨)	Output of Fruit(ton)	122489	115024
#桃　子(吨)	Peaches(ton)	32719	31301
苹　果(吨)	Apples(ton)		
柑　桔(吨)	Citrus(ton)	49712	45047
梨　子(吨)	Pears(ton)	14796	14900
葡　萄(吨)	Grapes(ton)	21603	19798
柿　子(吨)	Persimmons(ton)	1597	1637
年末果园面积(公顷)	Year - end Orchard Area(hectare)	8532	8703
#苹果园面积(公顷)	Apples(hectare)		
柑桔园面积(公顷)	Citrus(hectare)	3962	4180
梨园面积(公顷)	Pears(hectare)	1013	1075
葡萄园面积(公顷)	Grapes(hectare)	1274	1143
桃园面积(公顷)	Peachs(hectare)	1463	1595

4-19 渔业生产情况
STATISTICS ON FISHERY PRODUCTION

项目	Item	2016	2015
水产品总产量(吨)	Total Aquatic Products(ton)	509213	524587
淡水捕捞产量(吨)	Fish Caught in Fresh Water(ton)	26289	27951
淡水养殖产量(吨)	Fish Artificially Cultured(ton)	482924	496636
按水产品种分类(吨)	By Category of Aquatic Products(ton)		
鱼　类(吨)	Fish(ton)	471611	493661
虾蟹类(吨)	Shrimps, Prawns & Crabs(ton)	35403	29105
贝　类(吨)	Shellfish(ton)	305	
其他类(吨)	Others(ton)	1894	1516
养殖面积(公顷)	Artificially Cultured Area(hectares)	105139	101550
池塘养殖(公顷)	Ponds(hectares)	45106	43065
湖泊养殖(公顷)	Lakes(hectares)	52932	50043
河沟养殖(公顷)	Rivers, Brooks(hectares)	930	907
水库养殖(公顷)	Reservoirs(hectares)	5009	5054
其他养殖(公顷)	Others(hectares)	1162	2481
稻田养鱼面积(公顷)	Artificially Cultured in Paddy Fields(hectares)	11765	9860

主要统计指标解释

农林牧渔业总产值 是以货币表现的农、林、牧、渔业全部产品的总量,它反映一定时期内农业生产总规模和总成果。

农、林、牧、渔业的统计范围包括国有经济的各种专业农(农、林、牧、渔)场的农业生产活动;国家各级机关、团体、学校、部队进行的农业生产活动;集体所有制的乡、镇,村办农场的农业生产活动;工矿企业经营的农、林、牧、渔业生产活动;以及农村各种经济组织和农户经营的农林牧渔业生产活动和农民家庭兼营的商品性工业生产活动等。

(1)农业包括种植业和其他农业。

种植业包括谷物、豆类、薯类、棉、油料、糖料、麻类、烟叶、蔬菜、药材、瓜类和其他农作物的种植,以及茶园、桑园、果园的生产经营。

其他农业包括采集野生植物的果实、纤维、树胶、树脂、油料以及柴草、野生药材、菌类等及农民家庭兼营的商品性工业。

(2)林业包括林木的栽培(不包括茶园、桑园和果园的栽培,管理和收获等活动),林产品的采集和村及村以下合作经济组织和农户的竹木采伐。

(3)牧业包括牲畜饲养和放牧、家禽饲养以及野生动物的捕猎和饲养。

(4)渔业包括水生动物和海藻类植物的养殖和捕捞。

农业总产值的计算方法通常是按农林牧渔业产品及其副产品的产量分别乘以各自单位产品价格求得,少数生产周期较长,当年没有产品或产品产量不易统计的,则采用间接方法匡算其产值,然后将四业产品产值相加即为农业总产值。

粮食产量 指全社会的产量。包括国有经济经营的、集体统一经营的和农民家庭经营的粮食产量,还包括工矿企业办的农场和其他生产单位的产量。粮食除包括稻谷、小麦、玉米、高粱、谷子及其他杂粮外,还包括薯类和豆类,其产量计算方法,豆类按去豆荚后的干豆计算;薯类(包括甘薯和马铃薯,不包括芋头和木薯)1963 年以前按每 4 公斤鲜薯折 1 公斤粮食计算,从 1964 年开始及以后改为按 5 公斤鲜薯折 1 公斤粮食计算。

油料产量 指全部油料作物的生产量。包括花生、油菜籽、芝麻、向日葵籽、胡麻籽(亚麻籽)和其他油料。不包括大豆,也不包括木本油料和野生油料。花生以带壳干花生计算。

水产品产量 指人工养殖的水产品和天然生长的水产品的捕捞量。包括海水的鱼类、虾蟹类、贝类和藻类以及内陆水域的鱼类、虾蟹类和贝类,不包括淡水生植物。

猪、牛、羊肉产量 指当年出栏并已屠宰后除去头蹄下水后带骨肉(即胴体重)的重量。

耕地面积 指年初可以用来种植农作物、经常进行耕锄的田地,除包括熟地、当年新开荒地、连续撂荒未满三年的耕地和当年的休闲地(轮歇地)外,还包括以种植农作物为主并附带种植桑树、茶树、果树和其他林木的土地,以及沿海、沿湖地区已围垦利用的“海涂”、“湖田”等面积。但不包括属于专业性的桑园、茶园、果园、果木苗圃、林地、芦苇地、天然或人工草地面积。

农作物播种面积 指实际播种或移植有农作物的面积。凡是实际种植有农作物的面积,不论种植在耕地上还是种植在非耕地上,均包括在农作物播种面积中。在播种季节基本结束后,因遭灾而重新改种和补种的农作物面积,也包括在内。

有效灌溉面积 指具有一定的水源,地块比较平整,灌溉工程或设备已经配套,在一般年景下当年能够进行正常灌溉的耕地面积。

农用化肥施用量 指本年内实际用于农业生产的化肥数量,包括氮肥、磷肥、钾肥和复合肥。化肥施用量要求按折纯量计算数量,折纯法化肥施用量是把氮肥、磷肥和钾肥分别按含氮、含五氧化二磷、含氧化钾的百分之一百成分折算后的数量。复合肥按其所含主要成分折算。

农业机械总动力 指主要用于农、林,牧、渔业的各种动力机械的动力总和。包括耕作机械、排灌机械、收获机械、农用运输机械、植物保护机械、牧业机械、林业机械、渔业机械和其他农业机械(内燃机按引擎马力折成瓦(特)计算,电动机按功率折成瓦(特)计算)。不包括专门用于乡、镇、村、组办工业、基本建设。非农业运输、科学试验和教学等非农业生产方面用的动力机械与作业机械。

农林牧渔业从业人员 指直接参加农林牧渔业生产劳动的从业人员。

谷物 指籽实主要供作粮食的作物。这类作物包括稻:谷、小麦、玉米、谷子、高粱和其他谷物,不包括豆类和薯类作物。

Explanatory Notes on Main Statistical Indicators

Gross Output Value of Farming, Forestry, Animal Husbandry and Fishery refers to the total volume of products of farming, forestry, animal husbandry and fishery in value terms, which reflects the total scale and total result of agricultural production during a given period of time.

The statistical coverage of farming, forestry, animal husbandry and fishery are as follows:

Specialized state farms (farming, forestry, animal husbandry, fishery), farms managed by various government agencies, organizations, schools, research institutions, and army; farms managed by rural collective organizations at levels of township, town, and village; farming, forestry, animal husbandry, fishery run by mining and industrial enterprises, various rural collective organizations and individual farmers, and some additional commodity industries of individual farmers.

(1) Farming includes cultivation of farm crops and other agricultural activities. Cultivation includes the cultivation of grain crops, beans, tubers, cotton, oil – bearing crops, sugar crops, fiber crops, tobacco, vegetables, medicinal herbs, melons and others, and cultivation and management of tea plantations, mulberry fields and orchards. Other agricultural activities include gathering fruits, fiber, gum and resin of wild plants, oil – bearing plants, grass wild medicinal herbs, fungus plants, and commodity industries of the rural house holds.

(2) Forestry refers to planting trees of various kinds (excluding tea plantations, mulberry fields and orchards), gathering of forest products, and cutting and felling of bamboo and trees by villages and other cooperative organizations under villages.

(3) Animal husbandry refers to raising and grazing of livestock, raising poultries, and hunting and raising wild animals.

(4) Fishery refers to cultivation and catching of fish and other aquatic animals and cultivation and collection of sea weed and other aquatic plants.

Gross output value of agriculture is obtained by first multiplying the output of each product or by – product by its price, resulting in the output value of each single item. For a small number of products, annual output of which is not available or difficult to get due to the long production/growing process involved, the output value is estimated through an indirect approach. The sum of output value of all products of farming, forestry, animal husbandry, and fishery is then equal to the gross output value of agricuhure.

Ouptput of Grain refers to the output in the whole country or region including grains produced by state farms, collective units, industrial enterprises and mines. Grain includes rice, wheat, corn, sorghum, millet and other miscellaneous grains as well as tubers and beans. Output of beans refers to dry beans without pods. The output of tubers (sweet potatoes and potatoes, not including taros or cassava) was converted into that of grain at the ratio 4:1, i. e. four kilograms of fresh tubers were equivalent to one kilogram of grain up to 1963. Since 1964 the ratio for conversion has been 5:1.

Output of Oil – bearing Crops refers to the total output of oil – bearing crops of various kinds, including peanuts, (dry, in shell) rape seeds, sesame, sunflower seeds, flax seeds, and other oil – bearing crops. Soybeans, oil – bearing woody plants, and wild oil – bearing crops are not included.

Output of Aquatic Products refers to catches of both artificially cultured and naturally grown aquatic products, including fish, shrimps, crabs and shellfish in sea and inland water as well as seaweed. Freshwater plants are not included.

Output of Pork, Beef, and Mutton refers to the meat of slaughtered hogs, cattle, sheep and goats with head, feet, and offal taken away.

Cultivated Area refers to farmland which is plowed constantly for growing crops, including cultivated land, newly cultivated land in the current year, farmland left without cultivation for less than three years and fallow land in the current year, rotation land, rotation land of grass and crops, farmland with some fruit trees, mulberry trees and other trees and cultivated seashore land, lake land, and etc. The land of mulberry fields, tea plantations, orchards, nurseries of young plants, forest land, reed land, natural and man – made grassland and other land are not included in cultivated land.

Sown Area of Crops refers to area of land sown or transplanted with crops regardless of being in cultivated area or non – cultivated area. Area of land resown due to natural disasters is also included.

Irrigated Area refers to areas that are effectively irrigated, i. elevel land which has water source and complete sets of irrigation facilities to lift and move adequate water for irrigation purpose under normal conditions.

Consumption of Chemical Fertilizers refers to the quantity of chemical fertilizers applied in agricuhure in the year, including nitrogenous fertilizer, phosphate fertilizer, potash fertilizer, and compound fertilizer. The consumption of chemical fertilizers is required in calculation to convert the gross weight into weight containing 100% effective component (eg. 100% nitrogen content in nitrogenous fertilizer, 100% phosphorous pentoxide content in phosphate fertilizer, 1 00% potasium oxide content in potash fertilizer). Compound fertilizer is converted with its major component.

Total Power of Farm Machinery refers to total mechanical power of machinery used in farming, forestry, animal husbandry, and fishery, including ploughing, irrigation and drainage, harvesting, transport, plant protection, stock breeding, forestry and fishery. The power of internal combustion engines is required to convert horsepower into watts and the power of electric motors is required to be converted into watts. Machinery employed for non – agricultural purposes, such as the machines used in township – run and village – run industry, construction, non—agncultural transport, scientific experiments and teaching, is excluded.

Laborers Engaged in Farming, Forestry, Animal Husbandry and Fishery refers to the total laborers who are directly engaged in production of farming, forestry, animal husbandry and fishery.

Cereals refer to seeds of various kinds of crops that are used mainly for grain. Cereals include paddy, wheat, maize, millet, Chinese sorghum, etc. , except beans or tubers.

五、固定资产投资与建筑业

INVESTMENT IN FIXED ASSETS, CONSTRUCTION

资料整理人员: 王　青　余芙蓉　胡　海　张颖琦　陈弥灵　琚宏飞　王志斌　董　烁　黄文婷

STAFF FOR DATA PROCESSING:

Wang Qing　Yu Furong　Hu Hai　Zhang Yingqi　Chen Miling　Ju Hongfei　Wang Zhibin　Dong Shuo　Huang Wenting

简要说明

本篇资料通过对一定时期全社会建造和购置固定资产活动的数量方面的描述,反映报告期内武汉市固定资产投资的规模和速度、固定资产投资的结构和比例关系、固定资产投资的资金来源及新增固定资产以及建设项目的新增生产或效益等和有资质的总承包、专业承包建筑业企业生产经营,房地产企业开发经营的基本情况。

全社会固定资产投资统计的范围包括:500 万元以上项目投资、房地产开发投资、农村私人(农户)固定资产投资。500 万元以上项目投资统计范围包括:城乡各种登记注册类型的企业、事业、行政单位及个体户进行的计划总投资(或实际需要总投资)500 万元及以上的建设项目或固定资产购置。

固定资产投资按国民经济行业划分　建设项目归哪个行业,按其建成投产后的主要产品或主要用途及社会经济活动性质来确定。基本建设按建设项目划分国民经济行业,更新改造、国有经济单位其他固定资产投资及城镇集体投资根据整个企业、事业单位所属的行业来划分。一般情况下,一个建设项目或一个企业、事业单位只能属于一种国民经济行业。为了更准确地反映国民经济各行业之间的比例关系,联合企业(总厂)所属分厂属于不同行业的,原则上按分厂划分行业。

Brief Description

The Data in this chapter show the size and pace, structural and proportional relations, funded sources of fixed assets, newly increased fixed assets, newly increased production capacity of construction projects, or efficiency of the investment in fixed assets and production of procure construction or professind construction enterprises and status of real estate enterprises business in reposed period by describing the volume of construction and purchase of fixed assets.

The investment in fixed assets in the whole country includes the investment in capital construction projects over 500 million yuan, the investment in real estate development, the investment by individuals in rural areas. Statistics on the investment of projects over 500 million yuan cover construction projects of 5 million yuan and above which are invested by enterprises, institutions, administrative units and individuals registed in urban and rural areas.

Investment in Fixed Assets by Sector The classification of construction projects by sector is determined by the major products of the purpose of the projects when they are put into production or use, and by the nature of their social economic activities. The investment in capital construction is classified by construction projects, while investment in innovation, other investment by state owned units and urban collective units are classified according to the sector which the whole enterprise or institution belongs to. In general, one project or one enterprise or institution can only belong to one sector. In order to reflect the proportions among various sectors more accurately, the branch factories of integrated complex are classified into different sectors according to their economic activities.

5－1 全社会固定资产投资
TOTAL INVESTMENT IN FIXED ASSETS

单位：万元　　　　(10 000 yuan)

项目 Item	2016	2015
全社会固定资产投资 **Total Investment in Fixed Assets**	70931658	77252645
国有经济及国有控股 State－owned and State Holding	29244707	28579846
一、按登记注册类型分 Grouped by Ownership		
(一)内资企业 Domestic Funded Enterprises	66608555	70780401
国　有 State－owned Units	9521941	19270279
集　体 Collective－owned Units	234659	1777767
股份合作 Share－holding Cooperative	636103	388103
联　营 Joint－owned Economic Units	67693	94360
#国有联营 Joint State－owned Units	5405	79799
#集体联营 Joint Collective－owned Unit	58065	14561
有限责任公司 Companies of Limited Liabilities	41179617	28254391
#国有独资公司 Companies with State－owned Exclusive Investment	9043669	1911263
股份有限公司 Companies of Share holding with Limited Liabilities	3423453	4474352
私营企业 Private－owned Units	11032655	10827591
其他内资公司 Other Companies	512434	5693558
(二)外商投资企业 Foreign－Funded Enterprises	2047583	3309595
中外合资经营 Sino－Foreign Joint Economic Units	1211033	1651413
中外合作经营 Sino－Foreign Cooperative Economic Units		7791
外商独资 Foreign Enterprises	521150	1155354
股份有限 Companies of Share holding with Limited Liabilities	154446	217244

5-1 续 表 Continued

项 目 Item	2016	2015
(三)港澳台投资企业 Economic Units Funded from Hong Kong, Macao and Taiwan	1741774	2697168
与大陆合资经营 Mainland - Hong Kong or Mainland - Macao or Mainland - Taiwan Joint Economic Units	322174	742823
与大陆合作经营 Mainland - Hong Kong or Mainland - Macao or Mainland - Taiwan Cooperative Economic Units	93237	44283
港澳台独资企业 Economic Units Funded by Entrepreneurs from Hong Kong, Macao and Taiwan	1292875	1884525
股份有限 Companies of Share Holding with Limited Liabilities	29240	25537
(四)个体经营 Individual Business		21691
二、按构成分 Grouped by Use of Funds		
建筑工程 Construction	48012800	52018939
安装工程 Installation	6179748	5165094
设备工器具购置 Purchase of Equipment and Instruments	6439024	10380153
其它费用 Others	9766340	9638459
三、按三次产业分 Grouped by Industry		
第一产业 Primary Industry	448311	341204
第二产业 Secondary Industry	22633612	28446490
#工 业 Industry	21170451	27693614
#制造业 Manufacturing	20270864	26488242
电力、燃气及水的生产和供应业 Production and Supply of Electricity, Cas and Water	895807	1192814
第三产业 Tertiary Industry	47315989	48021161
#交通运输、仓储、邮电通信业 Transportation, Storage, Postal and Telecommunications Services	6890009	5709380
信息传输、软件和信息技术服务业 Information transfer, I. T and Software Services	325652	704534
#电信、广播电视和卫星传输服务业 Telecom and Information Transfer	190225	505830
水利、环境和公共设施管理业 Water Conservancy, Environment and Public Facilities Management	8097604	8162822

5-2 历年全社会固定资产投资
TOTAL INVESTMENT IN FIXED ASSETS OVER THE YEARS

单位:万元　　(10 000 yuan)

年　份 Year	全社会固定资产投资 Total Investment in Fixed Assets	1.500万元以上项目固定资产投资 Investment of Construction Projeds over 5 Million Yuan	2.房地产开发投资 Investment in Real Estate Development	3.农户(私人)投资 Investment of Farming Household in Rural Areas
1950	1170	1170		
1951	3180	3180		
1952	6741	6741		
1953	15656	15656		
1954	20901	20901		
1955	28200	28200		
1956	42740	42740		
1957	45184	45184		
1958	68222	68222		
1959	84323	84323		
1960	72920	72920		
1961	15651	15651		
1962	7034	7034		
1963	9576	9576		
1964	17283	17283		
1965	23474	23474		
1966	32646	32646		
1967	21013	21013		
1968	13381	13381		
1969	20035	20035		
1970	41436	41436		
1971	45621	45621		
1972	43245	43245		
1973	34687	34687		
1974	40909	40909		
1975	70842	70842		
1976	146559	145873		
1977	228047	227232		
1978	117384	116592		
1979	88384	87258		
1980	100751	97404		
1981	95404	89561		
1982	112112	100015		2125

5－2 续 表 Continued

年 份 Year	全社会固定资产投资 Total Investment in Fixed Assets	1.500万元以上项目固定资产投资 Investment of Construction Projeds over 5 Million Yuan	2.房地产开发投资 Investment in Real Estate Development	3.农户(私人)投资 Investment of Farming Household in Rural Areas
1983	115984	107380		
1984	179294	148241		15507
1985	234020	199298		19038
1986	271164	217734		28182
1987	327384	270862		22681
1988	363111	315420		20376
1989	320134	274153		23584
1990	389728	314321	33452	28074
1991	437967	358547	34190	29446
1992	683566	577934	55821	26033
1993	1189811	897523	246322	28587
1994	2060165	1426027	570618	42665
1995	3222274	2057945	916194	92264
1996	3870259	2573798	972609	122553
1997	4081797	2555482	1065729	166680
1998	4204250	2642270	1067997	163203
1999	4312456	2853591	967130	170872
2000	4619265	3448981	1013105	104170
2001	5084427	3737461	1153357	111915
2002	5704258	4210086	1325012	76412
2003	6450642	4592141	1695468	79608
2004	8222009	5708088	2333006	95133
2005	10551808	7464910	2979919	64511
2006	13252872	9515715	3661516	75641
2007	17327895	12611534	4597498	118863
2008	22520524	16698038	5703605	118881
2009	30011045	22028211	7785946	196888
2010	37531682	27050971	10173987	306724
2011	42551621	29582102	12741746	227773
2012	50312488	34412161	15748605	151722
2013	60019555	40689272	19056000	274283
2014	70028536	46089075	23536263	403198
2015	77252645	50990998	25817857	443790
2016	70931658	45223562	25174350	533746

5-3 全社会住宅投资
TOTAL INVESTMENT IN RESIDENTIAL BUILDINGS

单位:万元 (10 000 yuan)

项目 Item	2012	2013	2014	2015	2016
总计 Total	10288318	12806301	16188031	18103094	17925880
一、500万元以上项目固定资产投资 Investment of Construction Projects over 5 Mollion Yuan	264316	113736	379517	106158	369123
二、房地产开发投资 Investment in Real Estate Development	9914052	12507839	15605526	17779333	17267922
三、农户私人投资 Farming Household Investment in Rual Areas	109950	184726	202988	217603	288835

5-4 全社会竣工房屋建筑面积
TOTAL FLOOR SPACE OF BUILDINGS COMPLETED

单位:万平方米 (10 000 sq. m)

项目 Item	2012	2013	2014	2015	2016
总计 Total	2776.48	2416.17	2993.46	3326.92	1931.86
一、500万元以上项目固定资产投资 Investment of Construction Projects over 5 Million Yuan	1586.02	1579.65	2037.51	2319.32	840.87
二、房地产开发投资 Investment in Real Estate Development	1052.13	679.31	765.42	804.58	813.17
三、农户私人投资 Farming Household Investment in Rual Areas	138.33	157.22	190.54	203.01	277.82

5-5 全社会住宅竣工面积
TOTAL FLOOR SPACE OF RESIDENTIAL BUILDINGS COMPLETED

单位:万平方米 (10 000 sq. m)

项目 Item	2012	2013	2014	2015	2016
总计 **Total**	1085.84	690.20	849.96	921.53	880.25
一、500万元以上项目固定资产投资 Investment of Construction Projects over 5 million Yuan	51.01	12.53	19.27	75.86	14.22
二、房地产开发 Investment in Real Estate Development	898.57	529.70	645.98	654.63	600.10
三、农户私人投资 Farming Household Investment in Rual Areas	136.26	147.98	184.71	191.04	265.93

5-6 全社会新增固定资产
NEWLY INCREASED FIXED ASSETS

单位:万元 (10 000 yuan)

项目 Item	2016	2015
总计 **Total**	24504604	28438991
一、500万元以上项目固定资产投资 Investment of Construction Projects over 5 million Yuan	19387402	23510734
二、房地产开发 Investment in Real Estate Development	4890003	4699907
三、农户私人投资 Farming Household Investment in Rual Areas	227196	228350

5-7 固 定 资 产 投 资(不含农户)
TOTAL INVESTMENT IN FIXED ASSETS(FARMING HOUSEHOLD EXCLUSIVE)

单位:万元 (10 000 yuan)

项 目 Item	2016	增幅(%) Increase Rate in 2016 over 2015(%)
计划总投资 Total Planned Investment	254345091	9.2
自开始建设累计完成投资 Total Investment from Started	175501397	7.6
本年完成投资 Total Investment Completed this Year	70397912	-2.8
#国有经济及国有控股 State-owned and State-holding Units	29244707	17
#住宅投资 Investment in Residential Buildings	17637045	-1.4
一、按登记注册类型分 Grouped by Ownership		
(一)内资企业 Domestic Funded Enterprises	66608555	-0.6
国 有 State-owned Units	9521941	-45.3
集 体 Collective-owned Units	234659	-85.2
股份合作 Share-holding Cooperative	636103	63.9
联 营 Joint-owned Economic Units	67693	-28.3
#国有联营 Joint State-owned Units	5405	-93.2
集体联营 Joint Collective-owned Units	58065	298.8
有限责任公司 Companies of Limited Liabilities	41179617	53.8
#国有独资公司 Companies with State-owned Exclusive Investment	9043669	373.2
股份有限公司 Companies of Share-holding with Limited Liabilities	3423453	-23.5
私营企业 Private-owned Units	11032655	3
其他内资公司 Other Companies	512434	-90.8
(二)外商投资企业 Foreign-funded Enterprises	2047583	-23.4
中外合资经营 Sino-Foreign Joint Economic Units	1211033	-1.6
中外合作经营 Sino-Foreign Cooperative Economic Units		-100
外资企业 Foreign Enterprises	521150	-44.4
股份有限 Companies of Share-holding With Limited Liabilities	154446	-28.9
其他外商投资 Other Foreign Funded Enterprises	160954	-42.1

5-7 续 表 Continued

项 目 Item	2016	增幅 (%) Increase Rate in 2016 over 2015(%)
(三)港澳台投资企业 Economic Units Funded from Hong Kong,Macao and Taiwan	1741774	-35.4
与大陆合资经营 Mainland - Hong Kong or Mainland - Macao or Mainland - Taiwan Joint Economic Units	322174	-56.6
与大陆合作经营 Mainland - Hong Kong or Mainland - Macao or Mainland - Taiwan Cooperative Economic Units	93237	110.5
港澳台独资企业 Economic Units Funded by Entrepreneurs from Hong Kong,Macao and Taiwan	1292875	-31.4
股份有限 Companies of Share - holding With Limited Liabilities	29240	14.5
其他港、澳、台商投资 Other Investment from Hongkong、Macro and Taiwan	4248	
(四)个体经营 Individual Business		-100
二、按构成分 **Grouped by Use of Funds**		
建筑工程 Construction	48012800	-1.6
安装工程 Installation	6179748	22.9
设备工器具购置 Purchase of Equipment and Instruments	6439024	-29.1
其它费用 Others	9766340	2.5
三、按三次产业分 **Grouped by Industry**		
第一产业 Primary Industry	448311	31.4
第二产业 Secondary Industry	22633612	-13.1
第三产业 Tertiary Industry	47315989	2.8
四、按建设性质分 **Grouped by Type of consturction**		
#新 建 New construction	35098326	12.7
扩 建 Expansion	4744006	-29.7
改建和技术改造 Reconsturcion and Technological Updating	3978974	-37.2

5-8 500万元以上项目投资效率

EFFICIENCY OF INVESTMENT OF PROJECTS OVER 5 MILLION YUAN

项目 Item	2016	2015
一、建设项目投产率(%) Rate of Projects Completed and Put into Use(%)	**67.1**	**63.3**
全部投产项目(个) Number of Projects Fully Completed and Put into Use(unit)	1841	1675
施工项目(个) Number of Projects under Construction(unit)	2744	2648
二、固定资产交付使用率(%) Rate of Fixed Assets Put into Use(%)	**42.9**	**46.0**
新增固定资产(万元) Newly Increased Fixed Assets (10 000 yuan)	19387402	23006613
投资额(万元) Investment(10 000 yuan)	45223562	49964676
三、房屋建筑面积竣工率(%) Completion Rate of Floor Space of Buildings(%)	**35.9**	**63.3**
房屋竣工面积(万平方米) Floor Space of Buildings Completed(10 000 sq. m)	840.87	2294.32
房屋施工面积(万平方米) Floor Space of Buildings Under Construction(10 000 sq. m)	2343.39	3623.41
#住宅建筑面积竣工率(%) Completion Rate of Floor Space of Residential Buildings(%)	20.0	40.2
住宅竣工面积(万平方米) Floor Space of Residential Buildings Completed(10 000 sq. m)	14.22	75.47
住宅施工面积(万平方米) Floor Space of Residential Buildings Under Construction(10 000 sq. m)	71.03	187.70
四、建设周期(年) Cycle of Construction(Year)	**3**	**3**
计划总投资(万元) Total Planned Investment(10 000 yuan)	131452595	134103205
投资额(万元) Investment(10 000 yuan)	45223562	49964676

5-9 500万元以上项目分行业投资
INVESTMENT OF PROJECTS OVER 5 MILLION YUAN BY SECTOR

单位:万元 (10 000 yuan)

项目 Item	2016	2015
总计 Total	**45223562**	**50990998**
农、林、牧、渔业 Farming, Forestry, Animal Husbandry and Fishery	493190	407830
采矿业 Mining and quarrying	3780	12558
制造业 Manufacturing	20270864	26488242
电力、燃气及水的生产和供应业 Electric Power, Gas and Water Production and Supply	895807	1192814
建筑业 Construction	1504035	796375
批发和零售业 Wholesale and Retail Trade	704642	775684
交通运输、仓储及邮政业 Transportation, Storage, Postal and Telecommunications Services	6890009	5709380
住宿和餐饮业 Hotel and Catering services	176110	287835
信息传输、计算机服务和软件业 Information Transfer, Computer and Software Services	325652	704534
金融业 Banking	85931	60177
房地产业 Real Estate	2796027	2766368
租赁和商务服务业 Leasing Services and Commercial Services	748601	960540
科学研究、技术服务和地质勘查业 Scientific Research, Polytechnic Services and Geological Prospecting	335618	622550
水利、环境和公共设施管理业 Water Conservancy, Environment and Pulic Facilities Management	8097604	8162822
居民服务和其他服务业 Resident Services and other Services	163320	262195
教　育 Education	710525	612749
卫生和社会工作 Health and Social Work	482559	299489
文化、体育和娱乐业 Culture, Sports and Recreational Sevices	369196	675461
公共管理、社会保障和社会组织 Public management, Social Security and Social Organization	170092	193395
国际组织 International Organization		

5－10　500万元以上项目制造业投资
INVESTMENT OF MANUFACTURING IN PROJECTS OVER 5 MILLION YUAN

单位:万元　　(10 000 yuan)

项　　目 Item	2016	2015
制　造　业 Manafacturing	**20270864**	**25916537**
农副食品加工业 Food Processing	917099	911104
食品制造业 Food Production	633746	502118
酒、饮料和精制茶制造业 Wine, Beverage and Refined Tea Production	168944	201126
烟草制品业 Tobacco Processing	7237	305065
纺织业 Textile Industry	122174	168756
纺织服装、服饰业 Textile, Garments and Fashion Industry	375467	409644
皮革、毛皮、羽毛及其制品和制鞋业 Leather, Furs, Down and Related Products	15150	18179
木材加工和木、竹、藤、棕、草制品业 Timber Processing, Wood, Bamboo, Cane, Palm Fiber and Straw Products	117704	46855
家具制造业 Furniture Manufacturing	285952	182037
造纸和纸制品业 Papermaking and Paper Products	174110	297814
印刷和记录媒介复制业 Printing and Record Processing	143469	179682
文教、工美、体育和娱乐用品制造业 Stationery, Education and Sports Goods	48599	130977
石油加工、炼焦和核燃料加工业 Petroleum Processing, Coking Products and Nuclear Fuel Processing	52759	106764
化学原料和化学制品制造业 Raw Chemical Materials and Chemical Products	240495	427771
医药制造业 Medical and Pharmaceutical Products	807195	828056
化学纤维制造业 Chemical Fiber Manufacturing	4817	6000
橡胶和塑料制品业 Rubber and Plastic Products	735475	707168
非金属矿物制品业 Nonmetal Mineral Products	1107002	1591637
黑色金属冶炼和压延加工业 Smelting and Pressing of Ferrous Metals	438018	864009
有色金属冶炼和压延加工业 Smelting and Pressing of Non－ferrous Metals	20256	338028
金属制品业 Metal Products	755439	919549
通用设备制造业 Ordinary Machinery Manufacturing	1569740	1596147
专用设备制造业 Special Purpose Equipment Manufacturing	1291653	2220668
汽车制造业 Automobile Manufacturing	4621735	6011815
铁路、船舶、航空航天和其他运输设备制造业 Railway, Watercraft, Aviation and Other Transportation Equipment Manufacturing	315203	645005
电气机械和器材制造业 Electric Equipment and Machinery	1721878	1979770
计算机、通信和其他电子设备制造业 Computer, Telecommunication and Other Electronic Equipment Manufacturing	2949115	3487269
仪器仪表制造业 Instruments and Meters Manufacturing	158934	317776
其他制造业 Other Manufacturing	277119	363144
废弃资源综合利用业 Utilization of Discard Resource and Material	153506	109105
金属制品、机械和设备修理业 Metal Products, Machinery and Repair of Equipment	40874	43499

5－11　500万元以上项目分行业新增固定资产
NEWLY INCREASED FIXED ASSETS OF PROJECTS OVER 5 MILLION YUAN BY SECTOR

单位:万元　　(10 000 yuan)

项　　目 Item	2016	2015
总　　计 Total	**19387402**	**23510734**
农、林、牧、渔业 Farming, Forestry, Animal Husbandry and Fishery	209582	407830
采矿业 Mining and quarrying	3780	12558
制造业 Manufacturing	10012188	26488242
电力、燃气及水的生产和供应业 Electric Power, Gas and Water Production and Supply	279996	1192814
建筑业 Construction	821981	796375
批发和零售业 Wholesale and Retail Trade	77614	775684
交通运输、仓储及邮政业 Transportation, Storage, Postal and Telecommunications Services	1824514	5709380
住宿和餐饮业 Hotel and Catering services	140492	287835
信息传输、计算机服务和软件业 Information Transfer, Computer and Software Services	308617	704534
金融业 Banking	37651	60177
房地产业 Real Estate	1144037	2766368
租赁和商务服务业 Leasing Services and Commercial Services	275913	960540
科学研究、技术服务和地质勘查业 Scientific Research, Polytechnic Services and Geological Prospecting	155002	622550
水利、环境和公共设施管理业 Water Conservancy, Environment and Pulic Facilities	2951336	8162822
居民服务和其他服务业 Resident Services and other Services	63574	262195
教　　育 Education	578162	612749
卫生和社会工作 Health and Social Work	228122	299489
文化、体育和娱乐业 Culture, Sports and Recreational Sevices	140970	675461
公共管理、社会保障和社会组织 Public management, Social Security and Social Organization	133871	193395
国际组织 International Organization		

5－12　500万元以上项目制造业新增固定资产
NEWLY INCREASED MANUFACTURING FIXED ASSETS OF PROJECTS OVER 5 MILLION YUAN

单位:万元　　(10 000 yuan)

项　　目	2016	2015
制造业合计 Manufacturing	**10012188**	**26488242**
农副食品加工业 Food Processing	457570	1037758
食品制造业 Food Production	406478	506643
酒、饮料和精制茶制造业 Wine, Beverage and Refined Tea Production	74214	256532
烟草制品业 Tobacco Processing	0	305065
纺织业 Textile Industry	60061	190053
纺织服装、服饰业 Textile, Garments and Fashion Industry	121494	409644
皮革、毛皮、羽毛及其制品和制鞋业 Leather, Furs, Down and Related Products	14023	18179
木材加工及木、竹、藤、棕、草制品业 Timber Processing, Wood, Bamboo, Cane, Palm Fiber and Straw Products	45772	52172
家具制造业 Furniture Manufacturing	126089	193871
造纸和纸制品业 Papermaking and Paper Products	107836	297814
印刷业和记录媒介复制业 Printing and Record Processing	88805	179682
文教、工美、体育和娱乐用品制造业 Stationery, Education, Arts, Sports and Recreation Goods	7440	132557
石油加工、炼焦及和核燃料加工业 Petroleum Processing, Coking Products and Nuclear Fuel Processing	46404	107031
化学原料及化学制品制造业 Raw Chemical Materials and Chemical Products	51824	476037
医药制造业 Medical and Pharmaceutical Products	262550	828056
化学纤维制造业 Chemical Fiber Manufacturing	4413	6000
橡胶和塑料制品业 Rubber and Plastic Products	510371	754111
非金属矿物制品业 Nonmetal Mineral Products	463821	1752090
黑色金属冶炼及压延加工业 Smelting and Pressing of Ferrous Metals	158424	864009
有色金属冶炼及压延加工业 Smelting and Pressing of Non－ferrous Metals	16535	338028
金属制品业 Metal Products	380924	936462
通用设备制造业 Ordinary Machinery Manufacturing	756113	1605221
专用设备制造业 Special Purpose Equipment Manufacturing	928158	2225079
汽车制造业 Automobile Manufacturing	2671409	6057780
铁路、船舶、航空航天和其他运输设备制造业 Railway, Watercraft, Aviation and Other Transportation Equipment Manufacturing	106402	645005
电气机械和器材制造业 Electric Equipment and Machinery	949965	1992570
计算机、通信和其他电子设备制造业 Computer, Telecommunication and Other Electronic Equipment Manufacturing	839923	3487269
仪器仪表制造业 Instruments and Meters Manufacturing	72575	317776
其他制造业 Other Manufacturing	181656	363144
废弃资源综合利用业 Utilization of Discard Resource and Material	76938	109105
金属制品、机械和设备修理业 Metal Products, Machinery and Repair of Equipment	24001	43499

5－13　500万元以上项目投资资金来源情况
SOURCE OF INVESTMENT FUNDS OF PROJECTS OVER 5 MILLION YUAN

单位：万元　　　　(10 000 yuan)

项　目	Item	2016	2015
一、本年资金来源合计（万元）	**Total Sources of Funds this year**	**43223754**	**50701012**
1. 上年末结余资金	Residual Funds last year	3047482	1877789
2. 本年资金来源小计	Subtotal Sources of Funds this year	40176272	48823223
（1）国家预算内资金	State Budgetary Funds	3837507	2805846
（2）国内贷款	Domestic Loans	3071674	6233140
（3）债券	Bonds	274978	0
（4）利用外资	Foreign Investment	67118	27231
其中：外商直接投资	Direct Foreign Investment	15901	27231
（5）自筹资金	Fund Raising	28317482	38636501
其中：企、事业单位自有资金	Funds Owned by Enterprises	6480701	3266854
（6）其他资金来源	Others	4607513	1120505
二、各项应付款合计（万元）	**All Account Payable this year**	**3410766**	**3587850**
其中：工程款	Funds of Projects	1024193	510824

5－14 农村农户(私人)固定资产投资
FIXED INVESTMENT OF FARMING HOUSEHOLD IN RURAL AREAS

项目 Item	2012	2013	2014	2015	2016
投资总计(万元) Total(10 000 yuan)	**151722**	**274283**	**403198**	**443790**	**533746**
一、私人建房 Building Construction by Individuals					
竣工房屋间数(间) Number of Buildings Completed(unit)	45957	58408	30771	30691	115004
#住　宅(间) Residential Buildings(unit)	45280	57031	28310	27945	103321
竣工房屋面积(平方米) Floor Space of Buildings Completed(sq. m)	1383301	1572179	1905432	2030139	2778208
#住　宅(平方米) Residential Buildings(sq. m)	1362554	1479784	1847149	1910434	2659328
竣工房屋价值(万元) Value of Buildings Completed(10 000 yuan)	112896	184726	212776	228350	306550
#住　宅(万元) Residential Buildings(10 000 yuan)	109950	181192	202988	217603	288835
二、购买生产性固定资产投资(万元) Investment in Purchase of Productive Fixed Assets (10 000 yuan)	**38826**	**89557**	**190422**	**165440**	**227196**

5－15 房地产开发投资
INVESTMENT IN REAL ESTATE DEVELOPMENT

单位:万元　　(10 000 yuan)

项目	Item	2016	2015
房地产开发投资完成额	**Total Investment**	**25174350**	**25817857**
一、按企业登记注册类型分	**Grouped by Type of Company Registration**		
(一)内资	Domestic－funded Enterprises	23556389	23006720
国有	State－owned	184200	277012
集体	Collective－owned	0	13730
联营	Joint－owned Companies	0	0
有限责任公司	Companies of Limited Liabilities	16044438	15204120
股份有限公司	Companies of Share－holding With Limited Liabilities	2352262	2043474
私营企业	Private－owned Enterprises	4975489	5414384
其他内资	Other Type of Enterprises	0	54000
(二)港、澳、台商投资	Enterprises Funded by Enterpreneurs from Hongkong, Macao & Taiwan	1237946	2270578
(三)外商投资	Foreign－funded Enterprises	380015	540559
二、按构成分	**Grouped by Use of Funds**		
建筑工程	Construction	15656955	16593077
安装工程	Installation	2423962	1997710
设备工器具购置	Purchase of Equipment and Instruments	422988	417036
其他费用	Others	6670445	6810034
其中:土地购置费	Purchase of Land	4666906	4905477
三、按工程用途分	**Grouped by Function**		
住　宅	Residential Buildings	17267922	17779333
其中:别墅、高档公寓	Villas, High－Grade Flats	174617	333761
办公楼	Offices Buildings	1904573	1886490
商业营业用房	Buildings for Commercial or Business Purposes	2376491	3104532
其他	Others	3625364	3047502
本年新增固定资产	Newly Increased Fixed Assets this Year	4890003	4699907
待开发土地面积(平方米)	Land Space Undeveloped (sq. m)	3410673	3895753
本年土地购置面积(平方米)	Land Space Purchased this Year (sq. m)	2221225	1616681
本年土地成交价款	Turnover of land this year	1247047	1359761

5－16 房地产开发投资效率
EFFICIENCY OF INVESTMENT IN REAL ESTATE DEVELOPMENT

项目	Item	2016	2015
一、固定资产交付使用率(%)	**Rate of Fixed Assets Put into Use(%)**	**19.4**	**18.2**
本年新增固定资产(万元)	Newly Increased Fixed Assets(10 000 yuan)	4890003	4699907
本年完成投资(万元)	Total Investment Completed this Year(10 000 yuan)	25174350	25817857
二、房屋建筑面积竣工率(%)	**Completion Rate of Floor Space of Buildings(%)**	**6.9**	**7.3**
房屋竣工面积(平方米)	Floor Space of Buildings Completed(sq. m)	8131722	8045819
房屋施工面积(平方米)	Floor Space of Buildings under Construction(sq. m)	118031037	110625215
#住宅建筑面积竣工率(%)	Completion Rate of Floor Space of Residential Buildings(%)	7.2	8.2
住宅竣工面积(平方米)	Floor Space of Residential Buildings Completed(sq. m)	6000973	6546298
住宅施工面积(平方米)	Floor Space of Residential Buildings under Construction(sq. m)	83348446	79744200
三、建设周期(年)	**Cycle of Construction(year)**	**5.3**	**4.5**
计划总投资(万元)	Total Planned Investment(10 000 yuan)	133675603	116539914
本年完成投资(万元)	Total Investment Completed this Year(10 000 yuan)	25174350	25817857

5-17 房地产施工面积和房屋竣工价值(2016 年)
FLOOR SPACE OF BUILDINGS UNDER CONSTRUCTION AND VALUE OF BUILDINGS COMPLETED(2016)

项目 Item	房屋施工面积合计(平方米) Total Floor Space of Buildings under Construction(sq. m)	本年新开工面积(平方米) Starting this year (sq. m)	房屋竣工面积(平方米) Floor Space of Buildings Completed (sq. m)	房屋竣工价值(万元) Value of Buildings Completed (10 000 yuan)
合计 Total	**118031037**	**26298893**	**8131722**	**3920271**
1. 住宅 Residential Buildings	83348446	18488974	6000973	2999561
#别墅高档公寓 Villas, High - Grade Flats	1797435	103083	67762	112385
2. 办公楼 Offices Buildings	7922539	1695730	344286	226916
3. 商业营业用房 Buildings for Commercial or Business Purposes	12140910	2325382	929959	484538
4. 其　他 Others	14619142	3788807	856504	209256

5－18 商品房销售与待售情况(2016 年)
SELLING AND UNSOLD OF COMMERCIAL HOUSES(2016)

项目 Item	商品房销售面积(平方米) Floor Space of Commercial Houses Sold(sq. m)			商品房销售额(万元) Sales Value of Commercial Houses(10 000 yuan)			待售面积(平方米) Unsold Floor Space(sq. m)	
	合计 Total	现房销售 Sales of Present Houses	期房销售 Advance Booking	合计 Total	现房销售 Sales of Present Houses	期房销售 Advance Booking	合计 Total	1－3 年 1－3 year
合计 Total	**32556550**	**4032127**	**28524423**	**32711962**	**3863019**	**28848943**	**4459334**	**3316449**
住宅 Residential Buildings	29310559	2956113	26354446	28781467	2769545	26011922	2397944	1856349
#别墅、高档公寓 Aillas, High－Grade Flats	531816	241558	290258	743657	361561	382096	224514	128058
办公楼 Offices Buildings	921119	100965	820154	1163339	111367	1051972	552084	343290
商业营业用房 Buildings for Commercial or Business Purposes	1318195	572727	745468	1932528	724816	1207712	951514	669599
其他 Others	1006677	402322	604355	834628	257291	577337	557792	447211

5－19 按资质等级分房地产开发投资情况(2016 年)
BASIC STATUS OF INVESTMENT IN REAL ESTATE DEVELOPMENT GROUPED BY ENTERPRISE GRADE(2016)

项 目 Item	总 计 Total	一 级 First Grade	二 级 Secondary Grade	三 级 Third Grade
计划总投资(万元) **Total Planned Investment (10 000 yuan)**	**133675603**	**11463228**	**31145235**	**9967507**
自开始建设累计完成投资(万元) Total Investment Complted this year (10 000 yuan)	107216942	9803642	27325036	9301825
本年完成投资(万元) **Investment Completed in this Year (10 000 yuan)**	**25174350**	**1334469**	**5310962**	**1699791**
按构成分: Grouped by use of Funds				
建筑工程(万元) Construction(10 000 yuan)	15656955	1034198	3718414	1260787
安装工程(万元) Installation(10 000 yuan)	2423962	72362	908395	192030
设备工器具购置(万元) Purchase of Equipment and Instruments(10 000 yuan)	422988	4929	134036	61480
其他费用(万元) Others(10 000 yuan)	6670445	222980	550117	185494
其中:旧建筑物购置费(万元) Purchase of Old Construction(10 000 yuan)	391610	0	1550	891
土地购置费(万元) Purchase of Land(10 000 yuan)	4666906	149807	325835	76154
按工程用途分: Grouped by Function of Project				
住 宅(万元) Residential Buildings(10 000 yuan)	17267922	987441	3609982	1132450
其中:90 平方米及以下住房(万元) Residential Building Below 90 m^2(10 000 yuan)	6528778	391773	933324	620970
别墅、高档公寓(万元) Villas, High－Grade Flats(10 000 yuan)	174617	7	31165	7262
办公楼(万元) Offices Buildings(10 000 yuan)	1904573	52361	534509	100621
商业营业用房(万元) Buildings for Commercial or Business Purposes(10 000 yuan)	2376491	135787	706251	208390
其 他(万元) Other(10 000 yuan)	3625364	158880	460220	258330

5-19 续 表 1 Continued 1

项　　目 Item	总　　计 Total	一　级 First Grade	二　级 Secondary Grade	三　级 Third Grade
本年新增固定资产(万元) New Increased Fixed Assets in this year(10 000 yuan)	4890003	469755	812755	290768
待开发土地面积(平方米) Land Space Undeveloped(sq. m)	3410673	369725	288670	92635
本年土地购置面积(平方米) Land Space Purchased this year(sq. m)	2221225	88925	236448	32012
房屋施工面积(平方米) **Floor Space of Building Under Construction(sq. m)**	**118031037**	**9000580**	**26218806**	**11955633**
住宅(平方米) Residential Space Under Construction(sq. m)	83348446	6910752	17705297	9176156
其中:90 平方米及以下住房(平方米) Residential Space Below 90 m^2 Under Construction(sq. m)	32661856	3595014	5655771	3825165
其中:别墅、高档公寓(平方米) Floor Space of Villas, High - Grade Flats Under Construction(sq. m)	1797435	45471	404862	480554
办公楼(平方米) Floor Space of Office Building under Construction(sq. m)	7922539	503704	2296427	606486
商业营业用房(平方米) Floor Space of Houses for Business Use under Construction(sq. m)	12140910	852635	3481229	803531
其他(平方米) Floor Space of other Building under Construction(sq. m)	14619142	733489	2735853	1369460
本年新开工面积(平方米) **New space started this year(sq. m)**	**26298893**	**1311019**	**3573700**	**1415020**
住宅(平方米) New Residential Space Started this year(sq. m)	18488974	943221	2565434	1023251
其中:90 平方米及以下住房(平方米) New Resdidential Space Below 90m^2 Started this year(sq. m)	6315757	458985	902746	387723
其中:别墅、高档公寓(平方米) New Villas, High Grade Flats Space Started(sq. m)	103083		14912	0
办公楼(平方米) New Office Buildings Space Started this year(sq. m)	1695730	10106	276585	4934
商业营业用房(平方米) New Space of House for Business Use Started this year(sq. m)	2325382	168984	238838	111828
其他(平方米) New Space of Other Building Started this year(sq. m)	3788807	188708	492843	275007

5－19 续 表 2 Continued 2

项 目 Item	总 计 Total	一 级 First Grade	二 级 Secondary Grade	三 级 Third Grade
房屋竣工面积(平方米) **Floor Space of Completed Building(sq. m)**	**8131722**	**953551**	**1421589**	**705633**
住宅(平方米) Floor Space of Residential Completed(sq. m)	6000973	759495	1014685	577358
其中:90平方米及以下住房(平方米) Floor Space of Residential Buildings Below $90m^2$ Completed(sq. m)	2153391	157067	219079	265135
其中:别墅、高档公寓(平方米) Floor Space of Villas, High Grade Flats Completed(sq. m)	67762	45471	4609	0
办公楼(平方米) Floor Space of Office Buildings Completed(sq. m)	344286		142299	0
商业营业用房(平方米) Floor Space of House for Business Use Completed(sq. m)	929959	111097	99113	67540
其他(平方米) Floor Space of Other Building Completed(sq. m)	856504	82959	165492	60735
商品房销售面积(平方米) **Floor Space of Commercial Houses Sold(sq. m)**	**32556550**	**1873383**	**7370520**	**3608251**
住宅(平方米) Floor Space of Residential Sold(sq. m)	29310559	1737477	6496656	3074965
其中:90平方米及以下住房(平方米) Floor Space of Residential Buildings Below $90m^2$ Sold(sq. m)	8153029	620317	1093177	697584
其中:别墅、高档公寓(平方米) Floor Space of Villas, High Grade Flats Sold(sq. m)	531816	31401	142161	44982
办公楼(平方米) Floor Space of Office Buildings Sold(sq. m)	921119	57511	156860	121625
商业营业用房(平方米) Floor Space of Houses for Commercial or Business Use Sold(sq. m)	1318195	77086	357096	43581
其他(平方米) Floor Space of other Houses Sold(sq. m)	1006677	1309	359908	368080
商品房销售额(万元) **Sales Value of Commercial Houses(10 000 yuan)**	**32711962**	**2044405**	**7547681**	**2770498**
住宅(万元) Sales Value of Residential Buildings(10 000 yuan)	28781467	1859515	6548356	2195235
其中:90平方米及以下住房(万元) Sales Value of Residential Buildings Below $90m^2$(10 000 yuan)	7202562	619477	1023199	533617
其中:别墅、高档公寓(万元) Sales Value of Villas, High Grade Flats(10 000 yuan)	743657	57470	193095	88146
办公楼(万元) Sales Value of Office Building(10 000 yuan)	1163339	65748	272647	147247
商业营业用房(万元) Sales Value of Houses for Commercial or Business Use(10 000 yuan)	1932528	118821	451107	111058
其他(万元) Sales Value of Other Buildings(10 000 yuan)	834628	321	275571	316958

5-19 续 表 3 Continued 3

项 目 Item	总 计 Total	一 级 First	二 级 Secondary Grade	三 级 Third Grade
现房销售面积(平方米) Floor Space of Present Buildings Sold(sq. m)	**4032127**	**260582**	**1411558**	**361290**
住宅(平方米) Sales Space of Present Buildings Sold(sq. m)	2956113	228025	932745	263212
其是:90 平方米及以下住房(平方米) Sales Space of Residential Buildings Below 90m^2 Sold(sq. m)	947496	110954	100627	21032
其中:别墅、高档公寓(平方米) Floor Space of Villas,High Grade Flats(sq. m)	241558	31401	75488	6332
办公楼(平方米) Floor Space of Present Office Buildings Sold(sq. m)	100965		6610	8092
商业营业用房(平方米) Floor Space of Present Houses for Commercial or Business Use Sold(sq. m)	572727	31248	302755	30547
其他(平方米) Floor Space of Present other Buildings Sold(sq. m)	402322	1309	169448	59439
现房销售额(万元) Sales Value of Present Buildings(10 000 yuan)	**3863019**	**268175**	**1547702**	**321554**
住宅(万元) Sales Value of Present residential Buildings(10 000 yuan)	2769343	220318	1080960	203655
其中:90 平方米及以下住房(万元) Sales Value of Present Residential Buildings Below 90m^2(10 000 yuan)	632391	75503	73053	21434
其中:别墅、高档公寓(万元) Sales Value of Present Villas,High Grade Flats(10 000 yuan)	361561	57470	116403	14330
办公楼(万元) Sales Value of Present Office Buildings(10 000 yuan)	111367		10173	7893
商业营业用房(万元) Sales Value of Present Houses for Commercial or Business Use(10 000 yuan)	724816	47536	360218	85004
其他(万元) Sales Value of other Present Houses(10 000 yuan)	257291	321	96351	24922
期房销售面积(平方米) Floor Space of Future Buildings Sold(sq. m)	**28524423**	**1612801**	**5958962**	**3246961**
住宅(平方米) Floor Space of Future Residential Buildings Sold(sq. m)	26354446	1509452	5563911	2811753
其中:90 平方米及以下住房(平方米) Floor Space of Future Residential Buildings Below 90m^2 Sold(sq. m)	7205533	509363	992550	676552
其中:别墅、高档公寓(平方米) Floor Space of Future Villas,High Grade Flats(sq. m)	290258		66673	38650
办公楼(平方米) Floor Space of Future Office Buildings Sold(sq. m)	820154	57511	150250	113533
商业营业用房(平方米) Floor Space of Future Houses for Commerial or Business Use Sold(sq. m)	745468	45838	54341	13034
其他(平方米) Floor Space of other Future Houses Sold(sq. m)	604355		190460	308641

5-19 续 表 4 Continued 4

项 目 Item	总 计 Total	一 级 First	二 级 Secondary Grade	三 级 Third Grade
期房销售额(万元) **Sales Value of Future Buildings(10 000 yuan)**	**28848943**	**1776230**	**5999979**	**2448944**
住宅(万元) Sales Value of Future Residential Houses(10 000 yuan)	26011922	1639197	5467396	1991580
其中:90 平方米及以下住房(万元) Sales Value of Future Residential Houses Below 90m^2(10 000 yuan)	6570171	543974	950146	512183
其中:别墅、高档公寓(万元) Sales Value of Future Villas, High Grade Flats(10 000 yuan)	382096		76692	73816
办公楼(万元) Sales Value of Future Office Buildings(10 000 yuan)	1051972	65748	262474	139354
商业营业用房(万元) Sales Value of Future Fouses for Commercial or Business Use(10 000 yuan)	1207712	71285	90889	25974
其他(万元) Sales Value of other Future Houses(10 000 yuan)	577337		179220	292036
待售面积(平方米) **Unsold Floor Space(sq. m)**	**4459334**	**181084**	**1183641**	**970048**
住宅(平方米) Unsold Floor Space of Residential Buildings(sq. m)	2397944	76101	564446	558630
其中:90 平方米及以下住房(平方米) Unsold Floor Space of Residential Buildings Below 90m^2(sq. m)	615818	70078	90498	56016
其中:别墅、高档公寓(平方米) Unsold Floor Space of Villas, High Grade Flats(sq. m)	224514	0	67320	70495
办公楼(平方米) Unsold Floor Space of Office Buildings(sq. m)	552084	10968	175247	98849
商业营业用房(平方米) Unsold Floor Space of Houses for Commercial or Business Use(sq. m)	951514	84058	269792	215314
其他(平方米) Unsold Floor Space of other Houses(sq. m)	557792	9957	174156	97255

5－20 房地产开发资金来源情况
SOURCES OF FUNDS OF REAL ESTATE DEVELOPMENT

单位:万元 (10 000 yuan)

项目	Item	2016	2015
一、本年实际到位资金合计	**The Actual Funds in Place This Year**	**44824836**	**36676782**
1、上年末结余资金	Residual Funds last year	8631022	7436003
2、本年实际到位资金小计	The Actual Funds in Subtotal this Year	36193814	29240779
(1)国内贷款	Domestic Loans	7891485	5115490
其中:银行贷款	Loans of Bank	7005010	4194881
(2)利用外资	Foreign Investment	5000	0
(3)自筹资金	Fund Raising	11461754	13994060
(4)其他资金来源	Other Resoureces of Funds	16835575	10131229
二、本年各项应付款合计	**All Account Payable this year**	**11402349**	**5415001**
其中:工程款	Funds of Projects	8311407	2866785

5－21　建筑业(总承包和专包承包)企业生产情况(2016年)

单位:千元

项　　目 Item	企业个数 Number of Enterprises 建筑企业个数 (个) Number of Construction Enterprises (unit)	建筑业合同情况 About Contracts 签订合同额 Value of Signed Contracts
总　　计 Total	**1300**	**1665727854**
其中:国有及国有控股企业 of the Total:State－holding Enterprises	133	1238211127
一、按登记注册类型分组 Grouped by Ownership		
内资企业 Domestic funded Enterprises	1288	1664262864
国有企业 State－owned Units	46	34045135
集体企业 Collective－owned Units	15	1044062
股份合作企业 Share－holding Cooperative		
联营企业 Joint－owned Ewnomic units		
有限责任公司 Companies of Limited Liabilities	581	1482701630
股份有限公司 Companies of Share－holding with Limited Liabilities	41	37964632
私营企业 Private－owned	602	108505405
其他企业 Others	3	2000
港澳台商投资企业 Enterprises Funded by Entrepreneurs from Hongkong, Macao & Taiwan	11	1451628
外商投资企业 Foreign Funded	1	13362
二、按国民经济行业分组 Grouped by Sector		
房屋建筑业 Buildings	496	853888179
土木工程建筑业 Givil Engineering Construction	181	726777878
建筑安装业 Equipment Installation	303	56891734
建筑装饰业和其他建筑业 Construction Decoration and Other Construction	320	28170063

PRODUCTION OF CONSTRUCTION (PROCURE CONSTRUCTION OR PROFESSIOND CONSTRUCTION) ENTERPRISES(2016)

(1 000 yuan)

建筑业总产值 Gross Output Value				竣工产值 Output Value of Completed Construction
建筑业总产值 Gross Ouput Value	建筑工程产值 Output Value of Construction	安装工程产值 OutputValue of Installation	其他产值 Output Value of Others	
698036902	**619306432**	**57854591**	**20875879**	**345803694**
423189203	376725168	33343598	13120437	160675525
697135588	618718474	57606693	20810421	344859364
15717342	8382995	2528177	4806170	3877618
958244	685260	272578	406	728744
582779079	527190188	45898840	9690051	284320225
20505566	16592270	1823337	2089959	10896314
77173336	65865740	7083761	4223835	45034442
2021	2021	0	0	2021
888415	575059	247898	65458	944330
12899	12899	0	0	0
388291841	344944588	35594546	7752707	254330868
256820928	245220112	5878827	5721989	57706182
31319206	18508006	9496016	3315184	18678672
21604927	10633726	6885202	4085999	15087972

5－21 续 表

项 目 Item	房屋施工面积(平方米) Floor Space of Buildings under Construction(sq. m)	
	房屋施工面积 Floor Space of Buildings under Consturction	其中:新开工面积 New Space Started this year
总 计 Total	**445165809**	**167230648**
其中:国有及国有控股企业 of the Total:State－holding Enterprises	287611013	70739446
一、按登记注册类型分组 Grouped by Ownership		
内资企业 Domestic－funded Enterprises	444559539	166973717
国有企业 State－owned Units	1776710	509026
集体企业 Collective－owned Units	594310	346136
股份合作企业 Share－holding Cooperative		
联营企业 Joint－owned Ewnomic Units		
有限责任公司 Companies of Limited Liabilities	394719321	145169007
股份有限公司 Companies of Share－holding with Limited Liabilities	9109319	3560195
私营企业 Private－owned	38359879	17389353
其他企业 Others	0	0
港澳台商投资企业 Enterprises Funded by Entrepreneurs from Hongkong,Macao & Taiwan	606270	256931
外商投资企业 Foreign Funded	0	0
二、按国民经济行业分组 Grouped by Sector		
房屋建筑业 Buildings	414209669	154399172
土木工程建筑业 Civil Engineering Construction	23751968	7595405
建筑安装业 Equipment Installation	6850405	4903109
建筑装饰业和其他建筑业 Construction Decoration and Other Construction	353767	332962

5－21 Continued

从业人员 Employees	房屋竣工面积(平方米) Floor Space Completed(sq. m)	
从事建筑业活动的平均人数(人) Average Emplooyees Engaged in Construction (person)	合计 Total	其中:住宅房屋 Residential Houses
1161611	**136125278**	**94029567**
432976	41187426	23875504
1157084	135627278	93932202
27232	218107	58780
3559	400372	382427
865977	113274144	76067051
18530	2525442	1291664
241380	19209213	16132280
406	0	0
4521	498000	97365
6	0	0
702540	128820658	88256260
278567	1603070	1188756
140638	5368235	4279777
39866	333315	304774

5-22 建筑业(总承包和专业承包)企业财务情况(2016 年)

单位:千元

项目 Item	一、期末资产负债 Assets and Liabilities at the end of Year		
	流动资产合计 Liquid Assets	固定资产合计 Fixed Assets	累计折旧 Accumulated Depreciation
总计 Total	**549490599**	**47980947**	**31754291**
其中:国有及国有控股企业 of the Total:State - holding Enterprises	401271152	30444587	23183116
一、按登记注册类型分组 Grouped by Ownership			
内资企业 Domestic - funded Enterprises	548250477	47969040	31737276
国有企业 State - owned Units	14790630	1067664	973061
集体企业 Collective - owned Units	723039	80231	62659
股份合作企业 Share - holding Cooperative			
联营企业 Joint - owned Ewnomic Units			
有限责任公司 Companies of Limited Liabilities	454168321	38489817	26549784
股份有限公司 Companies of Share - holding with Limited Liabilities	26940662	1333521	840401
私营企业 Private - owned	51627825	6997807	3311371
其他企业 Others			
港澳台商投资企业 Enterprises Funded by Entrepreneurs from Hongkong, Macao & Taiwan	1231767	11001	15361
外商投资企业 Foreign Funded	8355	906	1654
二、按国民经济行业分组 Grouped by Sector			
房屋建筑业 Buildings	215035308	16063472	8124170
土木工程建筑业 Civil Engineering Construction	287208158	26892292	19992647
建筑安装业 Equipment Installation	31780388	3315019	2539150
建筑装饰业和其他建筑业 Construction Decoration and Other Construction	15466745	1710164	1098324

THE FINANCIAL SITUATION IN CONSTRUCTION (PROCURE CONSTRUCTION OR PROFESSIOND CONSTRUCTION) ENTERPRISES(2016)

(1 000 yuan)

一、期末资产负债 Assets and Liabilities at the end of Year			二、损益及分配 Profits Loss and Distribution	
资产总计 Total Assets	负债合计 Total Liabilities	所有者权益合计 Creditor's Equity	营业收入 Operational Income	主营业务收入 Main Sales Income of Products
714570229	**502841696**	**211878565**	**740041687**	**736443228**
516358979	410961893	105397086	465978003	463597146
713254567	502102606	211301993	739677155	736078707
16708431	12816812	3891619	15358886	15301806
828004	487826	340178	1052681	1052681
602589320	432207827	170391066	615108845	612449668
30284862	24942338	5342524	21365518	21287085
62843950	31647803	31336606	86791225	85987467
1306401	732864	573537	351174	351163
9261	6226	3035	13358	13358
277107903	180699598	96550944	385156795	383655610
380674442	288550346	92124096	297236035	295851664
38369038	23876404	14492634	33343797	32867765
18418846	9715348	8710891	24305060	24068189

5-22 续 表

单位:千元

项目 Item	二、损益及分配 Profits Loss and Distribution		
	营业成本 Sales Cost	主营业务成本 Main Sales Cost	营业税金及附加 Main Business Taxes and Extras
总计 Total	**668227747**	**664593318**	**13612793**
其中:国有及国有控股企业 of the Total;State - holding Enterprises	426399924	424460213	5240396
一、按登记注册类型分组 Grouped by Ownership			
内资企业 Domestic - funded Enterprises	667904784	664270355	13608550
国有企业 State - owned Units	13781766	13732201	252557
集体企业 Collective - owned Units	923261	913161	29769
股份合作企业 Share - holding Cooperative			
联营企业 Joint - owned Ewnomic Units			
有限责任公司 Companies of Limited Liabilities	558092748	555504807	10762041
股份有限公司 Companies of Share - holding with Limited Liabilities	19457274	19406657	260274
私营企业 Private - owned	75649735	74713529	2303909
其他企业 Others			
港澳台商投资企业 Enterprises Funded by Entrepreneurs from Hongkong, Macao & Taiwan	309930	309930	4146
外商投资企业 Foreign Funded	13033	13033	97
二、按国民经济行业分组 Grouped by Sector			
房屋建筑业 Buildings	352276800	350272159	8543073
土木工程建筑业 Civil Engineering Construction	266036396	265017330	4027121
建筑安装业 Equipment Installation	28643635	28269688	636732
建筑装饰业和其他建筑业 Construction Decoration and Other Construction	21270916	21034141	405867

5－22 Continued

(1 000 yuan)

二、损益及分配 Profits Loss and Distribution				人工成本 Labour Cost	
主营业务税金及附加 Main Business Taxes and Extras	营业利润 Operating Profits	利润总额 Total Profits	应交所得税 Income Tax Payable	应付职工薪酬（本年贷方累计发生额） Employee Compensation (Credit Amout Accumulated this Year)	应交增值税 Added Value Tax Payable
13358135	**26378275**	**27824372**	**7202839**	**58906028**	**9825950**
5120630	12036121	13436717	2642109	29171264	5904473
13353892	26354908	27800472	7197044	58861192	9812741
251004	441953	441334	104624	1682323	269393
29569	52278	51016	16884	147112	22528
10579858	19722255	21142049	5273172	46137675	7883143
259427	710529	767840	135453	1435693	229537
2234034	5427893	5398233	1666911	9458389	1408140
4146	23256	23789	5793	44668	12842
97	111	111	2	168	367
8410947	14673886	14999064	4498252	37021488	4479321
3934726	8964362	10030779	2036284	16443034	4471191
629765	1739743	1780557	414038	3322248	500084
382697	1000284	1013972	254265	2119258	375354

5-23 建筑业(总承包和专业承包)企业主要经济效益指标(2016 年)
MAIN ECONOMIC INDICATORS OF CONSTRUCTION (Procure Construction and Professional Construction)(2016)

项目 Item	全员劳动生产率(按建筑业总产值计算)(元/人) Overall Labor Productivity (yuan/person)	资产负债率(%) Assets Liabilities Ratio (%)	产值利润率(%) Output Value-Profit Ratio(%)
总计 Total	**600921**	**70.4**	**4.0**
其中:国有及国有控股企业 of the Total:State-holding Enterprises	977396	79.6	3.2
一、按登记注册类型分组 Grouped by Ownership			
内资企业 Domestic-funded Enterprises	602493	70.4	4.0
国有企业 State-owned Units	577164	76.7	2.8
集体企业 Collective-owned Units	269245	58.9	5.3
股份合作企业 Share-holding Cooperative			
联营企业 Joint-owned Ewnomic Units			
有限责任公司 Companies of Limited Liabilities	672973	71.7	3.6
股份有限公司 Companies of Share-holding with Limited Liabilities	1106614	82.4	3.7
私营企业 Private-owned	319717	50.4	7.0
其他企业 Others	4978	—	0
港澳台商投资企业 Enterprises Funded by Entrepreneurs from Hongkong,Macao & Taiwan	196509	56.1	2.7
外商投资企业 Foreign Funded	2149833	67.2	0.9
二、按国民经济行业分组 Grouped by Sector			
房屋建筑业 Buildings	552697	65.2	3.9
土木工程建筑业 Civil Engineering Construction	921936	75.8	3.9
建筑安装业 Equipment Installation	222694	62.2	5.7
建筑装饰业和其他建筑业 Construction Decoration and Other Construction	541939	52.7	4.7

主 要 统 计 指 标 解 释

固定资产投资额 指以货币形式表现的在一定时期内建造和购置固定资产的工作量以及与此有关的费用的总称。

本年新增固定资产 指在报告期已经完成建造和购置过程,并已交付生产或使用单位的固定资产的价值,包括已经建成投入生产或交付使用的工程投资和达到固定资产标准的设备、工具、器具的投资及有关应摊入的费用。属于增加固定资产价值的其他建设费用,应随同交付使用的工程一并计入新增固定资产。

调查单位通过划拨方式取得土地使用权所发生的建设用地费计入新增固定资产;房地产开发企业、工业商业等企业通过出让或“招拍挂”方式取得土地使用权而发生的建设用地费不计入新增固定资产。租用建设用地的费用,不计入新增固定资产投资。

施工和竣工房屋建筑面积 房屋建筑面积是从房屋外墙线算起的各层平面面积的总和,包括房屋结构(如柱、墙)占用的面积和地下室面积。多层建筑按各自然层面积总和计算,包括房屋内的楼隔层,突出墙面的眺望间、门斗、有柱雨罩的面积。不包括突出墙面结构的构件、艺术装饰等所占的面积,如台阶等。凹阳台、挑阳台按其水平投影面积一半计算建筑面积。

住宅建筑面积 指施工和竣工房屋建筑面积中供居住用的施工和竣工房屋建筑面积。

房屋施工面积 指报告期内施工的全部房屋建筑面积。包括本期新开工的房屋建筑面积、上期跨入本期继续施工的房屋建筑面积、上期停缓建在本期恢复施工的房屋建筑面积、本期竣工的房屋建筑面积以及本期施工后又停缓建的房屋建筑面积。多层建筑应填各层建筑面积之和。

房屋峻工面积 指报告期内房屋建筑按照设计要求已全部完工,达到住人和使用条件,经验收鉴定合格或达到竣工验收标准,可正式移交使用的各栋房屋建筑面积的总和。

主营业务收入 指企业确认的销售商品、提供劳务等主营业务的收入。根据会计“主营业务收入”科目的期末贷方余额(结转前)填报。执行《企业会计准则》或《小企业会计准则》的企业,如未设置该科目,以“营业收入”代替填报。

利润总额 指企业在一定会计期间的经营成果,是生产经营过程中各种收入扣除各种耗费后的盈余,反映企业在报告期内实现的盈亏总额。根据会计“利润表”中“利润总额”项目的本期金额数填报。执行《企业会计准则》或《小企业会计准则》的企业,利润总额为营业利润加上营业外收入,减去营业外支出后的金额;执行其他企业会计制度的企业,利润总额为营业利润加上投资收益、政府补助、营业外收入,再减去营业外支出后的金额。

建筑业总产值 指以货币表现的建筑业企业在一定时期内生产的建筑业产品和服务的总和。建筑业产值包括:①建筑工程产值:指列入建筑工程预算内的各种工程价值。②安装工程产值:指设备安装工程价值。③其他产值:建筑业总产值中除建筑工程、安装工程以外的产值。包括房屋构筑物修理产值、非标准设备制造产值、总包企业向分包企业收取的管理费以及不能明确划分的施工活动所完成的产值。

Explanatory Notes on Main Statistical Indicators

Amount of investment in fixed assets refers to the volume of work in construction and purchases of fixed assets and related expenses in monetary terms.

Newly Increased Fixed Assets this Year Refer to the value of fixed assets which have been completed in construction, and accepted by production unit, including investments of equipments, instruments reach the standard of fixed assets, and projects which have been put into production or use, and other costs should be added. Other construction expenses, which belong to the added value of fixed assets, should be included in the newly increased fixed assets with projects which are put into use together.

The Construction land cost occurred in which enterprises getting land usage rights by way of transfer should be added into newly increased fixed assets; and cost occunred which real estate and instustrial and other enterprises obtained the land usage rights by means of recruitment and Bid invitation should not be added into newly increased fixed assets. The cost of renting construction land should not be included in the newly increased fixed assets.

Floor Space of Buildings Under Construction and Completed refer to total floor space in each story of buildings calculated from the outside line of building walls, including the space occupied by constructions like pillars or walls and basements. The floor space of multi – story building includes the total floor space of each story, including area occupied by separating walls, watching rooms, doorways, and pillars, but excluding protruding wall structures and artistic decoration, such as steps. The space of recessed verand and tantilevered balcony is counted by half of the projection area.

Floor Space of Residential Buildings refers to the floor space of the residential buildings under construction and completed among the total space of buildings under construction and completed.

Floor Space of Buildings Under Construction refers to floor space of buildings under construction during the reference period, including newly started buildings, buildings started earlier and continued during the reference period, buildings suspended earlier but restarted during the reference period, buildings completed during the reference period, and buildings suspended during the reference period. The floor space of multistoried buildings under construction should be fulled in the sum of space of each floor.

Floor Space of Buildings Completed refers to the floor space of buildings that are completed in the reference period in accord – ance with the requirements of the design, up to the standard for putting them into use or living, and have been checked and accepted by concerned departments as qualified ones or reach the standard of completion acceptance.

Main Business Revenue refers to the income of the main business confirmed by enterprises, such as the sale of goods, services, etc. Enterprise accountant fill in data on the final credit balance before carry – over of the subject of the accounting "main business income". The enterprise implementing the accounting standards for Business Enterprises or small – sized enterprises fill instead of "Business income", if the enterprise doesn't set the subject.

Total Profits refers to the enterprise's operating results of a certain accounting period, it is the production and operation of a variety of income after deducting the cost of surplus, and is a reflection of the enterprise in the reporting period to achieve the totalprofit and loss. Enterprise fill data according to the current amount of the total profit project in the accounting profit table.

For the enterprise implementing the Accounting Standards for Business Enterprises or small – sized enterprises, the total profit is the sales profit plus sales exclusive income, minus sales exclusive expense. For the enterprise implementing other accounting standards, the total profit is the sales profit plus investment income, subsidy income, sales exclusive income, minus Sales exclusive expenses.

Gross Output Value of Construction refers to the gross output value of construction and services showed in moneytary terms produced by construction enterprises during a certain period. It includes:

(1) Output value of construction projects, that is the value of projects covered by the project budgets;

(2) Output value of installation projects, that is the value of the installation of equipment;

(3) Output Value of Others: refers to output value exdude output value of aonstruction projects and output value of instcellation projects in Gross Output Value of Construction. It includes output value of repair of buildings and structures, output value of manfactured nonstandard equipment and management expenses iohich main contractors collect from Subcontractors. and output value of construction activities which can not be clearly defined and others.

六、公用事业

URBAN PUBLIC UTILITIES

资料整理人员：胡　海
STAFF FOR DATA PROCESSING：
Hu Hai

简要说明

本篇资料反映武汉城市建设面貌，其内容根据市建委、市交委提供的2016年《城市、县城建设统计报表制度》汇总整理而成。

Brief Description

The data in this chapter reflect the feature of urban construction and public utilities. Data are collected, prepared according to 2016 statistical system of Urban – Rural Construction Development that is provided by the Construction Committee and Transpotation Committee of Wuhan.

6－1 道路、下水道、堤防、绿化情况
ROADS, DRAINPIPES, DIKES AND VIRESCENCE

指标名称 Index Name	2016	2015
道路长度(公里) Length of Roads(km)	5704.00	5354.00
道路面积(万平方米) Area of Roads (10 000 sq. m)	10154	9495
#人行道面积(万平方米) Area of Pavement(10 000 sq. m)	2857	2671
人均拥有道路面积(平方米) Per Capita Area of Roads(sq. m)	14.39	14.82
污水年排放量(万吨) Annual Discharge Volume of Sewage(10 000 tons)	89110	83243
污水处理厂(座) Disposal Plants of Sewage(seat)	19	19
#二、三级处理(座) The Second, Third Disposal Plants of Sewage(seat)	19	18
污水处理能力(万立方米/日) Daily Disposal Capacity of Sewage(10 000 cu. m/day)	278	235.75
#二、三级处理(万立方米/日) The Second, Third Disposal Capacity of Sewage(10 000 cu. m/day)	278	225.75
其他污水处理设施处理能力(万立方米/日) Other Daily Disposal Capacity of Sewage(10 000 cu. m/day)	4.90	4.90
污水处理总量(万立方米) Total Capacity of Sewage(10 000 cu. m/day)	86799	79113
排水管道长度(公里) Length of Drain Pipes(km)	9316.00	9202.00
建成区排水管道密度(公里/平方公里) Density of Drain Pipes(km/sq. m)	15.91	16.25
城市生活污水集中处理率(%) Percentage of Collective Disposal of Sewage in Urban Area(%)	97.4	95.1
污水处理厂集中处理率(%) Percentage of Collective Disposal by plants of Sewage(%)	95.40	95.00
防洪堤长度(公里) Length of Anti－Flood Dikes(km)	808	808
人均公园绿地面积(平方米) Park Green Area Per Capita(sq. m)	10.39	11.12
建城区绿地率(%) Greenbelt Rate of Developed Area(%)	34.18	34.19
建城区绿化覆盖率(%) Coverage Rate of Green Area in Developed Area(%)	39.65	39.65

6-2 自 来 水 情 况
BASIC STATISTICS ON TAP WATER SUPPLY

指标名称 Index Name	2016	2015
水厂综合生产能力(万吨/日) General Productive Capacity of Water Works(10 000 tons/day)	527.70	478.20
供水管网长度(公里) Length of Water Supply Pipelines(km)	14160	12274
供水总量(万吨) Total Volume of Water Supply (10 000 tons)	132833.29	126234.00
售水总量(万吨) Sales Volume of Tap Water (10 000 tons)	109171.35	99603.00
居民家庭用水(万立方米) For Residential Use(10 000 cu. m)	54377.17	50456.00
行政事业用水量(万立方米) Water Use of Administrative Institutions(10 000 cu. m)	10850	11454
工业用水量(万立方米) Water Use of Industry(10 000 cu. m)	29738.29	27120.00
经营服务用水量(万立方米) Water Use of Businesss Services(10 000 cu. m)	13752.89	10256.00
特种行业用水量(万立方米) Water use of Special Industry(10 000 cu. m)	453	308
免费供水量(万立方米) Supply of Water for Free(10 000 cu. m)	6418.02	9857.00
自备水取水量(万立方米) Withdrawals of Owned Water(10 000 cu. m)	11141.12	8581.00
* 工业取水量(万立方米) * Withdrawals of Industry(10 000 cu. m)	10254	7924
其他取水量(万立方米) Withdrawals of Other(10 000 cu. m)	887.12	657.00
万元用水量(立方米/万元)(含一产业) Water Consumption of Annual ten Thousands GDP (cu. m/10 000 yuan) (include Primary Industry)	29	34
万元用水量(立方米/万元)(不含一产业) Water Consumption of Annual ten Thousands GDP(cu. m/10 000 yuan) (Not include Primary Industry)	24	26
万元工业增加值用水量(立方米/万元) Water consumption of Per Unit of Indutry Added Value(cu. m/10 000 yuan)	37	43
城市居民生活用水量 Living Water Comsumption of Urban Individuals(L/person. day)	156.64	174.30
工业用水量重复利用率(%) Reuse Ratio of Water Used by Industry(%)	89.2	88.7

注：* 自备水工业取水量不含火力发电直流冷却用水量。

Note: Withdrawals of Industry exclude thermal power dc cooling water consumption.

6-3 公共交通情况
PUBLIC TRAFFIC

指标名称 Index Name	2016	2015
营运公共车辆(辆) Operating Public Vehicles(unit)	8970	8301

#公共汽车(辆)
Buses(unit)
	8864	8146

无轨电车(辆) Trolley Buses(unit)	106	155
标准营运车数(标台) Number of Operating Public Vehicles (converted into standard unit)	11578	9793
客运总量(万人次) Passenger Volime of Traffic(10 000 persons)	147387.8	143092.4
每万人拥有公共交通车辆(标台)(按城区人口计算) Per 10 000 Capita Public Vehicles (converted into standard unit)(According to Urban Population)	13.5	13.8
营运出租汽车(辆) Operating Taxes(unit)	17376	16747
营运渡江客轮(艘) Operating Ferries(unit)	36	36
渡江客轮客运总数(万人次) Number of Passengers Carried by Ferries(10 000 persons)	843.2	1025.3
轨道交通运营车数(辆) Number of Operating Light Rail Vehicles(unit)	1106	776
轨道交通客运总量(万人次) Number of Passagers Carried by Light Rail(10 000 persons)	71658.5	56510.1

6-4 城市天然气情况
BASIC STATISTICS ON SUPPLY OF GAS IN URBAN AREA

指标名称 Index Name	2016	2015
储气能力(万立方米) Gross Storage Quantity(10 000 cu. m)	1300	80
供气管道长度(公里) Length of Pipeline of Gas Supply(km)	10369	8040
销售气量(万立方米) Volume of Sale(10 000 cu. m)	180000	152000
#居民家庭(万立方米) Residential Household(10 000 cu. m)	31500	27360
用气户数(户) Number of Consumers(household)	2183261	1656051
#家庭用户 Household Consumers	2043261	1622930
用气人口(万人) Population with Access to Gas(10 000 Persons)	586	520
汽车加气站座数(座) Gas Supply Seat(seat)	63	63

6-5 市区清洁卫生情况
ENVIRONMENT AND SANITATION IN THE CITY PROPER

指标名称	Index Name	2016	2015
生活垃圾无害化处理率(%)	Percentage of Harmless Treatment for Living Garbage(%)	100	100
实际清扫面积(万平方米)	Actual Area Cleaned(10 000sq. m)	12486	17730
清运生活垃圾量(万吨)	Volume of Garbage Disposal(10 000 tons)	356.29	330.66
生活垃圾无害化处理厂(场)(座)	Treatment Farms for Making Garbage Harmless(unit)	8	8
无害化垃圾处理能力(吨/日)	Halmless Treatment Capacity for Garbage(ton/day)	9650	9650
生活垃圾处理量(万吨)	Treatment Capacity of Living Garbage(10 000 tons)	356.30	330.66
生活垃圾无害化处理量(万吨)	Harmless Treatment Capacity for Living Garbage(10 000 tons)	356.30	330.66
公共厕所(座)	Number of Public Lavatories(set)	1511	1383

七、公共交通、邮电

PUBLIC TRANSPORTATION, POST AND TELECOMMUNICATIONS

资料整理人员:陈至勇　夏洪全　杨　丹　方　青　付梦丹　袁　阳　闫　倩

STAFF FOR DATA PROCESSING:

Chen Zhiyong　Xia Hongquan　Yang Dan　Fang Qing　Fu Mengdan　Yuan Yang　Yan Qian

简要说明

本篇交通、邮电资料内容包括交通运输全行业(水路、铁路、公路、航空)运行情况和邮政电信业务基本情况。交通部分内容由武汉市交委提供,邮政部分内容由武汉市邮政管理局和湖北省邮政公司武汉市分公司提供,电信部分内容由移动、联通、电信、铁通四家武汉分公司提供。

Brief Description

Data in this chapter present the development of transportation (railway、highway、waterway、aviation), post and telecommunications in Wuhan. Data on transportation are from Transportation Commission of Wuhan. Data on postal and telecommunication services are from Wuhan branch of Hubei post company, Telecom part of the content are provided by wuhan branches of China Mobile, China Unicom, China Telecom, China Railway Communication.

7-1 全社会交通运输量
TOTAL PASSENGER AND FREIGHT TRAFFIC

指标名称	Index Name	2016	2015
换算周转量(亿吨公里)	**Converted Turnover(100 million ton - km)**	**4001.19**	**3842.48**
铁　路(亿吨公里)	Railway(100 million ton - km)	1867.30	1865.00
公　路(亿吨公里)	Highway(100 million ton - km)	644.74	604.97
水　运(亿吨公里)	Waterway(100 million ton - km)	1471.73	1357.68
航　空(亿吨公里)	Aviation(100 million ton - km)	17.42	14.83
客运量(万人)	**Passenger Traffic(10 000 persons)**	**28639.35**	**27628.71**
铁　路(万人)	Railway(10 000 persons)	15855.30	15083.90
公　路(万人)	Highway(10 000 persons)	11484.00	11381.26
航　空(万人)	Aviation(10 000 persons)	1300.05	1163.55
旅客周转量(亿人公里)	**Passenger Turnover(100 million persons - km)**	**1151.43**	**1102.36**
铁　路(亿人公里)	Railway(100 million persons - km)	895.80	869.30
公　路(亿人公里)	Highway(100 million persons - km)	81.38	81.09
航　空(亿人公里)	Aviation(100 million persons - km)	174.25	151.97
货运量(万吨)	**Freight Traffic(10 000 tons)**	**49981.81**	**48185.19**
铁　路(万吨)	Railway(10 000 tons)	6744.20	6579.00
公　路(万吨)	Highway(10 000 tons)	28891.92	28495.59
水　运(万吨)	Waterway(10 000 tons)	14331.86	13099.71
航　空(万吨)	Aviation(10 000 tons)	13.83	10.89
货物周转量(亿吨公里)	**Freight Turnover(100 million ton - km)**	**3082.35**	**2951.92**
铁　路(亿吨公里)	Railway(100 million ton - km)	971.50	995.70
公　路(亿吨公里)	Highway(100 million ton - km)	636.61	596.87
水　运(亿吨公里)	Waterway(100 million ton - km)	1471.73	1357.68
航　空(亿吨公里)	Aviation(100 million ton - km)	2.51	1.67
旅客吞吐量(万人)	**Passenger Throughput(10 000 persons)**	**2077.16**	**1894.20**
机　场(天河)(万人)	Airport(Tian He)(10 000 persons)	2077.16	1894.20
货物吞吐量(万吨)	**Cargo Throughput(10 000 tons)**	**9017.53**	**8470.47**
机　场(天河)(万吨)	Airport(Tian He)(10 000 tons)	17.53	15.47
港　口(万吨)	Port(10 000 tons)	9000.00	8455.00
其中:集装箱(万 TEU)	#Container(10 000 TEU)	113.30	106.20

7-2 客　　运　　量
PASSENGER TRAFFIC

单位:万人　　　　(10 000 persons)

年　　份 Year	总　计 Total	铁　路 Railway	公　路 Highway	水　运 Waterway	航　空 Aviation
1978	4337.60	2138.50	833.20	1361.70	4.20
1980	5482.30	2337.40	1521.90	1615.70	7.30
1985	6518.90	2119.90	2636.30	1754.00	8.70
1986	6389.90	1841.90	2963.80	1573.80	10.40
1987	7480.20	2851.10	3096.40	1514.50	18.20
1988	7688.30	3177.50	2860.70	1634.60	16.00
1989	7263.10	2781.60	2951.00	1517.40	13.10
1990	6266.80	2088.00	2996.20	1166.40	16.30
1991	6700.20	1959.00	3466.20	1241.00	34.00
1992	7146.00	2035.00	3595.00	1396.00	120.00
1993	7294.00	2231.00	3695.00	1254.00	114.00
1994	7455.60	2311.60	4086.00	886.00	162.00
1995	7250.00	2242.00	4166.90	624.60	216.00
1996	7088.90	1994.10	4339.80	514.00	241.00
1997	7416.55	1974.10	4669.50	555.50	217.48
1998	8585.36	2105.60	5813.60	443.20	222.96
1999	9034.64	2256.70	6208.70	332.10	237.14
2000	8362.40	2498.60	5342.00	261.40	260.40
2001	8124.00	2654.20	4994.10	198.40	277.30
2002	11933.30	2774.30	8851.00		308.00
2003	11882.00	2611.60	8936.00		334.40
2004	12885.70	2956.90	9480.00		448.80
2005	15413.40	4626.40	10293.30		493.70
2006	16193.70	4849.00	10771.00		573.70
2007	17338.36	5124.90	11500.90		712.56
2008	18882.06	6026.50	12082.00		773.56
2009	21735.62	6439.80	14532.00		763.82
2010	22896.71	7281.30	14730.00		885.41
2011	25743.22	8511.70	16317.00		914.52
2012	27492.40	9764.90	16794.00		933.50
2013	29621.69	12105.40	16521.00		995.29
2014	27899.48	14053.90	12748.00		1097.58
2015	27628.71	15083.90	11381.26		1163.55
2016	28639.35	15855.30	11484.00		1300.05

7-3 旅客周转量
PASSENGER TURNOVER

单位:亿人公里 (100 million persons - km)

年份 Year	总计 Total	铁路 Railway	公路 Highway	水运 Waterway	航空 Aviation
1978	52.00	21.69	4.97	25.16	0.17
1980	55.84	23.91	7.37	24.18	0.37
1985	80.65	43.96	11.91	33.26	0.52
1986	91.07	45.21	12.79	32.37	0.69
1987	142.89	94.58	13.78	33.29	1.24
1988	161.41	109.59	14.26	36.48	1.08
1989	147.03	97.94	14.88	33.31	0.91
1990	127.25	85.00	14.81	26.35	1.09
1991	141.37	94.10	17.34	27.23	2.70
1992	167.10	105.30	18.60	32.10	2.70
1993	168.90	111.60	15.30	31.06	11.00
1994	179.70	117.00	21.10	25.90	15.70
1995	181.00	119.60	20.62	19.60	21.20
1996	171.09	107.50	21.15	18.13	24.32
1997	181.26	115.56	23.00	20.80	21.91
1998	185.81	122.39	25.21	16.40	21.81
1999	206.89	141.01	29.54	12.23	24.12
2000	220.02	158.58	25.89	10.06	25.49
2001	231.53	171.60	25.78	7.27	26.88
2002	266.00	182.80	54.30		28.90
2003	266.40	175.50	57.20		33.70
2004	317.60	213.00	60.40		44.20
2005	507.80	388.00	68.60		51.20
2006	543.14	410.00	71.08		62.06
2007	596.70	440.80	78.20		77.79
2008	634.51	474.01	81.70		78.80
2009	654.94	466.70	109.53		78.72
2010	747.45	528.90	119.49		99.06
2011	873.84	646.30	124.58		102.96
2012	897.34	663.60	127.38		106.36
2013	1011.82	763.00	124.76		124.06
2014	1059.22	834.10	87.10		138.02
2015	1102.36	869.30	81.09		151.97
2016	1151.43	895.80	81.38		174.25

7-4 货　运　量
FREIGHT TRAFFIC

单位:万吨　　(10 000 tons)

年份 Year	总计 Total	铁路 Railway	公路 Highway	水运 Waterway	航空 Aviation
1978	6620.10	2499.40	1791.60	2329.00	0.08
1980	5926.60	2238.20	1672.90	2015.30	0.17
1985	6830.90	2312.90	1782.40	2735.30	0.29
1986	7001.80	2423.00	1719.30	2859.20	0.19
1987	9034.30	4631.40	1566.00	2836.60	0.30
1988	9078.10	4728.00	1435.20	2914.60	0.29
1989	8866.60	4831.30	1299.70	2735.40	0.17
1990	8378.50	4758.50	1134.30	2485.60	0.10
1991	8545.40	4809.00	1132.00	2604.00	0.38
1992	8700.00	4903.00	1054.00	2741.00	2.00
1993	8820.00	5046.00	1077.00	2695.00	2.00
1994	8227.10	5012.10	1020.00	2193.00	2.00
1995	8311.90	5055.00	934.60	2319.30	3.00
1996	8202.89	5030.80	935.80	2233.00	3.29
1997	7989.83	5004.00	789.71	2193.00	3.12
1998	9441.92	4854.60	1226.70	3357.00	3.62
1999	9612.14	4748.80	1202.60	3655.90	4.84
2000	9464.30	4921.10	874.00	3664.00	5.20
2001	9713.13	5253.20	898.20	3557.60	4.13
2002	15942.60	5472.20	7369.00	3096.90	4.50
2003	16609.80	5823.60	7786.30	2994.60	5.30
2004	17044.80	5860.80	7811.60	3366.30	6.10
2005	19611.70	8491.50	8485.00	2629.10	6.20
2006	20817.75	8990.00	8972.00	2848.97	6.78
2007	22554.93	9728.50	9918.10	2899.40	8.89
2008	29142.98	10201.80	10515.50	8417.83	7.85
2009	34409.19	9839.10	16679.00	7884.00	7.09
2010	40287.93	10145.60	21120.00	9013.00	9.33
2011	41804.45	10059.40	22442.00	9293.06	9.99
2012	43892.49	9177.40	24354.00	10351.73	9.36
2013	44528.75	9010.40	25023.00	10485.55	9.80
2014	48529.99	7683.20	28083.00	12753.56	10.23
2015	48185.19	6579.00	28495.59	13099.71	10.89
2016	49981.81	6744.20	28891.92	14331.86	13.83

7-5 货物周转量
FREIGHT TURNOVER

单位:亿吨公里 (100 million tons - km)

年份 Year	总计 Total	铁路 Railway	公路 Highway	水运 Waterway	航空 Aviation
1978	261.92	134.64	3.06	124.22	
1980	258.00	140.54	2.57	114.89	0.01
1985	386.81	185.33	4.59	196.86	0.03
1986	408.40	194.44	4.80	209.15	0.02
1987	616.45	399.11	4.82	212.50	0.02
1988	643.09	415.41	5.13	222.54	0.02
1989	671.29	443.03	4.55	223.70	0.01
1990	645.75	455.60	3.67	196.47	0.01
1991	679.82	470.80	3.66	205.53	0.03
1992	713.36	502.80	3.60	207.10	0.16
1993	724.90	514.40	3.70	206.60	0.20
1994	723.40	547.10	3.90	172.20	0.20
1995	751.60	563.70	2.81	184.80	0.27
1996	739.81	560.42	2.81	176.23	0.36
1997	673.70	488.83	2.45	182.07	0.35
1998	643.38	440.84	3.87	198.28	0.39
1999	636.11	420.25	4.02	211.29	0.54
2000	638.61	421.28	4.00	212.77	0.56
2001	655.02	432.60	2.59	219.39	0.44
2002	737.70	466.90	54.40	215.90	0.50
2003	764.00	488.50	56.50	218.50	0.60
2004	835.20	538.00	58.50	238.00	0.70
2005	1277.70	987.00	66.40	223.60	0.70
2006	1312.73	1017.00	69.45	225.53	0.76
2007	1418.00	1138.20	74.80	203.96	1.05
2008	1750.01	1096.91	78.90	573.26	0.94
2009	1900.05	1032.40	282.19	584.63	0.83
2010	2263.60	1144.60	307.61	810.28	1.11
2011	2644.18	1226.60	343.26	1072.86	1.46
2012	2910.22	1194.10	410.82	1303.94	1.36
2013	2555.96	1198.20	468.35	887.87	1.54
2014	3025.72	1113.00	565.59	1345.64	1.49
2015	2951.92	995.70	596.87	1357.68	1.67
2016	3082.35	971.50	636.61	1471.73	2.51

7-6 民用车辆拥有量(2016年)
NUMBER OF CIVIL VEHICLES(2016)

计量单位:辆 (unit)

指标名称	总计 Total	营运 For Earning Income and Profit	非营运 Not for Earning Income or Profit	校车 School Bus	总计中: in total 进口 Import	个人 Individuals	新注册 New Registered	报废 Scrap
合计 Total	**2400926**	**150739**	**2249197**	**990**	**138227**	**2073756**	**411262**	**14086**
一、汽车 Cars	2309753	141025	2167738	990	137948	1992655	407826	13637
1.载客汽车 Buses & Cars	2167764	42685	2124089	990	137578	1970349	387535	8221
其中:大型 Large - sized Automobiles	19571	11690	7423	458	155	113	2302	1022
中型 Medium - sized Automobiles	8660	769	7359	532	364	3072	374	835
小型 Small - sized Automobiles	2129926	30226	2099700	0	136056	1958141	384624	6190
微型 Mini - sized Automobiles	9607	0	9607	0	1003	9023	235	174
其中:轿车 Cars	1368041	30132	1337909	0	50138	1259190	226009	4004
2.载货汽车 Trucks	123535	95463	28072	0	337	15055	18127	4474
其中:重型 Large - sized Trucks	51974	45311	6663	0	174	3817	8993	1461
中型 Medium - sized Trucks	9045	6539	2506	0	5	1023	840	824
轻型 Small - sized Trucks	62434	43564	18870	0	158	10192	8294	2185
微型 Mini - sized Trucks	82	49	33	0	0	23	0	4
其中:普通载货 Ordinary Trucks	29468	18968	10500	0	152	6034	3315	1188
3.其他汽车 Others	18454	2877	15577	0	33	7251	2164	942
其中:三轮汽车 Three Wheeled	517	1	516	0	0	515	32	8
低速货车 Low Speed Truck	4001	69	3932	0	0	3788	644	26
二、电车 Trolleys	141	111	30	0	0	0	0	14
1.无轨 Trolley Bus	141	111	30	0	0	0	0	14
2.有轨 Tram								
三、摩托车 Motorcycles	81240	356	80884	0	276	80915	2121	305
1.普通 Ordinary	80697	351	80346	0	276	80372	2117	305
2.轻便 Light	543	5	538	0	0	543	4	0
四、挂车 Trilers	9603	9135	468	0	0	183	1315	106
五、其他类型车 Others	189	112	77	0	3	3	0	24

7-7 邮电业务基本情况
BASIC CONDITIONS OF POST AND TELECOMMUNICATION SERVICES

指标名称	Index Name	2016	2015
一、邮政主要指标	**Main Items of Post**		
邮政业务总量(2010年不变价格)(万元)	Business Volume of Post (in 2010 constant price) (10 000 yuan)	1124400.00	773200.00
邮政业务收入(万元)	Income of Post Services(10 000 yuan)	736200.00	545600.00
函件(万件)	Number of Letters(10 000 pcs)	3364.27	3558.35
包件(万件)	Number of Parcels(10 000 pcs)	32.54	38.31
报纸累计份数(万份)	Number of Newspaper(10 000 copies)	13310.52	13587.00
杂志累计份数(万份)	Number of Magazines(10 000 copies)	597.72	614.03
邮电局、所(处)	Number of Post & Telecommuniucation Offices(station)	260.00	259.00
信筒信箱(个)	Number of Post Boxes(unit)	520.00	519.00
邮路总长度(单程)(公里)	Length of Postal Routes(one way)(km)	36268.00	25867.00
二、电信主要指标	**Main Items of Telecommunication**		
电信业务总量(2010年不变价格)(万元)	Business Volume of Telecommunication (in 2010 constant price)(10 000 yuan)	4146400.00	2793900.00
电信业务收入(万元)	Income of Telecommunication Services(10 000 yuan)	1480456.79	1391110.78
固定电话用户数(万户)	Number of Subscribers of Telephone(10 000 subscribers)	221.73	249.03
公用电话(万户)	Number of Public Telephones(10 000 subscribers)	30.00	40.16
移动电话用户数(万户)	Number of Mobile Telephone Subscribers(10 000 subscribers)	1518.86	1584.50
局用交换机容量(万门)	Capacity of Office Telephone Exchanges(10 000 lines)	574.00	567.12
移动交换机容量(万户)	Capacity of Mobile Telephone Exchanges(10 000 subscribers)	3391.24	3391.24
互联网用户(万户)	Internet Users(10 000 subscribers)	488.80	463.49
电话普及率(部/百人)	Coverage Rate of Telephones(unit/100 persons)	161.66	172.85
固定电话普及率(部/百人)	Coverage Rate of House Telephones(unit/100 person)	20.59	23.48
移动电话普及率(部/百人)	Coverage Rate of Mobile Telephones(unit/100 persons)	141.07	149.37

说明:邮政业务总量和邮政业务收入均含快递业务。
Note:Both total amount of the postal service and the post business income include the express delivery business.

主 要 统 计 指 标 解 释

货(客)运量 指在一定时期内,各种运输工具实际运送的货物(旅客)数量。该指标是反映运输业为国民经济和人民生活服务的数量指标,也是制定和检查运输生产计划、研究运输发展规模和速度的重要指标。货运按吨计算,客运按人计算。货物不论运输距离长短、货物类别,均按实际重量统计。旅客不论行程远近或票价多少,均按一人次客运量统计,半价票、小孩票也按人统计。

货物(旅客)周转量 指在一定时期内,由各种运输工具运送的货物(旅客)数量与其相应运输距离的乘积之总和。该指标可以反映运输业生产的总成果,也是编制和检查运输生产计划,计算运输效率、劳动生产率以及核算运输单位成本的主要基础资料。计算货物周转量通常按发出站与到达站之间的最短距离,也就是计费距离计算。计算公式为

货物(旅客)周转量 = ∑[货物(旅客)运输量 × 运输距离]

港口货物吞吐量(又称港口吞吐量) 指经由水路运进、出港区范围,并经过装卸的货物数量。按货物流向分为进港吞吐量和出港吞吐量;按货物的贸易性质分为内贸和外贸吞吐量,按货物的类别分,可根据现行的交通行业标准《运输货物分类和代码》分类。

邮电业务总量 指以价值量形式表现的邮电通信企业为社会提供各类邮电通信服务的总数量。邮电业务量按专业分类包括函件、包件、汇票、报刊发行、邮政快件、特快专递、邮政储蓄、集邮、公众电报、用户电报、传真、长途电话、出租电路、无线寻呼、移动电话、分组交换数据通信、出租代维等。计算方法为各类产品乘以相应的平均单价(不变价)之和,再加上出租电路和设备、代用户维护电话交换机和线路等的服务收入。该指标综合反映了一定时期邮电业务发展的总成果,是研究邮电业务量构成和发展趋势的重要指标。计算公式为:

邮电业务总量 = ∑(各类邮电业务量 × 不变单价) + 出租代维及其他业务收入 = 邮政业务总量 + 电信业务总量

民用汽车拥有量 指报告期末,在公安交通管理部门按照《机动车注册登记工作规范》,已注册登记领有民用车辆牌照的全部汽车数量。汽车拥有量统计的主要分类:根据汽车结构分为载客汽车、载货汽车及其他汽车,根据汽车所有者不同分为个人(私人)汽车、单位汽车.根据汽车的使用性质分为营运汽车、非营运汽车和特种汽车,根据汽车大小规格不同载客汽车分为大型、中型、小型和微型,载货汽车分为重型、中型、轻型和微型。

局用电话交换机容量 指安装在电信运营企业内用于接续本地固定电话的电话交换机容量,包括现用和备用的人工或自动交换机的全部容量。不包括用户交换机容量。

移动电话交换机容量 指移动电话交换机根据一定话务模型和交换机处理能力计算出来的最大同时服务用户的数量。

Explanatory Notes On Main Statistical Indicators

Freight(Passenger) Traffc refers to the volume of freight(passenger) transported with various means within a specific period of time. This indicatar reflects the service of the transport industry towards the national economy and people's living conditions, as well as an important indicator used in formulating and monitoring transport production plans and research into the scale and pace of transport development. Freight transport is calculated in tons and passenger traffic is calculated in terms of number of persons. Freigh transport is calculated in terms of the actual weight of the goods and takes no account of the type of freight and distance of travel. Passenger traffic is calculated by the principle that one person can be counted only once in one trip and takes no account of the travelling distance and ticket price. The passengers who travel with a half price ticket or a child's ticket is also calculated as one person.

Freight(Passenger) Turnover refers to the sum of the product of the volume of transported cargo(passengers) multiplied by the transport distance. It is an important indicator to reflect the achievement of the transportation industry. This is an important indicator to show the total results of the transport industry; to prepare and examine the transport plan; and to serve as the main basic data for calculating the efficiency labour productivity and unit cost of transport. Normally, the shortest distance between the departure station and the destination station(i. e. , the payable distance) is the basis in calculating the freight ton – kilometres. The formulas as foflows:

Turnover Volume of Freight(Passenger) Trafficc = $\sum$ Freight(Passenger) $\sum$ Freight(Passenger) Distance of Transportation

Ports Cargo Throughput Capacity refers to the volume of cargo passing in and out the harbor area and having been loaded and unloaded. The volume of freight handled may be classified as in – port&out – port. It can also be classified as national trade and international trade by the attribute of trade or be classified by the classification of cargo according to the standard of Transportation use" The Classification and Code of Transported Cargo".

Business Volume of Post and Telecommunications Services refers to the total amount of post and telecommunications services, expressed in value terms, provided by the post and telecommunications departments for the society. Post and telecommunications services can be classified as ietters, parcels, remittance issue of newspapers and magazines, fastmail service, express mail service, savings deposits, stamps for collection, public and individual telegraph service, facsimiles, long – distance telephone service, leasing of telephonelines, urban paging service, mobile telephone service, data transfer and transmission etc. The accounting approach is to multiply the service products of all types with their average unit price(constant price) to get sum of business value, plus income from other services such as leasing of telephone lines and equipment, maintenance of telephone switchboards and lines on behalf of customers. This indicator reflects the overall results of post and telecommunications service during a given period, and is important to study the composition of business service and the development of post and telecommunications service. The formulas as follows:

Business volume of Post and Telecommunication Services = $\sum$ (Transaction of Post and Telecommunication Services Constant Price) + Income from leasing. Maintenance and Other Services = Business Volume of Post + Business Volume of Telecommunication.

Number of Civil Vehicles refers to the total number of vehicles that are registered and received vehicles license according to the Work Standard for Motor Vehicles Registration formulated by transport management office under department of public security at the end of reference period. They are divided into following categories according to the structure of motor vehicles: passenger vehicles, trucks and others; private vehicles and vehicles for units use according to ownerships; working vehicles, non – working vehicles and special motor vehicles according to kind of usage; large passenger vehicles, medium passenger vehicles, small passenger vehicles and mini passenger vehicle, heavy trucks, medium trucks, light trucks and mini trucks according to sizes of vehicles.

Capacity of Office Telephone Exchanges refers to the capacity(measured in gate) of telephone exchanges installed in the offices of telecommunication service providers for communication between fixed telephones. It indudes the capacity of both manual and automatic exchanges in use and for stand—by purpose, excluding the capacity of subscribers' exchanges.

Capacity of Mobile Telephone Exchanges refers to the capacity of the maximum services provided to subscribers at one time basing on a certain model and transacting capacity of the mobile telephone exchanges.

八、贸易、外经、旅游业

DOMESTIC TRADE, FOREIGN TRADE, ECONOMIC COOPERATION AND TOURISM

资料整理人员:陈　燕　曾德辉　吴　麒　涂孝斌　陈　圆　李　晶　唐厚国

STAFF FOR DATA PROCESSING:

Chen Yan　Zeng Dehui　Wu Qi　Tu Xiaobin　Chen Yuan　Li Jing　Tang Houguo

简要说明

本篇资料反映武汉市国内贸易、对外经济及旅游情况。国内贸易资料内容包括社会消费品零售总额、批发和零售业商品流转情况、住宿和餐饮业经营情况、限额以上批发和零售业财务状况、限额以上住宿和餐饮业财务状况、连锁企业经营情况、亿元商品交易市场基本情况、商业综合体总体情况等。国内贸易数据采集方式:对限额以上企业及大个体户采用全面调查的方法,从2011年年报起,由企业在国家统计局统计数据联网直报平台上报送企业一套表;对限额以下企业及个体户采用抽样调查方法;亿元商品交易市场、连锁企业实行全面调查;商业综合体情况实行重点调查。对外经济资料包括进出口贸易、实际利用外资等,其中进出口贸易资料由武汉海关提供,利用外资资料由武汉市商务局提供。旅游资料包括接待旅游者人数、旅游总收入以及星级饭店个数、客房数、床位数等,由武汉市旅游局提供。

Brief Description

The data in this chapter reflect the development of domestic-trade, foreign trade, economic cooperation and tourism. Data on domestic trade includes total retail sales of consumer goods, circulation of goods in wholesale and retail trade, operation of hotel and catering services, financial conditions on wholesale, retail, hotel and catering services above designated size, operation of chain business, bussiness of transaction over 100 million yuan, business combination, etc. The way data on clomestic trade are obtained complete survey is used for enterprises above desighated size and big individuals, and since 2011, enterprises have reported integrated survey tables on cyber - reporting system of State Statistics Bureau; sample survey is used for enterprises below designated size and individuals; complete survey is used for business of transaction over 100 million yuan and chain bussiness; major survey is used for bussiness combination. Data on foreign trade and economic coorperation involve imports and exports, foreign capital actually used, etc. The information of impots and exports of foreign trade comes from Wuhan customs. The infromation of utilization of foreign capital comes from Wuhan Bureau of Commerce. Data on tourism are provided by Wuhan city bureau of Tourism Administration, including number of tourists abroad, revenue of tourism, number of Star - rated hotels, rooms, beds, etc.

8-1 历年社会消费品零售总额及指数
TOTAL RETAIL SALES OF CONSUMER GOODS AND INDICES OVER THE YEARS

年份 Year	消费品零售总额（万元） Total Retail Sales of Consumer Goods（10 000 yuan）	指数（上年=100） Indice（preceding year=100）	年份 Year	消费品零售总额（万元） Total Retail Sales of Consumer Goods（10 000 yuan）	指数（上年=100） Indice（preceding year=100）
1952	41082	—	1985	486210	134.3
1953	54166	131.8	1986	534462	109.9
1954	51675	95.4	1987	636886	119.2
1955	52224	101.1	1988	833627	130.9
1956	72538	138.9	1989	932510	111.9
1957	77584	107.0	1990	957229	102.7
1958	83757	108.0	1991	1091230	114.0
1959	92593	110.5	1992	1235498	113.2
1960	98845	106.8	1993	1705498	138.0
1961	88515	89.5	1994	2345541	137.5
1962	87404	98.7	1995	2989002	127.4
1963	80004	91.5	1996	3741103	125.2
1964	80766	101.0	1997	4380226	117.1
1965	80921	100.2	1998	4918926	112.3
1966	86446	106.8	1999	5395504	109.7
1967	94690	109.5	2000	6285694	112.3
1968	96140	101.5	2001	7112263	113.2
1969	95908	99.8	2002	7986360	112.3
1970	95631	99.7	2003	8856873	110.9
1971	96836	101.3	2004	9962211	112.5
1972	104620	108.0	2005	11286436	113.3
1973	114218	109.2	2006	12933276	114.6
1974	117409	102.8	2007	15183023	117.4
1975	127036	108.2	2008	18500452	121.8
1976	132784	104.5	2009	21640873	117.0
1977	139750	105.2	2010	25704037	118.8
1978	157086	112.4	2011	30317900	118.0
1979	179840	114.5	2012	34673700	114.4
1980	219490	122.0	2013	39166042	113.0
1981	244985	111.6	2014	45735359	112.7
1982	266412	108.7	2015	51022366	111.6
1983	296380	111.2	2016	56105883	110.0
1984	362100	122.2			

注：指数根据省局正式核定的年度数据计算，2001 年-2005 年社会消费品零售额为第一次经济普查口径，2014 年社会消费品零售额为第三次经济普查口径。

Note：Index is calculated by annual data checked by statistics Bureau of Hubei, total retail sales of consumer goods are caliber of the first economic census for 2001-2005, and of the third economic census for 2014.

8-2 社会消费品零售总额及构成
TOTAL RETAIL SALES OF CONSUMER GOODS AND ITS COMPOSITION

单位:亿元 (100 million yuan)

项目 Item	2012年	2013年	2014年	2015年	2016年
社会消费品零售总额 Total Retail Sales of Consumer Goods	**3467.37**	**3916.60**	**4573.54**	**5102.24**	**5610.59**
按行业分: Grouped by Sector					
批发和零售业 Wholesale and Retail Trade	3095.21	3514.72	4151.47	4626.71	5077.23
住宿和餐饮业 Hotel and Catering Services	337.22	363.88	422.07	475.53	533.36
其　它 Others	34.94	38.00	0.00	0.00	0.00
社会消费品零售总额构成(%) Composition(%)	100	100	100	100	100
按行业分: Grouped by Sector					
批发和零售业 Wholesale and Retail Trade	89.3	89.7	90.8	90.7	90.5
住宿和餐饮业 Hotel and Catering Services	9.7	9.3	9.2	9.3	9.5
其　它 Others	1.0	1.0	0.0	0.0	0.0

8-3 历年批发和零售业商品销售额及指数
WHOLESALE AND RETAIL SALES OF GOODS AND INDICES OVER THE YEARS

年份 Year	合计 Total		批发业 Wholesale Trade		零售业 Retail Trade	
	绝对数(亿元) Data (100 million yuan)	指数(上年=100) Indice preceding year=100	绝对数(亿元) Data (100 million yuan)	指数(上年=100) Indice preceding year=100	绝对数(亿元) Data (100 million yuan)	指数(上年=100) Indice preceding year=100
2005	3353.44	—	2208.48	—	1144.96	—
2006	3595.58	107.2	2306.89	104.5	1288.69	112.6
2007	4169.36	116.0	2817.82	122.1	1351.54	104.9
2008	5578.06	133.8	3746.51	133.0	1831.55	135.5
2009	7135.44	127.9	4781.75	127.6	2353.69	128.5
2010	8604.30	123.8	6029.44	127.1	2574.86	116.7
2011	10443.87	125.1	7442.40	126.0	3001.47	122.8
2012	12305.47	117.8	8722.72	116.9	3582.75	120.1
2013	14182.79	115.3	9958.73	114.2	4224.06	117.9
2014	15860.92	111.8	10967.66	110.1	4893.26	115.8
2015	18323.11	114.6	12498.72	114.0	5824.39	116.0
2016	20336.37	111.0	13706.81	109.7	6629.56	113.8

注:指数根据省局正式核定的年度数据计算。

Note:Index is calculated according to the provincial Bureau formally approved annual data.

8-4 批发和零售业商品销售情况

TOTAL SALES OF COMMODITIES IN WHOLESALE AND RETAIL TRADE

单位:亿元　　　　(100 million yuan)

指标名称 Index name	销售合计 Total 2016年	2015年	批发额 Wholesale 2016年	2015年	零售额 Retail 2016年	2015年
合计 Total	**20336.37**	**18323.11**	**15301.26**	**13741.54**	**5035.11**	**4581.57**
一、批发业 Wholesale	13706.81	12498.72	13209.16	12049.98	497.65	448.74
限额以上企业和大个体 Enterprises Above Designated Size and Big Individuals	7329.62	7082.15	7015.54	6797.45	314.08	284.70
限额以下企业和个体户 Enterprises Below Designated Size And Individuals	6377.19	5416.57	6193.62	5252.53	183.57	164.04
二、零售业 Retail Trade	6629.56	5824.39	2092.10	1691.56	4537.46	4132.83
限额以上企业和大个体 Enterprises Above Designated Size and Big Individuals	3374.07	3180.93	163.61	186.49	3210.46	2994.44
限额以下企业和个体户 Enterprises Below Designated Size And Individuals	3255.49	2643.46	1928.49	1505.07	1327.00	1138.39

注:本表为行业口径,仅含法人和个体,不含非同业附属产业活动单位。

Note:This table is showed by industry caliber, containing corporate and individual, excluding affiliated establishment.

8-5 限额以上批发和零售业商品销售类值(2016年)

TOTAL SALES OF ENTERPRISES ABOVE DESIGNATED SIZE IN WHOLESALE AND RETAIL TRADE BY CATEGORY OF COMMODITIED(2016)

单位:万元 (10 000 yuan)

指标名称	Index name	商品销售总额 Total	批发额 Wholesale	零售额 Retail
总 计	**Total**	**108395078.8**	**74304498.6**	**34090580.2**
粮油、食品类	Food	9267806.4	4401285.4	4866521.0
饮料类	Beverage	645104.2	100205.8	544898.4
烟酒类	Tabacco and Alcohol	5319401.2	4332204.1	987197.1
服装、鞋帽、针纺织品类	Garments、Shoes Hats and Textile Products	4004883.2	373692.2	3631191.0
化妆品类	Cosmetics	1504155.9	107629.7	1396526.2
金银珠宝类	Jewelry	1043794.0	328794.1	714999.9
日用品类	Articles for Daily Use	1925443.8	163096.5	1762347.3
五金、电料类	Hardware and Electrical Tools	106312.6	59195.4	47117.2
体育、娱乐用品类	Sports and Recreation Articles	129122.6	0.0	129122.6
书报杂志类	Books and Newspapers	909793.2	683467.1	226326.1
电子出版物及音像制品类	Electronic Publications and Audio Video Products	4822.3	0.0	4822.3
家用电器和音像器材类	Household Appliances and Audio and Video Apparatus	2906893.7	1074501.1	1832392.6
中西药品类	Medicines	13248465.3	10385189.9	2863275.4
文化办公用品类	Culture and Office Articles	3426289.7	2438163.5	988126.2
家具类	Furniture	392461.3	34158.2	358303.1
通讯器材类	Telecommunication Equipments	3198340.5	2151541.2	1046799.3
煤炭及制品类	Coal Products	587381.0	587381.0	0.0
木材及制品类	Timber and Products	19931.3	19931.3	0.0
石油及制品类	Petroleum and Products	26007626.2	23578155.8	2429470.4
化工材料及制品类	Chemical Materials and Products	1585726.1	1581747.8	3978.3
金属材料类	Metal Materials	8939859.3	8779356.8	160502.5
建筑及装潢材料类	Building Materials	539771.4	429898.0	109873.4
机电产品及设备类	Mechanical and electric Products	1241535.2	1126768.0	114767.2
汽车类	Automobile	19354954.1	9915949.2	9439004.9
种子饲料类	Seed and Forage	48542.4	48542.4	0.0
棉麻类	Cotton and Fiber	1421281.6	1421281.6	0.0
其他类	Others	615380.3	182362.5	433017.8

8－6 限额以上批发和零售业重要商品销售数量(2016 年)
TOTAL SALES OF ENTERPRISES ABOVE DESIGNATED SIZE IN WHOLESALE AND RETAIL TRADES BY COMMODITY(2016)

商品名称	Commodity name	计量单位 Unit	销 售 量 Sales
大米(稻米)	Rice	千克(kg)	341921626
白面(小麦面)	Flour	千克(kg)	24099562
杂 粮	Grains	千克(kg)	35175207
食用植物油	Edible Vegetable Oil	千克(kg)	670979619
猪 肉	Pork	千克(kg)	50907990
牛 肉	Beef	千克(kg)	4598607
羊 肉	Mutton	千克(kg)	889261
禽 肉	Poultry	千克(kg)	9759713
鲜 蛋	Eggs	千克(kg)	37079364
彩色电视机	Television Set	台(set)	1118102
家用电冰箱	Refrigerator	台(set)	793292
房间空调器	Air Conditioner	台(set)	1620724
电脑(微型计算机)	Computer	台(set)	1380957
汽 车	Motor Vehicles	辆(unit)	2391881
其中:轿 车	Automobile	辆(unit)	1409911
钢 材	Rolled－Steel	吨(ton)	14688843
铜	Copper	吨(ton)	632599
铝	Alluminium	吨(ton)	133136
水 泥	Cement	吨(ton)	3847144
化学肥料	Chemical Fertilizer	吨(ton)	3687125
化学农药	Chemical Pesticide	吨(ton)	10765

8－7 限额以上批发业法人企业基本情况(2016 年)
BASIC SITUATION OF WHDESALE ENTERPRISE LEGAL PERSON ABOVE DESIGNATED SIZE(2016)

指标名称 Index name	法人企业数(个) Number of Enterprises	从业人员期末人数(人) Staff and Workers at Year－end	年末零售营业面积(平方米) Business Area for retail at Year－end(sq. m)
总计 Total	**971**	**101699**	**299266**
其中:国有控股 State Owned and State holding	86	31968	72490
一、按批发行业小类分 According to the classification of the wholesale industry			
农、林、牧产品批发 Wholesale of Farm Products and Livestock Products	22	1967	35373
谷物、豆及薯类批发 Wholesale of Grain, Beans and Potatoes	4	560	1000
种子批发 Seed Wholesale	5	292	33000
饲料批发 Fodder Wholesale	2	25	360
棉、麻批发 Cotton & hamp Wholesale	6	946	0
林业产品批发 Forestry products wholesale	2	85	813
牲畜批发 Livestock Wholesale	2	46	0
其他农牧产品批发 Other Whdesale Agricultural and Livestock Produvts	1	13	200
食品、饮料及烟草制品批发 Wholeasle Trade of Food、Beverage Tobacco and Atricles for Family	103	19961	12399
米、面制品及食用油批发 Wholesale of Rice, Noodle and Edible Oil	15	1322	1990
糕点、糖果及糖批发 Wholesale of Cakes, Candy and Sugar	8	818	350
果品、蔬菜批发 Wholesale of Fruit and Vegetables	20	1017	6525
肉、禽、蛋、奶及水产品批发 Wholesale of Meat, Bird, Eggs, Milk and Aquatic products	19	3081	801
盐及调味品批发 Wholesale of Salt and Seasoning	4	2759	0
营养和保健品批发 Wholesale of Health Care products	2	106	0
酒、饮料及茶叶批发 Wholesale of Alcohol, Drinks and Tea	18	6464	1578
烟草制品批发 Wholesale of Tobaccos	2	1652	140
其他食品批发 The Other foods Wholesale	15	2742	1015
纺织、服装及家庭用品批发 Wholesale of Textile, Clothing and Household Goods	110	7365	14096
纺织品、针织品及原料批发 Wholesale of Textiles, Knitwear and Raw Material	15	304	851

8-7 续 表 1 Continued 1

指标名称 Index name	法人企业数（个） Number of Enterprises	从业人员期末人数（人） Staff and Workers at Year-end	年末零售营业面积（平方米） Business Area for retail at Year-end(sq. m)
服装批发 Wholesale of Gamments	38	1591	4286
鞋帽批发 Wholesale of Shoes and Hats	4	170	700
化妆品及卫生用品批发 Wholesale of Conmetics and Hygiene	14	1237	2600
厨房、卫生间用具及日用杂货批发 Wholesale of Kitchen Supplies, Toilet Articles and Daily Necessities	3	708	0
灯具、装饰物品批发 Wholesale of Lampsand Ornament	2	25	108
家用电器批发 Wholesale of Household Electrical Appliances	23	2491	740
其他家庭用品批发 Wholesale of Other household products	11	839	4811
文化、体育用品及器材批发 Wholesale of Cultural and Sports Goods	28	6045	83137
文具用品批发 Wholesale of Stationery	15	391	1657
图书批发 Wholesale of Books	3	3280	65000
首饰、工艺品及收藏品批发 Wholesale of Jewely, Handicraft and Collection	9	2343	16480
其他文化用品批发 Wholesale of Other Cultural Goods	1	31	0
医药及医疗器材批发 Wholesale of Medicines and Medical Appliances	190	30920	108167
西药批发 Western Medicine Wholesale	114	27027	94933
中药批发 Traditional Chinese Medicine Wholesale	44	2081	8125
医疗用品及器材批发 Medical Supplies and Apparatus Wholesale	32	1812	5109
矿产品、建材及化工产品批发 Wholesale of Mineral Products, Building Material and Chemical Products	309	26652	16537
煤炭及制品批发 Wholesale of Coal and Related Products	19	561	1400
石油及制品批发 Wholesale of Petroleum and related Products	32	19731	3627
非金属矿及制品批发 Wholesale of Non-Metal Minerals and Products	2	15	0
金属及金属矿批发 Wholesale of Metals and Metal Minerals	146	3171	7144

8－7 续 表 2 Continued 2

指标名称 Index name	法人企业数（个） Number of Enterprises	从业人员期末人数（人） Staff and Workers at Year－end	年末零售营业面积（平方米） Business Area for retail at Year－end(sq. m)
建材批发 Wholesale of Building Materials	32	898	2467
化肥批发 Wholesale of Fertilizers	9	587	0
其他化工产品批发 Other Chemical Products Wholesale	69	1689	1899
机械设备、五金产品及电子产品批发 Wholesale Trade of Mechanical and Electrical Products	193	8425	29477
农业机械批发 Agricaltural Machinery Wholesale	2	104	1000
汽车批发 Wholesale of Automobiles	26	2415	6058
汽车零配件批发 Wholesale of Auto Parts	24	761	2300
摩托车及零配件批发 Wholesale of Motorcycles and Parts	3	76	250
五金产品批发 Hardware Products Wholesale	7	234	2237
电气设备批发 Ecectrical Equipment Wholesale	13	401	1679
计算机、软件及辅助设备批发 Wholesale of Computer, Software and Related Appliances	27	857	2280
通讯及广播电视设备批发 Communication, Radio and Television Equipment Wholesale	18	1040	1680
其他机械设备及电子产品批发 Wholesale of Other mechanical Equipment and Ecectronic Products	73	2537	11993
贸易经纪与代理 Trade Brokerage and Agents	6	99	80
贸易代理 Trade Agent	6	99	80
其他批发业 Other Wholesale Trade	10	265	0
再生物资回收与批发 Wholesale of Recycled Materials	6	118	0
其他未列明批发业 Other Unlisted Wholesale	4	147	0
二、按登记注册类型分 **Grouped by Registration**			
内资企业 Domestic－funded Enterprises	935	88390	281206
国有企业 State－owned Units	10	2474	1030

8-7 续 表 3 Continued 3

指标名称 Index name	法人企业数（个） Number of Enterprises	从业人员期末人数（人） Staff and Workers at Year-end	年末零售营业面积（平方米） Business Area for retail at Year-end(sq. m)
集体企业 Collective-owned Units	5	252	280
股份合作企业 Share-holding Cooperative	2	57	60
有限责任公司 Companies of Limited Liabilities	504	38798	210459
国有独资公司 Companies with State-owned Exclusive Investment	18	7059	630
其他有限责任公司 Other Companies of Limited Liabilities	486	31739	209829
股份有限公司 Companies of Share-holding with Limited Liabilities	29	33402	26581
私营企业 Private-owned Units	382	13229	42596
私营独资企业 Private Exclusive Investment	1	22	150
私营有限责任公司 Private Companies of Limited Liabilities	372	12960	41116
私营股份有限公司 Private Companies of Limited Liabilities with Share Holding	9	247	1330
其他企业 Others	3	178	200
港、澳、台商投资企业 Enterprises Funded by Entepreneurs from Hongkong, Macao & Taiwan	16	4266	17573
与港澳台商合资经营企业 Joint Ventures with Hongkong, Macao and Taiwan	5	426	640
港澳台商独资企业 Manage with Hongkong, Macao and Taiwan Jointly	10	2974	16933
港澳台商投资股份有限公司 Share-holding Corporations Funded from HongKong, Macao and Taiwan	1	866	0
外商投资企业 Foreign-funded Enterprises	20	9043	487
中外合资经营企业 Sino-Foreign Cooperative Economic Units	9	1999	0
外资企业 Enterprises with Foreign Exclusive Investment	7	5567	487
外商投资股份有限公司 Companies Limited by Shares with Foreign Investment	1	14	0
其他外商投资企业 Other Foreign Funded Enterprises	3	1463	0

8-8 限额以上批发业法人企业商品购销存(2016年)

单位:万元

指标名称 Index name	商品购进额 Total Amount of Purchasing Goods	进口 Imports
总计 Total	**66469312.0**	**466030.2**
其中:国有控股 State Owned and State holding	36802020.4	258489.6
一、按批发行业小类分 According to the classification of the wholesale industry		
农、林、牧产品批发 Wholesale of Farm Products and Livestock Products	777002.9	0.0
谷物、豆及薯类批发 Wholesale of Grain, Beans and Potatoes	23336.1	0.0
种子批发 Seed Wholesale	25373.7	0.0
饲料批发 Fodder Wholesale	6168.3	0.0
棉、麻批发 Cotton & hamp Wholesale	643586.3	0.0
林业产品批发 Forestry products wholesale	10193.3	0.0
牲畜批发 Livestock Wholesale	20019.6	0.0
其他农牧产品批发 Other wholesale agricultural and livestock products	48325.6	0.0
食品、饮料及烟草制品批发 Wholeasle Trade of Food、Beverage Tobacco and Atricles for Family	5422185.6	17431.0
米、面制品及食用油批发 Wholesale of Rice, Noodle and Edible Oil	739367.5	0.0
糕点、糖果及糖批发 Wholesale of Cakes, Candy and Sugar	124997.9	0.0
果品、蔬菜批发 Wholesale of Fruit and Vegetables	113078.5	0.0
肉、禽、蛋、奶及水产品批发 Wholesale of Meat, Bird, Eggs, Milk and Aquatic products	345160.5	1346.1
盐及调味品批发 Wholesale of Salt and Seasoning	121056.5	0.0
营养和保健品批发 Wholesale of Health Care products	19574.2	3254.5
酒、饮料及茶叶批发 Wholesale of Alcohol, Drinks and Tea	2314097.6	311.6
烟草制品批发 Wholesale of Tobaccos	1129750.7	12518.8
其他食品批发 The Other foods Wholesale	515102.2	0.0
纺织、服装及家庭用品批发 Wholesale of Textile, Clothing and Household Goods	1850764.0	5046.7
纺织品、针织品及原料批发 Wholesale of Textiles, Knitwear and Raw Material	115746.0	812.0

PURCHASE, SALES AND STOCK OF ENTERPRISES ABOVE DESIGNATED SIZE IN WHOLESALE(2016)

(10 000 yuan)

商品销售额 Total Sales	批发额 Wholesale	出口 Exports	零售额 Retail	期末商品库存额 Stocks at Year - end
73204854.1	69681794.5	2295345.9	3523059.6	3750414.5
41114672.8	40017848.1	231515.5	1096824.7	1353223.9
812061.8	797878.6	21028.3	14183.2	78086.3
20693.8	20693.8	0.0	0.0	22851.7
35321.4	34296.4	5125.1	1025.0	24279.5
6463.2	6463.2	0.0	0.0	313.5
668712.1	668712.1	0.0	0.0	27732.1
10670.1	10670.1	0.0	0.0	35.2
20925.2	20925.2	15903.2	0.0	10.2
49276.0	36117.8	0.0	13158.2	2864.1
6495399.0	6167810.7	14501.2	327588.3	393991.8
757106.3	654863.2	0.0	102243.1	66916.6
127507.5	127393.9	0.0	113.6	19398.6
125665.6	84552.0	383.8	41113.6	2229.0
426547.6	352425.0	100.2	74122.6	16492.8
182781.9	182754.0	0.0	27.9	8631.1
24631.8	24631.8	4078.0	0.0	4130.2
2700915.1	2682669.8	0.0	18245.3	69394.2
1565515.9	1564497.2	9939.2	1018.7	108171.0
584727.3	494023.8	0.0	90703.5	98628.3
2093988.1	2013954.3	282524.1	80033.8	223654.0
158417.0	158417.0	90548.1	0.0	25764.8

8-8 续 表 1

单位:万元

指标名称 Index name	商品购进额 Total Amount of Purchasing Goods	进口 Imports
服装批发 Wholesale of Gamments	258013.8	238.5
鞋帽批发 Wholesale of Shoes and Hats	33695.2	0.0
化妆品及卫生用品批发 Wholesale of Conmetics and Hygiene	124261.0	3663.7
厨房、卫生间用具及日用杂货批发 Wholesale of Kitchen Supplies, Toilet Articles and Daily Necessities	30764.0	0.0
灯具、装饰物品批发 Wholesale of Lampsand Ornament	8561.7	0.0
家用电器批发 Wholesale of Household Electrical Appliances	1214548.0	0.0
其他家庭用品批发 Wholesale of Other household products	65174.3	332.5
文化、体育用品及器材批发 Wholesale of Cultural and Sports Goods	1740825.2	15546.0
文具用品批发 Wholesale of Stationery	1057954.3	15546.0
图书批发 Wholesale of Books	445705.0	0.0
首饰、工艺品及收藏品批发 Wholesale of Jewely, Handicraft and Collection	235326.8	0.0
其他文化用品批发 Wholesale of Other Cultural Goods	1839.1	0.0
医药及医疗器材批发 Wholesale of Medicines and Medical Appliances	9919330.1	32844.9
西药批发 Western Medicine Wholesale	8983433.3	28213.3
中药批发 Traditional Chinese Medicine Wholesale	561516.3	0.0
医疗用品及器材批发 Medical Supplies and Apparatus Wholesale	374380.5	4631.6
矿产品、建材及化工产品批发 Wholesale of Mineral Products, Building Material and Chemical Products	34081895.1	129156.5
煤炭及制品批发 Wholesale of Coal and Related Products	893339.2	0.0
石油及制品批发 Wholesale of Petroleum and related Products	22205827.7	105091.2
非金属矿及制品批发 Wholesale of Non - Metal Minerals and Products	2541.3	0.0
金属及金属矿批发 Wholesale of Metals and Metal Minerals	8983196.3	3639.7

8－8 Continued 1

(10 000 yuan)

商品销售额 Total Sales	批发额 Wholesale	出口 Exports	零售额 Retail	期末商品库存额 Stocks at Year－end
294603.4	271652.0	154136.7	22951.4	41189.6
36516.6	33603.1	3431.2	2913.5	5612.4
141562.2	121851.6	0.0	19710.6	42715.6
35484.3	35362.2	4771.8	122.1	3663.6
7985.5	6021.5	0.0	1964.0	4615.9
1349983.7	1327195.9	16144.1	22787.8	81227.0
69435.4	59851.0	13492.2	9584.4	18865.1
2121143.0	1961905.7	2373.9	159237.3	158837.1
1133944.3	1126284.0	0.0	7660.3	23942.6
683796.1	574204.3	0.0	109591.8	53703.8
301496.1	259510.9	2373.9	41985.2	79104.4
1906.5	1906.5	0.0	0.0	2086.3
10903593.2	9206210.9	41109.3	1697382.3	1186732.4
9868172.9	8256806.6	15858.4	1611366.3	1076482.4
627927.9	555523.7	0.0	72404.2	42406.8
407492.4	393880.6	25250.9	13611.8	67843.2
35669825.7	34735565.9	91418.5	934259.8	1197732.7
931747.9	931747.9	0.0	0.0	19923.7
23447947.9	22676850.8	44134.6	771097.1	569219.7
2793.3	2793.3	0.0	0.0	116.4
9165416.5	9156809.8	3427.6	8606.7	504185.7

8-8 续 表 2

单位:万元

指标名称 Index name	商品购进额 Total Amount of Purchasing Goods	进口 Imports
建材批发 Wholesale of Building Materials	466645.3	0.0
化肥批发 Wholesale of Fertilizers	598923.1	0.0
其他化工产品批发 Other Chemical Products Wholesale	931422.2	20425.6
机械设备、五金产品及电子产品批发 Wholesale Trade of Mechanical and Electrical Products	12200195.0	266005.1
农业机械批发 Agricaltural Machinery Wholesale	6500.3	0.0
汽车批发 Wholesale of Automobiles	6904389.5	0.0
汽车零配件批发 Wholesale of Auto Parts	899820.8	185784.1
摩托车及零配件批发 Wholesale of Motorcycles and Parts	31042.7	0.0
五金产品批发 Hardware Products Wholesale	84537.6	0.0
电气设备批发 Ecectrical Equipment Wholesale	50579.1	4002.8
计算机、软件及辅助设备批发 Wholesale of Computer, Software and Related Appliances	2948368.6	0.0
通讯及广播电视设备批发 Communication, Radio and Television Equipment Wholesale	631927.6	0.0
其他机械设备及电子产品批发 Wholesale of Other mechanical Equipment and Ecectronic Products	643028.8	76218.2
贸易经纪与代理 Trade Brokerage and Agents	388996.3	0.0
贸易代理 Trade Agent	388996.3	0.0
其他批发业 Other Wholesale Trade	88117.8	0.0
再生物资回收与批发 Wholesale of Recycled Materials	59773.9	0.0
其他未列明批发业 Other Unlisted Wholesale	28343.9	0.0
二、按登记注册类型分 Grouped by Registration		
内资企业 Domestic - funded Enterprises	56336589.2	373289.1
国有企业 State - owned Units	1264555.2	7308.1

8-8 Continued 2

(10 000 yuan)

商品销售额 Total Sales	批发额 Wholesale	出口 Exports	零售额 Retail	期末商品库存额 Stocks at Year-end
529453.1	500963.6	7048.3	28489.5	9351.8
591863.5	591051.0	0.0	812.5	50468.1
1000603.5	875349.5	36808.0	125254.0	44467.3
14650744.1	14341701.0	1828522.0	309043.1	477008.5
8169.6	8169.6	243.5	0.0	2191.9
9200759.3	9144962.2	77686.6	55797.1	241320.1
926248.9	907168.9	39540.9	19080.0	90514.6
42628.3	42273.1	0.0	355.2	7777.7
88897.9	82862.7	0.0	6035.2	5887.9
67094.9	64900.2	922.2	2194.7	4957.9
2953914.3	2820636.6	1604367.2	133277.7	24548.4
644535.0	565055.8	0.0	79479.2	37222.4
718495.9	705671.9	105761.6	12824.0	62587.6
366213.6	364881.8	13868.6	1331.8	31397.4
366213.6	364881.8	13868.6	1331.8	31397.4
91885.6	91885.6	0.0	0.0	2974.3
61007.0	61007.0	0.0	0.0	1588.2
30878.6	30878.6	0.0	0.0	1386.1
60209791.9	56765552.5	2231275.9	3444239.4	3347030.2
1698390.6	1697918.9	0.0	471.7	101882.7

8-8 续 表 3

单位:万元

指标名称 Index name	商品购进额 Total Amount of Purchasing Goods	进口 Imports
集体企业 Collective - owned Units	67065.0	0.0
股份合作企业 Share - holding Cooperative	12446.0	0.0
有限责任公司 Companies of Limited Liabilities	35059984.0	358966.9
国有独资公司 Companies with State - owned Exclusive Investment	15667610.3	119.7
其他有限责任公司 Other Companies of Limited Liabilities	19392373.7	358847.2
股份有限公司 Companies of Share - holding with Limited Liabilities	13857177.2	1881.2
私营企业 Private - owned	6025186.6	5104.0
私营独资企业 Private Exclusive Investment	6768.3	0.0
私营有限责任公司 Private Companies of Limited Liabilities	5963920.5	5104.0
私营股份有限公司 Private Companies of Limited Liabilities with Share Holding	54497.8	0.0
其他企业 Others	50175.2	28.9
港、澳、台商投资企业 Enterprises Funded by Entepreneurs from Hongkong, Macao & Taiwan	1058050.2	4366.9
与港澳台商合资经营企业 Joint Ventures with Hongkong, Macao and Taiwan	160714.3	1378.5
港澳台商独资企业 Manage with Hongkong, Macao and Taiwan Jointly	769546.6	2988.4
港澳台商投资股份有限公司 Share - holding Corporations Funded from HongKong, Macao and Taiwan	127789.3	0.0
外商投资企业 Foreign - funded Enterpnises	9074672.6	88374.2
中外合资经营企业 Sino - Foreign Cooperative Economic Units	6770796.9	88281.2
外资企业 Enterprises with Foreign Exclusive Investment	2227414.3	93.0
外商投资股份有限公司 Companies Limited by Shares with Foreign Investment	7578.2	0.0
其他外商投资企业 Other Foreign Funded Enterprises	68883.2	0.0

8－8 Continued 3

(10 000 yuan)

商品销售额 Total Sales	批发额 Wholesale	出口 Exports	零售额 Retail	期末商品库存额 Stocks at Year－end
76551.2	74709.4	0.0	1841.8	6393.1
14176.3	11760.3	0.0	2416.0	833.3
36854758.6	34805818.0	366334.5	2048940.6	1595243.0
16211656.8	15425085.6	14816.2	786571.2	261177.2
20643101.8	19380732.4	351518.3	1262369.4	1334065.8
15027810.3	13865675.3	49605.4	1162135.0	1183697.4
6483998.7	6256531.9	1815235.8	227466.8	456101.4
6976.6	6976.6	0.0	0.0	105.0
6380583.7	6160240.9	1815235.8	220342.8	446729.2
96438.4	89314.4	0.0	7124.0	9267.2
54106.2	53138.7	100.2	967.5	2879.3
1140962.8	1066055.9	84.3	74906.9	115048.9
178892.7	150036.8	84.3	28855.9	11048.2
838452.9	792401.9	0.0	46051.0	99820.7
123617.2	123617.2	0.0	0.0	4180.0
11854099.4	11850186.1	63985.7	3913.3	288335.4
9139643.1	9139643.1	63063.5	0.0	246570.7
2581035.4	2577122.1	922.2	3913.3	38372.6
9654.2	9654.2	0.0	0.0	0.0
123766.7	123766.7	0.0	0.0	3392.1

8－9　限额以上零售业法人企业基本情况(2016)
BASIC SITUATION OF LEGAL PERSON ENTERPRISES ABOVE DESIGNATED SIZE IN RETAILING(2016)

指标名称 Index name	法人企业数 (个) Number of Enterprises	从业人员期末人数 (人) Staff and Workers at Year－end	年末零售营业面积 (平方米) Business Area for retail at Year－end(sq. m)
总　计 Total	**894**	**135534**	**8495645**
其中:国有控股 State－owned and State Holding	62	47237	4708849
一、按零售行业小类分 According to the Classfication of Retail Industry			
综合零售 Comprehensire	80	55909	5679690
百货零售 Department Store	44	22213	4006538
超级市场零售 Super Market	24	31974	1633562
其他综合零售 Other Comprehensire	12	1722	39590
食品、饮料及烟草制品专门零售 Retail of Food、Beverage Tobacco and Articles for Family	68	9165	101221
粮油零售 Grain and Oil	2	46	1380
糕点、面包零售 Cake and Bread	5	1124	9193
果品、蔬菜零售 Fruits and Vegetables	7	182	3445
肉、禽、蛋、奶及水产品零售 Meat, Bird, Eggs, Milk and Aquatic products	14	813	11200
营养和保健品零售 Health Care products	3	128	1250
酒、饮料及茶叶零售 Alcohol, Drinks and Tea	20	892	42016
烟草制品零售 Tobaccos	5	622	6466
其他食品零售 Other foods Retail	12	5358	26271
纺织、服装及日用品专门零售 Textile Garment and Daily necessities	90	10823	245397
纺织品及针织品零售 Textiles and Knitwear	5	349	4739
服装零售 Clothing	51	5907	195950
鞋帽零售 Shoes and Hats	11	2972	21363
化妆品及卫生用品零售 Cosmetics and Hygiene	2	67	4447

8-9 续 表 1 Continued 1

指标名称 Index name	法人企业数（个） Number of Enterprises	从业人员期末人数（人） Staff and Workers at Year-end	年末零售营业面积（平方米） Business Area for retail at Year-end(sq. m)
钟表、眼镜零售 Clocks, Watch and Glasses	8	783	4530
箱、包零售 Luggage and Bags	1	52	200
厨房用具及日用杂品零售 Kitchen Utensils and Daily Sundries	5	67	1260
其他日用品零售 Other Daily Necessities	7	626	12908
文化、体育用品及器材专门零售 Cultura and Sports Goods	48	3494	83599
文具用品零售 Stationery	5	118	2670
体育用品及器材零售 Soprts Goods	1	10	110
图书、报刊零售 Books and Newspapers	11	1977	54958
珠宝首饰零售 Jewelry	17	1061	7560
工艺美术品及收藏品零售 Arts and Crafts and Collectibles	3	89	8220
乐器零售 Musical Instruments	4	107	1630
照相器材零售 Photographic Equipment	1	4	15
其他文化用品零售 Other Cultural Articles	6	128	8436
医药及医疗器材专门零售 Medicine and Medical Equipment	125	11313	211670
药品零售 Medicine	99	10443	205038
医疗用品及器材零售 Medical Supplies and Equipment	26	870	6632
汽车、摩托车、燃料及零配件专门零售 Automobile, Motorcycle, Fule and Spare Parts	301	30632	1053834
汽车零售 Automobile	252	23797	725215
汽车零配件零售 Atuo Parts	7	225	5829
摩托车及零配件零售 Motocycle and Spare Parts	2	12	2697
机动车燃料零售 Motor Fuel	40	6598	320093

8-9 续 表 2 Continued 2

指标名称 Index name	法人企业数（个） Number of Enterprises	从业人员期末人数（人） Staff and Workers at Year - end	年末零售营业面积（平方米） Business Area for retail at Year - end(sq. m)
家用电器及电子产品专门零售 Household Appliances	94	6858	669866
家用视听设备零售 Home Auto - visual and Electronic Products Equipment	4	55	810
日用家电设备零售 Household Appliances	31	4162	626735
计算机、软件及辅助设备零售 Computer, Software and Auxiliary Equipment	39	1713	24719
通信设备零售 Communication Equipment	14	788	16129
其他电子产品零售 Other Electronic Products	6	140	1473
五金、家具及室内装饰材料专门零售 Hardware, Furniture and Indoor Decoration Materials	55	2116	432509
五金零售 Hardware	14	236	173780
灯具零售 Lamps and Lanterns	2	26	1400
家具零售 Furniture	19	1259	105708
涂料零售 Paint	2	20	250
卫生洁具零售 Sanitary ware	5	106	2300
木质装饰材料零售 Wood Decoration	1	9	260
陶瓷、石材装饰材料零售 Ceramic and Stone	4	52	7156
其他室内装饰材料零售 Other Indoor Decoration Materials	8	408	141655
货摊、无店铺及其他零售业 Stalls, No - shop and Others	33	5224	17859
货摊纺织、服装及鞋零售 Textile, Clothing and Footwear Stalls	1	160	0
互联网零售 Internet	22	4726	12015
邮购及电视、电话零售 Mail Order and TV, Telephone	1	52	0
生活用燃料零售 Domestic Fule	4	114	4634
其他未列明零售业 Other not Listed	5	172	1210

8-9 续 表 3 Continued 3

指标名称 Index name	法人企业数（个） Number of Enterprises	从业人员期末人数（人） Staff and Workers at Year-end	年末零售营业面积（平方米） Business Area for retail at Year-end(sq. m)
二、按登记注册类型分 **Grouped by Registration**			
内资企业 Domestic Investment	859	117309	7800845
国有企业 State-owned	10	740	12536
集体企业 Collective-owned	10	678	107763
股份合作企业 Cooperative of Share Holding	4	204	22156
有限责任公司 Compaines of Limited Liabilities	450	51939	2511438
国有独资公司 State Owned	6	2122	34250
其他有限责任公司 Other Companies of Limited Liabilities	444	49817	2477188
股份有限公司 Share Holding	22	40998	4375189
私营企业 Private-owned	360	22663	764313
私营独资企业 Private Exclusive Investment	12	204	32170
私营合伙企业 Private Partnership	2	37	800
私营有限责任公司 Private Companies of Limited Liabilities	334	20856	699714
私营股份有限公司 Private Companies of Limited Liabilities with Share Holding	12	1566	31629
其他企业 Others	3	87	7450
港、澳、台商投资企业 Enterprises funded by Entepreneurs from HongKong, Macao & Taiwan	17	7308	202222
与港澳台商合资经营企业 Joint Venture with Hongkong, Macao & Taiwan	4	396	6167
港澳台商独资企业 Hongkong and Marcro, Taiwan Owned	13	6912	196055
外商投资企业 Foreign Investment	18	10917	492578
中外合资经营企业 Chinese Foreign Equity Joint Ventures	4	934	30255
外资企业 Foreign Enterprise	13	9923	460323
其他外商投资企业 Other Foreign Investment	1	60	2000

8－10　限额以上零售业法人企业商品购销存(2016)

单位:万元

指标名称 Index name	商品购进额 Total Amount of Purchasing Goods	进　口 Imports
总　计 Total	**28907244.0**	**345433.3**
其中:国有控股 State－owned and State Holding	11066446.2	0.0
一、按零售行业小类分 According to the Classfication of Retail Industry		
综合零售 Comprehensire	9804637.3	0.0
百货零售 Department Store	6316525.8	0.0
超级市场零售 Super Market	3329752.9	0.0
其他综合零售 Other Comprehensire	158358.6	0.0
食品、饮料及烟草制品专门零售 Retail of Food、Beverage Tobacco and Articles for Family	875338.1	4894.1
粮油零售 Grain and Oil	76517.3	0.0
糕点、面包零售 Cake and Bread	54898.2	0.0
果品、蔬菜零售 Fruits and Vegetables	71762.1	0.0
肉、禽、蛋、奶及水产品零售 Meat, Bird, Eggs, Milk and Aquatic products	133446.5	0.0
营养和保健品零售 Health Care products	3855.4	0.0
酒、饮料及茶叶零售 Alcohol, Drinks and Tea	92669.2	91.1
烟草制品零售 Tobaccos	51683.8	0.0
其他食品零售 Other foods Retail	390505.6	4803.0
纺织、服装及日用品专门零售 Textile Garment and Daily necessities	713552.4	0.0
纺织品及针织品零售 Textiles and Knitwear	11023.0	0.0
服装零售 Clothing	396266.2	0.0
鞋帽零售 Shoes and Hats	166436.2	0.0
化妆品及卫生用品零售 Cosmetics and Hygiene	47648.4	0.0
钟表、眼镜零售 Clocks, Watch and Glasses	32412.7	0.0
箱、包零售 Luggage and Bags	1920.1	0.0
厨房用具及日用杂品零售 Kitchen Utensils and Daily Sundries	12808.7	0.0
其他日用品零售 Other Daily Necessities	45037.1	0.0
文化、体育用品及器材专门零售 Cultura and Sports Goods	262789.7	0.0
文具用品零售 Stationery	17485.6	0.0
体育用品及器材零售 Soprts Goods	1742.5	0.0
图书、报刊零售 Books and Newspapers	115452.6	0.0

PURCHASE, SALES AND STOCK OF ENTERPRISES ABOVE DESINGATED SIZE IN RETAIL TRADE(2016)

(10 000 yuan)

商品销售额 Total Sales	批发额 Wholesale	出口 Exports	零售额 Retail	期末商品库存额 Stocks at Year－end
33183033.3	1736534.7	15629.8	31446498.6	2728773.8
12887231.2	632752.9	0.0	12254478.3	1149094.8
11261992.1	356603.3	0.0	10905388.8	1084522.5
7218003.6	297687.1	0.0	6920316.5	748539.6
3881064.9	49500.0	0.0	3831564.9	315322.9
162923.6	9416.2	0.0	153507.4	20660.0
1174101.9	76545.5	0.0	1097556.4	65410.2
89129.4	0.0	0.0	89129.4	1360.7
58942.1	0.0	0.0	58942.1	439.8
74068.8	10026.4	0.0	64042.4	251.9
161886.7	47056.3	0.0	114830.4	9001.4
3986.0	779.3	0.0	3206.7	302.2
111501.8	12721.7	0.0	98780.1	8594.4
73581.4	0.0	0.0	73581.4	16413.7
601005.7	5961.8	0.0	595043.9	29046.1
932784.8	62695.3	0.0	870089.5	134604.2
18909.8	857.5	0.0	18052.3	7793.8
505669.7	48810.6	0.0	456859.1	88265.3
236944.8	2845.4	0.0	234099.4	14990.3
60794.2	4245.7	0.0	56548.5	441.4
43716.0	3503.0	0.0	40213.0	19185.7
2367.3	1578.1	0.0	789.2	572.1
14812.3	855.0	0.0	13957.3	393.0
49570.7	0.0	0.0	49570.7	2962.6
277802.2	24337.7	0.0	253464.5	90389.6
18958.9	2744.0	0.0	16214.9	749.2
2143.9	0.0	0.0	2143.9	0.0
123615.2	11860.5	0.0	111754.7	39076.7

8-10 续 表 1

单位:万元

指标名称 Index name	商品购进额 Total Amount of Purchasing Goods	进口 Imports
珠宝首饰零售 Jewelry	93252.8	0.0
工艺美术品及收藏品零售 Arts and Crafts and Collectibles	13199.0	0.0
乐器零售 Musical Instruments	10825.8	0.0
照相器材零售 Photographic Equipment	1191.4	0.0
其他文化用品零售 Other Cultural Articles	9640.0	0.0
医药及医疗器材专门零售 Medicine and Medical Equipment	2431350.9	19714.4
药品零售 Medicine	2333758.3	1574.0
医疗用品及器材零售 Medical Supplies and Equipment	97592.6	18140.4
汽车、摩托车、燃料及零配件专门零售 Automobile, Motorcycle, Fule and Spare Parts	10314508.9	314629.8
汽车零售 Automobile	8255231.2	314629.8
汽车零配件零售 Atuo Parts	69120.4	0.0
摩托车及零配件零售 Motocycle and Spare Parts	6233.6	0.0
机动车燃料零售 Motor Fuel	1983923.7	0.0
家用电器及电子产品专门零售 Household Appliances	1602032.2	550.1
家用视听设备零售 Home Auto-visual and Electronic Products Equipment	9048.4	0.0
日用家电设备零售 Household Appliances	1222863.6	0.0
计算机、软件及辅助设备零售 Computer, Software and Auxiliary Equipment	250534.8	550.1
通信设备零售 Communication Equipment	75099.2	0.0
其他电子产品零售 Other Electronic Products	44486.2	0.0
五金、家具及室内装饰材料专门零售 Hardware, Furniture and Indoor Decoration Materials	242263.4	389.4
五金零售 Hardware	25826.5	0.0
灯具零售 Lamps and Lanterns	1962.3	0.0
家具零售 Furniture	124152.4	0.0
涂料零售 Paint	1801.3	0.0
卫生洁具零售 Sanitary ware	10093.7	389.4
木质装饰材料零售 Wood Decoration	1298.7	0.0
陶瓷、石材装饰材料零售 Ceramic and Stone	7713.8	0.0
其他室内装饰材料零售 Other Indoor Decoration Materials	69414.7	0.0

8－10 Continued 1

(10 000 yuan)

商品销售额 Total Sales	批发额 Wholesale	出口 Exports	零售额 Retail	期末商品库存额 Stocks at Year－end
97041.3	6355.8	0.0	90685.5	42597.1
13480.5	0.0	0.0	13480.5	77.1
9879.5	0.0	0.0	9879.5	5236.4
1499.7	0.0	0.0	1499.7	10.5
11183.2	3377.4	0.0	7805.8	2642.6
2903805.8	253842.2	58.7	2649963.6	285755.3
2760618.6	216789.9	0.0	2543828.7	274652.4
143187.2	37052.3	58.7	106134.9	11102.9
11531829.2	725857.2	14938.2	10805972.0	929228.8
9027996.4	452501.8	14938.2	8575494.6	895187.5
72654.8	0.0	0.0	72654.8	6341.4
6152.5	0.0	0.0	6152.5	91.7
2425025.5	273355.4	0.0	2151670.1	27608.2
1689846.2	212884.6	632.9	1476961.6	85218.0
9694.6	336.6	0.0	9358.0	669.1
1285992.5	146968.1	0.0	1139024.4	59220.5
268526.0	57803.4	632.9	210722.6	15137.8
78008.3	4554.6	0.0	73453.7	9333.5
47624.8	3221.9	0.0	44402.9	857.1
344538.1	10775.8	0.0	333762.3	27479.2
30773.6	3186.1	0.0	27587.5	2586.7
2174.8	0.0	0.0	2174.8	187.6
215795.3	0.0	0.0	215795.3	20387.9
2236.0	1185.0	0.0	1051.0	25.6
10718.3	0.0	0.0	10718.3	932.8
1215.3	0.0	0.0	1215.3	86.8
8066.0	476.8	0.0	7589.2	1617.7
73558.8	5927.9	0.0	67630.9	1654.1

8-10 续 表 2

单位:万元

指标名称 Index name	商品购进额 Total Amount of Purchasing Goods	进口 Imports
货摊、无店铺及其他零售业 Stalls, No-shop and Others	2660771.1	5255.5
货摊纺织、服装及鞋零售 Textile, Clothing and Footwear Stalls	10442.2	0.0
互联网零售 Internet	2618562.8	5255.5
邮购及电视、电话零售 Mail Order and TV, Telephone	5420.3	0.0
生活用燃料零售 Domestic Fule	10481.8	0.0
其他未列明零售业 Other not Listed	15864	0
二、按登记注册类型分 **Grouped by Registration**		
内资企业 Domestic-funded enterprises	26599364.1	279000.3
国有企业 State-owned Units	128355.3	0.0
集体企业 Collective-owned Units	71457.1	0.0
股份合作企业 Share-holding Cooperative	35474.4	0.0
有限责任公司 Compaines of Limited Liabilities	13228285.2	100940.7
国有独资公司 Companies with State-owned Exclusive Investment	1250047.4	0.0
其他有限责任公司 Other Companies of Limited Liabilities	11978237.8	100940.7
股份有限公司 Companies of Share-holding with Limited Liabilities	8451126.0	0.0
私营企业 Private-owned Units	4670593.8	178059.6
私营独资企业 Private Exclusive Investment	72537.6	0.0
私营合伙企业 Private Partnership	3930.8	0.0
私营有限责任公司 Private Companies of Limited Liabilities	4227326.8	178059.6
私营股份有限公司 Private Companies of Limited Liabilities with Share Holding	366798.6	0.0
其他企业 Others	14072.3	0.0
港、澳、台商投资企业 Enterprises funded by Entepreneurs from HongKong, Macao & Taiwan	1376589.3	29652.1
与港澳台商合资经营企业 Joint Venture with Hongkong, Macao & Taiwan	67397.9	0.0
港澳台商独资企业 Hongkong and Marcro, Taiwan Owned	1309191.4	29652.1
外商投资企业 Foreign Investment	931290.6	36780.9
中外合资经营企业 Sino-foreign Cooperative Economic Units	71276.4	12764.3
外资企业 Enterprises with Foreign Exclusive Investment	834733.6	0.0
其他外商投资企业 Other Foreign Funded Investment	25280.6	24016.6

8－10 Continued 2

(10 000 yuan)

商品销售额 Total Sales	批发额 Wholesale	出口 Exports	零售额 Retail	期末商品库存额 Stocks at Year－end
3066333.0	12993.1	0.0	3053339.9	26166.0
13923.0	0.0	0.0	13923.0	74.3
3018384.5	8862.1	0.0	3009522.4	24268.6
6199.6	0.0	0.0	6199.6	0.1
10659.8	2165.7	0.0	8494.1	375.5
17166.1	1965.3	0	15200.8	1447.5
30525822.8	1672488.7	15571.1	28853334.1	2565718.5
149536.5	10001.0	0.0	139535.5	10546.6
136009.7	4006.5	0.0	132003.2	3825.8
35908.5	0.0	0.0	35908.5	732.7
15193060.2	874175.5	15571.1	14318884.7	1055507.3
1741192.6	156502.6	0.0	1584690.0	67359.8
13451867.6	717672.9	15571.1	12734194.7	988147.5
9657064.3	500927.5	0.0	9156136.8	995063.1
5340466.5	283378.2	0.0	5057088.3	498954.1
75768.4	0.0	0.0	75768.4	990.2
4226.9	0.0	0.0	4226.9	161.5
4872192.8	283378.2	0.0	4588814.6	469513.1
388278.4	0.0	0.0	388278.4	28289.3
13777.1	0.0	0.0	13777.1	1088.9
1581928.1	42178.6	0.0	1539749.5	80629.5
71413.9	37383.0	0.0	34030.9	3124.8
1510514.2	4795.6	0.0	1505718.6	77504.7
1075282.4	21867.4	58.7	1053415.0	82425.8
104836.7	21867.4	58.7	82969.3	11020.3
942558.3	0.0	0.0	942558.3	69312.5
27887.4	0.0	0.0	27887.4	2093.0

8－11 历年住宿和餐饮业营业额及指数
ANNUAL ACCOMMODATION AND CATERING INDUSTRY TURNOVER AND INDICES

年份 Year	合计 Total		住宿业 Accommodation		餐饮业 Catering	
	绝对数（亿元） Data (100 million yuan)	指数（上年＝100） Indice preceding year = 100	绝对数（亿元） Data (100 million yuan)	指数（上年＝100） Indice preceding year = 100	绝对数（亿元） Data (100 million yuan)	指数（上年＝100） Indice preceding year = 100
2009	348.79	—	46.37	—	302.42	—
2010	404.05	115.8	54.93	118.4	349.12	115.4
2011	430.71	120.4	66.35	120.8	364.36	120.4
2012	532.01	123.5	79.18	119.3	452.83	124.3
2013	600.83	112.9	86.41	109.1	514.42	113.6
2014	678.70	113.0	90.30	104.5	588.40	114.4
2015	775.90	114.3	99.37	110.0	676.53	115.0
2016	874.44	112.7	111.86	112.6	762.58	112.7

注：指数根据省局正式核定的年度数据计算。

Note: The index is calculated according to the annual data that provincial Bureau approved formally.

8-12 住宿和餐饮业经营情况
OPERATION OF ENTERPRISES IN ACCOMMODATION AND CATERING TRADE

单位:万元 (10 000 yuan)

指标名称 Index name	住宿业 Accommodation		餐饮业 catering	
	2016 年	2015 年	2016 年	2015 年
营业额总计 Total Business Revenue	**1118602.0**	**993657.6**	**7625838.2**	**6765255.9**
(一)限额以上营业额 Revenue of Enterprises Above designated Size	418676.5	412976.6	1128475.5	1112437.6
1.客房收入 Revenue From Hotel Rooms	237963.5	236820.5	44968.1	41596.8
2.餐费收入 Revenue From Meals	133019.5	132048.7	1064009.6	1051183.6
3.商品销售额 Revenue From Commodities	6831.5	6126.6	13226.3	13875.3
4.其他收入 Other Revenue	40862.0	37980.8	6271.5	5781.9
(二)限额以下营业额 Below Designated Size	699925.5	580681.0	6497362.7	5652818.3
其中:餐费收入和商品销售额 Revenue From Meals and Commodities	133175.5	97306.8	3926093.3	3390330.4

注:本表为行业口径,仅含法人和个体,不含非同业附属产业活动单位。

Note:This table is showed by industry caliber, containing corporate and individual,excluding affiliated establishment.

8－13 限额以上住宿业法人企业基本情况(2016 年)

指标名称 Index name	法人企业数(个) Number of Enterprises (unit)	从业人员期末人数(人) Employed Person at Year－end (person)
总 计 **Total**	**200**	**20560**
其中:国有控股 State Holding	31	4021
1.按住宿业行业小类分 **Grouped by Small Class**		
旅游饭店 Traveling Hotel	115	15824
一般旅馆 Generel Hotel	83	4628
其他住宿业 Other Accomodation Service	2	108
2.按登记注册类型分 **Grouped by registration**		
内资企业 Domestic－funded Enterprises	185	17042
国有企业 State－owned Units	15	1954
集体企业 Collective－owned Units	2	415
有限责任公司 Companies of Limited Liabilities	105	10603
国有独资公司 Companies with State－owned Exclusive Investment	3	546
其他有限责任公司 Other Companies of Limited Liabilities	102	10057
股份有限公司 Companies of Share－holding with Limited Liabilities	6	783
私营企业 Private－owned Units	56	3286
私营独资企业 Droprietorship	1	4
私营合伙企业 Private Partnership	1	11
私营有限责任公司 Private Companies of Limited Liabilities	51	3125
私营股份有限公司 Private Companies of Limited Liabilities with Share Holding	3	146
其他企业 Others	1	1
港、澳、台商投资企业 Enterprises funded by Entepreneurs from HongKong, Macao & Taiwan	14	3497
与港澳台商合资经营企业 Joint Ventures with HongKong, Macao and Taiwan	3	803
与港澳台商合作经营企业 Co－operation Companies	1	336
港澳台商独资企业 Manage with HongKong, Macao and Taiwan jointly	8	2034
港澳台商投资股份有限公司 Exclusive investment of HongKong, Macao, and Taiwan	2	324
外商投资企业 Foreign－funded Enterprises	1	21
外资企业 Enterprises with Foreign Exclusive Investment	1	21

BASIC SITUATION OF HOTELS ABOVE DESIGNATED SIZE(2016)

客房数 (间) Rooms (room)	床位数 (个) Beds (unit)	餐位数 (位) Tables of Catering(unit)	年末餐饮营业面积 (平方米) Operational Area for Catering(sq. m)
35147	**53948**	**50260**	**337257**
5298	8977	12505	58928
23524	35787	40102	254997
11416	17843	9708	78260
207	318	450	4000
31317	48484	45625	310882
2343	4311	5874	35305
366	528	1739	5660
20244	29988	29319	187033
559	861	666	8000
19685	29127	28653	179033
1088	1582	1890	9200
7226	11975	6803	73684
6	12	0	1160
64	90	0	0
6757	11211	6443	66724
399	662	360	5800
50	100	0	0
3676	5241	4635	26375
957	1445	1652	5600
327	451	704	2429
1938	2721	2019	17219
454	624	260	1127
154	223	0	0
154	223	0	0

8－14 限额以上住宿业法人企业经营情况(2016年)

单位:万元

指标名称 Index name	营业额 Total Revenue	客房收入 Revenue From Hotel
总 计 Total	**384585.1**	**231522.7**
其中:国有控股 State Holding	65203.5	36684.0
1.按住宿业行业小类分 Grouped by Small Class		
旅游饭店 Traveling Hotel	304505.1	171534.3
一般旅馆 Generel Hotel	78396.3	58907.1
其他住宿业 Other Accomodation Service	1683.7	1081.3
2.按登记注册类型分 Grouped by registration		
内资企业 Domestic－funded Enterprises	315211.5	192853.0
国有企业 State－owned Units	24601.0	12971.9
集体企业 Collective－owned Units	9115.1	4383.4
有限责任公司 Companies of Limited Liabilities	218590.4	129470.8
国有独资公司 Companies with State－owned Exclusive Investment	13287.5	6393.2
其他有限责任公司 Other Companies of Limited Liabilities	205302.9	123077.6
股份有限公司 Companies of Share－holding with Limited Liabilities	12701.8	8430.8
私营企业 Private－owned Units	50087.6	37480.5
私营独资企业 Droprietorship	209.1	209.1
私营合伙企业 Private Partnership	165.0	165.0
私营有限责任公司 Private Companies of Limited Liabilities	47514.8	35355.0
私营股份有限公司 Private Companies of Limited Liabilities with Share Holding	2198.7	1751.4
其他企业 Others	115.6	115.6
港、澳、台商投资企业 Enterprises funded by Entepreneurs from HongKong, Macao & Taiwan	69034.2	38330.3
与港澳台商合资经营企业 Joint Ventures with HongKong, Macao and Taiwan	19589.0	9766.4
与港澳台商合作经营企业 Co－operation Companies	7858.5	4527.6
港澳台商独资企业 Manage with HongKong, Macao and Taiwan jointly	32963.0	18101.4
港澳台商投资股份有限公司 Exclusive investment of HongKong, Macao, and Taiwan	8623.7	5934.9
外商投资企业 Foreign－funded Enterprises	339.4	339.4
外资企业 Enterprises with Foreign Exclusive Investment	339.4	339.4

OPERATION OF HOTELS ABOVE DESIGNATED SIZE(2016)

(10 000 yuan)

餐费收入 Revenue From Meals	商品销售收入 Revenue From Commodities	其他收入 Others
116305.8	**5281.9**	**31474.7**
18580.5	330.4	9608.6
100311.7	4055.7	28603.4
15407.1	1218.4	2863.7
587.0	7.8	7.6
90955.0	5126.9	26276.6
9391.0	298.8	1939.3
3373.3	292.8	1065.6
65031.6	3975.3	20112.7
2914.0	0.0	3980.3
62117.6	3975.3	16132.4
3118.7	0.6	1151.7
10040.4	559.4	2007.3
0.0	0.0	0.0
0.0	0.0	0.0
9616.8	551.4	1991.6
423.6	8.0	15.7
0.0	0.0	0.0
25350.8	155.0	5198.1
8506.8	0.0	1315.8
3195.1	0.0	135.8
11210.1	155.0	3496.5
2438.8	0.0	250.0
0.0	0.0	0.0
0.0	0.0	0.0

8－15 限额以上餐饮业法人企业基本情况(2016 年)

指标名称 Index name	法人企业数 (个) Number of Enterprises (unit)	从业人员期末人数 (人) Employed Person at Year－end (person)
总 计 **Total**	**412**	**45057**
其中:国有控股 State Holding	6	772
1. 按餐饮业行业小类分 **Gropued by Small Class**		
正餐服务 Dinner Service	398	32473
快餐服务 Fast Food Service	10	10231
饮料及冷饮服务 Beverage and Related Services	2	1585
咖啡馆服务 Cafe Service	2	1585
其他餐饮业 Other Catering Trade	2	768
小吃服务 Snack Service	1	68
餐饮配送服务 Food Distribution Service	1	700
2. 按登记注册类型分 **Grouped by registration**		
内资企业 Domestic－funded Enterprises	395	31764
国有企业 State－owned Units	2	145
有限责任公司 Companies of Limited Liabilities	200	20030
国有独资公司 Companies with State－owned Exclusive Investrrent	3	492
其他有限责任公司 Other Companies of Limited Liabilities	197	19538
股份有限公司 Companies of Share－holding with Limited Liabilities	3	260
私营企业 Private－owned	190	11329
私营独资企业 Private Exclusive Ivestment	11	283
私营合伙企业 Private Partnership	2	56
私营有限责任公司 Private Companies of Limited Liabilities	175	10711
私营股份有限公司 Private Cpmpanies of Limited Liabilities with Share Holding	2	279
港、澳、台商投资企业 Enterprises funded by Entepreneurs from HongKong, Macao & Taiwan	12	9757
与港澳台商合资经营企业 Joint Ventures with HongKong, Macao and Taiwan	4	319
港澳台商独资企业 Manage with HongKong, Macao and Taiwan jointly	8	9438
外商投资企业 Foreign－funded Enterprises	5	3536
中外合资经营企业 Sino－Foreign Cooperative Economic Units	1	470
外资企业 Enterprises with Foreign Exclusive Investment	4	3066

BASIC SITUATION OF ENTERPRISES IN CATERING SERVECES ABOVE DESIGNATED SIZE(2016)

客房数（间）Rooms（room）	床位数（个）Beds（unit）	餐位数（位）Tables of Catering（unit）	年末餐饮营业面积（平方米）Operational Area for Catering(sq. m)
18347	**32469**	**294677**	**1269235**
360	684	3099	6230
18347	32469	228400	1019000
0	0	50400	228723
0	0	13840	14172
0	0	13840	14172
0	0	2037	7340
0	0	537	5340
0	0	1500	2000
17782	31590	224766	995876
233	456	500	630
14909	26698	152717	550932
0	0	2199	4600
14909	26698	150518	546332
90	181	2844	6450
2550	4255	68705	437864
122	212	3354	13710
16	28	237	4200
2412	4015	62512	411909
0	0	2602	8045
234	414	54032	210375
220	400	1497	6879
14	14	52535	203496
331	465	15879	62984
0	0	2000	6000
331	465	13879	56984

8－16 限额以上餐饮业法人企业经营情况(2016年)

单位:万元

指标名称 Index name	营业额 Total Revenue	客房收入 Revenue From Hotel
总 计 Total	**1171254.6**	**48014.4**
其中:国有控股 State Holding	22378.3	1828.6
1.按餐饮业行业小类分 Gropued by Small Class		
正餐服务 Dinner Service	672760.1	48014.4
快餐服务 Fast Food Service	370927.3	0.0
饮料及冷饮服务 Beverage and Related Services	68607.9	0.0
咖啡馆服务 Cafe Service	68607.9	0.0
其他餐饮业 Other Catering Trade	58959.3	0.0
小吃服务 Snack Service	41202.1	0.0
餐饮配送服务 Food Distribution Service	17757.2	0.0
2.按登记注册类型分 Grouped by registration		
内资企业 Domestic－funded Enterprises	701220.2	45751.5
国有企业 State－owned Units	1656.8	900.5
有限责任公司 Companies of Limited Liabilities	455441.8	31679.2
国有独资公司 Companies with State－owned Exclusive Investrrent	18996.9	0.0
其他有限责任公司 Other Companies of Limited Liabilities	436444.9	31679.2
股份有限公司 Companies of Share－holding with Limited Liabilities	4950.6	163.3
私营企业 Private－owned Units	239171.0	13008.5
私营独资企业 Private Exclusive Investment	14209.6	298.6
私营合伙企业 Private Partnership	797.6	48.6
私营有限责任公司 Private Companies of Limited Liabilities	219001.8	12661.3
私营股份有限公司 Private Cpmpanies of Limited Liabilities with Share Holding	5162.0	0.0
港、澳、台商投资企业 Enterprises funded by Entepreneurs from HongKong, Macao & Taiwan	376747.3	627.9
与港澳台商合资经营企业 Joint Ventures with HongKong, Macao and Taiwan	4840.6	345.0
港澳台商独资企业 Manage with HongKong, Macao and Taiwan jointly	371906.7	282.9
外商投资企业 Foreign－funded Enterprises	93287.1	1635.0
中外合资经营企业 Sino－Foreign Cooperative Economic Units	6364.6	0.0
外资企业 Enterprises with Foreign Exclusive Investment	86922.5	1635.0

OPERATION OF ENTERPRISES IN CATERING SERVICES ABOVE DESIGNATED SIZE(2016)

(10 000 yuan)

餐费收入 Revenue From Meals	商品销售收入 Revenue From Commodities	其他收入 Others
1091197.4	**15924.2**	**16118.6**
6892.4	5800.3	7857.0
592709.5	15924.2	16112.0
370920.7	0.0	6.6
68607.9	0.0	0.0
68607.9	0.0	0.0
58959.3	0.0	0.0
41202.1	0.0	0.0
17757.2	0.0	0.0
625419.9	15739.8	14309.0
756.3	0.0	0.0
399495.4	11093.3	13173.9
5339.6	5800.3	7857.0
394155.8	5293.0	5316.9
4778.9	8.4	0.0
220389.3	4638.1	1135.1
13488.3	96.7	326.0
749.0	0.0	0.0
200990.0	4541.4	809.1
5162.0	0.0	0.0
374518.8	147.6	1453.0
3193.1	0.0	1302.5
371325.7	147.6	150.5
91258.7	36.8	356.6
6364.6	0.0	0.0
84894.1	36.8	356.6

8－17　批发和零售业连锁经营情况(2016 年)

项　　目 Item	连锁总店数 (个) Number of Headquarters in Chain Stores (unit)	连锁门店数 (个) Number of Branches in Chain Stores (unit)	直营店 Direct Management
总　计 Total	**101**	**6410**	**5303**
其中:外商及港、澳、台投资 Foreign and HongKong, Macao and Taiwan Investment	10	555	537
按业态分 Grouped by Shape of Retail			
便利店 CVS	1	24	21
超　市 Supermarkets	7	1271	1088
大型超市 Large Scale Supermarket	3	77	77
百货店 Bazaar	4	234	234
专业店 Special Shop	49	3558	2727
其中:加油站 Among them:Gas Station	8	482	482
专卖店 Exclusive Shop	33	1174	1130
家具建材商店 Furniture Buliding Materials Store	1	7	7
其　他 Others	3	65	19

WHOLESALE AND RETAIL CHAIN BUSINESS(2016)

加盟店 Joining - in Stores	年末零售营业面积 (万平方米) Space of Management ($10\ 000m^2$)	从业人数 (人) Number of Employees (person)	销售总额 (亿元) Total Sales Revenue (100 million yuan)	
				零售额 Retail
1107	**574.35**	**96471**	**1526.13**	**1346.60**
18	37.50	15250	192.09	171.87
3	0.10	103	0.36	0.00
183	111.89	28991	320.48	312.20
0	92.23	12120	180.65	176.39
0	221.00	16598	468.68	445.53
831	133.45	27130	465.90	345.85
0	29.56	6564	227.53	196.31
44	14.71	11028	88.71	65.55
0	0.28	140	0.20	0.20
46	0.69	361	1.15	0.88

8－18 住宿和餐饮业连锁经营情况(2016年)

项目 Item	连锁总店数(个) Number of Headquarters in Chain Stores (unit)	连锁门店数(个) Number of Branches in Chain Stores (unit)		
			直营店 Direct Management	加盟店 Joining－in Stores
总计 Total	**28**	**931**	**930**	**1**
其中:外商及港、澳、台投资 Foreign and HongKong, Macao and Taiwan Investment	7	744	744	0
按行业分 Grouped by Sector				
住宿业 Accommodation	3	41	40	1
一般旅馆 General Hotel	2	18	17	1
其他住宿业 Other Accommodation Services	1	23	23	0
餐饮业 Catering	25	890	890	0
正餐服务 Dinner	19	143	143	0
快餐服务 Short Order	4	567	567	0
咖啡馆服务 Coffee Services	1	172	172	0
小吃服务 Snack Service	1	8	8	0

ACCOMMODATION AND CATERING INDUSTRY CHAIN OPERATION(2016)

年末餐饮营业面积（万平方米）Space of Management（10 000m²）	从业人数（人）Number of Employees（person）	客房数（间）Rooms（room）	床位数（个）Beds（unit）	餐位数（位）Tables of Catering（unit）	营业额（亿元）Total Sales Revenue（100 million yuan）	商品销售额及餐费收入 Revenue from Meals and Commodities
51.28	**44047**	**6224**	**7808**	**137184**	**61.79**	**60.41**
23.67	34870	0	0	61800	43.79	43.79
0.02	760	3652	4431	212	1.53	0.25
0	345	1024	1651	0	0.58	0.19
0.02	415	2628	2780	212	0.95	0.06
51.26	43287	2572	3377	136972	60.26	60.16
27.69	8707	2572	3377	75338	13.23	13.13
21.87	32965	0	0	47471	36.07	36.07
1.46	1547	0	0	13792	6.84	6.84
0.24	68	0	0	371	4.12	4.12

8-19 限额以上批发业法人财务指标(2016年)

单位:万元

指标名称 Index name	法人企业数(个) Number of Enterprises(unit)	期末资产负债 Late Assets and Liabilities 流动资产合计 Total Liquid Assets
总计 Total	**971**	**21055372.7**
其中:国有控股 State Owned and State holding	86	7058669.1
1.按批发行业小类分 **According to the classification of the wholesale industry**		
农、林、牧产品批发 Wholesale of Farm Products and Livestock Products	22	556992.3
谷物、豆及薯类批发 Wholesale of Grain, Beans and Potatoes	4	34889.7
种子批发 Seed Wholesale	5	56461.7
饲料批发 Fodder Wholesale	2	1390.6
棉、麻批发 Cotton&hamp Wholesale	6	405032.3
林业产品批发 forestry products wholesale	2	1518.7
牲畜批发 Livestock Wholesale	2	34940.5
其他农牧产品批发 Other wholesale agricultrral and livestock prodacts	1	22758.8
食品、饮料及烟草制品批发 Wholeasle Trade of Food、Beverage Tobacco and Atricles for Family	103	2872215.1
米、面制品及食用油批发 Wholesale of Rice, Noodle and Edible Oil	15	713841.7
糕点、糖果及糖批发 Wholesale of Cakes, Candy and Sugar	8	45935.0
果品、蔬菜批发 Wholesale of Fruit and Vegetables	20	27185.4
肉、禽、蛋、奶及水产品批发 Wholesale of Meat, Bird, Eggs, Milk and Aquatic products	19	229771.5
盐及调味品批发 Wholesale of Salt and Seasoning	4	49691.3
营养和保健品批发 Wholesale of Health Care products	2	6889.8
酒、饮料及茶叶批发 Wholesale of Alcohol, Drinks and Tea	18	1059933.4
烟草制品批发 Wholesale of Tobaccos	2	519681.6
其他食品批发 The Other foods Wholesale	15	219285.4
纺织、服装及家庭用品批发 Wholesale of Textile, Clothing and Household Goods	110	813922.0
纺织品、针织品及原料批发 Wholesale of Textiles, Knitwear and Raw Material	15	49611.1
服装批发 Wholesale of Gamments	38	145917.3
鞋帽批发 Wholesale of Shoes and Hats	4	12776.9
化妆品及卫生用品批发 Wholesale of Conmetics and Hygiene	14	80661.2
厨房、卫生间用具及日用杂货批发 Wholesale of Kitchen Supplies, Toilet Articles and Daily Necessities	3	6644.2
灯具、装饰物品批发 Wholesale of Lampsand Ornament	2	6072.1
家用电器批发 Wholesale of Household Electrical Appliances	23	493054.9
其他家庭用品批发 Wholesale of Other household products	11	19184.3

FINANCIAL INDICATORS OF ENTERPRISES ABOVE DESIGNATED SIZE IN WHOLE SALE(2016)

(10 000 yuan)

期末资产负债 Late Assets and Liabilities					
固定资产合计 Fixed Asset	累计折旧 Accumulated Depreciation	本年折旧 Depreciation of this year	资产总计 Total Assets	负债合计 Total Liabilities	所有者权益合计 Total Interests of Own
2406274.6	1189021.8	141618.3	26514327.3	20117043.9	6397283.4
1726969.3	806804.1	84368.8	10515760.0	7104933.6	3410826.4
50739.6	23759.0	1704.9	698330.0	512203.6	186126.4
2983.0	2326.7	75.3	46207.7	43384.6	2823.1
14442.4	2753.7	637.3	79257.0	37245.2	42011.8
900.7	105.3	27.5	2291.3	1587.8	703.5
31963.5	18336.6	928.5	494071.8	380837.2	113234.6
224.3	15.7	4.6	1743.0	1549.8	193.2
206.9	218.9	29.8	51976.0	25920.8	26055.2
18.8	2.1	1.9	22783.2	21678.2	1105.0
200248.7	158452.4	19398.0	3593449.7	2695134.5	898315.2
27775.1	18743.6	2118.3	1112727.9	741509.3	371218.6
392.0	774.5	121.9	48684.7	40239.3	8445.4
34701.7	9147.4	4763.6	65501.8	40279.3	25222.5
8014.2	5343.1	851.2	283583.8	220432.5	63151.3
34416.6	57243.3	2286.2	120432.2	51761.2	68671.0
265.4	90.0	23.5	7155.2	6365.4	789.8
17477.8	9120.5	3517.8	1107036.4	1159649.8	-52613.4
65232.5	52445.8	4709.7	616083.1	238158.1	377925.0
11973.4	5544.2	1005.8	232244.6	196739.6	35505.0
42784.9	14321.7	2076.3	891456.4	811436.7	80019.7
463.6	861.1	113.0	50687.5	40293.9	10393.6
6730.2	6330.0	676.1	161891.9	142484.1	19407.8
3697.6	902.9	81.8	17389.2	10396.2	6993.0
618.8	1011.7	103.9	81766.0	71368.8	10397.2
2437.2	2061.6	261.2	10990.1	7558.3	3431.8
7.9	0.4	0.0	6080.0	4680.7	1399.3
21823.8	1980.9	675.1	523645.4	501367.9	22277.5
7005.8	1173.1	165.2	39006.3	33286.8	5719.5

8－19 续　　表 1

单位:万元

指标名称 Index name	法人企业数（个） Number of Enterprises(unit)	期末资产负债 Late Assets and Liabilities 流动资产合计 Total Liquid Assets
文化、体育用品及器材批发 Wholesale of Cultural and Sports Goods	28	840458.3
文具用品批发 Wholesale of Stationery	15	228673.8
图书批发 Wholesale of Books	3	502360.7
首饰、工艺品及收藏品批发 Wholesale of Jewely, Handicraft and Collection	9	106378.5
其他文化用品批发 Wholesale of Other Cultural Goods	1	3045.3
医药及医疗器材批发 Wholesale of Medicines and Medical Appliances	190	6065613.2
西药批发 Western Medicine Wholesale	114	4849555.5
中药批发 Traditional Chinese Medicine Wholesale	44	837023.5
医疗用品及器材批发 Medical Supplies and Apparatus Wholesale	32	379034.2
矿产品、建材及化工产品批发 Wholesale of Mineral Products, Building Meterial and Chemical Products	309	5301902.1
煤炭及制品批发 Wholesale of Coal and Related Products	19	424466.2
石油及制品批发 Wholesale of Petroleum and related Products	32	1412387.1
非金属矿及制品批发 Wholesale of Non－Metal Minerals and Products	2	2433.1
金属及金属矿批发 Wholesale of Metals and Metal Minerals	146	2982181.8
建材批发 Wholesale of Building Materials	32	111193.6
化肥批发 Wholesale of Fertilizers	9	167447.2
其他化工产品批发 Other Chemical Products Wholesale	69	201793.1
机械设备、五金产品及电子产品批发 Wholesale Trade of Mechanical and Electrical Products	193	4475901.7
农业机械批发 Agricaltural Machinery Wholesale	2	7999.1
汽车批发 Wholesale of Automobiles	26	1839169.9
汽车零配件批发 Wholesale of Auto Parts	24	507051.8
摩托车及零配件批发 Wholesale of Motorcycles and Parts	3	9849.4
五金产品批发 Hardware Products Wholesale	7	25935.0
电气设备批发 Ecectrical Equipment Wholesale	13	36428.7
计算机、软件及辅助设备批发 Wholesale of Computer, Software and Related Appliances	27	1397683.6
通讯及广播电视设备批发 Communication, Radio and Television Equipment Wholesale	18	223810.7
其他机械设备及电子产品批发 Other mechanical Equipment and Ecectronic Products	73	427973.5

8－19 Continued 1

(10 000 yuan)

期末资产负债 Late Assets and Liabilities					
固定资产合计 Fixed Asset	累计折旧 Accumulated Depreciation	本年折旧 Depreciation of this year	资产总计 Total Assets	负债合计 Total Liabilities	所有者权益合计 Total Interests of Own
61468.4	39119.3	6669.1	980870.8	699699.6	281171.2
5036.8	1180.7	292.9	234516.7	191715.5	42801.2
54344.5	30728.9	5364.3	633028.7	445031.8	187996.9
2082.4	7168.9	1007.7	110254.5	60107.6	50146.9
4.7	40.8	4.2	3070.9	2844.7	226.2
353348.2	159786.2	27560.1	7082009.3	5282381.9	1799627.4
301994.4	116326.3	22096.4	5757458.2	4182687.7	1574770.5
4589.6	4045.0	824.2	849256.1	780021.4	69234.7
46764.2	39414.9	4639.5	475295.0	319672.8	155622.2
1634075.5	734976.3	78291.7	8365856.9	5660024.4	2705832.5
13178.8	5407.8	800.0	477157.7	343114.4	134043.3
1490663.7	645219.9	65597.7	3820249.7	2096614.5	1723635.2
173.8	144.1	7.9	4837.9	1665.8	3172.1
75073.5	56340.0	7644.9	3367698.3	2693501.1	674197.2
12497.8	6095.3	1380.8	147715.1	113443.3	34271.8
28189.9	10229.6	1278.4	258728.0	208685.3	50042.7
14298.0	11539.6	1582.0	289470.2	203000.0	86470.2
61275.6	56213.1	5598.6	4771110.6	4351778.4	419332.2
73.4	70.9	19.0	8396.9	5008.2	3388.7
20843.0	28648.5	1395.0	2011629.4	1732240.3	279389.1
14647.2	6987.2	902.7	533904.0	428304.1	105599.9
75.1	185.3	130.9	9924.5	8448.6	1475.9
274.3	532.6	118.6	26755.4	24058.1	2697.3
1518.8	1092.6	175.6	38966.5	27908.9	11057.6
2344.8	1657.8	307.3	1411672.7	1268003.5	143669.2
805.8	2220.1	335.5	224672.2	455898.1	−231225.9
20693.2	14818.1	2214.0	505189.0	401908.6	103280.4

8-19 续　表 2

单位:万元

指标名称 Index name	法人企业数（个） Number of Enterprises(unit)	期末资产负债 Late Assets and Liabilities 流动资产合计 Total Liquid Assets
贸易经纪与代理 Trade Brokerage and Agents	6	112410.7
贸易代理 Trade Agent	6	112410.7
其他批发业 Other Whclesale Trade	10	15957.3
再生物资回收与批发 Wholesale of Recyded Matorials	6	9748.2
其他未列明批发业 Other Non - listed Wholesale	4	6209.1
2.按登记注册类型分 **Grouped by Registration**		
内资企业 Domestic - funded Ecterprises	935	17895111.3
国有企业 State - owned Units	10	591323.5
集体企业 Collective - owned Units	5	78047.4
股份合作企业 Share - holding Cooperative	2	3056.0
有限责任公司 Companies of Limited Liabilities	504	9604201.9
国有独资公司 Companies with State - owned Exclusive Investment	18	1134631.4
其他有限责任公司 Other Compaines of Limited Liabilities	486	8469570.5
股份有限公司 Companies of Share - holding with Limited Liabilities	29	3670275.4
私营企业 Private - owned Units	382	3888614.7
私营独资企业 Private Exclusive Investment	1	215.9
私营有限责任公司 Private Compaines of Limited Liabilities	372	3845149.0
私营股份有限公司 Private Companies of Limited Liabilities with Share Holding	9	43249.8
其他企业 Others	3	59592.4
港、澳、台商投资企业 Enterprises Funded by Entepreneurs from HongKong, Macao & Taiwan	16	432534.0
与港澳台商合资经营企业 Joint Ventures with HongKong, Macao and Taiwan	5	104734.9
港、澳、台商独资企业 Manage with HongKong, Macao and Taiwan Jointly	10	294201.2
港、澳、台商投资股份有限公司 Share Holding Corporations Funded from HongKong, Macao and Taiwan	1	33597.9
外商投资企业 Foreign - funded Enterprises	20	2727727.4
中外合资经营企业 Sino - Foreign Cooperative Economic Units	9	1719448.7
外资企业 Enterprises with Foreign Exclusive Investment	7	948810.7
外商投资股份有限公司 Companies Limited by Shares with Foreign Inevstment	1	5878.4
其他外商投资企业 Other Foreign Funded Enterprises	3	53589.6

8－19 Continued 2

(10 000 yuan)

期末资产负债 Late Assets and Liabilities					
固定资产合计 Fixed Asset	累计折旧 Accumulated Depreciation	本年折旧 Depreciation of this year	资产总计 Total Assets	负债合计 Total Liabilities	所有者权益合计 Total Interests of Own
254.9	165.7	88.1	113005.1	90973.4	22031.7
254.9	165.7	88.1	113005.1	90973.4	22031.7
2078.8	2228.1	231.5	18238.5	13411.4	4827.1
1973.0	1326.4	206.6	11923.6	7357.3	4566.3
105.8	901.7	24.9	6314.9	6054.1	260.8
2310019.8	1108123.7	130973.9	23088905.1	17069926.5	6018978.6
75655.1	56698.0	5370.0	707435.7	307202.9	400232.8
5971.2	5405.1	535.7	87137.7	83305.9	3831.8
17.4	44.0	2.6	3073.4	2693.8	379.6
1012399.6	439093.8	57027.1	11977129.8	9509242.5	2467887.3
618668.0	220522.5	24570.1	1937357.9	1378834.3	558523.6
393731.6	218571.3	32457.0	10039771.9	8130408.2	1909363.7
1134108.1	549579.5	59989.5	6072105.4	3573912.2	2498193.2
79017.7	55118.3	7862.4	4138852.9	3503633.0	635219.9
140.9	100.2	10.4	356.8	220.3	136.5
74237.8	54256.8	7653.3	4090561.3	3478528.6	612032.7
4639.0	761.3	198.7	47934.8	24884.1	23050.7
2850.7	2185.0	186.6	103170.2	89936.2	13234.0
67408.5	54492.4	2662.1	525505.9	390570.6	134935.3
1142.1	1159.0	133.6	106443.2	90123.8	16319.4
66141.2	53089.7	2501.9	385328.1	266869.5	118458.6
125.2	243.7	26.6	33734.6	33577.3	157.3
28846.3	26405.7	7982.3	2899916.3	2656546.8	243369.5
16359.1	17300.7	5039.9	1854756.3	1516996.6	337759.7
11572.6	7438.8	2721.9	980539.6	1070925.1	-90385.5
52.8	74.8	14.4	5941.2	153.0	5788.2
861.8	1591.4	206.1	58679.2	68472.1	-9792.9

8-19 续 表 3

单位:万元

指标名称 Index name	损益及分配 Increase, Decrease and Assgning 营业收入 Sales Revenue	 主营业务收入 Main Sales Revenue
总 计 **Total**	**61979506.4**	**61478995.5**
其中:国有控股 State Owned and State holding	34275729.4	33883140.7
1.按批发行业小类分 **According to the classification of the wholesale industry**		
农、林、牧产品批发 Wholesale of Farm Products and Livestock Products	540792.1	519626.1
谷物、豆及薯类批发 Wholesale of Grain, Beans and Potatoes	19632.6	19602.1
种子批发 Seed Wholesale	35309.0	35264.6
饲料批发 Fodder Wholesale	5838.5	5838.5
棉、麻批发 Cotton&hamp Wholesale	404720.5	383720.4
林业产品批发 forestry products wholesale	10668.2	10668.2
牲畜批发 Livestock Wholesale	21016.2	20925.2
其他农牧产品批发 Other wholesale agricultrral and livestock prodacts	43607.1	43607.1
食品、饮料及烟草制品批发 Wholeasle Trade of Food、Beverage Tobacco and Atricles for Family	5592297.7	5571411.4
米、面制品及食用油批发 Wholesale of Rice, Noodle and Edible Oil	692523.1	686301.9
糕点、糖果及糖批发 Wholesale of Cakes, Candy and Sugar	110331.1	109869.1
果品、蔬菜批发 Wholesale of Fruit and Vegetables	121742.9	121600.7
肉、禽、蛋、奶及水产品批发 Wholesale of Meat, Bird, Eggs, Milk and Aquatic products	371915.7	371788.5
盐及调味品批发 Wholesale of Salt and Seasoning	164471.4	163784.9
营养和保健品批发 Wholesale of Health Care products	22218.2	22218.2
酒、饮料及茶叶批发 Wholesale of Alcohol, Drinks and Tea	2312683.5	2308872.9
烟草制品批发 Wholesale of Tobaccos	1324324.7	1317349.7
其他食品批发 The Other foods Wholesale	472087.1	469625.5
纺织、服装及家庭用品批发 Wholesale of Textile, Clothing and Household Goods	1833859.2	1826159.9
纺织品、针织品及原料批发 Wholesale of Textiles, Knitwear and Raw Material	148614.3	148614.3
服装批发 Wholesale of Gamments	269849.0	269833.0
鞋帽批发 Wholesale of Shoes and Hats	31874.1	31841.6
化妆品及卫生用品批发 Wholesale of Conmetics and Hygiene	125796.0	121721.4
厨房、卫生间用具及日用杂货批发 Wholesale of Kitchen Supplies, Toilet Articles and Daily Necessities	31109.9	31021.8
灯具、装饰物品批发 Wholesale of Lampsand Ornament	7536.0	7536.0
家用电器批发 Wholesale of Household Electrical Appliances	1153061.5	1150915.7
其他家庭用品批发 Wholesale of Other household products	66018.4	64676.1

8－19 Continued 3

(10 000 yuan)

损益及分配 Increaes, Decrese and Assgning				
营业成本 Sales Cost	主营业务成本 Main Sales Cost	营业税金及附加 Business Taxes and Extras	主营业务税金及附加 Main Business Taxes and Extras	其他业务利润 Profits of Other Business
57422288.8	**56840639.6**	**259225.9**	**252121.3**	**274355.2**
31952850.6	31407188.4	207131.0	203131.3	196982.8
513299.0	494098.1	627.8	613.9	1896.8
19467.1	19465.1	15.0	15.0	0.0
26633.2	26628.6	27.9	27.9	0.0
4910.1	4910.1	67.4	67.4	0.0
390234.1	371165.9	481.6	481.6	1931.9
9494.3	9494.3	5.1	5.1	0.0
20145.7	20019.6	24.9	11.0	-35.1
42414.5	42414.5	5.9	5.9	0.0
4205908.1	4200137.9	181626.6	181613.3	4730.3
629285.1	627479.7	1028.0	1028.0	683.7
97880.3	97462.9	213.7	213.7	0.0
108383.4	108240.7	385.0	384.9	0.0
314001.3	313718.3	1049.7	1049.7	1.7
108961.9	108452.6	766.0	766.0	0.0
20049.4	20049.4	34.2	34.2	0.0
1564658.5	1564487.6	10610.1	10610.1	3696.8
936914.5	935133.5	166691.4	166691.4	0.0
425773.7	425113.2	848.5	835.3	348.1
1710014.5	1707784.9	3506.5	3495.5	5821.5
140455.6	140455.6	37.7	37.7	54.1
244709.4	244709.2	255.5	255.3	307.9
28186.7	28174.7	50.2	50.2	0.0
108963.9	108963.9	297.3	297.3	4030.7
26033.8	26033.8	71.8	71.8	88.1
7263.8	7263.8	6.0	6.0	0.0
1097519.4	1095601.1	537.4	534.5	530.1
56881.9	56582.8	2250.6	2242.7	810.6

8-19 续 表 4

单位:万元

指标名称 Index name	损益及分配 Incxease, Decrease and Assgning 营业收入 Sales Revenue	 主营业务收入 Main Sales Revenue
文化、体育用品及器材批发 Wholesale of Cultural and Sports Goods	1936435.1	1763831.6
文具用品批发 Wholesale of Stationery	969316.0	969021.0
图书批发 Wholesale of Books	701862.6	532719.2
首饰、工艺品及收藏品批发 Wholesale of Jewely, Handicraft and Collection	263627.0	260461.9
其他文化用品批发 Wholesale of Other Cultural Goods	1629.5	1629.5
医药及医疗器材批发 Wholesale of Medicines and Medical Appliances	9393749.9	9346370.8
西药批发 Western Medicine Wholesale	8499211.8	8453618.8
中药批发 Traditional Chinese Medicine Wholesale	536377.1	536367.0
医疗用品及器材批发 Medical Supplies and Apparatus Wholesale	358161.0	356385.0
矿产品、建材及化工产品批发 Wholesale of Mineral Products, Building Meterial and Chemical Products	30703187.3	30482672.9
煤炭及制品批发 Wholesale of Coal and Related Products	845930.1	844851.5
石油及制品批发 Wholesale of Petroleum and related Products	20147530.0	19940814.2
非金属矿及制品批发 Wholesale of Non - Metal Minerals and Products	2793.3	2793.3
金属及金属矿批发 Wholesale of Metals and Metal Minerals	7873882.4	7863287.5
建材批发 Wholesale of Building Materials	442690.0	442445.8
化肥批发 Wholesale of Fertilizers	516487.9	515550.0
其他化工产品批发 Other Chemical Products Wholesale	873873.6	872930.6
机械设备、五金产品及电子产品批发 Wholesale Trade of Mechanical and Electrical Products	11582296.8	11572041.5
农业机械批发 Agricaltural Machinery Wholesale	7726.8	7726.8
汽车批发 Wholesale of Automobiles	6680035.2	6675171.4
汽车零配件批发 Wholesale of Auto Parts	796042.8	795209.8
摩托车及零配件批发 Wholesale of Motorcycles and Parts	36021.3	36021.3
五金产品批发 Hardware Products Wholesale	78676.2	78676.2
电气设备批发 Electronic Equipment Wholesale	60212.7	59858.9
计算机、软件及辅助设备批发 Wholesale of Computer, Software and Related Appliances	2693058.9	2693052.8
通讯及广播电视设备批发 Communication, Softeware and Auriliary Equipment Wholesale	593848.3	591960.3
其他机械设备及电子产品批发 The Other mechanical Equipment and Electronic Products	636674.6	634364.0

8－19 Continued 4

(10 000 yuan)

损益及分配 Increase, Decrease and Assgning				
营业成本 Sales Cost	主营业务成本 Main Sales Cost	营业税金及附加 Business Taxes and Extras	主营业务税金及附加 Main Business Taxes and Extras	其他业务利润 Profits of Other Business
1779235.8	1615468.6	4105.4	847.8	8207.2
953957.7	953917.9	467.9	467.9	238.2
615105.8	451501.4	571.9	32.1	4927.0
208713.2	208590.2	3064.2	346.4	3042.0
1459.1	1459.1	1.4	1.4	0.0
8654117.8	8651446.0	19206.0	19175.3	46595.8
7870897.2	7868544.0	16541.9	16520.7	44261.0
493007.0	493007.0	1166.9	1158.1	1367.5
290213.6	289895.0	1497.2	1496.5	967.3
29662691.6	29277384.3	26756.0	23016.2	195491.8
815908.4	815134.7	1376.8	1255.0	237.6
19406880.7	19030983.2	16904.7	13529.3	188054.1
2541.3	2541.3	4.5	4.5	0.0
7689182.2	7682432.6	5732.0	5546.3	4756.6
417773.6	416189.9	1227.3	1226.3	139.2
508198.5	508198.5	433.3	383.3	243.9
822206.9	821904.1	1077.4	1071.5	2060.4
10508802.9	10506100.7	22988.5	22950.2	11561.6
6313.7	6313.7	20.5	20.5	0.0
5720963.8	5720247.6	17849.8	17849.8	9621.4
752498.1	752492.0	896.7	864.5	331.4
34399.2	34399.2	30.4	30.4	0.0
75044.3	75044.3	332.8	332.8	193.5
51437.7	51214.2	201.4	199.3	101.0
2643540.9	2643522.9	807.5	807.5	6.2
639993.9	639993.9	388.5	388.5	855.2
584611.3	582872.9	2460.9	2456.9	452.9

8－19 续　　表 5

单位:万元

指标名称 Index name	损益及分配 Increase, Decrease and Assgning 营业收入 Sales Revenue	主营业务收入 Main Sales Revenue
贸易经纪与代理 Trade Brokerage and Agents	314168.5	314168.5
贸易代理 Trade Agent	314168.5	314168.5
其他批发业 Other Wholesale Trade	82719.8	82712.8
再生物资回收与批发 Wholesale of Recycled Matorials	56142.3	56142.3
其他未列明批发业 Other Not－Listed Wholesale	26577.5	26570.5
2.按登记注册类型分 Grouped by Registration		
内资企业 Domestic－funded Enterprises	52059441.1	51567551.2
国有企业 State－owned Units	1443025.1	1436018.7
集体企业 Collective－owned Units	58893.2	57496.9
股份合作企业 Share－holding Cooperative	12362.2	12321.0
有限责任公司 Companies of Limited Liabilities	31768146.7	31542387.4
国有独资公司 Companies with State－owned Exclusive Investment	13971032.8	13968411.6
其他有限责任公司 Other Compaines of Limited Liabilities	17797113.9	17573975.8
股份有限公司 Comparies of Share－holding with Limited Liabilities	12880772.1	12633920.5
私营企业 Private－owned Units	5847349.4	5836543.7
私营独资企业 Private Exclusive Investment	5962.9	5962.9
私营有限责任公司 Private Compaines of Limited Liabilities	5758151.7	5747371.3
私营股份有限公司 Private Companies of Limited Liabilities with Share Holding	83234.8	83209.5
其他企业 Others	48892.4	48863.0
港、澳、台商投资企业 Enterprises Funded by Entepreneurs from HongKong, Macao & Taiwan	992506.0	987397.6
与港澳台商合资经营企业 Joint Ventures with HongKong, Macao and Taiwan	153076.8	152732.3
港、澳、台商独资企业 Manage with HongKong, Macao and Taiwan Jointly	733771.6	729009.5
港、澳、台商投资股份有限公司 Share Holding Corporations Funded from HongKong, Macao and Taiwan	105657.6	105655.8
外商投资企业 Foreign－funded Enterprises	8927559.3	8924046.7
中外合资经营企业 Sino－Foreign Cooperative Economic Units	6585956.1	6585925.9
外资企业 Enterprises with Foreign Exclysive Investment	2224656.8	2221231.3
外商投资股份有限公司 Companies Limited by Shares with Foreign Inevstment	8251.5	8251.5
其他外商投资企业 Other Foreign Investment Enterprises	108694.9	108638

8-19 Continued 5

(10 000 yuan)

损益及分配 Increase, Decrease and Assgning				
营业成本 Sales Cost	主营业务成本 Main Sales Cost	营业税金及附加 Business Taxes and Extras	主营业务税金及附加 Main Business Taxes and Extras	其他业务利润 Profits of Other Business
312451.7	312451.7	82.9	82.9	50.2
312451.7	312451.7	82.9	82.9	50.2
75767.4	75767.4	326.2	326.2	0.0
50109.5	50109.5	293.4	293.4	0.0
25657.9	25657.9	32.8	32.8	0.0
49366887.3	48785620.3	225897.3	221510.5	256552.1
1052691.5	1050908.5	167122.9	167122.9	0.0
56409.7	56409.7	62.0	62.0	0.0
11463.1	11329.9	17.0	14.9	0.0
30677801.1	30293186.5	26510.7	25647.9	24883.0
13692989.4	13503441.2	6774.3	6762.4	269.4
16984811.7	16789745.3	19736.4	18885.5	24613.6
11953912.8	11762880.3	21429.2	18048.9	222677.4
5567375.4	5563734.9	10749.8	10608.2	8991.7
5642.4	5642.4	11.9	11.9	0.0
5487122.9	5483482.4	10623.6	10482.0	8991.7
74610.1	74610.1	114.3	114.3	0.0
47233.7	47170.5	5.7	5.7	0.0
881399.8	881064.8	4143.5	1425.7	7955.3
142661.8	142441.0	222.2	222.2	94.4
644377.3	644264.8	3826.0	1108.2	7860.8
94360.7	94359.0	95.3	95.3	0.1
7174001.7	7173954.5	29185.1	29185.1	9847.8
5598716.4	5598716.3	18201.1	18201.1	6468.3
1499562.7	1499516.0	10163.5	10163.5	3378.8
6477.1	6477.1	14.8	14.8	0.0
69245.5	69245.1	805.7	805.7	0.7

8－19 续 表 6

单位:万元

指标名称 Index name	损益及分配 Increase, Decxease and Assgning 销售费用 Expenses for Sales	管理费用 Expenses for Management	税 金 Taxes
总 计 **Total**	**2479813.7**	**841956.8**	**26285.5**
其中:国有控股 State Owned and State holding	1056883.6	377009.0	8401.5
1.按批发行业小类分 **According to the classification of the wholesale industry**			
农、林、牧产品批发 Wholesale of Farm Products and Livestock Products	12536.4	13526.8	545.7
谷物、豆及薯类批发 Wholesale of Grain, Beans and Potatoes	746.1	1143.1	11.2
种子批发 Seed Wholesale	4715.0	1584.2	121.2
饲料批发 Food Wholesale	145.1	121.0	1.6
棉、麻批发 Cotton&hamp Wholesale	6507.1	9231.2	377.2
林业产品批发 forestry products wholesale	230.5	181.9	5.8
牲畜批发 Livestock Wholesale	146.5	1131.2	16.2
其它农牧产品批发 Other wholesale agricultrral and livestock prodacts	46.1	134.2	12.5
食品、饮料及烟草制品批发 Wholeasle Trade of Food、Beverage Tobacco and Atricles for Family	797997.0	202483.1	4332.1
米、面制品及食用油批发 Wholesale of Rice, Noodle and Edible Oil	37985.6	7761.8	337.5
糕点、糖果及糖批发 Wholesale of Cakes, Candy and Sugar	10140.7	1849.7	56.1
果品、蔬菜批发 Wholesale of Fruit and Vegetables	4662.0	3545.9	59.9
肉、禽、蛋、奶及水产品批发 Wholesale of Meat, Bird, Eggs, Milk and Aquatic products	37096.8	9151.5	265.2
盐及调味品批发 Wholesale of Salt and Seasoning	28047.3	19835.6	1240.4
营养和保健品批发 Wholesale of Health Care products	1652.3	287.1	16.2
酒、饮料及茶叶批发 Wholesale of Alcohol, Drinks and Tea	628162.8	103676.3	508.3
烟草制品批发 Wholesale of Tobaccos	22596.1	47141.3	1675.4
其他食品批发 The Other foods Wholesale	27653.4	9233.9	173.1
纺织、服装及家庭用品批发 Wholesale of Textile, Clothing and Household Goods	83698.4	27982.9	1427.6
纺织品、针织品及原料批发 Wholesale of Textiles, Knitwear and Raw Material	3816.2	2701.1	41.7
服装批发 Wholesale of Gamments	15478.0	7668.7	209.1
鞋帽批发 Wholesale of Shoes and Hats	1696.3	278.9	41.8
化妆品及卫生用品批发 Wholesale of Conmetics and Hygiene	11724.1	5565.3	139.7
厨房、卫生间用具及日用杂货批发 Wholesale of Kitchen Supplies, Toilet Articles and Daily Necessities	3448.6	1351.3	84.1
灯具、装饰物品批发 Wholesale of Lampsand Ornament	100.1	146.1	0.2
家用电器批发 Wholesale of Household Electrical Appliances	42579.8	8839.4	858.6
其他家庭用品批发 Wholesale of Other household products	4855.3	1432.1	52.4

8－19 Continued 6

(10 000 yuan)

损益及分配 Inctease, Decrease and Assgning				人工成本及增值税 Labor Cost and Value Added Tax	
财务费用 Financial Expenditures	营业利润 Operating Profit	利润总额 Total Profits	应交所得税 Income Tax Payble	应付职工薪酬（本年贷方累计发生额） Employee Compensation	应交增值税 Value added Tax Payable
111464.1	**913396.2**	**984517.6**	**275902.8**	**810160.7**	**573196.5**
6222.2	689256.5	708426.7	173958.0	339795.8	369928.9
14461.5	－20724.4	7861.3	2271.7	8271.6	1351.8
804.6	－2543.3	445.0	104.1	2087.2	167.3
806.4	－816.4	5957.9	1326.0	2879.7	7.8
20.2	574.7	574.7	66.3	102.8	124.4
11379.8	－20819.6	－2328.8	738.7	2055.9	991.0
77.8	678.6	857.0	13.7	335.4	2.0
465.4	2101.0	2254.9	2.8	718.3	9.0
907.3	100.6	100.6	20.1	92.3	50.3
1949.9	225434.4	264677.4	72233.1	227836.3	81837.2
5410.2	11316.5	13240.2	2121.8	13506.7	1536.5
709.1	－595.4	－478.3	159.8	4344.5	1203.6
944.6	3819.1	4062.8	271.6	4035.2	378.6
1386.6	10163.2	12814.9	3692.0	13137.1	7126.0
127.4	6862.4	6209.9	875.9	27792.7	5053.9
206.8	－11.6	－13.7	14.3	385.0	197.0
2168.3	25121.5	60175.6	25712.9	101228.5	3791.4
－10775.0	161884.8	161774.8	38484.0	52081.1	59394.1
1771.9	6873.9	6891.2	900.8	11325.5	3156.1
7436.8	3713.4	3830.0	2144.7	38312.0	9131.5
814.6	1164.8	1254.9	243.6	2909.3	204.5
968.7	459.0	543.6	408.7	8631.9	1972.5
90.5	1571.5	1588.3	348.5	924.3	431.5
946.0	－1704.7	－1762.3	304.0	6294.8	1612.9
1.3	203.1	201.0	47.3	2776.3	692.4
34.8	－14.8	－14.8	0.4	74.3	51.3
4564.9	1234.5	1063.1	443.7	14533.8	3882.0
16.0	800.0	956.2	348.5	2167.3	284.4

8-19 续　表 7

单位:万元

指标名称 Index name	损益及分配 Increase, Decrease and Assgning		
	销售费用 Expenses for Sales	管理费用 Expenses for Management	税　金 Taxes
文化、体育用品及器材批发 Wholesale of Cultural and Sports Goods	56567.0	40406.0	1663.3
文具用品批发 Wholesale of Stationery	3212.0	3918.5	485.1
图书批发 Wholesale of Books	28592.0	30250.1	917.0
首饰、工艺品及收藏品批发 Wholesale of Jewely, Handicraft and Collection	24576.4	6162.8	260.8
其他文化用品批发 Wholesale of Other Cultural Goods	186.6	74.6	0.4
医药及医疗器材批发 Wholesale of Medicines and Medical Appliances	289417.5	164327.6	7968.8
西药批发 Western Medicine Wholesale	246991.1	132436.7	7285.2
中药批发 Traditional Chinese Medicine Wholesale	17094.8	14054.1	380.1
医疗用品及器材批发 Medical Supplies and Apparatus Wholesale	25331.6	17836.8	303.5
矿产品、建材及化工产品批发 Wholesale of Mineral Products, Building Meterial and Chemical Products	453054.6	196179.3	7739.2
煤炭及制品批发 Wholesale of Coal and Related Products	16932.3	5534.3	156.6
石油及制品批发 Wholesale of Petroleum and related Products	338021.2	121886.3	4083.8
非金属矿及制品批发 Wholesale of Non - Metal Minerals and Products	188.4	83.3	4.5
金属及金属矿批发 Wholesale of Metals and Metal Minerals	60160.5	42947.0	2649.7
建材批发 Wholesale of Building Materials	8468.9	5047.6	116.5
化肥批发 Wholesale of Fertilizers	3992.2	7456.7	377.4
其他化工产品批发 Other Chemical Products Wholesale	25291.1	13224.1	350.7
机械设备、五金产品及电子产品批发 Wholesale Trade of Mechanical and Electrical Products	784638.6	193397.9	2498.4
农业机械批发 Agricaltural Machinery Wholesale	422.8	731.1	1.4
汽车批发 Wholesale of Automobiles	604627.7	136478.7	8.4
汽车零配件批发 Wholesale of Auto Parts	10131.4	9984.1	694.0
摩托车及零配件批发 Wholesale of Motorcycles and Parts	486.6	976.8	3.4
五金产品批发 Hardware Products Wholesale	1207.9	1399.6	23.3
电气设备批发 Electronic Equipment Wholesale	5594.1	1587.6	25.1
计算机、软件及辅助设备批发 Wholesale of Computer, Software and Related Appliances	26954.0	8023.9	1044.8
通讯及广播电视设备批发 Communication, Softeware and Auriliary Equipment Wholesale	108415.3	16821.9	383.5
其他机械设备及电子产品批发 The Other mechanical Equipment and Electronic Products	26798.8	17394.2	314.5

8 – 19 Continued 7

(10 000 yuan)

损益及分配 Inctease, Decrease and Assgning				人工成本及增值税 Labor Cost and Value Added Tax	
财务费用 Financial Expenditures	营业利润 Operating Profit	利润总额 Total Profits	应交所得税 Income Tax Payble	应付职工薪酬 (本年贷方累计发生额) Employee Compensation	应交增值税 Value added Tax Payable
2230.4	54379.7	60227.5	8566.2	53898.6	13662.0
755.7	6729.8	6718.4	1798.4	3080.8	1937.9
1073.0	27182.6	32851.4	73.9	31154.1	264.0
400.5	20560.7	20751.1	6693.9	19537.9	11447.6
1.2	-93.4	-93.4	0.0	125.8	12.5
85586.2	184341.4	187382.4	34284.5	182124.3	102093.6
80181.8	156891.0	159981.4	26261.5	156878.6	82599.9
2276.2	8248.7	8085.5	2828.9	11280.6	9428.6
3128.2	19201.7	19315.5	5194.1	13965.1	10065.1
51450.3	319898.2	322454.2	76261.2	220147.8	195099.5
1628.0	4182.9	3290.3	484.8	4263.9	6028.3
15377.1	248675.0	243068.0	55050.6	165523.3	125259.5
3.2	-27.4	-28.4	0.1	56.4	1.5
29477.0	50062.0	53021.1	14934.9	29840.0	52521.4
953.2	9053.1	9070.4	1961.5	5057.3	4524.9
1671.7	-586.5	4837.8	1695.7	3830.5	642.9
2340.1	8539.1	9195.0	2133.6	11576.4	6121.0
-51695.8	144166.7	135459.5	79850.4	74672.5	168541.9
-11.9	219.2	441.7	115.1	875.9	45.2
-3676.0	214321.6	221478.3	68632.5	30043.1	145610.0
2268.1	20651.4	21355.3	4867.1	6184.9	5843.1
89.2	39.1	40.7	42.0	443.2	231.5
280.9	378.3	345.1	51.0	1323.1	723.4
225.1	1233.2	1223.7	678.1	3871.9	1465.8
-57161.1	70889.5	51027.2	4133.3	5922.2	1344.6
4099.3	-164963.9	-166320.6	126.9	9201.6	2611.5
2190.6	1398.3	5868.1	1204.4	16806.6	10666.8

8-19 续　表 8

单位:万元

指标名称 Index name	损益及分配 Increase, Decrease and Assgning 销售费用 Expenses for Sales	管理费用 Expenses for Management	税　金 Taxes
贸易经纪与代理 Trade Brokerage and Agents	673.2	1086.6	78.1
贸易代理 Trade Agent	673.2	1086.6	78.1
其他批发业 Other Wholesale Trade	1231.0	2566.6	32.3
再生物资回收与批发 Wholesale of Recyded Matorials	963.4	1067.6	32.3
其他未列明批发业 Other Not - Listed Wholesale	267.6	1499.0	0.0
2. 按登记注册类型分 Grouped by Registration			
内资企业 Domestic - funded Enterprises	1182722.9	585746.4	25178.7
国有企业 State - owned Units	23741.7	48020.1	1767.1
集体企业 Collective - owned Units	564.3	1383.2	55.7
股份合作企业 Share - holding Cooperative	498.8	348.1	23.7
有限责任公司 Companies of Limited Liabilities	580625.9	265655.3	10433.8
国有独资公司 Companies with State - owned Exclusive Investment	67289.7	46616.4	2058.0
其他有限责任公司 Other Compaines of Limited Liabilities	513336.2	219038.9	8375.8
股份有限公司 Companies of Share - holding with Limited Liabilities	447082.9	179850.6	7736.9
私营企业 Private - owned Units	129941.8	87705.7	5087.6
私营独资企业 Private Exclusive Investment	92.5	89.3	11.9
私营有限责任公司 Private Compaines of Limited Liabilities	127934.6	86010.7	5042.9
私营股份有限公司 Private Companies of Limited Liabilities with Share Holding	1914.7	1605.7	32.8
其他企业 Others	267.5	2783.4	73.9
港、澳、台商投资企业 Enterprises Funded by Entepreneurs from HongKong, Macao & Taiwan	61045.1	16520.6	619.1
与港澳台商合资经营企业 Joint Ventures with HongKong, Macao and Taiwan	5966.8	3306.7	94.8
港、澳、台商独资企业 Manage with HongKong, Macao and Taiwan Jointly	45155.0	12070.3	488.0
港、澳、台商投资股份有限公司 Share Holding Corporations Funded from HongKong, Macao and Taiwan	9923.3	1143.6	36.3
外商投资企业 Foreign - funded Enterprises	1236045.7	239689.8	487.7
中外合资经营企业 Sino - Foreign Cooperative Economic Units	582268.0	137592.0	36.0
外资企业 Enterprises with Sole Foreign Investment	615806.4	100339.9	407.2
外商投资股份有限公司 Companies Limited by Shares with Foreign Inevstment	506.4	183.2	0.0
其他外商投资企业 Other Foreign Funded Enterprises	37464.9	1574.7	44.5

8－19 Continued 8

(10 000 yuan)

损益及分配 Inctease, Decrease and Assgning				人工成本及增值税 Labor Cost and Value Added Tax	
财务费用 Financial Expenditures	营业利润 Operating Profit	利润总额 Total Profits	应交所得税 Income Tax Payble	应付职工薪酬（本年贷方累计发生额）Employee Compensation	应交增值税 Value added Tax Payable
－176.3	50.4	400.0	116.9	658.5	223.7
－176.3	50.4	400.0	116.9	658.5	223.7
221.1	2136.4	2225.3	174.1	4239.1	1255.3
176.6	3101.6	3137.5	145.0	752.5	1014.5
44.5	－965.2	－912.2	29.1	3486.6	240.8
106451.5	616696.7	645398.4	166971.8	635045.5	393895.0
－9994.5	161549.4	164966.0	38946.1	56317.0	59522.6
486.5	－12.6	－15.2	8.2	1563.1	388.9
29.1	6.1	8.8	1.3	243.2	128.1
79278.9	166240.3	208795.5	76915.8	270544.9	175857.0
3127.4	154707.2	155650.9	36698.6	64601.7	55532.4
76151.5	11533.1	53144.6	40217.2	205943.2	120324.6
71044.7	202777.0	177814.6	37469.2	242001.8	117943.5
－35211.3	88358.7	95697.8	13627.2	63062.0	40041.9
14.9	111.9	111.9	27.9	59.6	108.5
－35629.1	83659.9	91013.4	12706.5	61918.2	38953.3
402.9	4586.9	4572.5	892.8	1084.2	980.1
818.1	－2222.2	－1869.1	4.0	1313.5	13.0
2755.6	30790.6	30735.2	9827.0	32181.0	19167.2
1274.4	－362.9	－393.2	762.0	3804.0	1368.9
1556.5	30943.5	30996.1	8992.4	24772.3	16905.8
－75.3	210.0	132.3	72.6	3604.7	892.5
2257.0	265908.9	308384.0	99104.0	142934.2	160134.3
170.3	247955.0	256677.6	75454.7	34683.4	153523.0
1819.2	18640.5	52305.1	23770.5	94741.6	－101.6
－1.0	1071.0	894.0	125.0	373.4	93.0
268.5	－1757.6	－1492.7	－246.2	13135.8	6619.9

8－20　限额以上零售业法人财务指标(2016 年)

单位:万元

指标名称 Index name	法人企业数(个) Number of Enterprises(unit)	期末资产负债 Late Assets and Liabilities 流动资产合计 Total Liquid Assets
总　计 **Total**	**894**	**10532773.2**
其中:国有控股 State－owned and State Holding	62	2165661.2
1.按零售行业小类分 **According to the Classfication of Retail Industry**		
综合零售 Comprehensive	80	2183573.2
百货零售 Department Store	44	1400454.7
超级市场零售 Super Market	24	750609.9
其他综合零售 Other Comprehensive	12	32508.6
食品、饮料及烟草制品专门零售 Wholeasle Trade of Food、Beverage Tobacco and Articles for Family	68	312086.3
粮油零售 Grain and Oil	2	1500.2
糕点、面包零售 Cake and Bread	5	6932.8
果品、蔬菜零售 Fruits and Vegetables	7	8417.2
肉、禽、蛋、奶及水产品零售 Wholesale of Meat, Bird, Eggs, Milk and Aquatic products	14	30531.2
营养和保健品零售 Wholesale of Health Care products	3	1014.6
酒、饮料及茶叶零售 Wholesale of Alcohol, Drinks and Tea	20	27752.2
烟草制品零售 Wholesale of Tobaccos	5	52945.7
其他食品零售 The Other foods Wholesale	12	182992.4
纺织、服装及日用品专门零售 Textile Garment and Daily necessities	90	1009564.5
纺织品及针织品零售 Textiles and Knitwear	5	13846.4
服装零售 Clothing	51	859411.2
鞋帽零售 Shoes and Hats	11	100051.7
化妆品及卫生用品零售 Cosmetics and Hygiene	2	809.6
钟表、眼镜零售 Clocks, Watch and Glasses	8	19854.9
箱、包零售 Luggage and Bags	1	926.9
厨房用具及日用杂品零售 Kitchen Utensils and Daily Sundries	5	9158.9
其他日用品零售 Other Daily Necessities	7	5504.9
文化、体育用品及器材专门零售 Gultural and Sports Goodls	48	183668.0
文具用品零售 Stationery	5	3611.4
体育用品及器材零售 Sports Goods	1	1110.5
图书、报刊零售 Books and Newspapers	11	92750.5

FINANCIAL INDICATORS OF ENTERPRISES ABOVE DESIGNATED SIZE IN RETAIL(2016)

(10 000 yuan)

期末资产负债 Late Assets and Liabilities					
固定资产合计 Fixed Asset	累计折旧 Accumulated Depreciation	本年折旧 Depreciation of this year	资产总计 Total Assets	负债合计 Total Liabilities	所有者权益合计 Total Interests of Own
2846995.3	**1389192.8**	**150337.1**	**16111785.5**	**12073118.8**	**4038666.7**
1602710.1	582427.8	60810.0	5074862.9	3544895.2	1529967.7
1489850.6	662065.3	62738.0	4852345.7	3457845.4	1394500.3
996563.8	433395.8	27629.1	3369648.6	2284780.4	1084868.2
487012.8	226138.8	34904.8	1440929.5	1131040.6	309888.9
6274.0	2530.7	204.1	41767.6	42024.4	-256.8
49347.0	15870.0	2769.4	391394.8	235153.8	156241.0
285.3	109.6	5.4	2251.5	537.6	1713.9
4486.9	2893.9	539.6	12088.5	8813.1	3275.4
1920.4	836.0	217.7	10559.5	4574.4	5985.1
9614.2	1209.5	107.9	47059.4	25121.9	21937.5
1265.9	174.1	33.2	2294.0	902.6	1391.4
8008.5	2307.0	557.0	38978.0	21762.5	17215.5
8439.5	4120.9	648.1	63782.5	19783.4	43999.1
15326.3	4219.0	660.5	214381.4	153658.3	60723.1
76944.9	26931.2	6877.9	1142297.5	929456.1	212841.4
50.1	122.9	23.5	13925.7	12006.7	1919.0
69337.6	19218.0	5623.3	980254.6	844220.7	136033.9
5494.6	4301.1	695.9	108912.0	48210.2	60701.8
130.4	481.9	66.5	978.9	685.0	293.9
1260.1	1166.6	89.1	21488.1	11499.5	9988.6
0.0	42.2	0.0	953.4	857.2	96.2
422.9	452.4	114.0	9622.7	5956.0	3666.7
249.2	1146.1	265.6	6162.1	6020.8	141.3
38305.4	19547.3	1690.6	239067.7	197829.8	41237.9
310.7	151.0	12.9	3922.1	2600.1	1322.0
47.2	194.5	23.2	3121.1	16448.5	-13327.4
29844.8	16129.9	1288.4	134119.1	97233.7	36885.4

8-20 续 表 1

单位:万元

指标名称 Index name	法人企业数（个） Number of Enterprises(unit)	期末资产负债 Late Assets and Liabilities 流动资产合计 Total Liquid Assets
珠宝首饰零售 Bijouterie	17	69023.1
工艺美术品及收藏品零售 Arts and rafts and Collections	3	3765.1
乐器零售 Musical Instruments	4	6747.0
照相器材零售 Photographic Equipment	1	539.1
其他文化用品零售 Other Cultural Activities	6	6121.3
医药及医疗器材专门零售 Medicine and Medical Equipment	125	1749901.6
药品零售 Medicine	99	1661437.1
医疗用品及器材零售 Medical Supplies and Equipment	26	88464.5
汽车、摩托车、燃料及零配件专门零售 Automobile Motorcycle, Fuel and Spare Parts	301	3720884.1
汽车零售 The Car	252	3601081.6
汽车零配件零售 Auto Parts	7	11184.4
摩托车及零配件零售 Motocycle and Spare Parts	2	254.8
机动车燃料零售 Motor Fuel	40	108363.3
家用电器及电子产品专门零售 Houshold Appliances	94	637898.5
家用视听设备零售 Home Auto - visual and Electronic Products Equipment	4	3392.4
日用家电设备零售 Household Appliances	31	548605.1
计算机、软件及辅助设备零售 Computer, Software and Auxliary Equipment	39	63699.1
通信设备零售 Communication Equipment	14	17302.5
其他电子产品零售 Other Electronic Products	6	4899.4
五金、家具及室内装饰材料专门零售 Hardware, Furniture and Interion Decoration Materials	55	423623.0
五金零售 Hardware	14	38904.1
灯具零售 Lamps and Lanterns	2	1165.6
家具零售 Furniture	19	358818.7
涂料零售 Paint	2	395.8
卫生洁具零售 Sanitary ware	5	3876.6
木质装饰材料零售 Wood Decoration	1	250.1
陶瓷、石材装饰材料零售 Ceramic and Stone	4	2525.7
其他室内装饰材料零售 Other interior Decoration Materials	8	17686.4

8－20 Continued 1

(10 000 yuan)

期末资产负债 Late Assets and Liabilities					
固定资产合计 Fixed Asset	累计折旧 Accumulated Depreciation	本年折旧 Depreciation of this year	资产总计 Total Assets	负债合计 Total Liabilities	所有者权益合计 Total Interests of Own
4340.5	1584.1	263.7	75492.7	61908.2	13584.5
3651.4	1268.9	70.1	8816.0	8600.1	215.9
95.9	79.6	23.7	6921.3	5953.3	968.0
0.0	0.5	0.0	539.1	415.7	123.4
14.9	138.8	8.6	6136.3	4670.2	1466.1
55222.6	33001.8	8790.5	1955094.1	1564109.4	390984.7
50206.1	31046.8	8386.6	1857121.1	1502318.0	354803.1
5016.5	1955.0	403.9	97973.0	61791.4	36181.6
877730.7	564705.1	51017.7	5641688.5	4249132.7	1392555.8
591491.7	436410.3	32294.4	4975774.0	3799811.9	1175962.1
1296.9	1399.2	558.3	14706.3	11954.5	2751.8
76.8	9.7	2.2	331.6	85.8	245.8
284865.3	126885.9	18162.8	650876.6	437280.5	213596.1
175208.3	41043.2	8352.3	911961.5	605858.4	306103.1
311.0	124.5	21.9	3703.4	1390.8	2312.6
127444.6	31408.7	4940.3	741503.6	471289.1	270214.5
46198.8	8616.1	3080.8	142061.8	112226.6	29835.2
933.2	554.1	178.0	19170.3	15985.3	3185.0
320.7	339.8	131.3	5522.4	4966.6	555.8
62794.4	16272.2	3941.6	633022.3	542047.5	90974.8
2563.6	1959.5	200.0	76834.0	61948.2	14885.8
57.4	58.3	10.4	1273.9	1167.6	106.3
58997.7	12962.4	3592.8	487448.7	420435.7	67013.0
121.7	81.7	3.1	602.6	146.2	456.4
273.3	137.7	28.7	4539.9	2423.9	2116.0
131.6	55.1	31.7	381.7	121.3	260.4
54.9	33.5	3.0	2580.6	977.5	1603.1
594.2	984.0	71.9	59360.9	54827.1	4533.8

8-20 续 表 2

单位:万元

指标名称 Index name	法人企业数（个） Number of Enterprises(unit)	期末资产负债 Late Assets and Liabilities 流动资产合计 Total Liquid Assets
货摊、无店铺及其他零售业 Stalls, No-shop and Others	33	311574.0
货摊纺织、服装及鞋零售 Textile, Clothing and Footwwear Stalls	1	4014.1
互联网零售 Internet	22	278202.7
邮购及电视、电话零售 Mail Order and TV, Telephone	1	942.9
生活用燃料零售 Domestic Fuel	4	3305.7
其他未列明零售业 Other not Listed	5	25108.6
2. 按登记注册类型分 **Grouped by Registration**		
内资企业 Domestic-funded Enterprises	859	9362645.0
国有企业 State-owned Units	10	55518.4
集体企业 Collective-owned Units	10	32191.1
股份合作企业 Share-holding Cooperative	4	4711.5
有限责任公司 Companies of Limited Liabilities	450	5317215.9
国有独资公司 Companies with State-owned Exclusive Investment	6	583008.7
其他有限责任公司 Other Compaines of Limited Liabilities	444	4734207.2
股份有限公司 Comparies of Share-holding with Limited Liabilities	22	1395082.0
私营企业 Private-owned Units	360	2555678.2
私营独资企业 Private Exclusive Investment	12	5109.4
私营合伙企业 Private Partnership	2	475.7
私营有限责任公司 Private Compaines of Limited Liabilitics	334	2182214.2
私营股份有限公司 Private Companies of Limited Liabilities with Share Holding	12	367878.9
其他企业 Others	3	2247.9
港、澳、台商投资企业 Enterprises funded by Entepreneurs from HongKong, Macao & Taiwan	17	695260.7
与港澳台商合资经营企业 Joint Ventures with HongKong, Macao and Taiwan	4	10151.6
港澳台商独资企业 HongKong and Marcro, Taiwan Owned	13	685109.1
外商投资企业 Foreign-funded Enterprises	18	474867.5
中外合资经营企业 Sino-Foreign Cooperative Economic Units	4	37967.0
外资企业 Enterprises with Foreign Exclusive Investment	13	434118.6
其他外商投资企业 Other Foreign Funded Enterprises	1	2781.9

8 - 20 Continued 2

(10 000 yuan)

期末资产负债 Late Assets and Liabilities					
固定资产合计 Fixed Asset	累计折旧 Accumulated Depreciation	本年折旧 Depreciation of this year	资产总计 Total Assets	负债合计 Total Liabilities	所有者权益合计 Total Interests of Own
21591.4	9756.7	4159.1	344913.4	291685.7	53227.7
385.2	1878.4	174.6	7404.9	4900.9	2504.0
16402.9	6062.7	3491.9	299609.0	280071.7	19537.3
212.5	167.0	32.0	1170.0	1291.6	-121.6
3469.1	1127.0	395.0	7153.5	2492.5	4661.0
1121.7	521.6	65.6	29576.0	2929.0	26647.0
2626327.4	1199875.0	128100.2	14498179.2	10867596.5	3630582.7
9503.4	5409.4	452.0	68032.8	27420.8	40612.0
65198.0	36950.4	5706.9	102333.8	118017.9	-15684.1
1631.2	1465.9	126.6	7790.4	2483.2	5307.2
1046043.1	590902.1	61680.9	7636540.3	5641921.9	1994618.4
110540.8	29846.7	5299.9	853532.6	589366.6	264166.0
935502.3	561055.4	56381.0	6783007.7	5052555.3	1730452.4
1359119.5	490046.5	46025.5	3790125.0	2625079.9	1165045.1
143317.5	74187.3	13987.9	2889492.5	2451460.2	438032.3
2712.6	1210.3	233.2	8096.7	2873.0	5223.7
591.4	439.0	51.3	1336.6	343.2	993.4
121972.3	66089.4	11927.1	2453803.6	2100657.9	353145.7
18041.2	6448.6	1776.3	426255.6	347586.1	78669.5
1494.7	913.4	120.4	3864.4	1212.6	2651.8
44798.3	43707.0	4797.4	788629.1	614200.3	174428.8
2337.9	2414.4	284.6	15799.9	16087.5	-287.6
42460.4	41292.6	4512.8	772829.2	598112.8	174716.4
175869.6	145610.8	17439.5	824977.2	591322.0	233655.2
9966.5	5384.2	523.4	75082.4	32388.8	42693.6
160113.8	138266.0	16436.6	739742.1	547479.9	192262.2
5789.3	1960.6	479.5	10152.7	11453.3	-1300.6

8-20 续 表 3

单位:万元

指标名称 Index name	损益及分配 Increase, Decrease and Assgning 营业收入 Sales Revenue	主营业务收入 Main Sales Revenue
总 计 **Total**	**26097768.6**	**25685707.6**
其中:国有控股 State - owned and State Holding	7546821.3	7409281.2
1.按零售行业小类分 **According to the Classfication of Retail Industry**		
综合零售 Comprehensive	6438359.2	6144163.0
百货零售 Department Store	4042830.7	3775822.1
超级市场零售 Super Market	2262800.4	2236245.3
其他综合零售 Other Comprehensive	132728.1	132095.6
食品、饮料及烟草制品专门零售 Wholeasle Trade of Food、Beverage Tobacco and Articles for Family	926268.4	918555.4
粮油零售 Grain and Oil	83585.6	83585.6
糕点、面包零售 Cake and Bread	53065.3	53038.4
果品、蔬菜零售 Fruits and Vegetables	73094.3	73094.3
肉、禽、蛋、奶及水产品零售 Wholesale of Meat, Bird, Eggs, Milk and Aquatic products	145348.5	144875.2
营养和保健品零售 Wholesale of Health Care products	3544.5	3544.5
酒、饮料及茶叶零售 Wholesale of Alcohol, Drinks and Tea	97743.2	97052.9
烟草制品零售 Wholesale of Tobaccos	68128.6	62748.3
其他食品零售 The Other foods Wholesale	401758.4	400616.2
纺织、服装及日用品专门零售 Textile Garment and Daily necessities	811955.6	805697.1
纺织品及针织品零售 Textiles and Knitwear	16558.6	16558.6
服装零售 Clothing	442158.2	436482.0
鞋帽零售 Shoes and Hats	204850.9	204850.9
化妆品及卫生用品零售 Cosmetics and Hygiene	52425.5	51960.8
钟表、眼镜零售 Clocks, Watch and Glasses	37773.0	37688.8
箱、包零售 Luggage and Bags	2367.3	2367.3
厨房用具及日用杂品零售 Kitchen Utensils and Daily Sundries	12673.9	12673.9
其他日用品零售 Other Daily Necessities	43148.2	43114.8
文化、体育用品及器材专门零售 Gultural and Sports Goodls	250985.8	247988.1
文具用品零售 Stationery	16384.3	16384.3
体育用品及器材零售 Sports Goods	1833.7	1832.4
图书、报刊零售 Books and Newspapers	116870.7	114301.3

8－20 Continued 3

(10 000 yuan)

损益及分配 Increaes, Decrese and Assgning				
营业成本 Sales Cost	主营业务成本 Main Sales Cost	营业税金及附加 Business Taxes and Extras	主营业务税金及附加 Main Business Taxes and Extras	其他业务利润 Profits of Other Business
22798249.7	**22732208.0**	**104789.4**	**95383.5**	**306072.8**
6454116.7	6408889.3	32090.7	23217.8	87538.4
5085519.0	5074551.2	40819.8	32556.6	252304.9
3172850.0	3164921.1	25890.4	23493.2	239476.8
1801209.8	1798186.1	14155.4	8293.2	12249.8
111459.2	111444.0	774.0	770.2	578.3
721052.3	717449.5	4953.3	4951.5	6777.1
79505.8	79505.8	325.8	325.8	0.0
37008.1	37008.1	451.1	451.1	26.9
67893.0	67893.0	198.9	198.9	0.0
119345.7	119345.7	1150.4	1150.4	473.3
2836.8	2836.8	93.6	93.6	0.0
77969.4	77885.8	747.7	747.7	0.0
55823.7	52931.4	269.1	267.4	0.0
280669.8	280042.9	1716.7	1716.6	6276.9
608787.0	607589.8	6194.8	6193.0	2213.1
11438.5	11438.5	80.1	80.1	0.0
329115.4	327947.5	2038.0	2038.0	1380.6
150515.4	150515.4	1457.0	1457.0	0.0
41517.6	41488.3	231.1	231.1	435.4
29242.2	29242.2	208.7	208.7	261.0
1811.7	1811.7	0.2	0.2	0.0
11360.4	11360.4	46.0	44.2	39.2
33785.8	33785.8	2133.7	2133.7	96.9
207166.2	203903.5	1774.0	1661.5	2011.8
14852.2	14852.2	198.1	198.1	147.1
1490.5	1490.5	5.6	5.6	0.0
94090.1	93867.7	185.9	73.4	1681.6

8-20 续　　表 4

单位:万元

指标名称 Index name	损益及分配 Incxease, Decrease and Assgning	
	营业收入 Sales Revenue	主营业务收入 Main Sales Revenue
珠宝首饰零售 Bijouterie	84471.6	84044.6
工艺美术品及收藏品零售 Arts and rafts and Collectoons	11218.5	11218.5
乐器零售 Musical Instruments	8737.7	8737.7
照相器材零售 Photographic Equipment	1214.0	1214.0
其他文化用品零售 Other Cultural Activities	10255.3	10255.3
医药及医疗器材专门零售 Medicine and Medical Equipment	2373079.3	2361150.7
药品零售 Medicine	2240152.4	2228246.3
医疗用品及器材零售 Medical Supplies and Equipment	132926.9	132904.4
汽车、摩托车、燃料及零配件专门零售 Automobile Motorcycle, Fuel and Spare Parts	10863598.5	10806708.7
汽车零售 The Car	8744285.7	8721070.1
汽车零配件零售 Auto Parts	69857.0	69514.4
摩托车及零配件零售 Motocycle and Spare Parts	5258.6	5258.6
机动车燃料零售 Motor Fuel	2044197.2	2010865.6
家用电器及电子产品专门零售 Houshold Appliances	1449153.5	1436313.0
家用视听设备零售 Home Auto - visual and Electronic Products Equipment	8929.4	8286.0
日用家电设备零售 Household Appliances	1079110.5	1071323.6
计算机、软件及辅助设备零售 Computer, Software and Auxliary Equipment	247796.9	244556.5
通信设备零售 Communicaltion Equipment	72540.6	71370.8
其他电子产品零售 Other Electronic Products	40776.1	40776.1
五金、家具及室内装饰材料专门零售 Hardware, Furniture and Interior Decoration Materials	207719.0	206764.2
五金零售 Hardware	23093.6	22816.3
灯具零售 Lamps and Lanterns	1859.1	1859.1
家具零售 Furniture	130401.6	130064.3
涂料零售 Paint	2083.2	2083.2
卫生洁具零售 Sanitary ware	9369.3	9369.3
木质装饰材料零售 Wood Decoration	1115.3	1115.3
陶瓷、石材装饰材料零售 Ceramic and Stone	6145.5	6145.5
其他室内装饰材料零售 Other interior Decoration Materials	33651.4	33311.2

8－20 Continued 4

(10 000 yuan)

损益及分配 Increase, Decrease and Assgning				
营业成本 Sales Cost	主营业务成本 Main Sales Cost	营业税金及附加 Business Taxes and Extras	主营业务税金及附加 Main Business Taxes and Extras	其他业务利润 Profits of Other Business
68848.2	68480.3	1268.1	1268.1	183.0
10262.6	7590.2	83.7	83.7	0.0
7471.9	7471.9	14.3	14.3	0.1
1180.9	1180.9	1.2	1.2	0.0
8969.8	8969.8	17.1	17.1	0.0
2138232.5	2131638.4	10406.5	10405.7	9471.5
2047697.4	2041105.2	10051.3	10050.5	9448.0
90535.1	90533.2	355.2	355.2	23.5
10104958.5	10068092.2	31201.8	30254.8	19511.7
8151075.0	8145449.9	27666.6	27458.9	17604.8
65688.7	65543.1	130.8	44.1	0.0
5017.7	5017.7	10.5	10.5	0.0
1883177.1	1852079.5	3393.9	2741.3	1906.9
1244959.0	1241562.0	4541.2	4487.2	12031.7
7902.6	7433.2	24.8	19.1	0.0
913072.4	912214.5	3397.5	3397.5	10355.3
222788.6	220971.8	854.5	806.2	1624.1
63674.4	63421.5	170.2	170.2	56.4
37521.0	37521.0	94.2	94.2	-4.1
136146.0	136135.8	2380.0	2355.2	781.2
16221.1	16221.1	167.9	143.1	0.0
1730.1	1730.1	2.6	2.6	0.0
78591.8	78581.6	1786.0	1786.0	781.2
1588.8	1588.8	17.0	17.0	0.0
7862.5	7862.5	87.5	87.5	0.0
929.3	929.3	18.8	18.8	0.0
5836.1	5836.1	9.0	9.0	0.0
23386.3	23386.3	291.2	291.2	0.0

8－20 续　　表 5

单位:万元

指标名称 Index name	损益及分配 Increase, Decrease and Assgning 营业收入 Sales Revenue	主营业务收入 Main Sales Revenue
货摊、无店铺及其他零售业 Stalls, No－shop and Others	2776649.3	2758367.4
货摊纺织、服装及鞋零售 Textile, Clothing and Footwwear Stalls	11021.8	9961.1
互联网零售 Internet	2735330.1	2718108.9
邮购及电视、电话零售 Mail Order and TV, Telephone	5230.2	5230.2
生活用燃料零售 Domestic Fuel	9522.1	9522.1
其他未列明零售业 Other not Listed	15545.1	15545.1
2. 按登记注册类型分 **Grouped by Registration**		
内资企业 Domestic－funded Enterprises	23652389.7	23425414.0
国有企业 State－owned Units	137013.3	136281.9
集体企业 Collective－owned Units	95137.3	88004.2
股份合作企业 Share－holding Cooperative	35741.3	35741.3
有限责任公司 Companies of Limited Liabilities	13681249.6	13604397.2
国有独资公司 Companies with State－owned Exclusive Investment	1308197.0	1292147.9
其他有限责任公司 Other Compaines of Limited Liabilities	12373052.6	12312249.3
股份有限公司 Companies of Share－holding with Limited Liabilities	4948064.1	4840329.0
私营企业 Private－owned Units	4743677.8	4709154.1
私营独资企业 Private Exclusive Investment	67097.1	67088.3
私营合伙企业 Private Partnership	3587.1	3587.1
私营有限责任公司 Private Compaines of Limited Liabilities	4325235.5	4291658.2
私营股份有限公司 Private Companies of Limited Liabilities with Share Holding	347758.1	346820.5
其他企业 Others	11506.3	11506.3
港、澳、台商投资企业 Enterprises funded by Entepreneurs from HongKong, Macao & Taiwan	1524931.2	1376477.0
与港澳台商合资经营企业 Joint Ventures with HongKong, Macao and Taiwan	60820.7	59760.0
港澳台商独资企业 HongKong and Marcro, Taiwan Owned	1464110.5	1316717.0
外商投资企业 Foreign－funded Enterprises	920447.7	883816.6
中外合资经营企业 Sino－Foreign Cooperative Economic Units	97783.3	96952.1
外资企业 Enterprises with Foreign Exclusive Investment	798828.9	763294.7
其他外商投资企业 Other Foreign Funded Enterprises	23835.5	23569.8

8－20 Continued 5

(10 000 yuan)

损益及分配 Increase, Decrease and Assgning				
营业成本 Sales Cost	主营业务成本 Main Sales Cost	营业税金及附加 Business Taxes and Extras	主营业务税金及附加 Main Business Taxes and Extras	其他业务利润 Profits of Other Business
2551429.2	2551285.6	2518.0	2518.0	969.8
7073.1	6977.9	61.5	61.5	965.4
2518699.0	2518650.6	2344.8	2344.8	4.4
4833.1	4833.1	15.0	15.0	0.0
7414.6	7414.6	54.3	54.3	0.0
13409.4	13409.4	42.4	42.4	0.0
20862245.4	20799732.5	97115.5	87762.6	144068.6
125130.2	122435.7	403.1	403.1	912.9
79744.8	79464.7	596.6	595.4	0.0
31366.0	31366.0	472.7	472.2	0.0
12322481.4	12292876.4	31938.6	30958.6	49832.7
1245723.0	1233326.0	1931.1	1351.5	2663.9
11076758.4	11059550.4	30007.5	29607.1	47168.8
4031522.0	4005841.4	27071.6	18924.5	81458.4
4262801.4	4258548.7	36486.2	36262.1	11758.1
60610.0	60610.0	299.8	142.9	0.0
3154.5	3154.5	15.3	15.3	0.0
3875715.4	3871781.0	35516.9	35449.7	11148.7
323321.5	323003.2	654.2	654.2	609.4
9199.6	9199.6	146.7	146.7	106.5
1245296.8	1244834.7	3040.6	2997.3	148910.8
52841.1	52745.9	163.3	122.6	2092.5
1192455.7	1192088.8	2877.3	2874.7	146818.3
690707.5	687640.8	4633.3	4623.6	13093.4
58488.4	58486.5	208.1	208.1	20.5
610195.1	607139.7	4388.4	4378.7	12816.6
22024.0	22014.6	36.8	36.8	256.3

8-20 续表 6

单位:万元

指标名称 Index name	损益及分配 Increase, Decxease and Assgning		
	销售费用 Expenses for Sales	管理费用 Expenses for Management	税金 Taxes
总计 Total	**1791686.5**	**830653.4**	**39446.9**
其中:国有控股 State - owned and State Holding	645248.8	221105.3	15259.2
1.按零售行业小类分 According to the Classfication of Retail Industry			
综合零售 Comprehensive	760758.9	282875.6	17319.5
百货零售 Department Store	360086.0	196717.6	12588.2
超级市场零售 Super Market	386029.2	78982.4	4439.5
其他综合零售 Other Comprehensive	14643.7	7175.6	291.8
食品、饮料及烟草制品专门零售 Wholeasle Trade of Food、Beverage Tobacco and Artivles for Family	110574.1	36520.3	2114.9
粮油零售 Grain and Oil	65.2	82.6	23.4
糕点、面包零售 Cake and Bread	11855.2	3305.1	41.9
果品、蔬菜零售 Fruits and Vegetables	1121.0	1153.6	61.4
肉、禽、蛋、奶及水产品零售 Wholesale of Meat, Bird, Eggs, Milk and Aquatic products	11329.8	5310.8	874.0
营养和保健品零售 Wholesale of Health Care products	234.0	396.8	6.9
酒、饮料及茶叶零售 Wholesale of Alcohol, Drinks and Tea	7509.6	5340.5	790.5
烟草制品零售 Wholesale of Tobaccos	6148.7	5357.6	112.6
其他食品零售 The Other foods Wholesale	72310.6	15573.3	204.2
纺织、服装及日用品专门零售 Textile Garment and Daily necessities	113666.0	111167.2	1802.5
纺织品及针织品零售 Textiles and Knitwear	3714.0	1170.4	132.6
服装零售 Clothing	74398.6	18494.6	998.2
鞋帽零售 Shoes and Hats	22040.4	84767.9	448.7
化妆品及卫生用品零售 Cosmetics and Hygiene	3694.4	69.6	1.6
钟表、眼镜零售 Clocks, Watch and Glasses	5307.8	2232.6	78.3
箱、包零售 Luggage and Bags	547.8	1.0	0.2
厨房用具及日用杂品零售 Kitchen Utensils and Daily Sundries	519.4	686.5	21.7
其他日用品零售 Other Daily Necessities	3443.6	3744.6	121.2
文化、体育用品及器材专门零售 Gultural and Sports Goodls	25101.6	16684.3	442.4
文具用品零售 Stationery	619.3	295.7	99.1
体育用品及器材零售 Sports Goods	196.2	9.0	3.7
图书、报刊零售 Books and Newspapers	12832.2	10994.6	236.4

8-20 Continued 6

(10 000 yuan)

损益及分配 Inctease, Decrease and Assgning				人工成本及增值税 Labor Cost and Value Added Tax	
财务费用 Financial Expenditures	营业利润 Operating Profit	利润总额 Total Profits	应交所得税 Income Tax Payble	应付职工薪酬（本年贷方累计发生额） Employee Compensation	应交增值税 Value added Tax Payable
162939.7	**434288.2**	**508866.1**	**162984.6**	**970648.6**	**412134.7**
37169.9	167645.2	199661.3	50855.3	369081.6	131337.2
27391.7	247023.4	285172.3	81800.4	403192.6	139265.7
16088.4	274769.7	284159.0	73274.3	181803.8	88093.3
10810.8	-25917.6	2762.9	8285.6	211575.3	49911.9
492.5	-1828.7	-1749.6	240.5	9813.5	1260.5
3603.9	49528.6	54669.0	12740.8	44123.9	18781.5
40.7	3549.0	3549.0	124.4	270.1	466.5
55.7	390.1	-368.6	24.5	5572.8	741.7
259.0	2468.8	2531.5	141.0	632.0	799.2
2390.6	5849.6	7923.4	2225.7	3236.6	2991.6
3.0	-19.7	-26.7	21.7	640.1	281.8
1380.2	4798.3	5301.3	993.4	7695.4	4992.9
107.7	432.2	657.5	316.3	4958.6	1159.5
-633.0	32060.3	35101.6	8893.8	21118.3	7348.3
6087.8	-46910.0	-46870.2	5439.7	58546.1	24361.0
58.7	681.9	537.7	39.4	1738.8	945.2
5643.5	-1366.5	-1488.7	2198.1	33960.0	12985.0
286.3	-54216.1	-54217.4	2161.9	14525.2	6893.9
216.2	6696.6	6700.4	370.8	752.2	1856.0
-144.9	1149.9	1486.1	606.5	4574.3	1381.6
5.6	1.0	1.0	0.1	192.0	4.3
0.9	60.7	121.5	33.6	300.6	126.7
21.5	82.5	-10.8	29.3	2503.0	168.3
1197.9	-591.5	2706.0	1452.8	18672.3	2373.0
57.5	361.5	361.0	96.3	496.4	143.6
226.3	-93.9	-59.5	0.0	37.3	47.6
134.0	-1193.9	1787.3	901.4	10836.3	360.9

8-20 续 表 7

单位:万元

指标名称 Index name	损益及分配 Increase, Decrease and Assgning		
	销售费用 Expenses for Sales	管理费用 Expenses for Management	税金 Taxes
珠宝首饰零售 Bijouterie	9645.6	3547.6	69.6
工艺美术品及收藏品零售 Arts and rafts and Collections	77.3	1246.8	14.6
乐器零售 Musical Instruments	921.2	197.8	10.0
照相器材零售 Photographic Equipment	0.0	28.7	0.1
其他文化用品零售 Other Cultural Activities	809.8	364.1	8.9
医药及医疗器材专门零售 Medicine and Medical Equipment	105735.3	51834.8	2403.4
药品零售 Medicine	85217.7	44369.7	1944.5
医疗用品及器材零售 Medical Supplies and Equipment	20517.6	7465.1	458.9
汽车、摩托车、燃料及零配件专门零售 Automobile Motorcycle, Fuel and Spare Parts	336885.8	224223.0	11956.2
汽车零售 The Car	244287.6	202229.1	10625.9
汽车零配件零售 Auto Parts	1971.2	858.4	54.5
摩托车及零配件零售 Motocycle and Spare Parts	32.3	83.8	1.6
机动车燃料零售 Motor Fuel	90594.7	21051.7	1274.2
家用电器及电子产品专门零售 Houshold Appliances	89355.3	65002.7	1863.5
家用视听设备零售 Home Auto - visual and Electronic Products Equipment	214.4	394.9	11.3
日用家电设备零售 Household Appliances	76316.7	54076.5	1554.0
计算机、软件及辅助设备零售 Computer, Software and Auxliary Equipment	6739.8	7388.7	167.9
通信设备零售 Communicaltion Equipment	5793.2	2315.9	104.5
其他电子产品零售 Other Electronic Products	291.2	826.7	25.8
五金、家具及室内装饰材料专门零售 Hardware, Furniture and Interior Decoration Materials	31395.2	22232.2	1175.5
五金零售 Hardware	1391.0	1848.5	56.5
灯具零售 Lamps and Lanterns	53.7	64.4	1.7
家具零售 Furniture	23785.5	17262.6	1095.5
涂料零售 Paint	38.1	187.6	0.4
卫生洁具零售 Sanitary ware	458.9	94.1	9.8
木质装饰材料零售 Wood Decoration	26.7	28.3	1.2
陶瓷、石材装饰材料零售 Ceramic and Stone	386.0	202.4	2.6
其他室内装饰材料零售 Other interior Decoration Materials	5255.3	2544.3	7.8

8-20 Continued 7

(10 000 yuan)

损益及分配 Inctease, Decrease and Assgning				人工成本及增值税 Labor Cost and Value Added Tax	
财务费用 Financial Expenditures	营业利润 Operating Profit	利润总额 Total Profits	应交所得税 Income Tax Payble	应付职工薪酬（本年贷方累计发生额）Employee Compensation	应交增值税 Value added Tax Payable
687.2	649.5	929.9	390.5	6055.8	1531.6
4.7	-456.6	-456.6	0.7	350.3	15.6
56.2	76.2	76.5	19.3	398.7	130.4
0.3	2.9	3.7	0.7	14.4	2.3
31.7	62.8	63.7	43.9	483.1	141.0
23583.9	47991.9	52680.3	13005.7	59845.5	36667.1
22885.9	34971.5	39761.4	10104.0	53408.2	33729.8
698.0	13020.4	12918.9	2901.7	6437.3	2937.3
81322.1	106618.4	115503.3	33345.8	293473.4	133589.6
78507.1	62296.9	73190.1	25290.9	252391.0	111988.2
238.3	969.5	1084.8	299.7	1566.8	222.5
1.5	112.8	112.8	28.2	38.6	61.7
2575.2	43239.2	41115.6	7727.0	39477.0	21317.2
7790.8	38893.5	53987.2	13890.7	48215.7	21289.4
127.0	265.7	262.9	44.8	228.0	99.9
3591.0	30019.6	44403.8	10986.9	33110.3	15556.2
3794.8	6261.2	6813.7	2241.3	10923.3	3640.1
193.9	378.3	534.5	67.9	3297.9	667.8
84.1	1968.7	1972.3	549.8	656.2	1325.4
11500.7	5941.5	3269.1	1017.5	11153.7	7229.3
281.5	-622.9	-551.4	65.1	1038.0	416.4
0.0	8.3	9.6	1.2	105.3	20.8
9750.1	4925.4	2352.0	382.7	7410.7	5359.5
0.7	251.0	251.0	59.6	112.1	157.2
78.0	788.3	809.6	151.1	473.0	570.8
24.1	88.1	88.1	6.1	71.2	31.2
2.8	-291.0	-291.1	39.4	250.8	62.1
1363.5	794.3	601.3	312.3	1692.6	611.3

8－20 续 表 8

单位：万元

指标名称 Index name	损益及分配 Increase, Decrease and Assgning		
	销售费用 Expenses for Sales	管理费用 Expenses for Management	税金 Taxes
货摊、无店铺及其他零售业 Stalls, No－shop and Others	218214.3	20113.3	369.0
货摊纺织、服装及鞋零售 Textile, Clothing and Footwwear Stalls	1938.5	1828.1	0.0
互联网零售 Internet	214163.4	16823.1	289.8
邮购及电视、电话零售 Mail Order and TV, Telephone	480.3	561.5	0.3
生活用燃料零售 Domestic Fuel	544.0	276.1	52.7
其他未列明零售业 Other not Listed	1088.1	624.5	26.2
2. 按登记注册类型分 Grouped by Registration			
内资企业 Domestic－funded Enterprises	1541911.2	733262.0	35443.2
国有企业 State－owned Units	4129.8	4241.2	146.7
集体企业 Collective－owned Units	2094.5	13244.7	968.2
股份合作企业 Share－holding Cooperative	738.9	808.4	165.0
有限责任公司 Companies of Limited Liabilities	747714.3	354407.9	16944.8
国有独资公司 Companies with State－owned Exclusive Investment	35430.8	8788.4	901.0
其他有限责任公司 Other Compaines of Limited Liabilities	712283.5	345619.5	16043.8
股份有限公司 Companies of Share－holding with Limited Liabilities	558908.4	183769.1	11729.7
私营企业 Private－owned Units	227970.1	176028.5	5272.8
私营独资企业 Private Exclusive Investment	758.1	736.8	81.6
私营合伙企业 Private Partnership	85.8	150.5	7.9
私营有限责任公司 Private Compaines of Limited Liabilities	218032.6	171115.9	4903.9
私营股份有限公司 Private Companies of Limited Liabilities with Share Holding	9093.6	4025.3	279.4
其他企业 Others	355.2	762.2	216.0
港、澳、台商投资企业 Enterprises funded by Entepreneurs from HongKong, Macao & Taiwan	116212.2	56193.4	2820.3
与港澳台商合资经营企业 Joint Ventures with HongKong, Macao and Taiwan	3993.8	3642.1	5.2
港澳台商独资企业 HongKong and Marcro, Taiwan Owned	112218.4	52551.3	2815.1
外商投资企业 Foreign－funded Enterprises	133563.1	41198.0	1183.4
中外合资经营企业 Sino－Foreign Cooperative Economic Units	22583.4	2857.1	130.5
外资企业 Enterprises with Foreign Exclusive Investment	110484.7	37509.5	940.9
其他外商投资企业 Other Foreign Funded Enterprises	495.0	831.4	112.0

8－20 Continued 8

(10 000 yuan)

损益及分配 Inctease, Decrease and Assgning				人工成本及增值税 Labor Cost and Value Added Tax	
财务费用 Financial Expenditures	营业利润 Operating Profit	利润总额 Total Profits	应交所得税 Income Tax Payble	应付职工薪酬（本年贷方累计发生额） Employee Compensation	应交增值税 Value added Tax Payable
460.9	－14207.6	－12250.9	291.2	33425.4	28578.1
33.9	86.7	95.3	0.0	1170.1	407.9
237.2	－15058.6	－13162.5	147.0	30844.7	27535.1
－19.2	－640.5	－639.3	0.0	212.0	13.0
8.0	1225.1	1225.1	25.0	485.0	303.3
201.0	179.7	230.5	119.2	713.6	318.8
155874.7	287153.7	354631.3	118874.0	863110.2	364813.3
－117.0	3482.0	3668.9	359.9	3837.4	440.2
4174.4	－4638.8	－4587.5	40.0	4314.9	1744.9
403.8	1951.5	1951.5	421.5	776.0	281.0
89992.4	150128.6	183009.7	58511.7	422345.5	192833.9
7610.7	11551.8	12306.0	3136.3	17707.4	12795.5
82381.7	138576.8	170703.7	55375.4	404638.1	180038.4
23249.0	129802.8	161899.9	41020.7	317271.0	107780.2
38024.2	5425.2	7701.2	18473.8	114213.4	61251.5
166.9	4526.7	4036.2	860.2	831.0	608.9
51.6	129.4	129.4	33.3	100.2	85.4
32943.9	－5112.5	－3068.6	16441.7	106570.5	58319.1
4861.8	5881.6	6604.2	1138.6	6711.7	2238.1
147.9	1002.4	987.6	46.4	352.0	481.6
－1836.2	107191.9	113770.7	30237.6	48973.9	24705.2
243.6	1063.9	935.7	58.1	2605.6	621.3
－2079.8	106128.0	112835.0	30179.5	46368.3	24083.9
8901.2	39942.6	40464.1	13873.0	58564.5	22616.2
853.5	12466.6	12458.0	1969.9	5807.5	1571.7
7556.6	27516.1	28035.4	11903.1	52235.5	20730.5
491.1	－40.1	－29.3	0.0	521.5	314.0

8－21 限额以上住宿业法人财务指标(2016 年)

单位:万元

指标名称 Index name	法人企业数(个) Number of Enterprises(unit)	期末资产负债 Late Assets and Liabilities 流动资产合计 Total Liquid Assets
总　计 Total	**200**	**292941.5**
其中:国有控股 State Holding	31	53718.5
1.按住宿业行业小类分 Grouped by Small Class		
旅游饭店 Traveling Hotel	115	243573.4
一般旅馆 Generel Hotel	83	43244.5
其他住宿业 Other Accomodation Service	2	6123.6
2.按登记注册类型分 Grouped by Registration		
内资企业 Domestic－funded Enterprises	185	255548.6
国有企业 State－owned Units	15	16912.4
集体企业 Collective－owned Units	2	12007.5
有限责任公司 Companies of Limited Liabilities	105	174836.1
国有独资公司 Companies with State－owned Exclusive Investment	3	14590.7
其他有限责任公司 Other Companies of Limited Liabilities	102	160245.4
股份有限公司 Companies of Share－holding with Limited Liabilities	6	7088.7
私营企业 Private－owned Units	56	44570.5
私营独资企业 Proprietorship	1	26.3
私营合伙企业 Private Partnership	1	23.0
私营有限责任公司 Private Companies of Limited Liabilities	51	44135.2
私营股份有限公司 Private Companies of Limited Liabilities with Share Holding	3	386.0
其他企业 Others	1	133.4
港、澳、台商投资企业 Enterprises funded by Entepreneurs from HongKong, Macao & Taiwan	14	37374.0
与港澳台商合资经营企业 Joint Ventures with HongKong, Macao and Taiwan	3	10936.2
与港澳台商合作经营企业 Co－operation Companies	1	4539.3
港澳台商独资企业 Exclusive investment of HongKong, Macao, and Taiwan	8	17301.5
港澳台商投资股份有限公司 Manage with HongKong, Macao and Taiwan jointly	2	4597.0
外商投资企业 Foreign－funded Enterprises	1	18.9
外资企业 Enterprises with Sole Foreign Investment	1	18.9

FINANCIAL INDICATORS OF ENTERPRISES ABOVE DESIGNATED SIZE IN ACCOMMODATION (2016)

(10 000 yuan)

期末资产负债 Late Assets and Liabilities					
固定资产合计 Fixed Asset	累计折旧 Accumulated Depreciation	本年折旧 Depreciation of this year	资产总计 Total Assets	负债合计 Total Liabilities	所有者权益合计 Total Interests of Own
500919.8	**392095.5**	**37022.3**	**1145150.8**	**774045.5**	**371105.3**
146762.8	81694.8	10142.9	338911.8	170911.2	168000.6
413864.5	352249.7	28517.0	959873.7	645741.2	314132.5
82130.0	37890.0	8286.5	173982.8	119211.7	54771.1
4925.3	1955.8	218.8	11294.3	9092.6	2201.7
410042.1	313249.9	32936.4	993855.9	657881.7	335974.2
37354.8	24175.3	4403.7	59711.3	32826.9	26884.4
10880.5	30390.6	1292.6	23643.4	4996.2	18647.2
259882.0	212474.0	19756.2	687036.2	421496.3	265539.9
41644.5	13777.9	1704.5	166843.6	87398.7	79444.9
218237.5	198696.1	18051.7	520192.6	334097.6	186095.0
25665.1	10247.2	1831.5	67078.5	53320.4	13758.1
76236.2	35937.1	5651.4	156229.6	145208.4	11021.2
20.2	7.9	1.3	46.5	0.0	46.5
100.0	26.0	24.0	123.0	23.0	100.0
75955.0	35524.7	5542.9	155434.9	144664.3	10770.6
161.0	378.5	83.2	625.2	521.1	104.1
23.5	25.7	1.0	156.9	33.5	123.4
90864.2	78826.7	4079.7	151246.6	116350.0	34896.6
52852.4	60192.1	2540.9	73317.2	45472.5	27844.7
1550.5	1819.2	325.4	6089.8	2259.0	3830.8
35573.9	15562.1	934.3	66140.1	60936.6	5203.5
887.4	1253.3	279.1	5699.5	7681.9	-1982.4
13.5	18.9	6.2	48.3	-186.2	234.5
13.5	18.9	6.2	48.3	-186.2	234.5

8-21 续 表 1

单位:万元

指标名称 Index name	损益及分配 Increase, Decrease and Assgning 营业收入 Sales Revenue	主营业务收入 Main Sales Revenue
总 计 Total	**376966.2**	**372810.5**
其中:国有控股 State Holding	64818.7	64527.9
1.按住宿业行业小类分 Grouped by Small Class		
旅游饭店 Traveling Hotel	298029.6	294967.5
一般旅馆 Generel Hotel	77259.1	76165.5
其他住宿业 Other Accomodation Service	1677.5	1677.5
2.按登记注册类型分 Grouped by Registration		
内资企业 Domestic - funded Enterprises	308701.3	305224.3
国有企业 State - owned Units	24168.6	23938.1
集体企业 Collective - owned Units	9115.1	9115.1
有限责任公司 Companies of Limited Liabilities	213627.9	211194.7
国有独资公司 Companies with State - owned Excluasive Investment	12769.6	12769.6
其他有限责任公司 Other Companies of Limited Liabilities	200858.3	198425.1
股份有限公司 Companies of Share - holding with Limited Liabilities	12225.0	12225.0
私营企业 Private - owned Units	49449.1	48635.8
私营独资企业 Proprietorship	203.1	203.1
私营合伙企业 Private Partnership	164.5	164.5
私营有限责任公司 Private Companies of Limited Liabilities	46902.4	46089.1
私营股份有限公司 Private Companies of Limited Liabilities with Share Holding	2179.1	2179.1
其他企业 Others	115.6	115.6
港、澳、台商投资企业 Enterprises funded by Entepreneurs from HongKong, Macao & Taiwan	67912.4	67233.7
与港澳台商合资经营企业 Joint Ventures with HongKong, Macao and Taiwan	19337.4	18658.7
与港澳台商合作经营企业 Co - operation Companies	7527.5	7527.5
港澳台商独资企业 Exclusive investment of HongKong, Macao, and Taiwan	32713.3	32713.3
港澳台商投资股份有限公司 Manage with HongKong, Macao and Taiwan jointly	8334.2	8334.2
外商投资企业 Foreign - funded Enterprises	352.5	352.5
外资企业 Enterprises with Sole Foreign Investment	352.5	352.5

8－21 Continued 1

(10 000 yuan)

损益及分配 Increaes, Decrese and Assgning				
营业成本 Sales Cost	主营业务成本 Main Sales Cost	营业税金及附加 Business Taxes and Extras	主营业务税金及附加 Main Business Taxes and Extras	其他业务利润 Profits of Other Business
121048.6	**120310.6**	**9809.5**	**9686.7**	**4930.3**
24094.6	24038.1	1672.5	1650.7	274.8
96172.7	95611.7	7981.6	7894.0	4902.0
24522.7	24345.7	1774.7	1739.5	28.3
353.2	353.2	53.2	53.2	0.0
102118.5	101380.5	7705.7	7582.9	4248.5
8940.8	8898.7	542.8	521.0	230.5
1470.1	1470.1	191.7	191.7	686.5
72072.0	71420.5	5371.0	5278.4	2956.6
4854.5	4854.5	392.9	392.9	0.0
67217.5	66566.0	4978.1	4885.5	2956.6
3103.0	3103.0	269.5	269.5	0.5
16448.6	16404.2	1319.8	1311.4	374.4
175.4	175.4	0.7	0.7	0.0
100.0	100.0	9.0	9.0	0.0
15880.0	15835.6	1264.8	1256.4	374.4
293.2	293.2	45.3	45.3	0.0
84.0	84.0	10.9	10.9	0.0
18567.1	18567.1	2095.6	2095.6	681.8
2338.0	2338.0	782.2	782.2	678.7
3401.0	3401.0	153.2	153.2	0.0
8039.2	8039.2	981.8	981.8	3.1
4788.9	4788.9	178.4	178.4	0.0
363.0	363.0	8.2	8.2	0.0
363	363	8.2	8.2	0

8-21 续 表 2

单位：万元

指标名称 Index name	损益及分配 Increase, Decxease and Assgning 销售费用 Expenses for Sales	管理费用 Expenses for Management	税金 Taxes
总计 Total	**122353.2**	**122533.2**	**5227.8**
其中：国有控股 State Holding	18572.1	23188.8	1197.7
1. 按住宿业行业小类分 Grouped by Small Class			
旅游饭店 Traveling Hotel	92573.6	100519.7	3891.9
一般旅馆 Generel Hotel	29145.4	21310.4	1282.4
其他住宿业 Other Accomodation Service	634.2	703.1	53.5
2. 按登记注册类型分 Grouped by Registration			
内资企业 Domestic - funded Enterprises	99841.3	98943.3	4542.9
国有企业 State - owned Units	7275.5	7482.4	287.5
集体企业 Collective - owned Units	2529.4	4721.4	318.5
有限责任公司 Companies of Limited Liabilities	68285.9	65755.9	3144.0
国有独资公司 Companies with State - owned Excluasive Investment	911.1	5811.2	568.7
其他有限责任公司 Other Companies of Limited Liabilities	67374.8	59944.7	2575.3
股份有限公司 Companies of Share - holding with Limited Liabilities	1992.3	3383.0	304.2
私营企业 Private - owned Units	19758.2	17583.6	488.7
私营独资企业 Proprietorship	0.0	15.6	0.2
私营合伙企业 Private Partnership	10.0	20.0	6.0
私营有限责任公司 Private Companies of Limited Liabilities	18723.8	16609.9	432.3
私营股份有限公司 Private Companies of Limited Liabilities with Share Holding	1024.4	938.1	50.2
其他企业 Others	0.0	17.0	0.0
港、澳、台商投资企业 Enterprises funded by Entepreneurs from HongKong, Macao & Taiwan	22498.9	23589.9	684.9
与港澳台商合资经营企业 Joint Ventures with HongKong, Macao and Taiwan	7826.8	7900.2	215.4
与港澳台商合作经营企业 Co - operation Companies	1589.7	3378.8	173.3
港澳台商独资企业 Exclusive investment of HongKong, Macao, and Taiwan	12237.9	10293.2	296.2
港澳台商投资股份有限公司 Manage with HongKong, Macao and Taiwan jointly	844.5	2017.7	0.0
外商投资企业 Foreign - funded Enterprises	13.0	0.0	0.0
外资企业 Enterprises with Sole Foreign Investment	13.0	0.0	0.0

8－21 Continued 2

(10 000 yuan)

损益及分配 Inctease, Decrease and Assgning				人工成本及增值税 Labor Cost and Value Added Tax	
财务费用 Financial Expenditures	营业利润 Operating Profit	利润总额 Total Profits	应交所得税 Income Tax Payble	应付职工薪酬（本年贷方累计发生额）Employee Compensation	应交增值税 Value added Tax Payable
17588.7	**－14867.5**	**－12593.3**	**3807.7**	**94025.6**	**8976.8**
3876.5	－6201.3	－6523.0	635.3	19081.1	1373.6
15389.7	－12922.2	－11481.1	3168.8	78033.6	6929.5
2011.6	－1691.7	－859.0	638.2	15467.1	2007.6
187.4	－253.6	－253.2	0.7	524.9	39.7
14067.1	－12457.4	－10802.8	3609.9	74847.8	7310.9
127.7	－198.2	－7.7	136.1	7942.7	330.6
101.9	100.6	130.9	0.0	2812.5	220.7
10002.0	－6122.9	－6082.9	3021.9	50324.6	5765.1
2650.5	－1476.4	－1440.6	0.2	3595.6	328.4
7351.5	－4646.5	－4642.3	3021.7	46729.0	5436.7
1712.2	1765.0	2258.1	257.4	2270.7	149.0
2123.3	－8005.6	－7104.9	193.7	11480.5	845.5
0.1	11.3	11.3	4.1	15.1	6.1
1.0	24.5	－2.5	2.5	39.8	1.0
2116.8	－7914.1	－6993.8	184.3	10935.5	779.1
5.4	－127.3	－119.9	2.8	490.1	59.3
0.0	3.7	3.7	0.8	16.8	0.0
3519.1	－2375.9	－1750.1	197.8	19111.8	1652.3
1769.8	－1279.6	－1284.3	－38.9	4836.1	383.9
49.8	－1045.0	－1069.1	0.0	3006.2	326.5
1658.5	－515.0	126.3	236.7	8913.4	1031.4
41.0	463.7	477.0	0.0	2356.1	－89.5
2.5	－34.2	－40.4	0.0	66.0	13.6
2.5	－34.2	－40.4	0	66	13.6

8－22　限额以上餐饮业法人财务指标(2016年)

单位:万元

指标名称 Index name	法人企业数(个) Number of Enterprises(unit)	期末资产负债 Late Assets and Liabilities 流动资产合计 Total Liquid Assets
总　计 Total	**412**	**372327.7**
其中:国有控股 State Holding	6	21015.6
1.按餐饮业行业小类分 Gropued by Small Class		
正餐服务 Dinner Service	398	337400.3
快餐服务 Fast Food Service	10	15121.3
饮料及冷饮服务 Beverage and Related Services	2	16903.7
咖啡馆服务 Cafe Service	2	16903.7
其他餐饮业 Other Catering Trade	2	2902.4
小吃服务 Snack Service	1	21.4
餐饮配送服务 Food Distribution Service	1	2881
2.按登记注册类型分 Grouped by registration		
内资企业 Domestic－funded Enterprises	395	316077.3
国有企业 State－owned Units	2	631.2
有限责任公司 Companies of Limited Liabilities	200	227945.3
国有独资公司 Companies with State－owned Excluasive Investment	3	17338.8
其他有限责任公司 Other Companies of Limited Liabilities	197	210606.5
股份有限公司 Companies of Share－holding with Limited Liabilities	3	2300.1
私营企业 Private－owned Units	190	85200.7
私营独资企业 Privately Owned	11	1163.1
私营合伙企业 Private Partnership	2	204.1
私营有限责任公司 Private Companies of Limited Liabilities	175	78873.7
私营股份有限公司 Private Companies of Limited Liabilities with Share Holding	2	4959.8
港、澳、台商投资企业 Enterprises funded by Entepreneurs from HongKong, Macao & Taiwan	12	36351.7
与港澳台商合资经营企业 Joint Ventures with HongKong, Macao and Taiwan	4	9801.1
港澳台商独资企业 Exclusive investment of HongKong. Macao and Taiwan	8	26550.6
外商投资企业 Foreign－funded Enterprises	5	19898.7
中外合资经营企业 sino－Foreign Cooperative Economic Units	1	1862.2
外资企业 Enterprises with Sole Foreign Investment	4	18036.5

FINANCIAL INDICATORS OF ENTERPRISES ABOVE DESIGNATED SIZE IN CATERING TRADE(2016)

(10 000 yuan)

期末资产负债 Late Assets and Liabilities					
固定资产合计 Fixed Asset	累计折旧 Accumulated Depreciation	本年折旧 Depreciation of this year	资产总计 Total Assets	负债合计 Total Liabilities	所有者权益合计 Total Interests of Own
289853.3	**194874.1**	**27268.6**	**983842.8**	**871936.6**	**111906.2**
5844.0	4545.1	372.8	28284.4	15973.0	12311.4
238507.7	152218.2	21097.6	819336.3	762349.0	56987.3
44038.2	37040.5	4572.0	116638.0	88232.4	28405.6
6974.1	5289.4	1562.8	43262.0	17908.0	25354.0
6974.1	5289.4	1562.8	43262.0	17908.0	25354.0
333.3	326.0	36.2	4606.5	3447.2	1159.3
181.3	139.6	0.0	629.9	1076.5	-446.6
152.0	186.4	36.2	3976.6	2370.7	1605.9
202608.7	136987.3	18826.9	747533.1	680395.6	67137.5
1392.1	844.9	46.2	2719.2	2131.1	588.1
167921.0	93194.8	12758.5	571293.1	545730.0	25563.1
4337.0	3442.7	291.2	22346.8	11494.7	10852.1
163584.0	89752.1	12467.3	548946.3	534235.3	14711.0
624.3	980.4	90.0	3712.6	4519.7	-807.1
32671.3	41967.2	5932.2	169808.2	128014.8	41793.4
2074.8	490.3	94.6	3505.2	1231.3	2273.9
777.1	116.0	26.5	999.5	118.7	880.8
29702.1	40604.9	5796.3	154799.8	117721.9	37077.9
117.3	756.0	14.8	10503.7	8942.9	1560.8
54209.8	38560.2	5541.7	154369.2	115549.7	38819.5
13185.3	6626.9	653.8	27150.4	34906.3	-7755.9
41024.5	31933.3	4887.9	127218.8	80643.4	46575.4
33034.8	19326.6	2900.0	81940.5	75991.3	5949.2
18.5	34.0	12.0	1886.4	1904.6	-18.2
33016.3	19292.6	2888.0	80054.1	74086.7	5967.4

8-22 续 表 1

单位:万元

指标名称 Index name	损益及分配 Increase, Decrease and Assgning 营业收入 Sales Revenue	主营业务收入 Main Sales Revenue
总 计 Total	**1104592.5**	**1101529.6**
其中:国有控股 State Holding	22303.9	22289.1
1.按餐饮业行业小类分 Gropued by Small Class		
正餐服务 Dinner Service	652070.7	649017.8
快餐服务 Fast Food Service	367302.0	367292.0
饮料及冷饮服务 Beverage and Related Services	67842.2	67842.2
咖啡馆服务 Cafe Service	67842.2	67842.2
其他餐饮业 Other Catering Trade	17377.6	17377.6
小吃服务 Snack Service	625.6	625.6
餐饮配送服务 Food Distribution Service	16752.0	16752.0
2.按登记注册类型分 Grouped by registration		
内资企业 Domestic - funded Enterprises	636620.1	633709.1
国有企业 State - owned Units	1656.8	1656.8
有限责任公司 Companies of Limited Liabilities	399952.4	397580.8
国有独资公司 Companies with State - owned Excluasive Investment	18995.8	18981.0
其他有限责任公司 Other Companies of Limited Liabilities	380956.6	378599.8
股份有限公司 Companies of Share - holding with Limited Liabilities	4935.9	4935.9
私营企业 Private - owned Units	230075.0	229535.6
私营独资企业 Privately Owned	13331.3	13331.3
私营合伙企业 Private Partnership	797.6	797.6
私营有限责任公司 Private Companies of Limited Liabilities	210929.8	210390.4
私营股份有限公司 Private Companies of Limited Liabilities with Share Holding	5016.3	5016.3
港、澳、台商投资企业 Enterprises funded by Entepreneurs from HongKong, Macao & Taiwan	375203.7	375061.8
与港澳台商合资经营企业 Joint Ventures with HongKong, Macao and Taiwan	4728.2	4728.2
港澳台商独资企业 Exclusive investment of HongKong. Macao and Taiwan	370475.5	370333.6
外商投资企业 Foreign - funded Enterprises	92768.7	92758.7
中外合资经营企业 Sino - Foreign Cooperative Economic Units	6364.6	6364.6
外资企业 Enterprises with Sole Foreign Investment	86404.1	86394.1

8－22 Continued 1

(10 000 yuan)

损益及分配 Increaes, Decrese and Assgning				
营业成本 Sales Cost	主营业务成本 Main Sales Cost	营业税金及附加 Business Taxes and Extras	主营业务税金及附加 Main Business Taxes and Extras	其他业务利润 Profits of Other Business
532003.5	**530920.5**	**26667.2**	**26450.4**	**4472.9**
12570.9	12568.2	285.4	285.4	12.1
341927.9	340844.9	18046.6	17829.9	4544.1
167416.5	167416.5	7030.9	7030.9	-71.2
16233.4	16233.4	1269.2	1269.1	0.0
16233.4	16233.4	1269.2	1269.1	0.0
6425.7	6425.7	320.5	320.5	0.0
24.2	24.2	13.5	13.5	0.0
6401.5	6401.5	307.0	307.0	0.0
331072.3	330110.2	17412.3	17195.6	4523.1
591.9	591.9	52.7	52.7	0.0
207097.8	206735.7	11506.1	11395.2	2235.0
11700.7	11698.0	201.3	201.3	12.1
195397.1	195037.7	11304.8	11193.9	2222.9
1755.6	1755.6	115.4	115.4	180.8
121627.0	121027.0	5738.1	5632.3	2107.3
9966.4	9966.4	410.5	410.4	0.0
449.9	449.9	29.4	29.4	0.0
108812.6	108212.6	5017.7	4912.0	2054.7
2398.1	2398.1	280.5	280.5	52.6
164926.6	164805.7	7502.9	7502.8	21.0
1500.6	1500.6	115.0	115.0	0.0
163426.0	163305.1	7387.9	7387.8	21.0
36004.6	36004.6	1752.0	1752.0	-71.2
5495.8	5495.8	125.0	125.0	0.0
30508.8	30508.8	1627.0	1627.0	-71.2

8-22 续 表 2

单位:万元

指标名称 Index name	损益及分配 Increase, Decxease and Assgning		
	销售费用 Expenses for Sales	管理费用 Expenses for Management	税 金 Taxes
总 计 Total	**390332.6**	**115177.9**	**10966.6**
其中:国有控股 State Holding	5309.8	1344.4	58.9
1.按餐饮业行业小类分 Gropued by Small Class			
正餐服务 Dinner Service	206455.1	74346.9	4375.1
快餐服务 Fast Food Service	139246.3	35963.1	6490.9
饮料及冷饮服务 Beverage and Related Services	34291.8	3289.8	0.0
咖啡馆服务 Cafe Service	34291.8	3289.8	0.0
其他餐饮业 Other Catering Trade	10339.4	1578.1	100.6
小吃服务 Snack Service	785.8	182.0	96.9
餐饮配送服务 Food Distribution Service	9553.6	1396.1	3.7
2.按登记注册类型分 Grouped by registration			
内资企业 Domestic-funded Enterprises	207160.7	72406.6	4138.1
国有企业 State-owned Units	793.8	140.8	11.1
有限责任公司 Companies of Limited Liabilities	130732.8	48361.1	3062.1
国有独资公司 Companies with State-owned Excluasive Investment	3308.2	1149.8	47.6
其他有限责任公司 Other Companies of Limited Liabilities	127424.6	47211.3	3014.5
股份有限公司 Companies of Share-holding with Limited Liabilities	2436.1	593.4	56.0
私营企业 Private-owned Units	73198.0	23311.3	1008.9
私营独资企业 Privately Owncd	1540.3	657.9	99.0
私营合伙企业 Private Partnership	67.6	100.2	2.1
私营有限责任公司 Private Companies of Limited Liabilities	69502.8	21544.6	907.7
私营股份有限公司 Private Companies of Limited Liabilities with Share Holding	2087.3	1008.6	0.1
港、澳、台商投资企业 Enterprises funded by Entepreneurs from HongKong, Macao & Taiwan	136337.4	36642.8	6550.5
与港澳台商合资经营企业 Joint Ventures with HongKong, Macao and Taiwan	4384.2	156.5	0.4
港澳台商独资企业 Exclusive investment of HongKong. Macao and Taiwan	131953.2	36486.3	6550.1
外商投资企业 Foreign-funded Enterprises	46834.5	6128.5	278.0
中外合资经营企业 Sino-Foreign Cooperative Economic Units	0.1	365.1	4.7
外资企业 Enterprises with Sole Foreign Investment	46834.4	5763.4	273.3

8－22 Continued 2

(10 000 yuan)

损益及分配 Inctease, Decrease and Assgning				人工成本及增值税 Labor Cost and Value Added Tax	
财务费用 Financial Expenditures	营业利润 Operating Profit	利润总额 Total Profits	应交所得税 Income Tax Payble	应付职工薪酬（本年贷方累计发生额）Employee Compensation	应交增值税 Value added Tax Payable
10724.3	**27625.5**	**27864.0**	**14573.7**	**225412.8**	**22628.8**
-26.7	2873.8	2704.3	719.2	4885.0	995.6
7816.9	5745.4	6757.6	8791.4	126867.4	19823.8
2617.3	10693.5	10197.3	2733.8	87279.0	1261.2
286.7	12471.3	12189.3	3032.7	8503.8	1409.6
286.7	12471.3	12189.3	3032.7	8503.8	1409.6
3.4	-1284.7	-1280.2	15.8	2762.6	134.2
0.2	-380.1	-382.6	15.8	191.2	67.6
3.2	-904.6	-897.6	0.0	2571.4	66.6
6536.6	4190.6	5424.4	8256.9	122978.9	19199.8
5.9	71.7	72.1	37.2	459.8	45.7
4793.0	-1793.4	-804.5	4630.0	79750.0	14020.9
-33.0	2657.1	2484.4	645.9	3702.4	887.7
4826.0	-4450.5	-3288.9	3984.1	76047.6	13133.2
29.9	183.8	-129.2	18.0	1060.0	49.7
1707.8	5728.5	6286.0	3571.7	41709.1	5083.5
64.9	641.5	746.4	118.2	973.5	310.3
2.5	148.0	148.0	6.3	155.8	0.4
1282.6	6055.0	6507.6	3446.8	39555.7	4771.6
357.8	-1116.0	-1116.0	0.4	1024.1	1.2
3157.6	22497.1	22382.5	6266.8	83202.4	2825.9
862.9	-2108.6	-2321.9	13.0	1546.0	139.3
2294.7	24605.7	24704.4	6253.8	81656.4	2686.6
1030.1	937.8	57.1	50.0	19231.5	603.1
-0.3	378.9	376.5	18.0	1440.0	120.3
1030.4	558.9	-319.4	32.0	17791.5	482.8

8－23　亿元商品交易市场分类成交额(2016年)

项　　目 Item	年末出租摊位数 (个) Number of Booth (unit)	成交额 (万元) Sales Revenue (10 000 yuan)
总　计 Total	**26192**	**9774488**
1. 粮油、食品类 grain and oil, food	6272	3959933
其中:粮油类 Among them: grain and oil	813	247122
肉禽蛋类 Poultry and eggs	887	1065908
水产品类 Aquatic product category	1797	1682242
蔬菜类 Vegetables	1590	745925
干鲜果品类 Dry and fresh fruit	666	192736
2. 饮料类 drinks	178	18623
3. 烟酒类 tobacco and alcohol	14	845
4. 服装、鞋帽、针纺织品类 clothing, footwear, textiles	10247	1631776
(1)服装类 clothing	8093	1388310
(2)鞋帽类 shoes and hats	1271	133154
(3)针纺织品类 textiles	883	110312
5. 化妆品类 cosmetics category	48	536
6. 金银珠宝类 gold and silver jewelry	64	427
7. 日用品类 daily necessities	111	37663
其中:儿童玩具类 Children's Toys	5	15
8. 五金、电料类 hardware, electrical materials	1185	111950
9. 体育、娱乐用品类 sports, entertainment products	10	60
其中:照相器材类 Among them: photographic equipment		
10. 书报杂志类 books and magazies	335	48910
11. 电子出版物及音像制品类 electronic publications and audio－visual products	93	16140

CLASSIFICATION TURNOVER ALL TRANSACTION OVER 100 MILLION YUAN (2016)

项　　目 Item	年末出租摊位数 (个) Number of Booth (unit)	成交额 (万元) Sales Revenue (10 000 yuan)
12. 家用电器和音像器材类 Household Appliances and Audio – visual Equipment	406	10356
13. 中西药品类 Drugs	2	230
其中:西药类 Among them:Western Medicine		
中草药及中成药类 Chinese Medicine		
14. 文化办公用品类 Cultural office Supplies	1547	551005
其中:计算机及其配套产品 Among them:Computer and its supporting products	750	47200
15. 家具类 Furniture	548	65748
16. 通讯器材类 Communication Equipment	503	192080
17. 煤炭及制品类 Coal and Products		
18. 木材及制品类 Wood and Products	295	30152
19. 石油及制品类 Petroleum and Products		
20. 化工材料及制品类 Chemical Materials and Products	160	38014
其中:化肥类 Among them:Chemical Fertillizer	34	15750
21. 金属材料类 Metallic Materical	1897	1715903
22. 建筑及装潢材料类 Consturction and Decoration Materials	1827	153626
23. 机电产品及设备类 Mechanical and Electronic Products and Equipment	78	9495
其中:农机类 Among them:Agricultural Machinery		
24. 汽车类 The Car	324	1174936
25. 种子饲料类 Seed and Feed	34	4780
26. 棉麻类 Cotton and Hemp		
27. 其他类 Others	14	1300

8-24 亿元商品交易市场分类(2016年)

项目 Item	市场数量(个) Number(unit)	总摊位数(个) All Booths(unit)	年末出租摊位数(个) Booths rental end of the year(year)	营业面积(平方米) Sapce of Management(m^2)	成交额(万元) Sales Revenue(10 000 yuan)
总计 Total	**49**	**31172**	**26192**	**2524501**	**9774488**
一、按市场类别分组 Group by Market					
1. 综合市场 Integration Markets	9	6883	6504	708217	1917455
综合贸易市场 Comprehensive trade Market	9	6883	6504	708217	1917455
生产资料综合市场 Integration Markets of Capital Goods	1	3533	3340	519100	294692
工业消费品综合市场 Integration Markets of Industrial Products	2	454	381	12440	10917
农产品综合市场 Integration Markets of Farming Products	6	2896	2783	176677	1611846
其他综合市场 Others					
2. 专业市场 Speciality Markets	40	24289	19688	1816284	7857033
生产资料市场 Capital Goods Markets	6	2511	2053	258800	1724602
建材市场 Building and Decorating Material Markets	1	280	200	5000	10100
金属材料市场 Metal Materials Market	5	2231	1853	253800	1714502
农产品市场 Farm Products Markets	4	4148	3204	222722	2335258
水产品市场 Aquatic Products Market	2	3263	2355	197947	2273227
蔬菜市场 Vegetables Markets					
干鲜果品市场 Dry and Fresh Fruit Markets	1	365	330	12775	36031
其他农产品市场 Other Farm Products Markets	1	520	519	12000	26000
食品、饮料及烟酒市场 Markets for Food, Berveage, Cigarette and Liquor	1	135	135	1300	13496
食品饮料市场 Food, Beverage Markets					
茶叶市场 Tea Markets	1	135	135	1300	13496
纺织、服装、鞋帽市场 Textile, Clothing, Shoe and Hat Markets	13	12393	9467	653742	1586938
布料及纺织品市场 Fabric and Textile Markets	2	235	235	10974	31536
服装市场 Clothing Markets	9	11438	8597	592768	1514302

THE CLASSIFICATION OF ALL TRANSACTION OVER 100 MILLION YUAN (2016)

项　　目 Item	市场数量（个） Number (unit)	总摊位数（个） All Booths (unit)	年末出租摊位数（个） Booths rental end of the year (year)	营业面积（平方米） Sapce of Management (m^2)	成交额（万元） Sales Revenue (10 000 yuan)
鞋帽市场 Shoes and Hats Markets	2	720	635	50000	41100
日用品及文化用品市场 Articles for Daily use and Cultural Products Markets	5	1640	1640	163776	634678
箱包市场 Luggage Market	1	360	360	47000	30000
图书、报刊杂志市场 Books, Newspaper and Magazine Markets	1	427	427	4100	65000
其他日用品及文化用品市场 Others	3	853	853	112676	539678
电器、通讯器材、电子设备市场 Electrical Appliance, Communication Equipment and Electronic and Markets	4	1595	1451	83400	251662
家电市场 Household Electrical Appliance	1	280	200	8400	12500
通讯器材市场 Communication Equipment Markets	1	435	423	25000	180800
计算机及辅助设备市场 Computer and Auxiliary	2	880	828	50000	58362
家具、五金及装饰材料市场 Furniture, Hardware and Decoration Makets	4	1463	1414	247544	135463
家具市场 Funiture Makets	1	185	185	52722	23168
装饰材料市场 Decoration Materials Markets	2	729	729	158000	62795
五金材料市场 Hardware Markets	1	549	500	36822	49500
汽车、摩托车及零配件市场 Auto, Motocycle and its Spare Parts Markets	3	404	324	185000	1174936
汽车市场 Auto Markets	3	404	324	185000	1174936
机动车零配件市场 Motor Vehicle Spare Parts Markets					
二、按经营方式分组 **Group by way of Operation**					
1. 以批发为主 Wholesale Based	37	27143	22807	2041767	8870996
2. 以零售为主 Retail Oriented	12	4029	3385	482734	903492
三、按经营环境分组 **Group by Business Environment**					
1. 露天式 Open air	8	4142	2926	263100	3025102
2. 封闭式 Closed	40	26481	22766	2224579	6699886
3. 其　他 Other	1	549	500	36822	49500

8－25　商业综合体总体情况(2016年)

一、基本情况

商业综合体调查个数:18个
全部可出租(使用)面积:171.05万平方米
车位数:2.17万个
全年总客流量:12989万人次

二、自营、联营部分的经营情况

项目	Item	商户数(个) Number of Merchants (unit)	法人 Corporation	分支机构 Branches	个体户 Individual Merchants
合计	Total	565	23	105	437
一、零售业	Retail	402	13	99	290
1. 百货店	Department Stores	1	0	1	0
2. 超市	Supermarkets	2	2	0	0
3. 专业、专卖店	Specialty Stores	399	11	98	290
二、餐饮业	Catering	97	3	6	88
三、服务业	Serive	66	7	0	59
1. 电影院	Cinemas	2	2	0	0
2. 游乐游艺	Music and Arts	1	1	0	0
3. 教育培训	Education Training	0	0	0	0
4. 健身养生	Body Building and Healthcare	1	1	0	0
5. 其他	Others	62	3	0	59

三、租赁部分的经营情况

项目	Item	商户数(个) Number of Merchants (unit)	法人 Corporation	分支机构 Branches	个体户 Individual Merchants	商户从业人员期末人数(人) Number of Late Employees of Merchants
合计	Total	3025	440	915	1670	25441
一、零售业	Retail	1865	231	572	1062	11342
1. 百货店	Department Stores	12	2	7	3	455
2. 超市	Supermarkets	12	2	10	0	1685
3. 专业、专卖店	Specialty Stores	1747	191	543	1013	8640
4. 其他	Others	94	36	12	46	562
二、餐饮业	Catering	936	156	252	528	11141
三、服务业	Service	224	53	91	80	2958
1. 电影院	Cinemas	14	4	9	1	493
2. 游乐游艺	Music and Arts	43	8	19	16	500
3. KTV	KTV	7	1	6	0	240
4. 教育培训	Education Training	59	17	27	15	676
5. 健身养生	Body Building and Healthcare	13	5	4	4	312
6. 其他	Others	88	18	26	44	737

TOTAL CONDITIONS OF COMMERCIAL SYNTHESES(2016)

Basic Conditions

Number of Commercial Syntheses Surveyed:18

Total Leasable Space:171.05 Square metres

Number of Poking Places:21700

Total Passenger Flow of The Year:12989 thousand persons pertome

Operating Conditions of Self Owned and Affiliated Merchants

商户从业人员期末人数（人）Number of Late Employees of merchants	商户销售额(营业额)（万元） Operating Revenue of Merchants (10 000 yuan)		营业面积（平方米） Operating Spate(m^2)
	本年 This Year	上年 Last Year	
2423	62864	93001	80312
1659	42430	72027	55200
172	9630	9000	25000
50	2612	13587	3134
1437	30188	49440	27066
397	10181	9708	6285
367	10253	11266	18827
123	5488	6900	8745
6	61	123	432
0	0	120	0
56	1100	1295	2680
182	3604	2828	6970

Operating Conditions of Rental Merchants

租金总额(万元) Rental Income (10 000 yuan)		商户销售额(营业额)（万元） Operating Revenue of Merchants (10 000 yuan)		营业面积（平方米） Operating Space(m^2)
本年 This Year	上年 Last Year	本年 This Year	上年 Last Year	
109182	72097	814689	614621	1411814
61721	40405	486833	380001	722041
2332	1904	13405	12887	43915
5777	4693	121874	104693	126626
48988	29742	314786	226097	460689
4624	4066	36768	36324	90811
34301	22761	248938	180944	331866
13160	8931	78918	53676	357907
4514	2932	36983	19000	111329
2154	1488	8713	6762	29956
821	608	4745	3945	20431
1801	1339	8817	5903	95383
852	1160	4831	5673	17826
3018	1404	14829	12393	82982

8-26 历年进出口人民币总值
IMPORT AND EXPORT RMB CALIBER DATA OVER THE YEARS

单位:亿元 (100 million yuan)

年份 Year	进出口总额 Total Imports and Exports	进口 Imports	出口 Exports
2000	168.9	71.5	97.4
2001	178.7	100.3	78.4
2002	182.3	92.1	90.2
2003	259.8	137.2	122.6
2004	355.0	195.2	159.8
2005	506.7	298.9	207.8
2006	641.2	338.8	302.4
2007	761.8	397.5	364.3
2008	984.3	497.7	486.6
2009	780.5	383.0	397.5
2010	1227.3	633.0	594.3
2011	1485.1	723.1	762.0
2012	1285.1	606.5	678.6
2013	1349.6	608.7	740.9
2014	1624.2	777.0	847.2
2015	1749.3	804.9	944.4
2016	1570.1	664.3	905.8

8-27 历年进出口美元总值
IMPORT AND EXPORT DOLLAR CALIBER DATA OVER THE YEARS

单位:万美元 (10 000 USD)

年 份 Year	进出口总额 Total Imports and Exports	进 口 Imports	出 口 Exports
2000	203085	85678	117407
2001	215648	120969	94679
2002	220207	111153	109054
2003	313611	165483	148128
2004	429848	236707	193141
2005	618786	364777	254009
2006	801214	423464	377750
2007	996179	520861	475318
2008	1397710	707268	690442
2009	1147256	564733	582523
2010	1805506	930091	875415
2011	2278958	1105697	1173261
2012	2035353	960577	1074776
2013	2175189	980898	1194291
2014	2642887	1263798	1379089
2015	2807164	1291910	1515254
2016	2378093	1005757	1372336

8-28 实际利用外资
AMOUNT OF FOREIGN CAPITAL ACTUALLY UTILIZED

单位:万美元 (10 000 USD)

年份 Year	合计 Total	境外客商直接投资 Foreign Direct Investments	实际利用外资比上年增长±% Increase Rate of Foreign Capital Actually Utilized Over Last Year (%)
1990	8044	1135	2.7
1991	10187	1507	26.6
1992	21261	7138	108.7
1993	46427	29485	118.4
1994	91343	44961	96.7
1995	111514	59150	22.1
1996	92024	46730	-17.5
1997	93083	45333	1.2
1998	105618	45397	13.5
1999	116585	47550	10.4
2000	130279	75415	11.7
2001	143201	72223	10.0
2002	157602	86300	10.1
2003	176155	111147	11.8
2004	152003	116063	20.6
2005	174001	133998	14.5
2006	200143	151091	15.0
2007	225005	169763	12.4
2008	257338	193841	14.4
2009	293501	217331	14.1
2010	329265	245031	12.2
2011	376015	275400	14.2
2012	444424	342174	18.2
2013	525011	410081	18.1
2014	619858	524208	18.1
2015	734303	647553	18.5
2016	852255	755655	16.1

8－29 旅游基本情况
STATISTICS ON TOURISM

	计量单位 unit	2016 年	2015 年
国内旅游人数 Total Number of Domestic Tourists	万人次 10 000 people	23096.10	20532.98
接待海外旅游者人数 Total Number of International Tourists Received	万人次 10 000 people	224.94	202.35
其中:外国人 Foreigners	万人次 10 000 people	176.68	164.12
港澳台同胞 Compatriots from HongKong, Macao and Taiwan	万人次 10 000 people	48.26	38.23
接待海外旅游者人天数 Total Number of Tourist and Days Received (10,000 person－day)	万人天 10 000 people per day	628.86	562.84
其中:外国人 Foreigners	万人天 10 000 people per day	497.10	456.78
港澳台同胞 Compatriots from Hongkong, Macao and Taiwan	万人天 10 000 people per day	131.76	106.06
旅游总收入 Total Tourism Earnings	亿元 100 million yuan	2505.72	2197.41
其中:国际旅游(外汇)收入 International Tourism Foreign Exchange Earnings	亿美元 100 million dollars	15.15	13.37
国内旅游收入 Domestic Tourism Earnings	亿元 100 million yuan	2405.13	2115.23
年末星级以上宾馆数 Number of Star－ranking and above Hotels	个 unit	77	81
其中:五星级 Five－Star	个 unit	12	14
四星级 Four－Star	个 unit	30	29
三星级 Three－Star	个 unit	28	29
旅游星级饭店客房合计 Number of Guest Rooms	间 unit	14130	14746
旅游星级饭店床位合计 Number of Beds	张 unit	22699	24708
旅游星级饭店客房实际出租间天数 Actual Number of Days Hired for Guest Rooms	间/天 unit per day	2873153	2555043
旅游星级饭店客房核定出租间天数 Checking Number of Days Hlred for Guest Rooms	间/天 unit per day	4963559	4441888
国际、国内旅行社个数 Number of International Travel Agencies and Domestic Travel Agercies	个 unit	343	334
年末旅游景区数 Number of Traveling	个 unit	37	36
其中:4A 级及以上 Four A class and Above	个 unit	17	18

主要统计指标解释

社会消费品零售总额 指企业(单位、个体户)通过交易直接售给个人、社会集团非生产、非经营用的实物商品金额,以及提供餐饮服务所取得的收入金额。个人包括城乡居民和入境人员,社会集团包括机关、社会团体、部队、学校、企事业单位、居委会或村委会等。

商品购进额 指从本企业以外的单位和个人购进(包括从国外直接进口)作为转卖或加工后转卖的商品金额(含增值税)。本指标反映批发和零售业从国内外市场上购进商品的总价。

商品购进包括:(1)从工农业生产者、批发和零售业企业、住宿和餐饮业企业、出版社或报社的出版发行部门和其他服务业企业购进的商品;(2)从机关团体、事业单位购进的商品;(3)从海关、市场管理部门购进的缉私和没收的商品;(4)从居民收购的废旧商品等。

不包括:(1)企业为本单位自身经营用,不是作为转卖而购进的商品,如材料物资、包装物、低值易耗品、办公用品等;(2)未通过买卖行为而收入的商品,如接受其他部门移交的商品、借入的商品、收入代其他单位保管的商品、其他单位赠送的样品、加工回收的成品等;(3)经本单位介绍,由买卖双方直接结算,本单位只收取手续费的业务;(4)销售退回和买方拒付货款的商品;(5)商品溢余。

商品销售额 指对本单位以外的单位和个人出售的商品金额(包括售给本单位消费用的商品,含增值税),本指标反映批发和零售业在国内市场上销售商品以及出口商品的总量。

商品销售包括:(1)售给城乡居民和社会集团消费用的商品;(2)售给农业、工业、建筑业、服务业等国民经济各行业用于生产、经营用的商品,包括售予批发和零售业作为转卖或加工后转卖的商品;(3)对国(境)外直接出口的商品。

商品销售不包括:(1)未通过买卖行为付出的商品,如随机构变动移交给其他企业单位的商品、借出的商品、归还受其他单位委托代保管的商品、付出的加工原料和赠送给其他单位的样品等;(2)经本单位介绍,由买卖双方直接结算,本单位只收取手续费的业务;(3)购货退回的商品;(4)商品损耗和损失;(5)出售本单位自用的废旧物资。

营业额 指住宿和餐饮业单位在经营活动中因提供服务或销售商品等取得的全部收入(含增值税)。收入主要来源于提供客房、餐费服务、商品销售和其他服务,如商务服务。不包括多产业法人企业附营的其他产业活动单位的餐费收入,商品销售收入等各项收入。

连锁总店(总部) 负责连锁企业资源(商号、商誉、经营模式、服务标准、管理模式等等)的开发、配置、控制或使用等功能的企业核心管理机构。连锁经营是指经营同类商品或服务,使用统一商号的若干店铺,在同一总店(总部)的管理下,采取统一采购或特许经营等方式,实现规模效益的组织形式,包括直营连锁、特许连锁和自愿连锁三种形式。

商品交易市场 是指经有关部门和组织批准设立,有固定场所、设施,有经营管理部门和监管人员,若干市场经营者入内,常年或实际开业三个月以上,集中、公开、独立地进行生活消费品、生产资料等现货商品交易以及提供相关服务的交易场所,包括各类消费品市场、生产资料市场等。

货物进出口总额 指实际进出我国关境的货物总金额。包括对外贸易实际进出口货物,来料加工装配进出口货物,国家间、联合国及国际组织无偿援助物资和赠送品,华侨、港澳台同胞和外籍华人捐赠品,租赁期满归承租人所有的租赁货物,进料加工进出口货物,边境地方贸易及边境地区小额贸易进出口货物(边民互市贸易除外),中外合资企业、中外合作经营企业、外商独资经营企业进出口货物和公用物品,到、离岸价格在规定限额以上的进出口货样和广告品(无商业价值、无使用价值和免费提供出口的除外),以及其他进出口货物。该指标用以观察一个国家在对外贸易方面的总规模。我国规定出口货物按离岸价格统计,进口货物按到岸价格统计。

利用外资 指我国各级政府、部门、企业和其他经济组织通过吸收外商直接投资以及用其他方式筹措的境外现汇、设备、技术等。

外商直接投资 指外方投资者在我国境内通过设立外商投资企业、合伙企业、与中方投资者共同进行石油、天然气和煤层气等资源的合作勘探开发以及设立外国公司分支机构等方式进行投资。外方投资者可以用现金、实物、无形资产、股权等投资。

旅游者人数 包括入境国际旅游者人数、出境居民人数和国内旅游者人数。

(1)入境国际旅游者人数:指来中国参观、访问、旅行、探亲、访友、休养、考察、参加会议和从事经济、科技、文化、教育、宗教等活动的外国人、华侨、港澳同胞和台湾同胞的人数。不包括外国在我国的常驻机构,如使领馆、通讯社、企业办事处的工作人员;来我国常住的外国专家、留学生以及在岸逗留不过夜人员。

(2)出境居民人数:指大陆居民因公务活动或私人事务短期出境的人数。公务活动出境居民人数包括在国际交通工具上的中国服务员工,因私出境居民人数不包括在国际交通工具上的中国服务员工。

(3)国内旅游者人数:指我国大陆居民和在我国常住1年以上的外国人、华侨、港澳台同胞离开常住地在境内其他地方的旅游设施内至少停留一夜,最长不超过6个月的人数。国际旅游(外汇)收入指入境旅游的外国人、华侨、港澳同胞和台湾同胞在中国大陆旅游过程中发生的一切旅游支出,对于国家来说就是国际旅游(外汇)收入。

Explanatory Notes on Main Statistical I ndicators

Total Retail Sales of Consumer Goods refer to the amount obtained by enterprises(units, self – employed individuals) through direct sales of non – production and non – business physical commodity to individuals, social institutions, and revenue from providing catering services. Individuals include rural and urban households, population from abroad, social institutions include government agencies, social organizations, military units, schools, institutions, neighbourhood(village) committees.

Total Purchases of Commodities refer to the value of commodities(including VAT) purchased by the enterpises from other units or individuals(including dirct import from abroad) for the purpose of reselling, either with or without further processing of commodities purchased. This indicator is used to show the total value of purchases of commodities by wholesale and retail establishments from domestic and overseas market.

The total purchases include: (1) Commodities purchased from agricultural and industrial producers, wholesle and retail establishments, accommodation and catering establishments, publishers or distribution dapartment of newspaper offices, and other service establishments; (2) Commodities purchased from government agencies and public institutions; (3) Confiscated goods purchased from customs authories or market management agencies; (4) Second – hand goods and wastes purchased from residents.

Excluded are : (1) Commodities purchased by enterprises for use in their own business operation without buying or selling procedures, including material assets, packing, low – value consumables and office supplies, etc; (2) Commodities obtained without buying or selling procedures, such as goods handed over from other enterprises and institutions, borrowed goods, goods preserved for other units, samples donated by others, finished products recycled after processing, etc; (3) Commission income from brokerage in transactions whose settlement is directly handled by buyers and sellers; (4) Rejected commodities in purchase and goods which buyers refuse to pay the price; (5) Commodities overage.

Total Sales of Commodities refer to value of commodities sold by the establishments to other establishments and individuals(involving commodities sold for self consumption, including VAT). This indicator is used to show the total value of sales of commodities at domestic markets and exports.

The total sales include: (1) commodities sold to urban and rural residents and social groups for their consumption; (2) commodities sold to establishments in agriculture, industry, construction service and other professions for their production and operation, including wholessle and retail establishments for re – selling, with or without further processing; (3) commdities for direct export to other countries.

Excluded are: (1) commodities transferred without buying or selling procedures, such an goods handed over to other enterprises and institutions because of the change of the organizations, lent goods, returned good preserved for others, extended processing materials and samples donated to others, etc; (2) commission income from brokerage in transactions whose settlement is directly handled by buyers and sellers; (3) rejected commodities in the purchase; (4) loss in commodities; (5) waste and used materials used by the establishments themselves.

Business Revenue refer to revenue received from providing services or selling commodities by establishments in hotel and catering services, including income from hotel rooms, from catering services, from selling of commodities and from other services. Income from catering, selling commodities and other sources by units attached to the corporated enterprises but in other professions are excluded.

Chain Head Store(headquarter) refer to the core leading stores responsible for development , allocation, administration and utilization of resources(name of stores, brand of stores, operation model, service standard, management way, etc.) of chain stores. Chain store operation refers to the organization of stores which engaged in providing homogeneous commodities or services, using unique name of stores, under the central leadership of head store , adopting centralized purchasing or franchising or other ways in order to gain scale benefits. There are three organizations to achieve scale benefits in chain stores, including direct management, special permit, voluntary arrangement.

Commodity Trading Markets Refers to the trading places established with the approval of relevant departments and organizations, with a fixed place, facilities, management department and supervisors, in which the number of market operators trading consumer goods, means of production and other spot commodities, and providing related services independently openly with concentration for more than three months or all the year round, including all kinds of consumer goods market, production market, etc.

Total Import and Export of Goods refer to the real value of commodities imported and exported across the border of China. They include the actual imports and exports through foreign trade, imported and exported goods under the processing and assembling trades and materials, supplies and gifts as aid given gratis between governments and by the United Nations and other international organizations, and contributions donated by overseas Chinese, compatriots in Hong Kong and Macao and Chinese with foreign citizenship, leasing commodities owned by tenant at the expiration of leasing period, the imported and exported commodities processed with imported materials, commodities trading in border areas(excluding mutual exchange goods), the imported and exported commodities and articles for public use of the Sino—foreign joint ventures, cooperative enterprises and ventures with sole foreign investment. Also included is import or export of samples and advertising goods for which CIF or FOB value are beyond the permitted ceiling(excluding goods of no trading or use value and free commodities for export) , imported goods sold in China from bonded warehouses and other imported or exported goods. The indicator of the total imports and exports at customs can be used to observe the total size of external trade in a country. In accordance with the stipulation of the Chinese government, imports are calculated at CIF, while exports are calculated at FOB.

Utilization of Foreign Capital refers to remittance, equipment and technology financed from abroad, by loans, foreign direct investment and other forms undertaken by the Chinese governments at all levels, by various departments, enterprises and other economic units.

Foreign Direct Investment refer to the investments inside China by foreign enterprises and economic organizations or individuals (including overseas Chinese, compatriots from Hong Kong, Macao and Taiwan, and Chinese enterprises registered abroad), following the relevant policies and laws of China, for the establishment of ventures exclusively with foreign own investment, Sino – foreign joint ventures and cooperative enterprises or for co – operative exploration of resources with enterprises or economic organizations in China. It includes the re – investment of the foreign entrepreneurs with the profits gained from the investment and the funds that enterprises borrow from abroad in the total investment of projects which are approved by the relevant depantment of the government.

Number of Tourists (1) International tourists refer to foreigners, overseas Chinese, Chinese compatriots from Hong Kong, Macao and Taiwan coming to China for sight – seeing, visits, tours, family reunions, vacations, study tours, conferences and other activities of a business, scientifc and technolongical, cultural, educational and religious nature. It does not include representatives and employees of resident instiututions of foreign countries in China such as embassies, consulates, news agencies and offices of foreign companies and organizations, nor does it include long – term foreign experts or studentss residing in China, or persons in transition without spending a night in China.

(2) Chinese residents goning abroad refer to Chinese residents going abroad for short terms for either public business or private purposes. Chinese employees working on international transport carriers are included in those going abroad for public business purpose, not in those for private purpose.

(3) Domestic tourists refer to residents of the mainland of China who stay for one night at least but no more than 6 months at tourist facilities in other places than their permanent residece within the territory of the mainland China, including foreigners, overseas Chinese and Chinese compatriots from Hong Kong, Macao and Taiwan who have resided in China for over one year.

Foreign Exchange Earnings form Internationa Tourism refer to the total expenditrues of foreigners, overseas Chinese, Chinese compatriots from Hong Kong, Macao and Taiwan during their stay in the mainland of China, which are earnings of foreign exchange from international tourism from the point of view form China.

International Travel Agencies refer to travel agencies engaged in the promotion, solicitation, organization and reception of tours to the mainland of China by foreigners, overseas Chinese, Chinese compatriots from Hong Kong, Macao and Taiwan.

Domestic Travel Agencies refer to travel agencies engaged in the promotion, solicitation, organization and reception of domestic tourists, and in the reception of roreigners, overseas Chinese, Chinese compatriots from Hong Kong, Macao and Taiwan organized by internationa travel agencies or other departments concerned, without their own promotion and solicitation programmes.

Star – Hotels refer to hotels rated with stars.

九、财政、金融和保　险

FINANCE, BANKING AND INSURANCE

资料整理人员: 胡开锋　余　晖　肖从新　杨　凡　吴华章

STAFF FOR DATA PROCESSING:

Hu Kaifeng　Yu Hui　Xiao Congxin　Yang Fan　Wu Huazhang

简要说明

本篇反映我市财政收支、金融、证券和保险业发展情况。财政收支资料来源于市财政局；反映金融经营情况的“金融机构资金来源与运用”、“银行资金来源与运用”、“金融机构年末储蓄存款余额”等资料，为中国人民银行武汉分行营业管理部整理提供；反映证券经营情况的“证券市场交易情况”，由中国证券监督管理委员会湖北监管局提供；反映保险经营情况的“历年保险业务经营情况”、“保险业务经营情况”，由中国保险监督管理委员会湖北监管局提供。

Brief Description

This chapter shows the government revenue and expenditure, banking, security and insurance in Wuhan. The data on government revenue and expenditure come from Wuhan Finance Bureau. Data on banks source and banks uses、cash income and expenditures of financial institutions reflecting financial business are collected and prepared on the basis of information from the Wuhan branch of People's Bank of China. Data on transactions of securities reflecting security business are provided by Hubei Regulatory Bureau of China Securities Regulatory Commission. Data on economic indicators of insurances business in various years reflecting insurance business are provided by Hubei Regulatory Bureau of China Insurance Regulatary Commission.

9-1 财政收入与支出
GOVERNMENT REVENUES AND EXPENDITURES

单位:万元 (10 000 yuan)

指标名称 Index Name	2016	2015
一般公共预算总收入 General Public Budget Revenue	24231587	22316736
其中:地方一般公共预算收入 Local General Public Budget Revenue	13220962	12456338
#税收收入 Tax Revenue	10919007	10159072
#国内增值税 Value Added Tax	1681279	978973
营业税改增值税 Business Tax Converted to VAT	1230407	466415
营业税 Business Tax	2060081	3312013
城建税 Tax on City Maintenance and Construction	815330	765903
个人所得税 Individual Income Tax	596450	477461
企业所得税 Corporate Income Tax	1859534	1623007
一般公共预算支出 General Public Budget Expenditure	15246791	13380508
#一般公共服务 General public services	1265135	1230698
国防和公共安全 National Defence and Public Security	891174	726079
教　育 Education	2310728	1842041
科学技术 Science and Technology	864219	681890
文化体育与传媒 Culture, Sports and Media	210665	193385
社会保障和就业 Social Security and Employment	2356166	2040891
医疗卫生与计划生育 Medical Health and Family Planning	1340321	1125317
节能环保 Energy Conservation and Environmental Protection	284613	268320
城乡社区事务 Affairs of Urban and Rural Community	2448005	2352449
农林水事务 Affairs of Agriculture, Forestry and Water	891397	728270
交通运输 Traffic and Transport	665881	638921
商业服务业等事务 Affairs of Commerce and Sevice Business	97364	115504
金融支出 Banking Expenditure	16567	14312

9-2 税收完成情况
GOVERNMENT TAXES REVENUES

单位:万元 (10 000 yuan)

指标名称	Index Name	2016	2015
市国家税务局总计	Total of State Taxation Bureau of Wuhan	14378868	12594696
按税种分:	By Categories of Taxes		
#增值税(国内)	Value added Tax(Domestic)	6235409	4468292
消费税(国内)	Consumption Tax(Domestic)	3394050	3588831
市地方税务局总计	Total of Local Taxation Bureau of Wuhan	14277317	13904085
#税收收入	Revenue	8939376	8861895
#营业税	Business Tax	2423988	3312012
企业所得税	Corporate Income Tax	1409113	1028722
个人所得税	Individual Income Tax	1491124	1193653
城建税	Tax on City Maintenance and Construction	840574	792203
车船税	Tax on Use of Vehicles and Ships	88623	74903
房产税	Tax on Real Estates	327879	288121
资源税	Tax on Resources	878	864
土地使用税	Tax on Use of Land	150131	146456
印花税	Stamp Tax	178251	167395

注:市国家税务局总计中含海关代征。
Note:The customs generation is included in total of State Taxation Bureau of Wuhan.

9-3 金融机构资金来源与运用
CREDIT FUNDS BALANCE SHEET OF BANKS - SOURCES AND BANKS - USES OF FINANCIAL INSTITUTIONS

单位:亿元 (100 million yuan)

指标名称 Index Name	2016
资金来源本外币合计 All Sources from Local and Foreign Currency	**25012.98**
#本　币 Local Currency	24364.05
金融机构本外币存款 Local and Foreign Currency Deposits of Financial Institutions	22196.21
#本　币 Local Currency	21792.80
#住户存款 Households Deposits	6464.88
非金融企业存款 Non - Financial Enterprises Deposits	10210.17
广义政府存款 General Government Deposits	4158.29
非银行业金额机构存款 Non - Bank Financial Institutions Deposits	939.14
资金运用本外币合计 All Uses for Local and Foreign Currency	**25012.98**
#本　币 Local Currency	24364.05
金融机构本外币贷款 Local and Foreign Currency Loans of Financial Institutions	20754.87
#本　币 Local Currency	19386.30
#住户贷款 Households Deposits	5165.92
短期贷款 Short - term Loans	414.14
中长期贷款 Medium & Long - term Loans	4751.78
非金融企业及机关团体贷款 Non - Financial Enterprises, Agencies and Groups Deposits	14216.94
短期贷款 Short - term Loans	3158.25
中长期贷款 Medium & Loug - term Loans	9477.23
票据融资 Bill Financing	893.20
融资租赁 Finance Lease	660.35
各项垫款 The Advances	27.90
非银行业金融机构贷款 Non - Bank Financial Institutions Loans	0.09

9－4　银行资金来源与运用(2016 年)

CREDIT FUNDS BALANCE SHEET OF BANKS－SOURCES AND BANKS USES IN BANKING SYSTEM(2016)

单位:万元　　　　(10 000 yuan)

指标名称 Index Name	合计 Total	武汉地区政策性银行 Policy Banks in Wuhan	中资全国性四家银行 Four Commercial Banks of State	股份制商业银行 Shareholding System comm－ercial Banks	城市商业银行 Urban Commercial Banks	外资银行 Foreign Capital Banks
资金来源合计 All Sources	**259124469**	**52099764**	**84716176**	**89568651**	**31030213**	**1709666**
#各项存款 Deposits	188278796	12782344	78328413	80744954	15488305	934781
#个人存款 Personal Deposits	54064764		34427159	15051492	4495490	90623
单位存款 Company Deposits	123637732	12282336	40613485	59798582	10163386	779943
#活期存款 Demand Deposits	64159537	10736885	20753572	26335144	6115491	218447
定期存款 Time Depostis	15280095	197439	6494480	6658914	1701869	227393
国库定期存款 Treasury Time Deposits	92599		12000	599	80000	
非存款类金融机构存款 Deposits of Non－Deposits Financial Institutions	10240484	500000	3149009	5800443	743934	47098
资金运用合计 All uses	**259124469**	**52099764**	**84716176**	**89568651**	**31030213**	**1709666**
#各项贷款 Loans	179920290	53462497	63366583	52007864	9778784	1304561
#短期贷款 Short－term Loans	30395601	2868735	10394255	13659356	2824181	649073
中长期贷款 Medium and Long－term Loans	130688077	39345717	49380137	36132017	5290400	539806
票据融资 Notes Financing	7179476		3524579	2031154	1588696	35046
融资租赁 Finance Lease	0					
各项垫款 The Advances	255351		8368	171273	74755	955

注:本表为含外资本外币口径。

Note:Data in this table contains local and foreign currency.

9-5 证券市场交易情况
STATISTICS ON TRANSCACTIONS OF SECURITIES

单位:万元　　　　(10 000 yuan)

指标名称 Index Name	2012	2013	2014	2015	2016
一、交易量合计 Total Transcation of Securties	175185900	277648400	379945200	945907000	553300300
(一)股票交易量 Stock Transcation	108674500	155772700	240689700	763408700	345593400
(二)基金 Funds	3020500	5508700	7630800	34111900	24390000
(三)债券 Government Bonds	2277600	3445700	5186600	4391600	6477800
(四)债券融资回购交易 Bond Repurchase Trading	3285500	10940200	7421600	3516900	5901000
(五)债券融券回购交易 Bond Securities Repurchase Trading	56717000	101522300	118763400	139868300	170165700
(六)其他证券 Others	1210800	458800	253100	609600	772300
二、网点数(个) Number of Network(unit)	92	100	118	136	189

9-6 历年保险业务经营情况
ECONOMIC INDICATORS OF INSURANCE BUSINESS OVER THE YEARS

单位:万元　　　　(10 000 yuan)

年　份 Year	保费收入 Premium	赔款和给付 Claim and Indemnity
1993	63081	26240
1994	67398	45657
1995	86419	53277
1996	119571	36245
1997	161036	36314
1998	187055	65972
1999	228178	48509
2000	224530	43602
2001	264023	67625
2002	398889	98151
2003	438849	107588
2004	456315	130028
2005	542889	142602
2006	554398	162084
2007	660387	254532
2008	1020521	331739
2009	1229012	277528
2010	1662284	303019
2011	1872413	407510
2012	1752754	461543
2013	2022253	604818
2014	2657141	753343
2015	3245705	995023
2016	4257617	1228951

9－7 保险业务经营情况(2016 年)
ECONOMIC INDICATORS OF INSURANCE BUSINESS(2016)

单位:万元 (10 000 yuan)

项 目 Item	保费收入 Premium	赔款、给付金额 Claim and Indemnity
全市总计	**4257617**	**1228951**
一、财产保险 Property Insurance	**1111052**	**577973**
企业财产保险 Enterprises Property Insurance	85792	43985
家庭财产保险 Family Property Insurance	6994	2769
机动车辆保险 Insurance of Motor Vehicles	881976	453349
工程保险 Construction Insurance	33718	21730
责任保险 Responsibility Insurance	34237	18208
信用保险 Credit Insurance	12868	6191
保证保险 Guarantee Insurance	22398	14516
船舶保险 Shipping Insurance	7375	4005
货运险 Cargo Insurance	12363	4453
特殊风险保险 Special Risk Insurance	2190	251
农业保险 Agriculture Insurance	6666	5520
其它险 Other Insurance	4473	2998
二、人身保险 Life Insurance	**3146565**	**650979**
寿 险 Common Life Insurance	2388668	499741
意外伤害险 Accident Insurance	150171	21930
健康保险 Health Insurance	607726	129307

注:本表数据为“企业会计准则 2 号解释”下新口径数据。新口径数据具体是指保险业保费收入核算采用新计量方法,投连和万能险等险种与保险风险相关的业务收入将计为保费收入,其余不相关部分将不计为保费收入。

Note:Data from this table are new statistic scrope data under No. 2 Explanation of Accounting Standards. New statistic Scrope refers to new calculating method of insurance premium accounting. Income from investment linked and universal life and other insurance related to insurance risk will be included in insurance premium Not Relevant Parts are excluded.

主 要 统 计 指 标 解 释

财政收入 国家财政参与社会产品分配所取得的收入，是实现国家职能的财力保证。财政收入所包括的内容几经变化，目前主要包括：(1)各项税收；(2)专项收入；(3)其他收入等。

财政支出 国家财政将筹集起来的资金进行分配使用，以满足经济建设和各项事业的需要，主要包括：(1)一般公共服务支出；(2)国防支出；(3)公共安全支出；(4)教育支出；(5)科学技术支出；(6)文化体育与传媒支出；(7)社会保障和就业支出；(8)医疗卫生支出；(9)环境保护支出；(10)城乡社区事务支出；(11)农村水事务支出；(12)交通运输支出等。

信贷资金 国家银行用于发放贷款的资金叫信贷资金。中国人民银行信贷资金的来源有各项存款、对国际金融机构负债、流通中货币、银行自有资金及当年结益等。信贷资金的运用有各项贷款、黄金占款、外汇占款、财政借款及在国际金融机构中的资产等。

存款 企业、机关、团体或居民根据资金必须收回的原则，把货币资金存入银行或其他信用机构保管并取得一定利息的一种信用活动形式。根据存款对象的不同可划分为单位存款、代理财政性存款、个人存款等科目。它是银行信贷资金的主要来源。

贷款 银行或其他信用机构根据资金必须归还的原则，按一定利率，为企业、个人等提供资金的一种信用活动形式。我国银行贷款分为个人消费贷款、经营贷款、固定资产贷款等科目。

保费 又叫保险费。是保险人根据保险合同的有关规定，为被保险人取得因约定危险事故发生所造成的经济损失补偿(或给付)权利，付给保险人的代价。包括财产险和人身险储金收入。

赔款 保险事故发生后，经查证确属保险责任范围以内的保险标的损失，保险人根据保险合同的规定履行赔偿义务，给予被保险人的款项叫做赔款。赔款可分为已决赔款和未决赔款两种。

Explanatory Notes on Main Statistical Indicators

Government Revenue refers to the revenue of the government finance by means of participating in the distribution of the social products, which is the financial resources for ensuring the government to function。 The contents of government revenue have been changed several times. Now it includes the following main items: (1) Various tax revenues, (2) Special revenues, (3) Other revenues.

Government Expenditure refers to the distribution and use of the funds the government finance has raised, so as to meet the needs of economic construction and various causes. It includes the following main items: (1) expenditure for general public services; (2) expenditure for national defence; (3) expenditure for public security; (4) expenditure for education; (5) expenditure for science and technology; (6) expenditure for culture, sport and media; (7) expenditure for social safety net and employment effort; (8) expenditure for medical and health care; (9) expenditure for environment protection; (10) expenditure for urban and rural community affairs; (11) expenditure for agriculture, forestry and water conservancy; (12) expenditure for transportation.

Credit Funds refer to the funds issued as loans by state banks. The sources of credit funds of the People's Bank of China included deposits, liabilities to international financial institutions, currency in circulation, self – owned fund and current retained profits, etc. The credit funds can be used in forms of loans, gold, foreign exchange, government debt and assets in the international financial institulions

Deposits is a form of credit by which enterprises, institutions, organizations or households can put money into banks and other credit institutions for safekeeping and interest earning under the principle of free withdrawal. According to different depositors, deposits are divided into enterprise deposits, treasury deposits, deposits of government agencies and organizations, capital construction deposits, urban savings deposits, rural deposits and other deposits. Deposits are major sources of the credit funds of banks.

Loan is a form of credit by which banks and other credit institutions provide funds at certain interest rate to enterprises and individuals in the light of the principle of unconditional repayment. Loans from Chinese banks include circulating capital loans, fixed assets-loans, loans to urban and rural individuals engaged in industrial and commercial business and agricultural loans.

Premium refers to the fee paid by the insurant to the insurer for the rights to gain compensation of economic loss from the insurer after accidents in the range have happened, according to the relevant items on insurance contract. It includes the income from the deposit of property insurance and personal insurance.

Claim is the compensation paid by the insurant to the insurance in accordance with the insurance contract for the loss which has been checked and found to be in the range of liability of the insurance after all accident has happened to the insured property or to a person who has insured his life. It iS further divided into settled and unsettled claim.

十、物价指数和人民生活

PRICE INDICES AND PEOPLE'S LIVELIHOOD

资料整理人员：杨晓东　胡红九　郭　力　瞿　芳　李玉兰　龚子欣

STAFF FOR DATA PROCESSING:

Yang Xiaodong　Hu Hongjiu　Guo Li　Qu Fang　Li Yulan　Gong Zixin

简要说明

本篇资料反映我市生产、流通与消费等环节的价格变动趋势和幅度以及我市城乡居民收入、消费及其他生活状况。价格变动趋势和幅度的数据主要包括居民消费价格指数、商品零售价格指数、工业生产者出厂价格指数和工业生产者购进价格指数；城乡居民生活状况主要内容包括居民现金和实物收支情况、住户成员及劳动力从业情况、住房和耐用消费品拥有情况等。

居民消费、商品零售价格指数根据国家统计局统一组织的分层抽样调查方法，经过对调查点的选定、代表规格品的选择，采用“三定一直”原则，即定点、定时、定人用 PDA 直接采集价格，取得资料后，按住户调查的居民家庭消费支出构成和社会消费品零售额统计确定的权数分别进行计算得到。工业生产者价格包括工业企业产品第一次出售时的出厂价格和企业作为中间投入的原材料、燃料、动力购进价格（简称工业生产者购进价格）。该项调查按照国家统计局工业生产者价格统计调查制度规定，采用重点调查和典型调查相结合的调查方法，其价格指数由选定的企业按确定的代表产品采用联网直报的形式上报资料，按工业销售产值、投入产出数据及工业企业产品权数调查数据确定的权数计算。重点调查对象为年主营业务收入 2000 万元以上的工业企业，采用主观选样的方法选择调查企业；典型调查对象为年主营业务收入 2000 万元以下的工业企业作为抽样，采用随机抽样的调查方法选择企业。

城乡居民生活状况数据来源于国家统计局武汉调查队住户收支与生活状况调查，是对城乡居民家庭抽样调查汇总评估的结果。住户收支与生活状况调查由国家统计局武汉调查队组织实施，调查小区、调查住宅均由国家统计局按《住户收支与生活状况调查方案》统一抽选。抽样以省为总体，在对市县级调查网点代表性进行评估的基础上，采用分层、多阶段随机抽样方法抽选调查住宅，确定调查户；抽中调查小区五年内保持不变，抽中住宅每年轮换一半。调查对象为中华人民共和国境内的所有住户，无论是本地户籍还是外地户籍，无论是农业户籍还是非农业户籍，也无论是家庭形式居住还是以集体形式居住。基础数据的采集方式采用日记账和问卷调查相结合的方式。我市目前按上述方法在 7 个中心城区和 6 个新城区共计 113 个调查小区，约 1200 户中开展住户收支与生活状况调查。调查员采用入户访问形式调查搜集城乡居民家庭收入、消费及其他生活状况等资料。调查资料经审核汇总后上报国家统计局湖北调查总队，由湖北调查总队评估核定反馈数据，根据湖北总队反馈数据形成我市城镇常住居民可支配收入、支出和农村常住居民可支配收入、支出等指标。

Brief Description

This information is reflected in the price fluctuation trend and range of production, circulation and consumption, and the income, consumption and other living conditions of urban and rural residents in Wuhan. The price fluctuation trend and amplitude data mainly include consumer price index. commodity retail price index, industrial producer price index and producer price index. The main contents of urban and rural residents living conditions include the residents' cash and real income, housing and labor employment, housing and consumer durable goods.

Consumer price index and commodity retail price index: According to the stratified sampling method that the State Statistical Bureau unified organized, after the choice of the survey point and representative specification, designated person use a PDA direct acquisition price at appointed time in designated place. Then, according the weight calculated through Household consumption expenditure composition and retail sales of social consumer goods, the consumer price index and the commodity retail price index could be calculated. Industrial producer prices: Industrial producer prices include the first factory price of enterprise products and purchase price of raw materials. ruel and power as the middle input. (Abbreviation is Industrial producer purchased price). Provisions on State Statistical Bureau ' s system of investigation about Industrial producer price statistics, using the survey method based on key investigation and typical investigation, through the Representative products' s data submitted by designated enterprise, according Industrial sales value, input – output data, and the weight of industrial products, we calculated Industrial producer prices. Key research object are the industrial enterprises selected by subjective sample method in which annual main business income is more than 20000000 yuan. Typical survey object are the industrial enterprises selected by random sampling method in which annual main business income is less than 20000000 yuan.

Living condition data of urban and rural residents inspired from Household income and living conditions survey data by Wuhan investigation team of State Statistical Bureau collected. this is a result through carrying out sampling investigation to urban and rural residents. Household income and living conditions survey is arranged by Wuhan investigation team of State Statistical Bureau. investigated district and investigated residential were United selected according the "Plan of household income and living condi. tions survey" formulated by State Statistical Bureau. Investigation housing were selected by the method of random sampling of different levels and stages, based on the assessment of the representative of the county survey network, taking the province as the main body. Selected cells will be kept on 5 years. selected residents will be changed a half yearly. Investigation object are all residents in the territory of the people, s Republic of China. Whether they are local household or field. Whether they are agricultural household or non Agricultural household. whether their residential style are families or groups. The Basic Data is selected by means of the combination of journalizing and qucstionnaires. In accordance with the above method, We conducted investigation in about 1 200 households distributing in 11 3 investigated district of 7 central areas and 6 new urban areas. The investigators collected information about household income and consumption and other living conditions through a home visit. Feedback is responsed from Hubei Investigation Corps of State Statistical Bureau. after the survey data is sent to them and assessed by them. Then we get the data of resident disposable income and expenditure according the feedback.

10－1 历年居民消费价格指数
CONSUMER PRICE INDEX OVER THE YEARS

年份 Year	上年＝100 preceding year＝100		1952年＝100 Year 1952＝100		1978年＝100 Year 1978＝100	
	居民消费价格指数 General Consumer Price Index	商品零售价格指数 General Retail Price Index	居民消费价格指数 General Consumer Price Index	商品零售价格指数 General Retail Price Index	居民消费价格指数 General Consumer Price Index	商品零售价格指数 General Retail Price Index
1950	198.3	198.3				
1951	112.6	116.0				
1952	105.7	106.7	100.0	100.0		
1953	101.9	101.6	101.9	101.6		
1954	100.7	100.9	102.6	102.5		
1955	100.2	100.4	102.8	102.9		
1956	100.2	100.2	103.0	103.1		
1957	104.1	103.9	107.2	107.1		
1958	99.2	99.1	106.3	106.1		
1959	101.2	101.4	107.6	107.6		
1960	103.1	103.0	110.9	110.8		
1961	123.5	126.0	137.0	139.6		
1962	99.0	98.8	135.6	137.9		
1963	98.7	98.6	133.8	136.0		
1964	97.3	97.2	130.2	132.2		
1965	94.3	93.9	122.8	124.1		
1966	98.9	99.8	121.4	123.9		
1967	100.2	100.6	121.6	124.6		
1968	100.2	100.3	121.8	125.0		
1969	100.6	100.0	122.5	125.0		
1970	99.6	99.5	122.0	124.4		
1971	99.7	99.6	121.6	123.9		
1972	100.1	100.1	121.7	124.0		
1973	100.3	100.3	122.1	124.4		
1974	99.9	100.3	122.0	124.8		
1975	99.9	99.9	121.9	124.7		
1976	100.1	100.1	122.0	124.8		
1977	100.1	100.1	122.1	124.9		
1978	100.8	100.7	123.1	125.8	100.0	100.0
1979	102.5	102.8	126.2	129.3	102.5	102.8
1980	106.6	107.2	134.5	138.6	109.3	110.2
1981	101.2	101.3	136.1	140.4	110.6	111.6
1982	101.2	101.1	137.7	141.9	111.9	112.8

续 表 Continued

年份 Year	上年=100 preceding year=100		1952年=100 Year 1952=100		1978年=100 Year 1978=100	
	居民消费价格指数 General Consumer Price Index	商品零售价格指数 General Retail Price Index	居民消费价格指数 General Consumer Price Index	商品零售价格指数 General Retail Price Index	居民消费价格指数 General Consumer Price Index	商品零售价格指数 General Retail Price Index
1983	101.1	101.1	139.2	143.5	113.1	114.0
1984	104.1	104.0	144.9	149.2	117.7	118.6
1985	111.1	111.6	161.0	166.5	130.8	132.4
1986	106.2	105.8	171.0	176.2	138.9	140.1
1987	108.2	108.2	185.0	190.6	150.3	151.6
1988	120.5	121.8	222.9	232.2	181.1	184.6
1989	113.4	113.9	252.8	264.5	205.4	210.3
1990	103.0	102.5	260.4	271.1	211.6	215.6
1991	107.3	106.7	279.4	289.3	227.0	230.0
1992	111.4	110.0	311.3	318.2	252.9	253.0
1993	119.8	118.8	372.9	378.0	303.0	300.6
1994	126.3	124.1	471.0	469.1	382.7	373.0
1995	118.4	114.0	557.7	534.8	453.1	425.2
1996	112.2	106.0	625.7	566.9	508.4	450.7
1997	103.1	100.7	645.1	570.9	524.2	453.9
1998	97.4	96.2	628.3	549.2	510.6	436.7
1999	96.1	93.7	603.8	514.6	490.7	409.2
2000	100.6	97.4	607.4	501.2	493.6	398.6
2001	99.5	96.0	604.4	481.2	491.1	382.7
2002	98.6	97.7	595.9	470.1	484.2	373.9
2003	102.3	100.4	609.4	472.0	495.3	375.4
2004	103.3	101.0	629.5	476.7	511.6	379.2
2005	102.7	100.9	646.5	481.0	525.4	382.6
2006	101.4	100.7	655.6	484.4	532.8	385.3
2007	104.1	103.0	682.5	498.9	554.6	396.9
2008	105.7	105.1	721.4	524.3	586.2	417.1
2009	99.4	98.4	717.1	515.9	582.7	410.4
2010	103.0	103.1	738.6	531.9	600.2	423.1
2011	105.2	104.7	777.0	556.9	631.4	443.0
2012	102.8	102.3	798.8	569.7	649.1	453.2
2013	102.4	100.9	818.0	574.8	664.7	457.3
2014	101.9	100.5	833.5	577.7	677.3	459.6
2015	101.4	100.0	845.2	577.7	686.8	459.6
2016	102.4	101.3	865.5	585.2	703.3	465.6

10－2 居民消费价格分类指数
CONSUMER PRICE INDEX BY CATEGORY

（上年＝100） （Preceding year＝100）

项　　目	Item	2016
居民消费价格总指数	**General Consumer Price Index**	**102.4**
非食品价格指数	Non－Food Consumer Price Index	101.6
服务价格指数	Serving Price Index	102.7
扣除鲜菜鲜果价格指数	Price Index Excluding Fresh Vegetables and Fruits	102.0
消费品价格指数	**Consumer Price Index**	**102.2**
一、食品烟酒	**Food**	**104.3**
1.食　　品	Grain	106.2
2.茶及饮料	Tee and Beverage	100.3
3.烟酒	Tobacco and Liquor	102.7
4.在外餐饮	Outside Cateriug	100.3
二、衣　　着	**Clothing**	**102.2**
1.服　　装	Garments	101.1
2.服装材料	Clothing Materials	104.8
3.其他衣着及配件	Other clothing and accessories	101.0
4.衣着加工服务费	Clothing Processing charge	113.0
5.鞋类	Shoes	104.3
三、居住	**Housing Condition**	**103.3**
1.租赁房房租	Rent	104.3
2.住房保养维修及管理	House maintenance and management	105.7
3.水电燃料	Water, electricity and fuel	99.1
4.自有住房	Self－owned house	104.7
四、生活用品及服务	**Daily necessities and Services**	**100.8**
1.家具及室内装饰品	Furnitures and interior decorations	103.9
2.家用器具	Home appliance	95.5
3.家用纺织品	Home tetile	100.1
4.家庭日用杂品	Daily groceries	102.0
5.个人护理用品	Personal care supplies	103.1
6.家庭服务	Household services	105.0
五、交通和通信	**Means of Transport and Communication**	**97.9**
1.交　通	Means of Transportation	96.8
2.通　信	Means of Communication	99.5
六、教育文化和娱乐	**Recreation, Education, Culture Articles**	**101.5**
1.教　育	Education	102.6
2.文化娱乐	Articles for Cultural, Recreational Use	99.8
七、医疗保健	**Health Care**	**101.9**
1.药品及医疗器具	Medicine and Medical appliances	104.5
2.医疗服务	Medical Service	100.0
八、其他用品和服务	**Other Supplies and services**	**102.9**
1.其他用品类	Other Supplies	104.0
2.其他服务类	Other Services	102.0

10－3 商品零售价格分类指数
RETAIL PRICE INDICES BY CATEGORY OF COMMODITIES

（上年＝100） (preceding year＝100)

项　　目	Item	2016
商品零售价格总指数	**General Retail Price Index**	**101.3**
一、食　　品	**Food**	**105.4**
1. 粮　　食	Grain	100.0
2. 薯　　类	Potato	115.8
3. 豆　　类	Bean	100.8
4. 食用油	Edible oil	103.4
5. 菜	Vegetables	120.0
6. 畜肉类	Meat	111.9
7. 禽肉类	Poultry	99.6
8. 水产品	Aquatic Products	107.6
9. 蛋　　类	Eggs	97.3
10. 奶　类	Milk	100.2
11. 干鲜瓜果类	Dried and Fresh Melons and Fruits	98.2
12. 糖果糕点类	Cake, Biscuit and Bread	100.7
13. 调味品	Flavoring	104.5
14. 其他食品类	Other Foods	101.2
15. 在外餐饮	Ontside Catering	100.3
二、饮料、烟酒	**Beverage, Tobacco & Liquor**	**101.7**
1. 茶及饮料	Tea and Beverage	100.3
2. 烟　　草	Tabacco	104.2
3. 酒　　类	Liquor	100.2
三、服装、鞋帽	**Garments, Shoes and Hats**	**101.7**
1. 服　装	Garments	101.1
2. 鞋帽袜	Shoes and Hats	103.3
3. 其它衣着配件	Other accessories	103.8
四、纺织品	**Textiles**	**101.7**
1. 服装材料	Clothing Material	104.8
2. 床上用品	Bedding	100.1
五、家用电器及音像器材	**Household Appliances and Audio Equipment**	**95.6**
1. 家庭设备	Household Facilities	95.1
2. 文娱用耐用消费品	Durable Consumer goods for Cultural Entertainment	95.8
3. 专业用音像器材	Audio－Visual Appliances	98.7

续 表 Continued

（上年=100） （preceding year=100）

项目	Item	2016
六、文化办公用品	**Culture Articles**	**99.7**
七、日用品	**Articles for Daily Use**	**101.5**
1. 日用百货	Daily Use Articles	100.9
2. 厨具餐具茶具	Kitchenware, Dishware and Tea Utensils	100.6
3. 清洗用品	Washing Articles	102.6
4. 其他日用品	Other Daily Use Articles	101.5
八、体育娱乐用品	**Sports and Recreational Articles**	**102.6**
1. 体育户外用品	Sports Goods	105.5
2. 娱乐用品	Recreational Articles	100.1
九、交通、通信用品	**Articles of Transportation and Telecommunication**	**96.0**
1. 交通运输机械	Traffic Transportation Machinery	94.8
2. 通信器材	Telecommunication Appliances	97.8
十、家　　具	**Furniture**	**104.2**
十一、化妆品	**Cosmetic**	**103.4**
十二、金银饰品	**Jewelry**	**106.3**
十三、中西药品及医疗保健用品	**Chinese and Medicine and Health Care**	**104.3**
1. 医疗卫生器具	Medical Instrument and Articales	100.0
2. 中　　药	Trraditinal Chinese Medicine	108.1
3. 西　　药	Western Medicine	101.6
4. 保健器具及用品	Health Care Machinery and Aricles	106.9
十四、书报杂志及电子出版物	**Newpapers and Magazine**	**97.0**
1. 教材及参考书	Teaching Materials and Reference Books	99.4
2. 书报杂志	Newpapers and Magazine	101.6
3. 计算机办公软件	Computer office software	82.2
十五、燃　　料	**Fuel**	**97.7**
1. 煤炭及制品	Coal and Its Products	96.6
2. 石油及制品	Petroleum and its Products	97.8
十六、建筑材料及五金电料	**Building materials and Hardware**	**103.4**
1. 建筑装璜材料	Building Decoration Materials	104.2
2. 五金水暖	Hardware and Electrical Applicaces	101.1

10－4 工业生产者出厂、购进价格指数
PRODUCER PRICE AND PURCHASING PRICE INDICES INDUSTRIAL PRODUCTS

（上年＝100） （preceding year＝100）

年份 Year	工业生产者 出厂价格指数 Producer Price Index for Industrial Products	工业生产者 购进价格指数 Producer Purchasing Price Index for Industrial products
1994	119.6	122.3
1995	107.9	118.6
1996	104.6	109.2
1997	98.6	101.8
1998	93.5	97.3
1999	96.1	95.3
2000	103.9	103.6
2001	98.4	100.8
2002	96.3	98.4
2003	105.5	106.5
2004	104.6	114.5
2005	102.7	110.6
2006	100.3	105.2
2007	102.5	104.2
2008	105.1	111.9
2009	94.0	92.2
2010	104.8	107.8
2011	106.0	109.2
2012	101.1	100.0
2013	102.4	98.4
2014	98.0	98.4
2015	95.2	94.4
2016	99.0	97.6

10－5　城镇居民家庭基本情况
BASIC CONDITIONS OF URBAN RESIDENT HOUSEHOLDS

项　　目 Item	2012	2013	2014	2015	2016
调查户数(户) Number of Households Surveyed(household)	500	562	852	857	829
调查户人口合计(人) Total Number (person)	1440	1521	2251	2279	2197
平均每户(人) Average Number per Household(person)	2.88	2.71	2.64	2.66	2.65
调查户就业人数合计(人) Number of Employees(person)	720	777	1280	1251	1109
平均每户(人) Auerage Number Per Household(person)	1.44	1.38	1.50	1.46	1.34
调查户离退休人数合计(人) Number of Retirees(person)	425	457	428	460	431
平均每户(人) Aerage Number of Retirees Per Household(person)	0.85	0.81	0.50	0.54	0.52
平均每一就业者负担人数(人) Number of Persons Supported by Each Employee Including the Employee Himself or Herself(person)	2.00	1.96	1.76	1.82	1.98
平均每一有收入者负担人数(人) Number of Persons Supported by Each Person Who has Income(person)	1.26	1.37	1.32	1.33	1.42
可支配收入合计(元) Disposable Income(yuan)	38967840	45368433	74890770	83037644	87302189
平均每人每月(元) Per Capita Monthly Disposable Income(yuan)	2255.08	2485.10	2772.50	3036.33	3311.42
消费性支出合计(元) Living Expenditure(yuan)	27090922	30666280	49526502	54566097	58297395
平均每人每月(元) Per Capita Monthly Living Expenditures (yuan)	1567.76	1679.78	1833.50	1995.25	2211.25

注:2012 年起国家进行了住户收支调查城乡一体化改革,2014 年开始公布新口径数据,所有收支调查指标名称前均冠以城镇(农村)常住居民;2014 年以前的所有数据均为老口径。

Note:In 2012, the state has carried out reform about Household income and expenditure survey of urban and rural integration, began to publish new caliber data since 2014. All income and expenditure survey indicators are preceded by the name of the town (rural) resident. All data in this table are old caliber data before 2014.

10－6 城镇常住居民家庭平均每人每月收支情况

PER CAPITA MONTHLY CASH INCOME AND EXPENDITURES IN URBAN RESIDENT HOUSEHOLDS

单位：元 (yuan)

项　目 Item	2012	2013	2014	2015	2016
总收入 Total revenue	**2542.32**	**2820.59**	**3051.68**	**3456.18**	**3575.46**
#可支配收入 Disposable income	2255.08	2485.10	2772.50	3036.33	3311.42
工资性收入 Wage income	1530.34	1712.10	1698.10	1843.08	1987.51
经营性收入 Operating income	205.76	211.54	306.69	402.30	356.04
财产性收入 Property income	51.38	64.87	287.72	303.85	361.38
转移性收入 Transfer income	754.83	832.07	759.16	906.95	870.53
借贷性所得 Loan income	369.36	193.58	74.00	41.33	70.89
提取储蓄存款 Exracted savings deposit	304.87	187.28	66.90	34.95	40.09
借入款 Borrowed money	16.95	2.66	4.82	5.15	27.61
收回借出款 Recalled loan	0.00	1.52	2.12	0.34	1.86
收回储蓄性保险本金 Recalled savings insurance principal	0.17	0.00	0.00	0.05	0.00
住房贷款 Housing loan	46.45	0.25	0.16	0.68	0.58
汽车贷款 Auto loan	0.00	0.00	0.00	0.00	0.58
教育贷款 Educational loan	0.00	0.00	0.00	0.00	0.06
其他贷款 Other loans	0.00	1.80	0.00	0.00	0.06
其他借贷所得 Other borrowings	0.06	0.07	0.00	0.16	0.06

注：2012 年起国家进行了住户收支调查城乡一体化改革，2014 年开始公布新口径数据，所有收支调查指标名称前均冠以城镇（农村）常住居民；2014 年以前的所有数据均为老口径。

Note: In 2012, the state has carried out reform about Household income and expenditure survey of urban and rural integration, began to publish new caliber data since 2014. All income and expenditure survey indicators are preceded by the name of the town (rural) resident. All data in this table are old caliber data before 2014.

10－6 续 表 Continued

单位:元 (yuan)

项 目 Item	2012	2013	2014	2015	2016
总支出 Total expenditure	**2157.14**	**2271.47**	**2316.77**	**2459.11**	**2797.50**
消费支出 Consumption Expenditure	1567.76	1679.78	1833.50	1995.25	2211.25
生产经营费用支出 Production and Operating Expenses	—	—	57.30	14.33	26.66
财产性支出 Property Expenses	123.94	4.00	4.67	12.69	5.88
转移性支出 Transfer Expenditure	195.88	224.08	211.17	238.57	220.50
部分商业保险支出 Part of Commercial Insurance Expenses	—	—	5.66	4.24	12.82
购置资产及非经常性转移支出 Acquisition of Assets and Non－recurring Transfer Expenses	—	—	109.74	121.09	222.88
借贷性支出(老口径不计入总支出) Borrowing Expenses	726.76	662.19	94.72	72.94	97.51
存入储蓄款 Saving Deposit	660.76	584.50	58.64	25.37	19.11
借出款 Loan	7.10	4.02	1.74	0.29	2.32
归还借款 Return loan	21.29	4.78	3.26	2.57	16.36
购买有价证券 Purchase Securities	5.57	0.69	0.15	0.13	0.00
其他投资支出 Other Investment Spending	0.00	15.28	0.00	0.52	3.31
归还住房贷款 Return of Housing Loans	17.78	48.36	30.42	38.90	50.60
归还汽车贷款 Return of Auto Loan	1.18	0.28	0.04	2.44	5.18
归还教育贷款 Return Education Loan	0.00	0.00	0.00	0.00	0.00
归还其他贷款 Return Other Loans	0.00	1.12	0.39	2.72	0.39
其他借贷支出 Other Borrowing Costs	0.30	0.05	0.07	0.00	0.23
储蓄性保险支出(老口径) Savings Insurance Costs(old caliber)	12.78	3.11	—	—	—

10－7　城镇常住居民家庭平均每人每月消费支出
PER CAPITA MONTHLY EXPENDITURES FOR CONSUMPTION BY CATEGORY IN URBAN RESIDENT HOUSEHOLDS

单位:元　　　　(yuan)

项　目 Item	2012	2013	2014	2015	2016
消费支出 Consumption Eexpenditure	**1567.76**	**1679.78**	**1833.50**	**1995.25**	**2211.25**
一、食品烟酒 Food, Alcohol and Tobacco	**626.87**	**647.56**	**581.32**	**629.12**	**682.50**
1. 食品 Food	552.02	572.15	393.03	416.98	454.36
2. 烟酒 Alcohol and tobacco	74.85	75.41	54.63	55.73	61.55
3. 饮料 Drinks			8.96	9.20	10.02
4. 饮食服务 Catering services	107.39	113.01	124.69	147.21	156.57
二、衣着 Clothing	**179.98**	**194.01**	**138.34**	**150.25**	**175.42**
1. 衣类 Garments category	144.45	152.80	107.42	114.41	131.58
2. 鞋类 Footwear	35.54	41.21	30.92	35.84	43.84
三、居住 Living	**124.82**	**137.41**	**472.41**	**514.25**	**617.92**
1. 租赁房房租 Rental Housing Rent	33.36	36.67	39.84	40.89	46.15
2. 住房维修及管理 Housing Maintenance and Management	9.52	12.40	46.32	50.25	61.40
3. 水电燃料及其他 Water, Electricity, Fuel and Other	81.94	88.34	91.17	84.24	99.65
4. 自有住房折算租金 The Conversion of Private Housing Rent	—	—	295.08	338.87	410.72
四、生活用品及服务 Daily necessities and services	**98.81**	**109.19**	**109.02**	**113.83**	**114.33**
1. 家具及室内装饰品 Furniture and Interior Decorations	—	—	8.62	9.93	9.98
2. 家用器具 Household Appliances	—	—	30.40	35.75	35.92
3. 家用纺织品 Home Textiles	—	—	8.86	9.20	9.26
4. 家庭日用杂品 The Family Daily Sundry Goods	—	—	34.65	33.76	33.92
5. 个人用品 Personal Products	—	—	16.59	21.72	21.73
6. 家庭服务 Family Services	—	—	9.90	3.47	3.52

注:2012年起国家进行了住户收支调查城乡一体化改革,2014年开始公布新口径数据,所有收支调查指标名称前均冠以城镇(农村)常住居民;2014年以前的所有数据均为老口径。

Note:In 2012, the state has carried out reform about Household income and expenditure survey of urban and rural integration, began to publish new caliber data since 2014. All income and expenditure survey indicators are preceded by the name of the town (rural) resident. All data in this table are old caliber data before 2014.

10-7 续 表 Continued

单位:元 (yuan)

项 目 Item	2012	2013	2014	2015	2016
五、交通通信 Transportation & Communication	**182.18**	**212.13**	**188.65**	**219.88**	**245.33**
1.交 通 Transportation	106.41	126.37	107.71	146.44	162.39
2.通 信 Communication	75.77	85.77	80.94	73.44	82.94
六、教育文化娱乐 Educatioomal, cultural & entertainment	**200.18**	**216.71**	**177.53**	**197.67**	**205.33**
1.教 育 Education	84.33	75.85	76.64	98.88	102.91
2.文化娱乐 Cultural & entertainment	115.85	140.87	100.90	98.79	102.42
(1)文娱耐用消费品 Consumer durable goods	30.92	31.77	10.43	9.93	10.36
(2)其他文娱用品 Other recreational articles			11.48	11.10	11.60
(3)文化娱乐服务 Cultural entertainment services	84.93	109.10	78.99	77.76	80.46
七、医疗保健 Health care	**114.95**	**119.77**	**120.43**	**124.32**	**129.50**
1.医疗器具及药品 Medical equipment and drugs	43.34	44.24	39.02	51.49	53.82
2.医疗服务 Medical services	71.61	75.53	81.41	72.83	75.68
(1)门诊总费用 Total cost of outpatient service	—	—	26.05	25.79	26.81
(2)住院总费用 Total cost of hospitalization	—	—	55.36	47.04	48.87
八、其他用品和服务 Other supplies and services	**39.98**	**43.00**	**45.82**	**45.93**	**40.92**
1.其他用品 Other supplies	30.94	32.44	30.32	28.28	25.26
2.其他服务 Other services	9.04	10.56	15.50	17.65	15.66

10-8 城镇常住居民家庭每百户耐用消费品拥有量
NUMBER OF DURABLE CONSUMER GOODS OWNED PER 100 URBAN RESIDENT HOUSEHOLDS

项目	Item	2016	2015
1. 助力车(辆)	Helping Hand Car	25.02	24.36
2. 家用汽车(辆)	Automobile	31.46	30.28
3. 洗衣机(台)	Washing Machine(unit)	102.36	103.18
4. 电冰箱(台)	Refrigerator(unit)	105.92	103.87
5. 彩色电视机(台)	Color Television Set(unit)	145.40	144.37
6. 计算机(台)	Computer(unit)	105.91	113.38
7. 组合音响(台)	Hi-Fi Stereo Component System(set)	8.65	9.78
8. 摄像机(架)	Pickup Cameras(set)	15.70	15.11
9. 照相机(架)	Camera(set)	65.65	59.96
10. 其它中高档乐器(含钢琴)(架)	Other musical Instruments of Medium and High Grade induding Piano(set)	4.10	3.21
11. 微波炉(台)	Microwave Oven	99.98	99.20
12. 空调器(台)	Air Conditioner(unit)	207.54	204.28
13. 淋浴热水器(台)	Shower(unit)	110.45	109.67
14. 消毒碗柜(台)	Disinfected Cupboard	27.38	26.43
15. 洗碗机(台)	Dishwasher	2.34	2.10
16. 健身器材(台)	Healthy Equipment	2.58	3.81
17. 固定电话(部)	Telephone Sets(unit)	33.21	48.18
18. 移动电话(部)	Mobile Telephone(unit)	252.54	245.40

10－9 不同收入分组的城镇常住居民家庭基本情况(2016年)
BASIC CONDITIONS OF URBAN RESIDENT HOUSEHOLDS IN DIFFERENT INCOME LEVEL(2016)

项　　目 Item	合　计 Total	低收入户 Low Income Households (Second Decile)	中等偏下户 Lower Middle Income Households (Second quintile)	中等收入户 Middle Income Households (third quintile)	中等偏上户 Upper Income Households (fourth quintile)	高收入户 High Income Households (ninth decile)
调查户数(户) Number of Households Surveyed (Household)	829	165.92	167.25	167.08	165.17	163.83
比　重(%) Ratio(%)	100.00	20.00	20.00	20.00	20.00	20.00
家庭人口合计(人) Total Number(person)	2197	508.99	486.23	462.15	385.5	354.17
平均每户家庭人口(人) Average Number per Household (person)	2.65	3.07	2.91	2.77	2.33	2.16
平均每一就业者负担人数(人) Number of Persons Supported by Each Emplolyee(person)	1.98	1.99	2.03	1.91	2.06	1.91
平均每一有收入者负担人数(人) Number of Persons Supported by Each Person Who HasIncome(person)	1.42	1.70	1.53	1.36	1.26	1.28
平均每人每月可支配收入(元) Per Capita Monthly Disposable Income (yuan)	3311.42	1508.92	2452.96	3127.50	4014.16	6479.67
平均每人每月消费性支出(元) Per Capita Monthly Living Expenditures(yuan)	2211.25	1141.23	1793.27	2322.82	2746.62	3605.34

注明：调查户数原则上按相对收入等距五组划分，因人均可支配收入相同的户归于同一组，故产生分组户数不一致。

Note：The Surveyed Households grouped by Income to Fin principal, Since the Households which have same disposable Income per Capitaare taken to same group, the number of households are not same in different group.

10－10 不同收入分组的城镇常住居民家庭收支情况(2016 年)

单位:元

项目	Item	合计 Total	低收入户 Low Income Households (Second Decile)
可支配收入	Disposable Income	39737.00	18107.00
1、工资性收入	Wage Income	23850.00	12073.47
2、经营净收入	Net Operating Income	3821.00	2862.37
3、财产净收入	Net Property Income	4266.00	1410.37
4、转移净收入	Net Transfer Income	7800.00	1760.79
非收入所得	Unearned Income	796.57	453.35
借贷性所得	Loan Income	850.67	655.71
总支出	Total Expenditure	33570.00	17632.86
消费支出	Consumption Expenditure	26535.00	13695.00
1、食品烟酒	Food, Alcohol and Tobacco	8190.00	5233.16
2、衣着	Clothing	2105.00	939.13
3、居住	Housing	7415.00	3804.69
4、生活用品及服务	Daily Necessities and Services	1372.00	567.23
5、交通和通信	Traffic and Communication	2944.00	948.82
6、教育文化娱乐服务	Education and Cultural Entertainment Services	2464.00	1333.85
7、医疗保健	Health Care	1554.00	720.84
8、其他用品和服务	Other Supplies and Services	491.00	147.28
借贷性支出	Borrowing Expenses	1170.09	490.88

HOUSEHOLD INCOME AND EXPENDITURE OF URBAN RESIDENTS OF DIFFERENT INCOME GROUPS(2016)

(yuan)

中等偏下户 Lower Middle Income Households (Second quintile)	中等收入户 Middle Income Households (third quintile)	中等偏上户 Upper Income Households (fourth quintile)	高收入户 High Income Households (ninth decile)
29436.00	37530.00	48170.00	77756.00
17752.70	23243.45	27607.76	45181.97
2476.06	2419.97	3739.28	9680.09
3303.73	4149.36	5700.64	7412.90
5903.51	7717.22	11122.32	15481.04
857.15	587.00	721.14	1539.10
491.77	182.12	1102.54	2181.50
26725.79	34406.35	39597.66	58122.04
21519.00	27874.00	32959.00	43264.00
7110.30	8906.94	10247.59	11067.38
1520.98	2525.44	2560.43	3512.55
6789.81	7513.96	9147.06	11374.13
860.39	1741.44	1520.79	2561.31
1988.62	3174.69	4278.37	5330.37
1911.09	2574.33	2836.58	4256.91
1021.43	777.92	1755.25	4294.72
316.38	659.28	612.93	866.63
708.34	1408.35	934.85	2682.91

10-11 城镇常住居民家庭住房构成情况
THE COMPOSITION OF URBAN RESIDENTS FAMILY HOUSING

单位:%

项目	Item	2016	2015
本住户居住空间样式	Housing Paiterns	100.0	100.0
1.单栋楼房	Single Building	23.5	21.3
2.单栋平房	Single Bungalow	3.4	3.9
3.四居室及以上单元房	Four - room and Above Apartments	3.5	3.2
4.三居室单元房	Three - room Apartments	21.5	24.6
5.二居室单元房	Two - room Apartments	34.7	31.8
6.一居室单元房	One - room Apartments	10.6	12.1
7.筒子楼或连片平房	Tube - shaped Apartments or Connected Bungalows	2.8	3.2
8.其他	Other	0.0	0.0
现住房房屋来源	The Sources of Current Housing	100.0	100.0
1.租赁公房	Leased Public House	4.9	6.8
2.租赁私房	Leased Private House	10.3	11.5
3.自建住房	Self - built House	18.6	17.3
4.购买商品房	Purchased Commercial house	35.0	35.4
5.购买房改住房	Purchased Welfare House	16.9	17.9
6.购买保障性住房	Purchased Affordable Housing	4.6	3.2
7.拆迁安置房	Demolished and Resettled Housing	5.2	3.8
8.继承或获赠住房	Inherited or Donated Housing	0.3	0.4
9.免费借用房	Borroned for Free	1.6	0.8
10.雇主提供免费住房	Employers Provided for Free	1.4	2.0
11.其他来源	Other Sources	1.2	1.0
住宅有管道供水情况	Housing Pipeline Water Supply	100.0	100.0
1.管道供水入户	Pipeline Water Supply Into the Home	99.5	99.4
2.管道供水至公共取水点	Pipeline Water Supply to Public Water Point	0.5	0.6
3.没有管道设施	No Pipeline Facilities	0.0	0.0
住户主要饮用水来源情况	Household Main Sources of Drinking Water	100.0	100.0
1.经过净化处理的自来水	Tap Water Through Purification	98.7	98.5
2.受保护的井水和泉水	Protected Well Water and Springs	0.0	0.0
3.不受保护的井水和泉水	Unprotected Well Water and Springs	0.0	0.0

10-11 续 表 Continued

(%)

项 目	Item	2016	2015
4. 江河湖泊水	Rivers and lakes	0.0	0.0
5. 收集雨水	Rainwater collected	0.0	0.0
6. 桶装水	Bottled water	1.3	1.5
7. 其他水源	Others	0.0	0.0
住户厕所使用情况	Household toilet use	100.0	100.0
1. 本住户独用	The sole use of the household	91.5	89.5
2. 几户合用	Several households apply	4.5	5.5
3. 公用厕所	Communal toilet	4.0	5.0
住户洗澡设施情况	Household bathing facilities	100.0	100.0
1. 统一供热水	Uniffied supply of hot water	2.7	2.4
2. 家庭自装热水器	Home self installed water heater	92.0	92.4
3. 其他	Others	0.0	0.0
4. 无洗澡设施	No bathing facilities	5.3	5.2
住户主要取暖设备状况	Household main heating equipment status	100.0	100.0
1. 由市政或小区集中供暖	Central heating by municipal or district	2.3	2.0
2. 自行供暖	Self heating	84.9	85.1
3. 无取暖设备	No heating equipment	12.8	12.9
主要炊用能源状况	The main cooking energy situation	100.0	100.0
1. 柴 草	Firewood	0.0	0.0
2. 煤 炭	Coal	4.1	4.5
3. 罐装液化石油气	Canned liqudfied petroleum gas	41.1	42.2
4. 管道液化石油气	Pipeline liquefied petroleum gas	2.6	2.5
5. 管道煤气	Pipe gas	0.0	0.0
6. 管道天然气	Natural gas pipeline	46.6	45.0
7. 电	Electric	2.9	3.1
8. 燃料用油	Fuel oil	0.0	0.0
9. 沼气	Biogas	0.0	0.0
10. 其他	Other energy	0.0	0.0
11. 无炊用行为	No cooking behavior	2.7	2.6

10－12 历年城镇常住居民年人均可支配收入与消费支出

ANNUAL PER CAPITA DISPOSABLE INCOME OF CONSUMPTION EXPENDITURE OF URBAN RESIDENT HOUSEHOLDS OVER THE YEARS

年 份 Year	可支配收入 Dispasable Income	消费支出 Comsumption Expenditure	年 份 Year	可支配收入 Dispasable Income	消费支出 Comsumption Expenditure
1951			1984	636.00	546.72
1952			1985	778.44	713.76
1953			1986	964.80	881.76
1954			1987	1071.96	955.44
1955			1988	1261.08	1220.04
1956	195.60	174.36	1989	1407.12	1285.08
1957	210.12	189.00	1990	1555.80	1406.16
1958	201.60	184.68	1991	1771.68	1652.04
1959	230.64	201.00	1992	2116.73	1844.28
1960			1993	2872.90	2551.08
1961			1994	3769.80	3318.24
1962	300.48	228.12	1995	4453.90	4058.76
1963	297.12	223.56	1996	4915.86	4455.84
1964	248.40	222.36	1997	5573.04	4719.12
1965	240.12	212.76	1998	5912.52	5264.40
1966			1999	6262.08	5452.80
1967			2000	6760.68	6074.76
1968			2001	7305.00	6342.24
1969			2002	7820.28	6833.40
1970			2003	8524.56	7251.36
1971			2004	9564.05	7792.63
1972			2005	10849.72	8234.48
1973			2006	12359.98	9182.04
1974			2007	14357.64	10600.00
1975			2008	16712.44	11432.97
1976			2009	18385.02	12710.29
1977	293.28		2010	20806.32	14490.07
1978	359.04	320.64	2011	23738.09	17140.96
1979	401.64		2012	27061.00	18813.14
1980	537.84	467.04	2013	29821.22	20157.32
1981	508.68	458.28	2014	33270.39	22002.22
1982	540.12	475.56	2015	36436.00	23943.05
1983	554.28	498.84	2016	39737.00	26535.00

注:2012 年起国家进行了住户收支调查城乡一体化改革,2014 年开始公布新口径数据,所有收支调查指标名称前均冠以城镇(农村)常住居民;2014 年以前的所有数据均为老口径。

Note:In 2012, the state has carried out reform about Household income and expenditure survey of urban and rural integration, began to publish new caliber data since 2014. All income and expenditure survey indicators are preceded by the name of the town (rural) resident. All data in this table are old caliber data before 2014.

10－13　农村常住居民家庭基本情况
BASIC CONDITIONS OF RURAL RESIDENT HOUSEHOLDS FOR SAMPLING SURVEY

项　目 Item	2012	2013	2014	2015	2016
调查户数(户) Number of Households Surveyed(unit)	700	329	270	269	264
家庭常住人口(人) Permanent Residents(person)	2560	1121	741	726	735
常住人口中劳动力(人) Full－time & Part－time Laborers(person)	2021	816	559	553	566
农业劳动力(人) Agriculture Laborers(person)	750	255	211	195	186
非农业劳动力(人) Non－agriculture Laborers(person)	1271	561	348	358	380
户均经营耕地面积(亩) Per Family Operating Cultivated Area(Mu)	6.15	6.63	5.61	4.86	5.85
户均拥有生产性固定资产原值(元) Per Family Productive Fixed Assets(yuan)	11336.44	10318.86	10337.22	7890.97	8356.06
人均年末住房面积(平方米) Per Capita Floor Space of Houses at Year－end(sq. m)	51.40	47.82	48.20	49.08	47.38
#钢混面积比重(%) Ratio of Reinforced Concrete(%)	86.60	85.30	85.80	86.77	86.53

注:2012 年起国家进行了住户收支调查城乡一体化改革,2014 年开始公布新口径数据,所有收支调查指标名称前均冠以城镇(农村)常住居民;2014 年以前的所有数据均为老口径。

Note:In 2012, the state has carried out reform about Household income and expenditure survey of urban and rural integration, began to publish new caliber data since 2014. All income and expenditure survey indicators are preceded by the name of the town (rural) resident. All data in this table are old caliber data before 2014.

10－14　农村常住居民人均收入情况
COMPOSITION OF PER CAPITA ANNUAL NET INCOME OF RURAL RESIDENT HOUSEHOLDS

单位:元　　　　(yuan)

项目 Item	2012	2013	2014	2015	2016
总收入 Total revenue	**15392.47**	**18030.54**	**20581.68**	**22407.76**	**24399.29**
工资性收入 Wage income	5001.77	5852.48	7625.93	8489.55	9201.00
1、工资 wages	—	—	7140.68	7944.07	8611.81
2、实物福利 physical benefits	—	—	140.61	170.86	183.18
3、其他 other	—	—	344.64	374.62	406.01
经营性收入 Operating income	9024.14	10481.00	7710.77	8203.76	8613.78
第一产业经营收入 First industry operating income	6421.15	7639.00	6011.50	4782.67	4813.57
1、农业 agriculture	4685.16	5708.48	2301.81	2935.60	3441.86
2、林业 forestry	65.94	30.34	93.18	109.90	115.37
3、牧业 animal husbandry	414.56	555.11	2586.90	511.09	286.64
4、渔业 Fisheries	1255.49	1345.07	1029.61	1226.08	969.70
第二产业经营收入 Second industry operating income	807.95	858.00	68.53	62.56	239.71
1、制造业 manufacturing	272.60	360.36	1.69	2.39	41.48
2、建筑业 construction industry	535.35	497.64	66.84	60.17	198.23
第三产业经营收入 Third industry operating income	1795.03	1984.00	1630.74	3358.54	3560.51
财产性收入 Property income	351.41	462.80	825.84	830.35	965.99
转移性收入 Transfer income	1015.14	1234.26	4419.14	4884.09	5618.52
#养老金或离退休金 pension or retirement pension	—	—	2636.82	2817.56	2984.35
#家庭外出从业人员寄回带回收入 income of Out employees returned	—	—	919.03	960.25	945.38

注:2012 年起国家进行了住户收支调查城乡一体化改革,2014 年开始公布新口径数据,所有收支调查指标名称前均冠以城镇(农村)常住居民;2014 年以前的所有数据均为老口径。

Note:In 2012, the state has carried out reform about Household income and expenditure survey of urban and rural integration, began to publish new caliber data since 2014. All income and expenditure survey indicators are preceded by the name of the town (rural) resident. All data in this table are old caliber data before 2014.

10－15　农村常住居民可支配收入分组（2016年）
DIFFERENT INCOME GROUPS OF THE BASIC SITUATION OF RURAL RESIDENTS（2016）

计量单位：户　　　　　　　　　　　　　　　　　　　　（household）

项　　目 Item	2016年	占　比（%） Composition（%）
总户数 The Total Number	**264**	**100**
1000元以下 Below 1 000 yuan	1	0.4
1000～3000元	1	0.4
3000～6000元	7	2.6
6000～9000元	24	9.1
9000～12000元	25	9.5
12000～15000元	41	15.5
15000～18000元	39	14.8
18000～21000元	35	13.3
21000～24000元	27	10.2
24000～27000元	17	6.4
27000～30000元	7	2.7
30000～50000元	26	9.8
50000元以上 50 000 yuan or more	14	5.3

10-16 农村常住居民人均可支配收入构成情况
THE DISPOSABLE INCOME OF RURAL RESIDENT

单位:元 (yuan)

项目 Item	2016	2015
可支配收入 Disposable income	19152.00	17722.18
工资性收入 Wage income	9201.00	8489.55
1、工资 Wages	8611.81	7944.07
2、实物福利 Physical Benefits	183.18	170.86
3、其他 Other	406.01	374.62
经营净收入 Net Operating Income	4709.00	4485.48
第一产业经营净收入 Net Income of the First Industry	2499.23	2754.95
第二产业经营净收入 Net Income of Second Industry	89.86	54.33
第三产业经营净收入 Net Income of Third Industry	2119.91	1676.20
财产净收入 Net Property Income	915.00	830.35
转移净收入 Net Transfer Income	4327.00	3916.79
转移性收入 Transfer Income	5618.52	4884.09
#养老金或离退休金 Pension or Retirement Pension	2984.35	2817.56
#家庭外出从业人员寄回带回收入 Income Brought Back by Family Migrant Workers	945.38	960.25
转移性支出 Transfer Expenditure	1291.52	967.29

10－17 农村常住居民人均支出情况
COMPOSITION OF PER CAPITA EXPENDITURE OF RURAL RESIDENTS

单位:元 (yuan)

项目 Item	2012	2013	2014	2015	2016
总支出 Total expenditure	**13204.35**	**15056.13**	**20398.96**	**21563.78**	**22750.70**
消费支出 Consumption expenditure	8166.74	9127.00	11671.78	12939.52	14750.00
1、食品烟酒 food alcohol and tobacco	3244.46	3459.00	3713.86	4127.79	4646.00
2、衣　着 clothing	598.02	698.00	633.60	653.91	679.45
3、居　住 housing	1255.56	1427.00	3222.42	3616.36	4313.95
4、生活用品及服务 daily necessities and services	644.92	712.00	642.44	674.73	745.68
5、交通通信 communication	707.57	784.00	1161.67	1375.46	1542.54
6、教育文化娱乐 educational and cultural entertainment	592.70	704.00	844.00	970.31	1112.07
7、医疗保健 health care	822.01	994.00	1199.95	1252.26	1462.35
8、其他用品和服务 other supplies and services	301.50	349.00	253.85	268.69	247.96
生产经营费用支出 Production and operating expenses	3713.28	4829.84	3398.46	2941.31	2143.58
第一产业经营费用支出 First industry operating expenses	2595.17	3693.64	3163.52	2027.72	1330.14
1、农　业 agriculture	1734.03	2673.50	732.49	974.56	984.76
2、林　业 forestry	22.04	25.14	19.94	22.94	9.33
3、牧　业 animal husbandry	190.44	310.00	1836.98	185.70	62.36
4、渔　业 Fisheries	648.66	685.00	574.10	844.52	273.69
第二产业经营费用支出 Second industrial operating expenses	362.46	325.00	0.22	0.04	100.84
第三产业经营费用支出 Third industrial operating expenses	755.65	811.20	234.72	913.55	712.61
财产性支出 Property expenses	—	—	2.85	12.44	50.99
转移性支出 Transfer expenditure	—	—	819.99	967.29	1291.52
部分商业保险支出 Part of commercial insurance expenses	—	—	40.16	35.35	17.70
购置资产及非经常性转移支出 Acquisition of assets and non recurring transfer expenses	—	—	2839.68	3287.24	3406.70
借贷性支出 Borrowing expenses	—	—	1626.04	1380.64	1090.21

注:2012年起国家进行了住户收支调查城乡一体化改革,2014年开始公布新口径数据,所有收支调查指标名称前均冠以城镇(农村)常住居民;2014年以前的所有数据均为老口径。

Note: In 2012, the state has carried out reform about Household income and expenditure survey of urban and rural integration, began to publish new caliber data since 2014. All income and expenditure survey indicators are preceded by the name of the town (rural) resident. All data in this table are old caliber data before 2014.

10－18 农村常住居民家庭人均消费情况表
PER CAPITA COMSUMPTION OF RURAL RESIDENT HOUSEHOLDS

单位:公斤 (kilogram)

项目	Item	2012	2013	2014	2015	2016
蔬菜	Vegetable	110.16	106.33	105.88	83.61	97.48
植物油	Vegetable Oil	11.48	13.56	14.97	14.24	13.78
动物油	Animal Oil	0.21	0.27	0.44	0.29	0.25
猪肉	Pork	15.39	14.23	16.66	19.18	16.55
牛羊肉	Beef, Mutton	1.53	1.72	2.08	2.32	2.10
家禽	Poultry	3.33	2.99	2.30	2.65	2.57
蛋类	Eggs	6.97	6.41	6.78	7.29	7.57
鱼虾	Fish, Shrimp	17.05	16.90	14.99	16.91	15.27
食糖	Sugar	0.61	0.75	0.65	0.63	0.58
酒	Liquor	11.02	9.95	12.02	8.72	10.17
茶叶	Tea	0.13	0.11	0.18	0.12	0.12
糖果糕点	Candy, Cake	4.27	3.52	2.55	2.52	2.46
水果	Fruit	25.37	33.68	22.48	18.32	20.68

注:2012 年起国家进行了住户收支调查城乡一体化改革,2014 年开始公布新口径数据,所有收支调查指标名称前均冠以城镇(农村)常住居民;2014 年以前的所有数据均为老口径。

Note: In 2012, the state has carried out reform about Household income and expenditure survey of urban and rural integration, began to publish new caliber data since 2014. All income and expenditure survey indicators are preceded by the name of the town (rural) resident. All data in this table are old caliber data before 2014.

10－19 农村常住居民家庭平均每人全年购买商品情况
PER CAPITA ANNUAL CONSUMPTION OF COMMODITIES IN RURAL RESIDENT HOUSEHOLDS

单位:元 (yuan)

项目	Item	2012	2013	2014	2015	2016
植物油	Vegetable Oil	146.83	134.53	169.84	164.63	136.81
动物油	Animal Oil	3.89	4.58	5.10	4.98	3.53
蔬菜	Vegetable	219.22	194.85	233.90	345.41	322.70
豆制品	Beans and Related Products	15.21	13.30	16.63	59.79	61.65
猪肉	Pork	371.49	360.76	380.00	482.59	466.09
牛肉	Beef	36.85	54.68	76.27	72.71	64.87
羊肉	Mutton	13.73	22.87	28.68	38.87	28.14
家禽	Poultry	44.62	36.00	56.23	63.29	94.94
蛋类	Eggs	44.89	35.50	55.76	84.04	70.20
奶类	Milk	9.13	7.87	23.50	65.90	162.44
鱼类	Fish	150.71	135.50	163.39	213.72	167.46
食糖	Sugar	4.55	5.00	5.70	5.54	5.13
糕点	Cake	29.71	20.28	26.19	25.23	27.59
糖果	Candy	10.06	11.02	12.87	13.50	13.69
卷烟	Cigrettes	374.48	326.00	448.52	383.08	410.49
酒	Liquor	153.56	162.00	205.47	198.90	225.93
茶叶	Tea	9.06	7.00	23.29	18.23	13.56
水果	Fruit	65.71	76.21	133.05	127.46	121.96
洗涤及卫生用品	Washing and Health Articles	112.22	93.59	110.98	115.34	77.88
生活用煤	Living Coal	11.32	4.17	4.61	6.59	13.76
生活用液化气	Living Liquified Gas	113.14	122.20	156.14	163.34	124.08

注:2012 年起国家进行了住户收支调查城乡一体化改革,2014 年开始公布新口径数据,所有收支调查指标名称前均冠以城镇(农村)常住居民;2014 年以前的所有数据均为老口径。

Note: In 2012, the state has carried out reform about Household income and expenditure survey of urban and rural integration, began to publish new caliber data since 2014. All income and expenditure survey indicators are preceded by the name of the town (rural) resident. All data in this table are old caliber data before 2014.

10-20 农村常住居民家庭平均每百人全年购买商品情况
NUMBER OF DURABLE CONSUMBER GOODS PURCHASED ANNUALLY PER 100 RURAL RESIDENT HOUSEHOLDS

项目	Item	2012	2013	2014	2015	2016
洗衣机(台)	Washing Machine(unit)	1.72	1.25	1.89	1.79	2.16
电冰箱(台)	Refrigerator(unit)	1.21	1.69	1.08	2.47	2.31
空调机(台)	Air - Conditioner(unit)	1.99	2.68	2.48	3.03	2.98
微波炉(台)	Micro - Wave Oven(unit)	0.16	0.54	0.54	0.14	0.41
热水器(台)	Water Heater(unit)	1.76	0.98	0.40	1.51	1.49
自行车(辆)	Bicycle(unit)	3.11	0.89	1.35	1.00	1.09
摩托车(辆)	Motocycle(unit)	1.02	0.98	0.94	1.64	0.27
固定电话(部)	Telephone(set)	1.13	0.89	0.81	0.40	0.27
移动电话(部)	Mobile Telephone(set)	9.45	13.04	16.18	16.74	12.99
彩色电视机(台)	Color TV Set(unit)	2.11	2.32	1.94	3.58	3.37
照像机(架)	Camera(unit)	0.08	0.09	0.00	0.00	0.00
家用计算机(台)	Computer(unit)	1.55	1.16	1.81	1.38	0.95

注:2012年起国家进行了住户收支调查城乡一体化改革,2014年开始公布新口径数据,所有收支调查指标名称前均冠以城镇(农村)常住居民;2014年以前的所有数据均为老口径。

Note: In 2012, the state has carried out reform about Household income and expenditure survey of urban and rural integration, began to publish new caliber data since 2014. All income and expenditure survey indicators are preceded by the name of the town (rural) resident. All data in this table are old caliber data before 2014.

10-21 农村常住居民家庭每百户耐用消费品拥有量
NUMBER OF DURABLE CONSUMBER GOODS OWNED PER 100 RURAL RESIDENT HOUSEHOLDS

项目	Item	2012	2013	2014	2015	2016
洗衣机(台)	Washing Machine(unit)	83.1	83.3	83.4	83.5	83.2
电冰箱(台)	Refrigerator(unit)	95.9	96.1	98.2	98.9	95.9
空调机(台)	Air - Conditioner(unit)	93.6	88.5	89.0	93.5	100.9
抽油烟机(台)	Smoke Absorber(unit)	52.6	46.3	46.5	46.7	43.5
微波炉(台)	Micro - Wave Over(unit)	26.6	24.1	24.7	25.3	25.4
热水器(台)	Water Heater(unit)	80.0	83.7	85.5	87.5	87.5
摩托车(辆)	Motocycle(unit)	52.1	55.1	58.2	58.7	45.2
固定电话(部)	Telephone(set)	54.6	43.1	45.6	45.9	35.9
移动电话(部)	Mobile Telephone(set)	227.4	228.7	229.1	232.5	235.0
彩色电视机(台)	Color TV Set (unit)	129.1	125.1	125.2	125.8	126.6
摄像机(台)	Pickup Camera(unit)	1.4	2.2	2.7	2.7	1.6
照像机(台)	Camera(unit)	12.9	12.8	13.0	14.0	15.8
家用计算机(台)	Computer(unit)	32.1	36.6	37.5	36.9	33.7
中高档乐器(架)	Medium and High Grade Musical Instruments(unit)	0.1	0.6	0.8	0.0	1.1

注:2012年起国家进行了住户收支调查城乡一体化改革,2014年开始公布新口径数据,所有收支调查指标名称前均冠以城镇(农村)常住居民;2014年以前的所有数据均为老口径。

Note: In 2012, the state has carried out reform about Household income and expenditure survey of urban and rural integration, began to publish new caliber data since 2014. All income and expenditure survey indicators are preceded by the name of the town (rural) resident. All data in this table are old caliber data before 2014.

主 要 统 计 指 标 解 释

总收入 指调查户在调查期内获得的工资性收入、经营性收入、财产性收入、转移性收入的总和,不包括非收入所得和借贷性所得。

可支配收入 指调查户在调查期内获得的、可用于最终消费支出和储蓄的总和,即调查户可以用来自由支配的收入。可支配收入既包括现金,也包括实物收入。按照收入的来源,可支配收入包含四项,分别为:工资性收入、经营净收入、财产净收入和转移净收入。计算公式为:

可支配收入 = 工资性收入 + 经营净收入十财产净收入 + 转移净收入

其中:经营净收入 = 经营收入—经营费用—生产性固定资产折旧—生产税

财产净收入 = 财产性收入—财产性支出

转移净收入 = 转移性收入—转移性支出

总支出 指调查户在调查期内全部实际支出,包括消费支出、生产经营费用支出、财产性支出、转移性支出、部分商业保险支出、购置资产及非经常性转移支出、借贷性支出。

消费支出 指住户用于满足家庭日常生活消费需要的全部支出,包括用于消费品的支出和用于服务性消费的支出。根据用途不同,消费支出可划分为食品烟酒、衣着、居住、生活用品及服务、交通通信、教育文化娱乐、医疗保健、其他用品及服务八大类。根据来源不同,消费支出可划分为现金消费支出、实物消费支出(含自产自用、来自单位、来自政府和其他社会组织)。

Explanatory Notes on Main Statistical Indicators

Total revenue: The summation of Wage income, Operating income, Property income, Transfer income that Survey households got in Investigation period, not include loan income.

Disposable income: The income could be used for Final expenditure and consumption that Survey households got in Investigation period. That iS the income Survey households can Free control. Disposable income could be cash or Material object. According to the source of income, disposable income include 4 items: Wage income, Operating income, Property income, Transfer income. Calculation formula is:

Disposable income = Wage income + Operating net income + Property net income + Transfer net income

Among them: Operating net income = Operating income – Operating expenses – Deperciation of productive fixed assets – Production tax

Property net vncome = Property income – Property expenses

Transfer net income = Transfer income – Transfer expenditure

Total expenditure: The summation of all expenditure that Survey households expended in Investigation period, include Consumption, Production and operating expenses, Property expenses, Transfer expenses, Part of commercial insurance expenses, Asset purchase expenditure, Non recurrent transfer expenses, Bloan expenses.

Consumption expenditure: The all expenditure that households must pay for the needs of family daily life. including expenses for consumption goods and services. According to different uses, consumption expenditure Is divided into Food alcohol and tobacco, Clothing, Living category, Daily necessities and services, Communications and transportation, Education and culture and entertainment, Medical and health care, Other supplies and services. According to the source of expenditure, consumption expenditure is divided into cash expenses and material object expenses. (include Self occupied, from company, from govern ment, from the other organization)

十一、科技、教育、文化、卫生及其他

SCIENCE, TECHNOLOGY, EDUCATION, CULTURE, HEALTH AND OTHERS

资料整理人员： 胡 增 金 英 刘 江 王保汉 陈 巍 李 晖 史 瑾 张 瑾 汪 冲 万庆敏

STAFF FOR DATA PROCESSING:

Hu Zeng Jin Ying Liu Jiang Wang Baohan Chen Wei Li Hui Shi Jin Zhang Jin Wang Chong Wan Qingmin

简要说明

本篇资料反映科技、教育、文化、卫生、体育、民政、公检法、环境保护各项社会事业发展情况。

科技统计资料包括高新技术产业发展情况和规模以上工业企业科技活动情况，资料提供单位为武汉市科技局；教育统计资料内容包括高等教育、普通中等教育、初等教育、幼儿教育、特殊教育、职工教育，资料提供单位为武汉市教育局、武汉市人力资源和社会保障局和湖北省人力资源和社会保障厅；文化统计资料内容包括各类文化事业机构、人员、经费和主要业务活动情况，资料提供单位为武汉市文新广局、湖北省文化厅、湖北新闻广播局；体育统计资料内容包括体委系统职工情况、运动员教练员情况、运动会举办情况等，资料提供单位为武汉市体育局、湖北省体育局；民政统计资料内容包括优抚和救济情况、福利企事业机构、床位、业务情况、婚姻登记情况，资料提供单位为武汉市民政局；公检法统计资料内容包括刑事案件情况、交通和火灾事故情况、检察机关办案情况、以及律师、公证、调解情况，资料提供单位为武汉市公安局、武汉市检察院、武汉市司法局；卫生统计资料包括医疗机构人员、疾病、对居民保证程度等情况，由武汉市卫生和计划生育委员会提供。

Brief Description

Data in this chapter mainly show the development of Science and technology、education culture public health sports、Civil administration、Public security organs、Environmental protectionetc. The content of Science includes development of high technology industry and science – technology conditions in above designated size inclustrical enterprises. These data are provided by Wuhan city bureau of science and technology. The content of education statistics includes advanced education、regular secondary education、elementary education、kindergarten education、special education、education for staff and workers. These data are provided by Wuhan city bureau of education、Wuhan city bureau of works and social security、Hubei province bureau of works and social security. The content of culture statistics includes number of institutions、personnel and cost and other main activity. These data are provided by Wuhan City Press and Broadcasting Bureau, Hubei Provincial Department of culture, The news bureau of Hubei Province. The content of sports statistics includes staff and worker of Sports Commissions、Sportsman and coach and run of sports meeting. These data are provided by wuhan city bureau of sport、hubei province bureau of sport. Data of Civil administration statistics include persons enjoying favoured treatment and receiving special pensions、number of social welfare enterprises、number of beds、statistics on marriages. These data are provided by wuhan city bureau of Civil administration. Data of public security statistics include criminal and offense cases、traffic accidents and fire cases handled、procuratorial organ inuestigcotiens lawyer、Notarial documents and Civil disputes mediated. These data are provided wuhan city bureau of public security administration、Wuhan city office of procuratorate、wuhan city bureau of justice. Health statistics include medical institutions, personnel, disease, security degree to the resiclerts. Provided by the city health and family planning committee.

11－1　高新技术产业发展情况
STATISTICS ON NEW AND HIGH TECHNIC INDUSTRY DEVELOPMENT IN WUHAN

单位:万元　　　　　　　　　　　　　　　　　　　　　　(10 000 yuan)

指标名称 Index Name	2005	2006	2007	2008	2009	2010
总产值 Total Output Value	8370207	11004382	13801172	17341131	20549913	26380353
增加值 Value Added	2920023	3796512	4747603	6017362	7110270	8830955
#电子信息 Electronic Information	766666	1021137	1197520	1657625	2176018	2711109
先进制造 Advanced Manufacturing	658425	955727	1241271	1387088	2056036	2849183
新材料 New Materials	689903	754696	1046049	1521088	1237953	1551093
生物医药和医疗器械 Bio－technology and medical Appliance	313169	358323	405962	348295	406313	319263
产品出口交货值 Value of Delivery for Export	523212	951432	920808	1189337	1284882	1947344
产品销售收入 Sales Revenue of Products	7952966	10124031	12559066	15953841	19383916	25753287
利税总额 Total Value of Profits and Taxes	945981	1103981	1553558	1570285	2222988	2944291

指标名称 Index Name	2011	2012	2013	2014	2015	2016
总产值 Total Output Value	34489139	45560041	56044728	65996966	74992058	84461112
增加值 Value Added	10741142	13534010	17001874	19949152	21851004	23436104
#电子信息 Electronic Information	3462841	3742258	4464821	4885293	4621875	4566055
先进制造 Advanced Manufacturing	3891344	5013158	6113839	7546989	8358013	8548626
新材料 New Materials	1602444	1430334	1662238	1715856	1672231	2040291
生物医药和医疗器械 Bio－technology and medical Appliance	344720	496650	613295	679403	677498	803062
产品出口交货值 Value of Delivery for Export	3767699	5546199	4529562	5264094	5921431	8513473
产品销售收入 Sales Revenue of Products	38172227	45103564	49589496	50668563	56913967	65336889
利税总额 Total Value of Profits and Taxes	3297328	3516910	3949666	4065001	5571862	6725150

11－2 规模以上高新技术产业工业各技术领域主要经济指标
MAJOR ECONOMIC INDICATORS ON TECHNIC FIELDS OF HIGH NEW AND TECHNIC INDUSTRY ABOVE DESIGNATED SIZE

项目 Item	企业数（户） Number of Entepries (Unit)	从业人员（人） Employees (person)	总产值（千元） Total Output Value(1 000 yuan)	增加值（千元） Volue Added (1 000 yuan)
总计 Total	863	391740	699680644	164074193
电子信息 Electronic Information	168	127571	213080680	44845762
先进制造 Advanced Manufacturing	356	139904	318801013	80930122
新材料 New Materials	146	55656	96350501	19686188
新能源与高效节能 New Energy and Efficient Energy Saving	45	8455	7617050	1750720
生物医药与医疗器械 Bio－technology and New Medicine and Medical Applicnce	71	35996	26274250	8030617
环境保护 Environment Protection	23	6376	17811898	4222448
农业 Agriculture	39	4973	12555264	2983828
其他 Other	15	12809	7189988	1624508

项目 Item	产品销售收入（千元） Sales Revenue of Products (1 000 yuan)	利税总额（千元） Total Value of Profits and Taxes (1 000 yuan)	应交增值税（千元） Value added Tax Payable (1 000 yuan)	出口交货值（千元） Delivery Value of Export (1 000 yuan)
总计 Total	653368890	67251497	17891251	85134727
电子信息 Electronic Information	211517892	13547701	2649543	71958744
先进制造 Advanced Manufacturing	276447048	37862085	10161564	4938448
新材料 New Materials	101209166	7457763	2797595	787387
新能源与高效节能 New Energy and Efficient Energy Saving	7616842	610303	127614	1477992
生物医药与医疗器械 Bio－technology and New Medicine and Medical Applience	27181615	5516249	1775775	1205324
环境保护 Environment Protection	11886079	1581085	99588	3750243
农业 Agriculture	11908772	676700	19283	153261
其他 Other	5601476	－389	260289	863328

11－3 规模以上高新技术产业工业主要指标及构成情况(表一)

MAJOR INDICATORS AND COMPOSITION ON NEW AND HIGH TECHNIC INDUSTRY ABOVE DESIGNATED SIZE(TABLE 1)

项　目 Item	企业数 (户) Number of Enterprises (unit)	从业人数 (人) Employees (person)	总产值 (千元) Total Output Value(1 000 yuan)	增加值 (千元) Value Added (1 000 yuan)
总　计 Total	**863**	**391740**	**699680644**	**164074193**
一、按企业规模分组 Grouped by Enterprise Scale				
大型 Large	68	252994	485818049	115572884
中型 Medium－Sized	175	74101	118948876	26726504
小型 Small－Sized	611	64583	81374635	19339964
微型 Micro－Sized	9	62	13539084	2434841
二、按隶属关系分组 Grouped by Affiliation				
中央 Centre	54	115513	207332578	48455176
省(自治区、直辖市) Province(Autonomous Region,Municipalities)	21	5277	6365874	1553231
地(区、市、州、盟) Prefecture(zone、Gity、Atonomous Prefecture、League)	85	65714	62212403	14596325
县(区、市、旗) County(District、City、Banner)	30	8641	19028774	4006832
街道 Soreet	13	2156	3819452	937691
乡 Town	1	90	4000	1090
其他 Others	659	194349	400917563	94523848
三、按登记注册类型分组 Grouped by Type of Registration				
内资企业 Domestic Funded Enterprises	19	57591	62339111	10476148
国有企业 State－owned	15	57027	61489696	10278616
集体企业 Collective－owned	3	442	518318	124624
股份合作企业 Cooperative Enterprises of Share Holding	1	122	331097	72908
联营企业 Joint－owned	0	0	0	0
国有联营企业 Joint State－owned	0	0	0	0
集体联营企业 Collective State－owned	0	0	0	0
国有与集体联营企业 Joint State and Colleaive－owned	0	0	0	0
其他联营企业 Other Joint－owned	0	0	0	0

11－3 续 表 一 Continued 1

项 目 Item	企业数（户） Number of Enterprises (unit)	从业人数（人） Employees (person)	总产值（千元） Total Output Value(1 000 yuan)	增加值（千元） Value Added (1 000 yuan)
有限责任公司 Companies of Limited Liabilities	396	127369	201156068	44110424
国有独资公司 Companies State－owned Excluasive Investment	26	12287	31464359	6433540
其他有限责任公司 Other Companies of Limited Liabilities	370	115082	169691709	37676884
股份有限公司 Share Holding Co,Ltd	105	67972	94080099	23538051
私营企业 Private－owned	195	24213	55231042	12260962
私营独资企业 Private Exclusive Investment	2	219	517843	104048
私营合伙企业 Private Partnership				
私营有限责任公司 Private Companies of Limited Liabilities	175	21415	52967865	11767875
私营股份有限公司 Private Companies of Limited Liabilities with Share Holding	18	2579	1745334	389039
其他企业 Others				
港、澳、台商投资企业 Enterprises funded by Entepreneurs from HongKong, Macao and Taiwan	24	31218	45567185	10848500
合资经营企业(港或澳、台资) Joint Ventures with HongKong, Macao and Taiwan	13	24749	24699638	5196455
合作经营企业(港或澳、台资) Cooperative Enterprises with HongKong, Macao and Taiwan				
港、澳、台商独资经营企业 HongKong, Macao and Taiwan owned Enterprises	8	5534	20147325	5498687
港、澳、台商投资股份有限公司 Companies of Share HongKong funded by Entrepreneurs from HongKong Macao and Taiwan	3	935	720222	153358
其他港澳台投资企业 Others				
外商投资企业 Foreign Invested Enterprises	124	83377	241307139	62840108
中外合资经营企业 Chinese Foreign Equity Joint Ventures	72	56171	210223796	55612393
中外合作经营企业 Chinese Foreign Equity Cooperative Enterprises	1	320	492500	125883
外资企业 Foreign Enterprise	49	25114	28321217	6548438
外商投资股份有限公司 Companies of Share Holding funded by foveign entreprenrurs	2	1772	2269626	553394
其他外商投资企业 Other Foreign－Invested Enterprises				

11－4 规模以上高新技术产业工业主要指标及构成情况(表二)

MAJOR INDICATORS AND COMPOSITION ON NEW AND HIGH TECHNIC INDUSTRY ABOVE DESIGNATED SIZE (TABLE 2)

项 目 Item	企业数 (户) Number of Enterprises (unit)	从业人数 (人) Employees (person)	总产值 (千元) Total Output Value(1 000 yuan)	增加值 (千元) Value Added (1 000 yuan)
总 计 Total	**863**	**391740**	**699680644**	**164074193**
按国民经济行业大类分组 Grouped by Sector				
其他采矿业 Mining of Others Ores	1	120	26225	7529
农副食品加工业 Farm and Sideline Food Processing	27	2928	8550787	2031729
食品制造业 Food Production	10	1453	1950861	495289
酒、饮料和精制茶制造业 Liquor, Beverage and Refined Tea Production	4	5520	4886366	1153038
烟草制品业 Tobacco Processing	1	0	269770	168498
纺织业 Textile Industry	4	1356	1297659	308255
纺织服装、服饰业 Carments, Shoes and Hats Products	3	705	344328	88043
木材加工和木、竹、藤、棕、草制品业 Timber Processing, Bamboo, Cane, Palm Fiber and Straw Products	2	161	108381	25792
家具制造业 Furniture Manufacturing	4	440	115137	26654

11-4 续 表 一 Continued 1

项 目 Item	企业数（户）Number of Enterprises (unit)	从业人数（人）Employees (person)	总产值（千元）Total Output Value(1 000 yuan)	增加值（千元）Value Added (1 000 yuan)
造纸和纸制品业 Papermaking and Paper Products	7	1326	3837128	885785
印刷和记录媒介复制业 Printing and Record Processing	12	2166	5458525	1595279
文教、工美、体育和娱乐用品制造业 Cultural, Educational and Sports Goods	5	879	1743267	367693
石油加工、炼焦和核燃料加工业 Petroleum Processing, Coking and Nucless Fuel Processing	4	1713	12584386	2782408
化学原料和化学制品制造业 Raw Chemical Material and Chemical Products	55	8307	21058060	4839421
医药制造业 Medical and Pharmaceutical Products	52	30702	23283664	7230770
化学纤维制造业 Chemical Fiber Manufacturing	1	183	273500	46632
橡胶和塑料制品业 Rubber and Plastic Products	15	3622	13208309	3464502
非金属矿物制品业 Non - metal Material Products	42	4764	5415312	1333234
黑色金属冶炼和压延加工业 Smelting and Pressing of Ferrous Metals	7	29873	35988532	5540355
有色金属冶炼和压延加工业 Smelting and Pressing of Ferrous Metals	5	453	1800038	359015
金属制品业 Metal Products	37	9025	11320983	2571660

11-4 续 表 二 Continued 2

项 目 Item	企业数（户） Number of Enterprises (unit)	从业人数（人） Employees (person)	总产值（千元） Total Output Value(1 000 yuan)	增加值（千元） Value Added (1 000 yuan)
通用设备制造业 General Purpose Machinery Manufacturing	73	17107	24780642	6105042
专用设备制造业 Special Purpose equipment Manufacturing	82	27067	27926654	6488782
汽车制造业 Automobile Industry	121	76342	229894238	61475849
铁路、船舶、航空航天和其他运输设备制造业 Railway, Ship, Aerospace and Other transportation Equipment	17	13392	10154154	2212619
电气机械和器材制造业 Eletric Machinery and Equipment	123	42025	67948050	12861245
计算机、通信和其他电子设备制造业 Computer, Telecommunication and Other Electronic Devices	95	99442	177507563	37729341
仪器仪表制造业 Instruments and Meters Machinery	48	9263	4755533	1103699
其他制造业 Other Industry	2	576	147245	29927
废弃资源综合利用业 Utilization of Discard Resource and Material	1	450	1434318	334626
金属制品、机械和设备修理业 Mineral Products, Machinery and Repair of Equipment	2	380	1611029	411482
电力、热力生产和供应业 Electric, Heat Pouer Production and Supply				
水的生产和供应业 Tap Water Production and Supply				

11－5 规模以上工业企业科技活动情况

项目 Item	R&D 活动企业（个）Number of Enterprises with R&D Activities (unit)			R&D 人员合计（人）R&D Personels (person)		
	2016	2015	增幅%	2016	2015	增幅%
总计 Total	**494**	**418**	**18.2**	**35159**	**38040**	**－7.6**
一、按企业规模分组 Grouped by Enterprise Scale						
大型 Large	44	44		20253	24167	－16.2
中型 Medium	99	88	12.5	6547	6797	－3.7
小型 Small	349	286	22.0	8347	7076	18.0
微型 Micro	2			12		
二、按登记注册类型分组 Grouped by Type of Registration						
内资企业 Domestic Enterprises	437	357	22.4	30740	32735	－6.1
国有企业 State－owned Enterprises	11	13	－15.4	5766	7251	－20.5
集体企业 Collective－owned Enterprises						
股份合作企业 Cooperative Enterprises						
联营企业 Joint－owned Enterprises						
有限责任公司 Companies of Limited Liabilities	228	193	18.1	14880	14452	3.0
股份有限公司 Share Holding Co.，Ltd	81	75	8.0	7497	9306	－19.4
私营企业 Private－owned Enterprises	117	76	53.9	2597	1726	50.5
其他企业 Other Domestic－funded Enterprises						
港、澳、台商投资企业 Hongkong，Macao and Taiwan－invested Enterprises	13	12	8.3	934	1110	－15.9
外商投资企业 Foreign－invested Enterprises	44	49	－10.2	3485	4195	－16.9
三、按国民经济行业分组 Grouped by Sector						
其他采矿业 Other Minerals Mining and Processing	1	1		82	15	446.7
农副食品加工业 Food and Sideline Food Processing	13	13		248	356	－30.3
食品制造业 Food production	6	5	20.0	183	237	－22.8
酒、饮料和精制茶制造业 Wine，Drinks and Refined Tea Processing	1	1		7	16	－56.3
烟草制品业 Tobacco Processing	1	1		208	178	16.9
纺织业 Textile Industry	3	3		48	92	－47.8

SCIENCE AND TECHNONOGY ACTIVITIES OF INDUSTRIAL ENTERPRIESE ABOVE DISIGNATED SIZE

R&D 经内部费支出（万元）Funding for R&D Expenditure (10 000 yuan)			新产品开发经费支出（万元）Funding for New Product Development Expenditures (10 000 yuan)			新产品销售收入（万元）Revenue of New Product Sales (10 000 yuan)			专利申请数（件）Amount of Applications Examined (unit)		
2016	2015	增幅%	2016	2015	增幅%	2016	2015	增幅%	2016	2015	增幅%
1283095	**1473266**	**-12.9**	**1551215**	**1533548**	**1.2**	**14234320**	**14751598**	**-3.5**	**8523**	**7187**	**18.6**
978981	1206766	-18.9	1144512	1200112	-4.6	11349317	12267816	-7.5	4061	4417	-8.1
146474	131723	11.2	208001	156070	33.3	1599760	1454658	10.0	2385	1092	118.4
151028	134778	12.1	191887	177366	8.2	1283599	1029124	24.7	2077	1675	24.0
6612			6815			1644				3	-100.0
967032	1106650	-12.6	1206241	1138852	5.9	7715028	7255471	6.3	7631	6225	22.6
285164	471280	-39.5	341199	424454	-19.6	1355370	1619886	-16.3	1440	1939	-25.7
				449	-100.0						
415912	335182	24.1	540356	414288	30.4	2863243	2782085	2.9	4060	2642	53.7
219478	273707	-19.8	270001	265810	1.6	3052383	2529114	20.7	1529	1154	32.5
46479	26482	75.5	54685	33851	61.5	444033	324386	36.9	602	490	22.9
33272	29676	12.1	19064	25725	-25.9	27724	94803	-70.8	225	412	-45.4
282791	336940	-16.1	325911	368972	-11.7	6491568	7401325	-12.3	667	550	21.3
628	157	301.3	628	96	557.3				1	4	-75.0
6335	7689	-17.6	9012	10534	-14.4	36755	37180	-1.1	31	6	416.7
1834	3372	-45.6	1049	3655	-71.3	7612	38414	-80.2	21	17	23.5
356	690	-48.4	1309	990	32.1	700			17	11	54.5
8614	7915	8.8	6450	7868	-18.0	47116			406	717	-43.4
602	1477	-59.2	997	2239	-55.5	45809	54160	-15.4	4	7	-42.9

11－5 续 表

项　目 Item	R&D 活动企业（个）Number of Enterprises with R&D Activities (unit)			R&D 人员合计（人）R&D Personels (person)		
	2016	2015	增幅%	2016	2015	增幅%
纺织服装、服饰业 Textile, Garments, Shoes and Hats Products	1	1		53	35	51.4
木材加工和木、竹、藤、棕、草制品业 Timber Processing, Wood, Bamboo, Cane, Palm and Straw Products	1	2	－50.0	9	41	－78.0
家具制造业 Furniture Manufacturing	3	2	50.0	21	13	61.5
造纸和纸制品业 Papermaking and Paper Products	2	1	100.0	14	2	600.0
印刷和记录媒介复制业 Printing and Record Processing	5	5		248	85	191.8
文教、工美、体育和娱乐用品制造业 Culture, Education, Art, Sports and Recreation Products	2			24		
石油加工、炼焦和核燃料加工业 Petroleum Processing, Coking Products and Nuclear Fuel Processing	3	3		54	60	－10.0
化学原料和化学制品制造业 Raw Chemical Material and Chemical Products	37	28	32.1	876	993	－11.8
医药制造业 Medical and Pharmaceutical Products	37	40	－7.5	2698	3134	－13.9
橡胶和塑料制品业 Rubber and Plastic Products	8	7	14.3	196	162	21.0
非金属矿物制品业 Nonmetal Material Products	18	13	38.5	282	240	17.5
黑色金属冶炼和压延加工业 Smelting and Pressing of Ferrous Metals	3	5	－40.0	2890	3498	－17.4
有色金属冶炼和压延加工业 Smelting and Pressing of Non－ferrous Metals	1	1		22	38	－42.1
金属制品业 Metal Products	17	20	－15.0	894	1030	－13.2
通用设备制造业 General Piopose Machinery Manufacturing	34	30	13.3	1537	1657	－7.2
专用设备制造业 Special Purpose equipment Manufacturing	43	42	2.4	2149	2145	0.2
汽车制造业 Automobile Industry	54	43	25.6	3621	3622	
铁路、船舶、航空航天和其他运输设备制造业 Railway, Ship, Aerospace and Other transportation Equipment	12	6	100.0	3111	3195	－2.6
电气机械和器材制造业 Eletric Machinery and Equipment	76	60	26.7	4914	4611	6.6
计算机、通信和其他电子设备制造业 Telecommunication Equipment, Computer and Other Electronic Equipment Manufacturing	73	59	23.7	9221	11378	－19.0
仪器仪表制造业 Instruments, Meters, Machinery	33	22	50.0	1297	975	33.0
其他制造业 Other Manufacturing	2	1	100.0	80	29	175.9
废弃资源综合利用业 Vtilization of Discard Resource and Material	1	1		5	20	－75.0
金属制品、机械和设备修理业 Mineral Products, Machinery and Repair of Equipment	3	2	50.0	167	183	－8.7

11 – 5 Continued

R&D 经内部费支出（万元）Funding for R&D Expenditure（10 000 yuan）			新产品开发经费支出（万元）Funding for New Product Development Expenditures（10 000 yuan）			新产品销售收入（万元）Revenue of New Product Sales（10 000 yuan）			专利申请数（件）Amount of Applications Examined（unit）		
2016	2015	增幅%	2016	2015	增幅%	2016	2015	增幅%	2016	2015	增幅%
1340	931	43.8	4822	1872	157.6	65120	52370	24.3	44	22	100.0
55	402	-86.3		402	-100.0				9		
277	183	51.2	205	364	-43.7	2819	8376	-66.3	42	27	55.6
304	22	1314.4	77	2	3735.0	1411	1709	-17.4	4	6	-33.3
2595	2005	29.5	6612	4577	44.5	33880	4873	595.3	36	57	-36.8
430			755	228	230.7	11845	14896	-20.5	26	18	44.4
468	475	-1.6	296	250	18.6				11	10	10.0
15531	17428	-10.9	16126	16327	-1.2	148581	148167	0.3	174	181	-3.9
79662	82153	-3.0	88821	90656	-2.0	722440	6386445	13.1	319	180	77.2
6563	5878	11.7	8543	7083	20.6	63712	10777	491.2	80	14	471.4
4184	3427	22.1	5804	5233	10.9	40789	10811	277.3	80	68	17.6
107274	275585	-61.1	115412	229009	-49.6	1231062	1142313	7.8	680	1236	-45.0
296	384	-22.8	296	480	-38.2		7903	-100.0			
15595	20171	-22.7	22224	30283	-26.6	203321	342295	-40.6	474	305	55.4
44473	43915	1.3	29723	32337	-8.1	723901	704267	2.8	300	281	6.8
36365	35641	2.0	37592	34314	9.6	523905	402297	30.2	536	399	34.3
256451	298019	-13.9	305213	346421	-11.9	5902037	6519887	-9.5	701	458	53.1
15244	21531	-29.2	17142	24382	-29.7	146161	140864	3.8	337	305	10.5
111895	108691	2.9	135090	123534	9.4	2014258	1961916	2.7	551	532	3.6
531161	511616	3.8	700171	533997	31.1	2162658	2390413	-9.5	3338	1885	77.1
29060	18096	60.6	33493	23069	45.2	83007	113641	-27.0	281	409	-31.3
1020	832	22.5	637	897	-29.0	4051	427	848.8	14		
42	1067	-96.1	159			3403			6	18	-66.7
4444	3516	26.4	2560	2449	4.5	7968	4999	59.4		14	-100.0

11－6 三大战略性新兴产业主要统计数据
STATISTICS ON THREE STRATEGIC EMERGING INDUSTRIES

年份 Year	信息技术产业 Information Technology Industry		生命健康产业 Biotech &health Industry		智能制造产业 Intelligent Manufacturing Industry	
	营业收入（亿元） Revenues (100 million yuan)	增幅(%) Increase(%)	营业收入（亿元） Revenues (100 million yuan)	增幅(%) Increase(%)	总产值（亿元） Output Value (100 million yuan)	增幅(%) Increase(%)
2015	3005.44	17.1	1291.00	9.6	736.48	12.4
2016	3325.76	21.1	1531.13	18.6	1035.89	17.2

11－7 专利申请、授权与有效量情况
EXAMINED AND GRANTED PATENT APPLICATIONS

单位:件 （10 000 yuan）

指标名称 Index Name	2012	2013	2014	2015	2016
专利申请 Patent Applied					
专利申请量 Amount of Applications Examined	24105	25680	27802	33620	44826
#发　明 Creations and Inventions	8071	9735	11871	15077	20643
实用新型 Utility Models	13547	14048	13783	16158	20504
外观设计 Appearance	2487	1897	2148	2385	3679
专利授权 Granted Patents					
专利授权量 Amount of Applications Granted	13689	15901	16553	21740	22967
#发　明 Creations and Inventions	3233	3171	3874	6003	6514
实用新型 Utility Models	9100	11015	10871	13609	13977
外观设计 Appearance	1356	1715	1590	2128	2476
PCT 申请 PCT Applied				387	712

11-8 各级各类教育分年度基本情况
BASIC STATISTICS ON INSTITUTIONS OF EDUCATION

单位:人 person

指标名称 Index Name	2012	2013	2014	2015	2016
学校数(所) Number of Innstitutions(unit)	1211	1222	1216	1205	1209
普通高等院校 Institutions of Higher Eucation	79	80	80	82	84
普通中学 Regular Secondary Schools	374	369	365	361	367
技工学校 Technical Schools	40	39	33	28	25
中等职业学校 Vocationcl Secondary Schools	111	144	141	134	130
小　学 Primary Schools	598	590	588	591	594
盲、聋、哑学校 Schools for the Blind and the Deaf-wute	9	9	9	9	9
毕业生数 Number of Graduates	509451	498395	489382	475196	473509
普通高等院校 Institutions of Higher Eucation	240720	247327	265978	261988	261669
普通中学 Regular Secondary Schools	122319	115747	106385	102437	100448
技工学校 Technical Schools	17405	11975	8927	7135	6607
中等职业学校 Vocational Secondary Schools	62121	58095	43382	38153	34308
小　学 Primary Schools	66607	65251	64428	65215	70167
盲、聋、哑学校 Schools for the Blind and the Deaf-wute	279	394	282	268	310
招生数 New Student Enrollment	496566	502722	492292	494819	504997
普通高等院校 Institutions of Higher Eucation	273131	271204	269177	264636	263142
普通中学 Regular Secondary Schools	103574	101567	100220	100421	106901
技工学校 Technical Schools	9678	10351	8230	6983	10166
中等职业学校 Vocational Secondary Schools	35762	42053	38529	37683	38723
小　学 Primary Schools	74145	77547	84069	91805	95911
盲、聋、哑学校 Schools for the Blind and the Deaf-wute	276	405	297	274	320

11－8 续 表 Continued

指标名称 Index Name	2012	2013	2014	2015	2016
在校学生数 Students Enrollment	1847472	1854230	1849746	1863010	1886302
普通高等院校 Institutions of Higher Eucation	946991	966438	962106	956789	948768
普通中学 Regular Secondary Schools	329870	314045	306581	302803	308295
技工学校 Technical Schools	35471	25690	21426	19580	19805
中等职业学校 Vocational Secondary Schools	120545	124287	113181	108139	104893
小 学 Primary Schools	412781	423770	444528	473922	502611
盲、聋、哑学校 Schools for the Blind and the Deaf and dumb	1814	1890	1924	1777	1930
教职员工数 Number of Teachers and Staff	171818	175209	170184	171387	173434
普通高等院校 Institutions of Higher Eucation	90052	91941	90607	90840	92746
普通中学 Regular Secondary Schools	40288	39485	39456	38622	38951
技工学校 Technical Schools	3972	3532	2871	2979	2677
中等职业学校 Vocational Secondary Schools	9158	12031	11382	10265	9952
小 学 Primary Schools	28040	28220	28415	28391	28810
盲、聋、哑学校 Schools for the Blind and the Deaf－mute	308	328	324	290	298
专任教师 Full－time Teachers	123126	126513	125427	125306	125507
普通高等院校 Institutions of Higher Eucation	55016	57038	56494	57205	57803
普通中学 Regular Secondary Schools	32094	31510	31523	31207	31293
技工学校 Technical Schools	3218	2808	2236	2249	1725
中等职业学校 Vocational Secondary Schools	5908	8490	7979	7391	6897
小 学 Primary Schools	26630	26667	26931	27019	27561
盲、聋、哑学校 Schools for the Blind and the Deaf－mute	260	262	264	235	228

注：不包含研究生教育机构、成人教育高校及民办教育机构等。

Note：Postgraduate Education Institutions，Adult Education Colleges and Non－governmental Education Organizations are not inducled.

11-9 普通中学、小学专任教师学历情况(2016年)
BASIC STATISTICS ON ACADEMIC CREDENCIALS OF FULL-TIME TEACHERS IN REGULAR SECONDARY SCHOOLS AND PRIMARY SCHOOLS(2016)

单位:人 (person)

项目	Item	普通中学 Regular Secondary Schools 合计 Subtotal	高中 Senior	初中 Junior	小学 Primary Schools
专任教师总计	**Total Number of Full-time Teachers**	**31293**	**11761**	**19532**	**27561**
高等学校本科毕业及以上	Graduated from Regular College Course and above	28922	11643	17279	17035
高等学校专科毕业	Graduated from Specialized Subject(three Years)	2349	115	2234	9327
高中毕业及以下	Graduated from Senior Secondary Schools and below	22	3	19	1199
比重(%)	**Proportion of Full-time Teachers(%)**				
高等学校本科毕业及以上	Graduated from Regular College Course and above	92.42	99.00	88.47	61.81
高等学校专科毕业	Graduated from Specialized Subject(three Years)	7.51	0.98	11.44	33.84
高中毕业及以下	Graduated from Senior Secondary Schools and below	0.07	0.03	0.10	4.35

11-10 平均每一专任教师负担的学生数情况
THE RATIO OF STUDENTS AND FULL-TIME TEACHERS

单位:人 (person)

项目	Item	2012	2013	2014	2015	2016
普通高等学校	Institutions of Higher Education	19.85	21.83	21.58	21.00	18.32
中等专业学校	Specialized Secondary Schools	20.40	14.64	14.18	14.63	15.21
技工学校	Technical Schools	23.36	19.24	18.19	13.56	12.39
普通中学	Regular Secondary Schools	10.28	9.97	9.58	9.70	9.85
#高中	Senior	10.99	9.95	9.42	9.24	9.13
初中	Junior	9.85	9.98	9.91	9.98	10.28
小学	Primary Schools	15.50	15.89	16.51	17.54	18.24

11 - 11 平均每万人口在校学生数情况
STUDENT ENROLLMENT PER 10 000 POPULATION

单位:人 (person)

项目	Item	2012	2013	2014	2015	2016
普通高等学校	Institutions of Higher Education	1341.78	1384.89	1369.61	1462.46	1417.32
中等专业学校	Specialized Secondary Schools	145.72	151.25	137.68	130.71	125.79
技工学校	Technical Schools	14.21	11.02	11.50	13.20	10.46
普通中学	Regular Secondary Schools	398.76	382.18	372.95	366.01	369.72
#高　中	Senior	160.48	145.96	136.54	131.44	128.82
初　中	Junior	238.28	236.22	236.60	234.57	240.91
小　学	Primary Schools	498.99	515.72	540.76	572.86	602.76

11 - 12 幼儿园基本情况
BASIC STATISTICS ON KINDERGARTENS

单位:人 (person)

项目	Item	2012	2013	2014	2015	2016
幼儿园数(所)	Number of Kindergartens(unit)	888	1024	1097	1184	1303
在园幼儿数	Student Enrollment	203448	224274	240162	268747	284141
教职员工数	Number of Staff and Teachers	22204	26029	29141	32701	37050
#园　长	Chiefs of Kindergartens	1514	1738	1894	1964	2185
教　师	Teachers	10906	12832	14032	15758	17798
保健员	Health Workers	5079	6876	7701	8292	8859
平均每一教养员负担幼儿	Ratio of Students and Kindergarten Teachers	18.65	17.48	17.12	17.05	15.96

11－13　普通中小学和职业中学校舍情况
BASIC STATISTICS ON SCHOOLHOUSE OF REGULAR SECONDARY SCHOOLS, PRIMARY SCHOOLS AND VOCATIONAL SCHOOLS

单位:万平方米　　(10 000sq. m)

项目	Item	2012	2013	2014	2015	2016
学校数(所)	Number of Schools(unit)					
普通中学(所)	Regular Secvondary Schools(unit)	374	369	365	361	367
小　学(所)	Primary Schools(unit)	598	590	588	591	594
学校占地面积	Area of Schools					
普通中学	Regular Secondary Schools	1313.82	1301.55	1309.86	1295.31	1309.88
职业中学	Vocational Secondary Schools	423.18	405.24	409.62	331.98	336.86
小　学	Primary Schools	837.39	858.41	858.49	876.03	906.80
校舍建筑面积	Floor Space of School Building					
普通中学	Regular Secvondary Schools(unit)	557.37	571.35	587.46	582.50	588.16
职业中学	Vocational Secondary Schools	223.27	219.58	224.51	192.18	185.80
小　学	Primary Schools	308.58	318.16	332.77	342.59	366.58
本年新增面积	Newly Increased Floor Space of Building					
普通中学	Regular Secvondary Schools(unit)	2.41	－12.27	8.72	4.26	9.63
小　学	Primary Schools	4.11	21.02	4.56	9.54	23.59
危险房屋面积	Floor Space of Buildings with Danger of Collapse					
普通中学	Regular Secvondary Schools(unit)	1.53	0.70	0.48	0.02	0.00
小　学	Primary Schools	0.73	0.05	0.03	0.01	0.00

11－14 “三上”文化产业企业数和营业收入
NUMBER AND OPERATING REVENUE OF ENTERPRISES ABOVE EDSIGNATED SIZE IN CULTURAL INDUSTRIES

项目 Item		“三上”企业数(个) Number of Enterprises(unit)			“三上”企业营业收入(亿元) Operating Revenue(100 million yuan)		
		2014年	2015年	2016	2014年	2015年	2016年
总　计	Total	422	459	505	670.05	915.82	1027.18
制造业	Manufacturing	72	76	73	137.94	196.67	213.47
批零业	Wholesale and Retail Trade	94	91	90	148.75	222.02	144.67
服务业	Services	256	292	342	383.36	497.13	669.04

11－15 文化产业机构和人员情况
NUMBER OF INSTTUTIONS AND PERSONNEL IN CULTURAL INSTITUTIONS

项目 Item		机构数(个) Number of Institutions(unit)		从业人员数(人) Number of Persons Engaged(person)	
		2016	2015	2016	2015
总　计	**Total**	**2527**	**2507**	**27498**	**27162**
艺术业	Art Institutions	31	31	2454	2593
图书馆业	Libraries	17	17	679	675
群众文化业	Mass Culture	185	185	777	777
艺术教育业	Art Education	3	2	551	527
娱乐业	Recreation	2147	2119	18292	17660
文艺科研	Art Research	2	2	77	67
文物业	Cultural Relics	71	79	1623	1700
其他文化产业	Other Cultural Units	71	72	3045	3125

11－16 艺术表演机构和人员情况
STATISTICS ON INSTITUTIONS AND PERSONNEL IN ART PERFORMANCE

项目 Item	机构数(个) Number of Institutions(unit)		从业人员数(人) Number of Persons Engaged(person)	
	2016	2015	2016	2015
总计 Total	31	31	2593	2454
一、艺术表演团体 Art Performance Troupes	17	17	878	1974
1. 话剧、儿童剧、滑稽剧团 Drama, Children, Plays and Comedy Troupes	2	2	236	233
2. 歌剧、舞剧、歌舞剧团 Opera, Ballet and Dance Troupes	5	5	697	667
3. 歌舞团、轻音乐团 Song and Dance Group、Pops Orchesrta	0	0	0	0
4. 乐　团 Philharmonic Troupes	0	0	0	0
5. 戏曲剧团 Local Opera Troupes	3	3	519	533
其中:京　剧 Local Beijing Opera Troupes	2	2	297	299
6. 曲、杂、木、皮剧团 Recitation and Ballad Troupes, Acrobatics and Circus Troupes, Pupet Show Troupes and Shadow Play Troupes	6	6	646	520
7. 综合艺术表演团体 Comprehensive Art Troupes	1	1	17	21
二、艺术表演场所 Art Centers	14	14	478	480

11－17 文化部门艺术表演团体基本情况(2016 年)
STATISTICS ON INSTITUTIONS AND PERSONNEL OF ART PERFORMANCE IN CULTURAL DEPARTMENT(2016)

项 目 Item	剧团数(个) Number of Troupes (unit)	本年新排上演剧目(个) Newly Rehearsal and Performance Plays in the Year(play)	国内演出场次(千场) Number of Domestic Performances (10 00 shows)	国内观众(千人次) Number of Domestic Spectators (1000 person－times)	本年收入合计(千元) Total Income (1000 yuan)	本年支出合计(千元) Total Expenditures (1000 yuan)
总 计 Total	**17**	**23**	**5.48**	**6605.42**	**435941**	**436729**
话剧、儿童剧、滑稽剧团 Drama, Children, Plays and Comedy Troupes	2	11	0.96	777.88	65772	68328
歌剧、舞剧、歌舞剧团 Opera, Ballet and Dance Troupes	3	2	0.62	839	73094	73094
歌舞团、轻音乐团 Song and Dance Group、Pops Orchestra	2	2	0.33	265.14	49018	49825
乐 团 Philharmonic Troups	0	0	0	0	0	0
戏曲剧团 Local Opera Troupes	3	1	1.14	640.73	105466	102054
#京 剧 Local Beijing Opera Troupes	2	1	0.65	288.55	75204	71784
曲、杂、木、皮剧团 Recitation and Ballad Troupes, Acrobatics and Circus Troupes, Puppet Show Troupes and Shadow Play Troupes	6	7	2.3	3942.66	136116	137510
综合性艺术表演团体 Comprehensive Art Troupes	1	0	0.13	140	6475	5918

11－18 文化部门艺术表演场所演出情况
BASIC STATISTICS ON PERFORMANCE OF CULTURAL DEPARTMENT

指标名称	Index Name	2016	2015
剧 场(个)	Theaters(unit)	14	14
剧场座席(万个)(10000)	Seating－room of Theaters(10 000 seats)	1.40	1.54
演出场次(万场)(10000)	Number of Performances(10 000 shows)	0.36	0.40
#艺术场次(万场)	Number of Art Performances(10 000 shows)	0.10	0.15
观众人次(万人次)(10000)	Number of Spectators(10 000 person－times)	121.26	124.02
#艺术观众(万人次)	Number of Spectators for Art	75.48	91.36
总收入(万元)(10000)	Total Income(10 000 yuan)	12956.30	12101.60
#艺术演出收入	Income From Art Performances	5070.50	6275.80
总支出(万元)(10000)	Total Expenditures(10 000 yuan)	11678.60	11654.80

11－19 群众艺术馆、文化馆
STATISTICS ON MASS ART CENTERS AND CULTURAL CENTERS

指标名称 Index Name	2012	2013	2014	2015	2016
机构数(个) Number of Institutions(unit)	15	15	15	15	15
举办展览个数(个) Number of Exhibitions(unit)	80	106	137	126	122
组织文艺活动次数(次) Art Performances and Culture Sessions(times)	635	1015	1551	1180	6276
举办培训班(个) Training Courses(times)	391	728	413	509	542
结业人次数(千人次)(1000) Number of Persons Completing Courses(1000 person－times)	0.26	0.55	0.55	0.15	0.22

11－20 公共图书馆基本情况
BASIC STATISTICS ON PUBLIC LIBRARIES

指标名称 Index Name	2012	2013	2014	2015	2016
机构数(个) Number of Institutions(unit)	17	17	17	17	17
藏　　书(万册)(10000) Collections(10 000 volumes)	1182.87	1223.70	1325.82	1445.24	1549.36
发放借书证数(万个)(10000) Number of Library Cards Distributed(10 000 units)	36.04	28.03	52.35	67.69	75.47
图书流通人次(万人次)(10000) Total Number of Circulation(10 000 person－times)	504.81	583.11	627.73	648.90	713.08
为读者举办各种活动(次) Service Activities Provided for Readers(times)	951	1149	1364	1211	1814
参加人次(万人次)(10000) Number of Readers Involved(10 000 person－times)	42.25	105.63	106.25	83.29	117.23
本年新购图书(万册)(10000) Number of Books Purchased During the Year(10 000 Volumes)	67.92	73.44	97.18	117.66	95.11
公用房屋建筑面积(万平方米)(10000) Floor Space of Public Building(10 000sq. m)	15.72	17.64	17.36	17.79	18.37
阅览室座席数(万个)(10000) Seats of Reading Rooms(10 000 seats)	1.20	1.12	1.06	1.16	1.22

11－21 广播电视基本情况
BASIC STATISTICS ON BROADCASTING AND TELEVISION

指标名称 Index Name	2012	2013	2014	2015	2016
广播电台(座) Broadcasting Stations(seat)	1	1	1	1	1
电视台(座) Television Stations(seat)	1	1	1	1	1
广播电视台(座) Radio Television Stations(seta)	4	4	4	6	6
调频转播发射台(座) Number of Broadcast Transmission Stations(seat)	8	8	7	7	7
电视转播发射台(座) Number of Television Transmission Stations(seat)	6	6	5	5	5
广播节目套数(套) Number of Broadcasting Programs(seat)	18	19	19	9	9
公共广播节目每日播出时间(时、分) Average Public Broadcasting Hours per Day (hour、minute)	337:41:00	347:05:00	120:11:00	119:06:00	128:41:00
电视节目套数(套) Number of Television Programs(seat)	20	20	11	11	11
公共电视节目每日播出时间(时、分) Average Public Television Hours per Day(hour、minute)	402:59:00	401:15:00	193:46:00	192:05:00	194:32:00

11 -22 图书、杂志、报纸出版数量
NUMBER OF BOOKS、MAGAZINES AND NEWSPAPERS PUBLISHED

指标名称 Index Name	2012	2013	2014	2015	2016
图　书 Books					
出版社图书种数合计(种) Books from Publishing House(species)	14256	13905	16043	15939	15105
#出版新图书(种) #New Books Published(species)	8476	8446	9662	8932	7911
总印数(万册)(10000) Impression(10 000 copies)	25972.00	26273.68	27193.00	26299.74	27044.43
总印数(万张)(10000) Printed Sheets(10 000 species)	2045531.00	2088162.05	2288053.00	2245605.03	2236382.50
杂　志 Magazine					
种数(种) Class(unit)	360	363	364	365	369
平均期印数(万册)(10000) Number of Average Impression(10 000 copies)	1255.07	1143.02	1087.93	926.70	741.96
总印数(万册)(10000) Impression(10 000 copies)	33651.88	30463.73	27621.07	24714.65	18168.00
总印张(千印张)(1000) Printed Sheets(1 000 unit)	1842724.97	1758399.64	1637791.57	1438680.18	1010981.33
报　纸 Newspaper					
种数(种) Class	64	64	65	64	64
平均期印数(万册)(10000) Number of Average Impression(10 000 copies)	698.65	682.92	651.63	523.85	409.05
总印数(万册)(10000) Impression(10 000 copies)	164955.31	159425.62	153146.28	119031.20	91622.00
总印张(千印张)(1000) Printed Sheets(1 000 unit)	8251147.94	7597363.70	7317979.09	4530878.41	2799400.13

11－23 博物馆基本情况
STATISTICS ON MUSEUMS

指标名称	Index Name	2012	2013	2014	2015	2016
机构数(个)	Number of Centers(unit)	46	53	56	57	65
全部职工人数(人)	Total Number of Staffs(person)	1016	1158	1242	1266	1342
藏　品(件)	Cultural Relics of Collection(case)	503869	528038	739256	550465	537275
参观人次(万人次)	Vistors(10 000 person－times)	675.63	779.19	963.59	945.05	1012.52
总收入(万元)	Total Income(10 000 yuan)	21914.4	34212.5	34151.1	33058.8	60142.1
总支出(万元)	Total Expenditures(10 000 yuan)	22245.6	34219.2	34362.2	34031.1	71667.8

11－24 卫生事业机构数
NUMBER OF HEALTH INSTITUTIONS

单位:个　　(unit)

指标名称	Index Name	2012	2013	2014	2015	2016
合　计	**Total**	**2860**	**2760**	**2782**	**3695**	**3839**
医　院	Hospitals	159	164	197	303	317
社区卫生服务中心	Community Health Service Centers	125	126	129	133	133
卫生院	Health Centers	79	78	69	69	69
门诊部	Out－patoent Departrment	127	138	204	747	893
急救中心	First－aid Centers	1	1	1	2	2
采供血机构	Blood Centers	1	1	1	1	1
妇幼保健机构	Maternity and Child Care Centers	14	14	14	16	16
专科防治机构	Special Prevention and Treatment Centers or Stations	14	14	19	17	17
疾病控制机构	Disease Controling Centers	20	19	19	19	19
卫生监督机构	Sanitation supervision Centers	16	16	14	17	17
医学培训机构	Physic Training Centers	2	2	2	2	2
其他卫生机构	Other Health Care Institutions	4	24	10	7	9
诊　所	Clinics	1797	1790	1695	1842	1826
卫生所医务室	Clinic Infirmary	98	98	101	201	201
社区卫生服务站	Community Health Service Stations	403	275	307	317	317

11－25　医疗机构基本情况(2016 年)
STATISTICS ON MEDICAL INSTITUTIONS(2016)

项　目	Item	诊疗人次(千次) Total Number of Patients Treated (1000 person－times)	入院人数(千人) Hospital Admissions (1000 patients)	病　床周转次数(次) Turnover of Beds (times)	病床使用率(%) Utilization Rate of Beds (%)
合　计	**Total**	**79061**	**2658**	**32.5**	**88.03**
一、医　　院	Hospitals	47510	2345	33.5	92.52
综合医院	General Hospitals	35015	1753	35.8	96.36
中医医院	Hospitals of Chinese Medicine	4061	163	29.4	81.87
中西医结合医院	Hospitals of Chinese and Westen Medicine	2773	100	29.0	81.66
专科医院	Specialized Hospitals	5661	329	27.2	85.04
二、疗养院	Sanatoriums	0	0	0	0
三、社区卫生服务中心(站)	Community Health Service Centers	11466	109	20.0	49.43
四、卫生院	Health Centers	3605	114.077	27.5	62.53
街道卫生院	Urban Township Hospitals	390	12.058	22.5	66.85
乡镇卫生院	Rural Township Hospitals	3215	102.019	28.3	61.88
五、门诊部	Out－pactient Department	1708	0.466	0	0
六、妇幼保健机构	Maternity and Child Care Centers	2929	79.486	50.2	92.95
七、疾病预防控制机构	Disease Prevention and Treatment Centers	0	0	0	0
八、专科疾病防治机构	Specialized Disease Prevention & Treatment Centers	144	9.323	17.9	71.98

11－26　卫生事业床位数
NUMBER OF BEDS IN HEALTH INSTITUTIONS

单位:张　　　　(unit)

项　目	Item	2012	2013	2014	2015	2016
合　计	**Total**	**62178**	**66563**	**72827**	**80726**	**87408**
医　院	Hospitals	51721	55076	60127	67550	74453
卫生院	Health Centers	3209	3469	4077	4226	4443
社区卫生服务中心	Community Health Service Centers	5416	5673	6086	6175	6174
门诊部、所	Clinics	76	78	77	50	36
专科防治所、站	Special Prevention and Treatment Centers or Stations	742	843	904	959	531
妇幼保健所、站	Maternity and Child Care Centers	1014	1424	1556	1766	1771

11－27 医疗卫生事业对居民的保证程度

NUMBER OF BEDS AND PERSONS ENGAGED IN MEDICAL AND HEALTH INSTITUTIONS PER 1000 POPULATION

单位:张、人 (unit, person)

项目 Item	2012	2013	2014	2015	2016
每千人口卫生床位数 Number of Beds per 1000 population	7.07	7.12	8.85	7.61	8.12
#每千人口医院床位数 Number of Hospital beds per 1000 population	6.14	6.74	7.31	6.36	6.92
每千人口卫生工作人员数 Number of Medical Personnel per 100 population	10.41	11.02	11.83	10.78	11.42
#每千人口卫生技术人员数 Number of Medical Technical Personnel per 1000 population	8.31	8.78	9.54	8.65	9.13
每千人口医生数 Number of Doctors per 1000 population	3.30	3.33	3.59	3.10	3.23
每千人口护师、护士数 Number of Senior and Junior Nurses per 1000 population	3.40	3.89	4.41	4.26	4.56

11－28　医疗机构所属人员情况(2016年)

单位:人

项　　目 Item	合　计 Total	各类卫生技术人员 All Health Technicians		
		小　计 Total	执业助理医师 Certified Assistant Doctors	其中:执业医师 Certified Doctors
总　计 Total	**122940**	**98316**	**34730**	**32386**
#医　院 Hospitals	90849	73436	23854	23238
社区卫生服务中心(站) Community Health Service Centers	9452	7905	3108	2815
卫生院 Health Centers	5524	4581	1964	1253
门诊部 Out－patient Department	3786	3246	1673	1462
诊所卫生所医务室 Clinics	4377	4227	2236	2036
疾病预防控制中心 Centers for Disease Control and Prevention	1073	829	411	370
专科疾病防治院(所、站) Specialized Hospitals for Disease Control and Prevention	748	590	226	197
健康教育所(站、中心) Institute for Health Education	28	11	3	2
妇幼保健院(所、站) Maternity and Child Health Care	2820	2457	831	804
急救中心(站) First Aid Center	179	77	49	47
采供血机构 Blood Services	314	256	39	25
卫生监督所(中心) Health Supervision Institution	264	251	0	0
医学科学研究机构 Medical Scientific Reserach Instvtutions	40	30	11	11
医学在职培训机构 Medical Institutions of on－the－job Training	36	20	14	13
临床检验中心(所、站) Clinical Test Center	11	4	0	0
其　他 Others	87	18	9	9

注:本表总计含计划生育技术服务机构、村卫生室人员及乡村医生和卫生员

Note:The table contains a total of family planning technical services village health staff and rural doctors and health workers.

THE NUMBER OF EMPLOYED PERSONNEL IN MEDICAL INSTITUTIONS(2016)

(person)

各类卫生技术人员 All Health Technicians				其他技术人员 Others	管理人员 Adinistrative Staff	工勤技能人员 Ground Skilled Staff
注册护士 Enrolling Nurses	药剂人员 Junior Pharmacists	技师(士) laboratory Technicians	其　他 Other Technicians			
49129	4591	4757	5109	5698	6512	9461
39144	3332	3500	3606	4501	5162	7750
3491	527	372	407	474	503	570
1601	316	229	471	281	300	362
1300	94	120	59	61	174	305
1696	179	57	59	0	0	150
110	12	224	72	94	78	72
211	51	62	40	51	52	55
8	0	0	0	5	11	1
1312	73	149	92	168	105	90
27	1	0	0	5	35	62
142	5	32	38	20	20	18
0	0	0	251	2	11	10
4	0	9	6	0	6	4
3	0	2	1	8	6	2
4	0	0	0	0	6	1
2	0	0	7	18	43	8

11-29 居民死亡十种主要疾病构成情况(2016 年)
THE COMPOSITION OF TEN MAIN DISEASES CAUSING DEATH OF RESIDENTS(2016)

项　目 Item	病　名		死亡率 1/10 万 Death Rate (per 100000 Persons)	构　成(%) Constitution
合　计 Total	恶性肿瘤	Malignant Tumour	199.12	28.77
	脑血管病	Cerebrovascular Disease	168.69	24.38
	心脏病	Heart Trouble	135.67	19.61
	呼吸系统疾病	Respiratory Disease	57.33	8.28
	损伤与中毒外部原因	Trauma and Toxicosis	37.89	5.48
	内分泌,营养和代谢疾病	Discase about endocrine, nutritionl and metabolic	22.93	3.31
	消化系统疾病	Digestive Disease	16.42	2.37
	神经系统疾病	Nervous System Disease	9.11	1.32
	泌尿生殖系统疾病	Urinary Disease	6.70	0.97
	起源于围生期的某些疾病	Disease Result from Perinatal Period	2.41	0.35
男　性 Male	恶性肿瘤	Malignant Tumour	253.75	32.33
	脑血管病	Cerebrovascular Disease	177.77	22.65
	心脏病	Heart Trouble	139.33	17.75
	呼吸系统疾病	Respiratory Disease	70.56	8.99
	损伤和中毒外部原因	Trauma and Toxicosis	45.70	5.82
	内分泌,营养和代谢疾病	Discase about endocrine, nutritionl and metabolic	20.08	2.56
	消化系统疾病	Digestive Disease	18.68	2.38
	神经系统疾病	Nervous System Disease	9.67	1.23
	泌尿生殖系统疾病	Urinary Disease	7.79	0.99
	起源于围生期的某些疾病	Disease Result from Perinatal Period	2.96	0.38
女　性 Female	脑血管病	Cerebrovascular Disease	159.27	26.74
	恶性肿瘤	Malignant Tumour	142.42	23.91
	心脏病	Heart Trouble	131.87	22.14
	呼吸系统疾病	Respiratory Disease	43.60	7.32
	损伤和中毒外部原因	Trauma and Toxicosis	29.79	5.00
	内分泌,营养和代谢疾病	Discase about endocrine, nutritionl and metabolic	25.90	4.35
	消化系统疾病	Digestive Disease	14.09	2.36
	神经系统疾病	Nervous System Disease	8.52	1.43
	泌尿生殖系统疾病	Urinary Disease	5.56	0.93
	肌肉骨骼和结缔组织疾病	Musculoskeletal and connective tissue disease	1.97	0.33

11－30　体育事业基本情况
BASIC STATISTICS ON SPORTS AFFAIRS

指标名称 Index Name	2016	2015
体育局系统职工人数(人) Number of staff and Workers in Sports Bureau(person)	787	773
#市　　属(人) Municipal Units(person)	336	373
优秀运动队人数(人) Number of Personnel of Excellent Sports Teams(person)	40	46
等级裁判员人数(人) Number of Referees in Grades(person)	100	468
等级运动员发展人数(人) Number of Newly Increased Athletes in Grades(person)	373	447
少年儿童业余体校(所) Sparetime Sports Schools for Children(unit)	14	13
在校学生人数(人) Students Enrollment(person)	5007	3302
全市举办运动会次数(次) Number of Games Held in the City(times)	13	13
参加运动会运动员人数(人) Number of Atheltes Involved in the Games(person)	198000	134500

注：体育局系统职工人数中，不含省直在汉部分数据。

Note：Number of staff and workers in Sports Bureau doesnt include provincial government employees who work in Wuhan.

11－31　农村自然灾害情况
STATISTICS ON RURAL NATURAL DISASTER

指标名称 Index Name	2012	2013	2014	2015	2016
农作物受灾面积(百亩)(100) Covered Areas of Farm Crops(100 mu)	7289.05	13182	2223	3220	21835
成灾人口(人) Population Affected(person)	122611	459600	102316	138763	1060000
因灾缺粮(吨) Insufficient Amount of Grains Because of Disaster(ton)	88	6805	4794	3030	7393.4
缺粮人口(人) Number of Persons Suffering From Shortage of Grains(person)	2499	77200	54389	70255	95746

11-32 优抚和社会福利事业情况
STATISTICS ON SOCIAL WELFARE HOMES

指标名称 Index Name	2012	2013	2014	2015	2016
优抚事业 Preferential Treatment Policy					
单位数(个) Number of Homes(unit)	4	4	4	5	5
床位数(张) Number of Beds(unit)	855	893	1007	1037	1027
年末收养人员(人) Number of Persons Housed(person)	708	762	783	821	928
享受伤残抚恤金人数(人) Number of Persons Enjoying Disability Benfit(person)	5817	5722	5615	5750	5865
定期抚恤金人数(人) Number of Persons Who Have Regular Pension(person)	2088	1293	1175	1118	966
定期补助人数(人) Number of Persons Who Have Regular Subsides(person)	23744	22630	23399	23430	23097
社会福利 Social Welfare					
社会福利院单位数(个) Number of Social Welfare Home	14	16	16	15	15
床位数(张) Number of Beds	4527	5847	8820	9042	9181
在院总人数、天数(人、天) Number of Hospitalizations and Days	598302	921315	768457	712785	761306
#市儿童福利院(个) Number of Children's Welfare Institution	1	1	1	1	1
年末收养人员(人) Number of Persons Housed(person)	607	618	607	635	614

#少年儿童(人)
Juvenile(person)
	300	618	607	635	614

11-33 殡葬事业情况
BASIC STATISTICS ON FUNERAL AND INTERMENT AFFAIRS

项目	Item	2012	2013	2014	2015	2016
火葬场(个)	Crematoria(unit)	7	7	7	7	7
火化炉(台)	Cremators(unit)	79	79	83	83	83
火化尸体数(具)	Corpses Cremated(unit)	49399	49291	49325	50937	53968

11－34 婚姻登记情况(2016年)
STATISTICS ON MARRIAGES(2016)

地　　区	District	准予登记结婚数(对) Registered Marriages (couples)	准予离婚(对) Ratifications for Divorces (couples)
全　市	**Whole City**	**89242**	**41211**
江岸区	Jiang'an	6931	4520
江汉区	Jianghan	4970	3242
硚口区	Qiaokou	4694	2981
汉阳区	Hanyang	4259	2640
武昌区	Wuchang	13403	5542
青山区	Qingshan	4001	2419
洪山区	Hongshan	5515	2775
东西湖区	Dongxihu	3519	1786
汉南区	Hannan	1228	574
蔡甸区	Caidian	4786	2239
江夏区	Jianxia	6192	2622
黄陂区	Huangpi	11672	3960
新洲区	Xinzhou	10626	3092
武汉经济技术开发区	Wuhan Economic Technological Development Zone	2011	820
东湖新技术开发区	East Lake High－Tech Development Zone	5026	1887
东湖生态旅游风景区	East Lake Ecotoutism Scenic Zone	409	112
武汉化学工业区	Wuhan Chemical Indurstry Park	0	0

11－35 市属公证、律师机构及人员
NUMBER OF NOTARIAL INSTITUTIONS AND PERSONNEL ENGAGED AT MUNICIPALITY LEVEL AND BELOW

指标名称	Index Name	2012	2013	2014	2015	2016
公证机构	Notarial Institutions					
公证机构数(个)	Number of Notarial Institutions(unit)	13	13	13	13	13
#市　级(个)	Municipality Level(unit)	7	7	7	7	7
区　级(个)	District Level(unit)	6	6	6	6	6
公证人员数(人)	Number of Notarial Personnel(person)	168	196	204	237	268
办理各类公证(件)	Number of Notarial Documnets Issued(piecces)	104795	141712	189672	243702	295412
律师事务所	Law Offices					
律师事务所(个)	Number of Law Offices(unit)	174	191	209	241	265
市　级(个)	Municipality Level(unit)	63	63	64	65	64
区　级(个)	District Level(unit)	111	128	145	176	201
律师事务所实有人数(人)	Number of Staff and Workers in Law Offices(person)	3082	3365	4103	4330	4416
#专业律师工作者(人)	Full－time Lawyers(person)	2327	2564	3031	3234	3446
兼职律师工作者(人)	Part－time Lawyers(person)	85	111	94	118	112

11-36 市属民事纠纷调解情况
STATISTICS ON CIVIL DISPUTES MEDIATED AT MUNICIPALITY LEVEL AND BELOW

指标名称 Index Name	2012	2013	2014	2015	2016
一、调解纠纷合计(件) Number of Civil Disputes Mediated(case)	44439	50574	52352	53186	63543
二、调解成功纠纷(件) Number of Cases Successfully Mediated(case)	44392	50541	52300	53125	63397
三、本年突出纠纷 Highlight Disputes in the Year					
#婚姻家庭纠纷(件) Family Disputes(case)	20334	18698	29716	30656	32573
邻里纠纷(件) Neighborhood Disputes(case)		8932	20104	22380	23904
房屋纠纷(件) Housing Disputes(case)	930	667	246	205	196
四、避免非正常死亡(人) Abnormal Deaths Avoided(person)	10	56	49	23	23

11－37 社会治安及安全情况
BASIC STATISTICS ON CRIMINAL AND OFFENSE CASE

指标名称 Index Name	2012	2013	2014	2015	2016
刑事治安案件 Criminal Cases Registered					
刑事发案总数(起) Number of Criminal Cases Registered(case)	104091	88572	81947	105528	94267
刑事破案总数(起) Number of Criminal Cases Cracked(case)	32727	39191	27302	28714	29918
治安案件受理(起) Number of Offense Cases Registered(case)	227953	236755	88477	105812	96684
治安案件查处(起) Number of Offense Cases Disposed(case)	216628	229047	83433	95802	89967
交通事故 Traffic Accidents					
次　数(次) Number of Traffic Accidents(case)	2810	2611	2407	1919	1758
死　亡(人) Deaths(person)	355	355	357	343	344
伤　人(人) Injuries(person)	3058	2684	2481	1930	1706
损失折款(万元)(10000) Losses Converted into Cash(10 000 yuan)	684.4	433.7	633.4	659.0	486.0
火灾情况 Fires					
次　数(次) Number of Fires(case)	1344	3694	3345	2833	2653
死　亡(人) Deaths(person)	4	8	4	8	5
伤　人(人) Injuries(person)	1	3	2	12	1
损失折款(万元)(10000) Losses Converted into Cash(10 000 yuan)	491.3	840.1	710.1	953.6	854.3

11－38 检察机关办理各类案件情况
STATISTICS ON VARIONS CASES PROCESSED BY PROCURATORATE

单位:件 (unit)

指标名称	Index Name	2016	2015
举报贪污贿赂、渎职侵权案件线索情况	Report case clues of corruption and bribery, negligence of public duty, infringement		
首次举报受理数	First report acceptance number	1330	1111
贪污贿赂案件线索	Corruption and bribery case clues	1072	913
处理数	Cases Processed	1061	891
渎职侵权案件线索	Negligence of public duty, infringement case clues	258	198
处理数	Cases Processed	252	195
职务犯罪案件	Duty crime cases		
贪污贿赂案件	Corruption and bribery cases		
受理数(件/人)	Cases Accepted(case/person)	341/426	335/409
侦结数(件/人)	Cases Closed after investigation(case/person)	203/265	211/273
逮捕数(件/人)	Arrest approved(case/person)	119/135	169/186
起诉数(件/人)	Caces Prosecuted(case/person)	168/202	199/252
渎职侵权案件	Negligance of public duty, infringement cases		
受理数(件/人)	Cases Accepted	97/133	104/141
侦结数(件/人)	Cases closed after investigation(case/person)	54/85	57/83
逮捕数(件/人)	Arrest approved(case/person)	23/26	14/15
起诉数(件/人)	Cases Prosecuted(case/person)	40/59	37/44
控告申诉案件	Charges and Appeals		
控告合计	Total Charges	1593	411
处理数	Cases Processed	1557	405
申诉合计	Total appeals	424	720
处理数	Cases Processed	412	702
民事、行政检察案件	Suppervision on Civil and administrative appeals		
受案数	Cases accepted	1078	1279
审查处理	Cases Reviewed and processed	1077	1362
不服生效裁判监督案件审查结果	Cases not agreed with the effective verdict of supervisory review	335	359

11－39　刑事案件批捕与起诉
ARRESTS AND LAWSUITS IN CRIMINAL CASES

指标名称 Index Name	2012	2013	2014	2015	2016
受理刑事案件批捕总数(件) Number of Arrests Appealed in Criminal Cases(case)	9066	9662	10201	10631	10040
其中:批捕数(件) Authorizing Arrests(case)	8143	8374	8877	9272	8442
受理刑事案件批捕总数(人) Number of Persons Appealed Arresting in Criminal Cases(person)	13354	13123	13365	13860	13590
其中:批捕数(人) Authorizing Arrests(person)	11864	11089	11327	11773	10788
受理刑事案件起诉免诉总数(件) Number of Cases Appealed Prosecutions and Exempting from Prosecutions(case)	16870	18046	19095	20362	15271
其中:不诉(件) Exempting from Prosecutions(case)	8802	10302	11298	12655	11556
受理刑事案件起诉免诉总数(人) Number of Persons Appealed Prosecutions and Exempting from Prosecutions(person)	130	221	259	309	274
其中:起诉(件) Prosecutions(case)	30656	26375	26276	27527	19819
起　诉(人) Prosecutions(person)	12799	14073	14519	15727	14446
不　诉(人) Exempting from Prosecutions(person)	164	247	301	374	330

11－40 环境保护基本情况
BASIC STATISTICS ON ENVIRONMENTAL PROTECTION

项目 Item	2012	2013	2014	2015	2016
一、“三废”排放情况 Discharge and Treatment of Waste Water, Waste Gas and Solid Wastes					
(一)废水排放及处理情况 Dicharge and Treatment of Waste Water					
废水排放总量(万吨) Total Volume of Waste Water Discharged(10 000 tons)	82242.70	85401.81	88755.35	92399.98	91018.61
工业废水排放量(万吨) Volume of Industrial Waste Water Discharged(10 000 tons)	20704.00	18814.67	17097.45	15452.85	12623.04
(二)废气排放总量(亿标立方米) Total Volume of Waste Gas Emission(100 million cu. m)	6027.81	5641.77	5873.20	6011.05	6770.49
废气中:二氧化硫排放量(万吨) Volume of Sulphur Dioxide Emission(10 000 tons)	10.58	10.19	9.02	8.19	2.48
工业二氧化硫排放量(万吨) Volume of Industrial Sulphur Dioxide Emission(10 000 tons)	10.01	9.62	8.45	7.50	1.79
工业二氧化硫去除量(万吨) Volume of Industrial Sulphur Dioxide Removed(10 000 tons)	15.08	20.33	19.01	16.56	17.71
工业二氧化硫去除率(%) Percentage of Industrial Sulphur Dioxide Removed(%)	60.10	67.88	69.23	68.83	90.81
烟粉尘排放量(万吨) Volume of Soot Emission(10 000 tons)	2.65	2.57	2.75	2.68	6.01
工业烟粉尘排放量(万吨) Volume of Industrial Soot Emission(10 000 tons)	2.05	1.98	2.16	2.08	5.41
工业烟粉尘去除量(万吨) Volume of Industrial Soot Removed(10 000 tons)	320.53	312.31	330.15	382.62	318.59
工业烟粉尘去除率(%) Percentage of Industrial Soot Removed(%)	99.36	99.37	99.35	99.46	98.33
(三)工业固体废弃物产生量(万吨) Volume of Industrial Solid Wastes Produced(10 000 tons)	1381.21	1381.55	1400.47	1334.23	1308.61
工业固体废弃物综合利用和处置量(万吨) Volume of Industrial Solid Wastes Utilized(10 000 tons)	1364.18	1363.41	1382.44	1307.00	1275.30
工业固体废弃物综合处置利用率(%) Percentage of Industrial Solid Wastes Utilized(%)	95.05	97.26	98.71	97.96	97.45

说明:1. 2016 年烟粉尘排放量中包含无组织烟粉尘排放量;2. 2016 年二氧化硫排放量的统计要求及方法与往年不同。

Note:1. Scoot Emission in 2016 contains non－organizational Scoot emission; 2. The statistical requirement and rnethod on so_2 emission in 2016 differ from the past.

主 要 统 计 指 标 解 释

R&D(研究与试验发展)活动 指在科学技术领域,为增加知识总量以及运用这些知识去创造新的应用进行的系统的创造性的活动,包括基础研究、应用研究、试验发展三类活动。

基础研究 指为了获得关于现象和可观察事实的基本原理的新知识(揭示客观事物的本质、运动规律、获得新发现、新学说)而进行的实验性或理论性研究,它不以任何专门或特定的应用或使用为目的。其成果以科学论文和科学著作为主要形式。

应用研究 指为获得新知识而进行的创造性研究,主要针对某一特定的目的或目标。应用研究是为了确定基础研究成果可能的用途,或是为达到预定的目标探索应采取的新方法(原理性)或新途径。其成果形式以科学论文、专著、原理性模型或发明专利为主。

试验发展 指利用从基础研究、应用研究和实际经验所获得的现有知识,为产生新的产品、材料和装置,建立新的工艺、系统和服务,以及对已产生和建立的上述各项作实质性的改进而进行的系统性工作。其成果形式主要是专利、专有技术、具有新产品基本特征的产品,原型或具有新装置基本特征的原始样机等。在社会科学领域,试验发展是指把通过基础研究、应用研究获得的知识转变成可以实施的计划(包括为进行检验和评估实施示范项目)的过程。人文科学领域没有对应的试验发展活动。

R&D 人员 指单位内部从事基础研究、应用研究和试验发展三类活动的人员。包括直接参加上述三类项目活动的人员以及这三类项目的管理人员和直接服务人员,为研发活动提供直接服务的人员包括直接为研发活动提供资料文献、材料供应、设备维护等服务的人员。

R&D 经费支出 指调查单位在报告年度内用于内部开展 R&D 活动(基础研究、应用研究和应用发展)的实际支出。包括用于 R&D 项目(课题)活动的直接支出,以及间接用于 R&D 活动的管理费、服务费、与 R&D 有关的基本建设支出以及外协加工费等。不包括生产性活动支出、归还贷款支出以及与外单位合作或委托外单位进行 R&D 活动而转拨给对方的经费支出。

普通高等学校 指按照国家规定的设置标准和审批程序批准举办,通过国家统一招生考试,招收高中毕业生为主要培养对象,实施高等教育的全日制大学、独立设置的学院和高等专科学校、短期职业大学。

成人高等学校 指按照国家有关规定审批,招收通过全国成人高教统一招生考试的具有高中毕业或同等学历的在职从业人员利用脱产、半脱产、业余或函授等多种形式对其实施高等学历教育,培养高等教育专科或本科毕业水平的专门人才,修业年限、课程设置和总学时数均按高等学历教育要求付诸实施的学校。包括广播电视大学,职工高等学校、农民高等学校、管理干部学院、教育学院、独立设置的函授学院等。

独立研究与开发机构 指有明确的任务和研究方向,有一定学术水平的业务骨干和一定数量的研究人员,具有研究,开发、开展学术工作的基本条件,主要进行科学研究与技术开发活动,并且在行政上有独立的组织形式,财务上独立核算盈亏,有权与其他单位签订合同,在银行有单独户头的单位。包括国务院各部门、中国科学院、中国社会科学院和各省、自治区、直辖市以及地(市)以上〔含地(市)〕各部门所属的国有独立的科学研究与技术开发机构。

独立研究与开发机构职工 指在科学研究与技术开发机构工作,并由其支付工资的人员。包括长期职工和临时职工,不包括编制以外的离休、退休人员和停薪留职人员,但包括招聘人员。

专利申请量 指专利机构受理技术必明申请专利的数量,是发明专利申请量、实用新型专利申请量和外观设计专利申请量之和。

发明 指专利法及其实施细则所称的发明,指对有关产品、方法或其改进所提出的新的技术方案。

实用新型 指专利法及其实施细则所称的实用新型,指对产品的形状、构造或者其结合所提出的适于实用的新的技术方案。

外观设计 专利法及其实施细则所称的外观设计是指对产品的形状、图案、色彩或者其结合所作出的富有美感并适于工业上应用的新设计。

文化事业机构 指从事专业文化工作和为专业文化工作服务的独立建制的单位。不包括这些单位另外举办独立核算的其他机构和各部门的业余文化组织。

艺术表演团体 指从事戏曲、音乐、舞蹈、杂技等专业艺术表演,有独立帐户的单位。不包括半工半艺、半农半艺和民间职业剧团。

等级运动员人数 指经考核正式批准授予等级运动员称号的人数。运动员等级分为国际级运动健将、运动健将、一级运动员、二级运动员、三级运动员、少年级运动员。

等级裁判员人数 指经考核正式批准授予等级裁判员称号的人数。裁判员等级分为国际裁判、国家级裁判、一级裁判、二级裁判、三级裁判。

医院 指名称为医院,设有固定床位能收容病人住院并能为病人提供医疗、护理服务的医疗机构。包括县及县以上医院、农村乡卫生院、其他医院三部分。按所属性质分为卫生部门、工业及其他部门,集体经济单位三类。其中县及县以上医院按业务性质分为综合医院和专科医院。

卫生技术人员 指卫生事业机构支付工资的全部固定职工和合同制职工中现任职务为卫生技术工作的专业人员。包括中医师,西医师、中西医结合高级医师、护师、中药师、西药师、检验师,其他技师、中医士、西医士、护士、助产士、中药剂士、西药剂士、检验士、其他技士、其他中医、护理员、中药剂员、西药剂员、检验员,其他初级卫生技术人员。

医生　指经卫生部门审查合格,从事医疗工作的专业人员。分为中医医生和西医医生。包括卫生技术人员中的中医师、西医师、中西医结合高级医师、中医士、西医士和其他中医。

社会福利事业单位　指集中收养社会孤老、残、幼的机构。包括由民政部门管理的社会福利院、儿童福利院、精神病人福利院和城镇集体办的福利院,以及农村集体举办的敬老院。

社会福利事业单位收养人数　包括民政部门管理的和城镇及农村集体举办的社会福利事业单位中收养的老人、少年儿童、缺乏生活自理能力的残疾人员和精神病人。

律师　指受聘参加法律顾问处工作,担任法律顾问、刑(民)事代理人、刑事辩护人,办理非诉讼事件、解答法律询问,代写法律事务文书等主要从事律师业务的专职法律工作者和兼职律师。

公证人员　指在国家公证机关依法办理公证事务的司法人员。包括公证员、助理公证员和在公证处工作的其他人员。

办理公证文书　指公证处在一定时期内办结的公证文书件数。公证文书系按司法部规定或批准的格式制作。包括国内公证和涉外公证两部分。其中国内公证分为经济合同公证和民事法律关系公证两大类。

工业废水排放达标量　指各项指标都达到国家或地方排放标准的外排工业废水量,包括未经处理外排达标的和经过处理后外排达标的两部分。国家排放标准见 GB8978—88。

工业废气排放量　指企业厂区内燃料燃烧和生产工艺过程中产生的各种排粉空气的含有污染物的气体的总量,以标准状态〔273K,101325Pa〕计。

工业粉尘排放量　指企业在生产工艺过程中排放的颗粒物重量。如钢铁企业的耐火材料粉尘、焦化企业的筛焦系统粉尘,烧结机的粉尘、石灰窑的粉尘、建材企业的水泥粉尘等。不包括电厂排人大气的烟尘。

工业固体废物产生量　指企业在生产过程中产生的固体状、半固体状和高浓度液体状废弃物的总量,包括危险废物、冶炼陂渣、粉煤灰、炉渣、煤矸石、尾矿、放射性废物和其他废物等;不包括矿山开采的剥离废石和掘进废石(煤矸石和呈酸性或碱性的废石除外)。酸性或碱性废石是指采掘的废石其流经水、雨淋水的 pH 值小于 4 或 pH 值大于 10。5 者。

“三废”综合利用产品产值　指利用“三废”(废液、废气、废渣)作为主要原料生产的产品产值(现行价),已经销售或准备销售的,应计算产品产值;但留作生产匕自用的,不应计算产品产值。

Explanatory Notes on Main Statistical Indicators

Research and Development(R&D) refers to systematic and creative activities in the field of science and technology aiming at increasing the onowledge and using the knowledge for new application. R&D includes 3 categories of activities: basic research, applied research and experiments and development.

Basic Research Refer to experimental and theoretical researches in order to obtain new knowledge about phenomena and observable facts to the basic principle(to reveal the essence and motion law of the objective things, obtain new discoveries, new theories). It is not for the purpose of any special or specific application or use. The results forms are the scientific papers, monographs in major.

Application research Refers to creative study in order to obtain new knowledge, mainly for a particular purpose or goals. Application research is to determine the possible use of the basis results of research, or exploring new methods (the original rational) or new ways should be taken for achieving the goal. The results forms are the scientific papers, monographs, original rational model or patents for inventions in major.

Experimental Development refers to systematic work of using existing knowledge from basic research, application research and practical experience, to produce new products, materials and devices, build new technology, systems and services, and improve the production and the establishment of the above – mentioned substantial. The results forms are mainly patents, proprietary technology, products and prototypes with basic characteristics of new products, or original prototypes with basic characteristics of the new devices. In the social science area, test development refers to process of converting the knowledge obtained from basic research, application research into plans could be implemented (including the implementation of demonstration projects for inspection and assessment). Humanities area has no corresponding test development activities.

R&D Personnel Refers to personnels engaged in basic research, application research and experimental development activities in units. Including personnels directly participating in the above three kinds of project activities and management and service personnels of the three kinds of projects, and personnels providing direct service for r&d including directly provide information literature, material supply, equipment maintenance and other services.

R&D Expenditure Refers to the actual expenditure of investigation unit used for internal R&D activities (basic research, application research, development of application) in the annual report. Includeing direct spending for R&D items (projects), and indirectly spending for R&D active management, service, and the basic construction spending related to R&D activities and outsourcing processing fee, etc. productive activities expenses, and loan repayment expenses, and expenses turing to other units by cooperating with other units or entrusting other units for R&D activities.

Regular Institutions of Higher Learning refer to educational establishments set up according to the government evaluation and approval procedures, enrolling graduates from senior secondary schools and providing higher eduction courses and training for senior Drofessionals. They include full – time universities, colleges, high professional schools and short – term professional universities.

Institutions of Higher Learning for Adults refer to educational establishments, set up in line with relevant rules approved by the government ,enrolling staff and workers with senior secondary school or equivalent education, and providing higher education courses in many forms of full – time, part – time, spare – time, or correspondence for adults. In these institutions, where professionals are trained with higher education specialist or undergraduate course graduate level, length of schooling, curriculum offering and the total number of class hours are set and put into practice in accordance with the requirements of higher curricula education. Institutions of higher learning for adults include Radio and TV universities, school of high education for staff and workers and peasants, colleges for management cadres, pedagogical colleges, and independent correspondence colleges.

Independent Research and Development Institutions refor to the state – – owned institutions that have direct mission and research purpose. a certain number of core members with higher research level and a certain number of research personnel, favorable conditions for R&D and engaging in scientific research and technological development. The institutions also have their own independent organization and finance, authority to sign contracts with other units, with their own accounts in banks. Independent Research and Development Institutions contains stated – owned, independent scientific research and technology development organizations belong to ministries of State Council, Chinese Academy of Sciences, Chinese Academy of Social Sciences and ministries of provinces, autonomous regions, municipalities and others at or above the level of cities.

Personnel of independent Research and Development Institutions refers to the persons who work and receive payment inresearch and development institutions. It includes regular full – time and temporary staff and workers, but excludes retirees and persons who leave their work temporarily without payment but still retain their posts.

Patent applications refers to the number of applications for technical invention patents accepted by the patent office. It is the sum of invention applications, utility model applications and design applications.

Inventions refer to the inventions as specified by the patent law and its detailed rules and regulations for implementation. They refer to the new technical proposals to the products or methods or their modifications.

Utility Models refer to the utility models as specified by the patent law and its detailed rules and regulations for implementation. They refer to the practical and new technical proposals on the shape and structure of the product or the combination of both.

Designs refer to the designs as specified by the patent law and its detailed rules and regulation for implementation. They refer to the aesthetics and industry applicable new designs for the shape, pattern and color of the product, or their combinations.

Cultural Institutions refer to units that have their own organizational system and independent accounting system and specialize in or serve cultural development. They exclude other establishments with independent accounting system run by these cultural institutions and amateur cultural groups established by various departments.

Art Troupe refers to the troupe which is engaged in drama, opera, music, dance, acrobatics or other art performance, opens independent accounts with banks and has self supporting accounting system. excluding the troupes which are engaged partly in industrial or agricultural activities, partly in art performance and the professional troupes organized by the people.

Number of Athletes in Grades refers to the number of athletes who have been given titles through examination. The tides of athletes include international masters of sports, masters of sports, first - grade, second - grade and third - grade sportsmen and young athletes.

Number of Referees in Grades refers to he number of referees who have been given titles after examination. They are classifled as international referees. national referees and referees of the first, second and third grades.

Hospitals refer to medical institutions named as "hospital" with permanent hospital beds. which are able to take in - patients and Drovide them with medical and nursing services. Hospitals are classified into three categories: hospitals at or above the county level, hospitals of vural townships. and other hospitals. According to their ownership, hospitals can be classified into three categories: hospitals under the public health departments, hospitals under industrial and other departments and collective - owned hospitals. Hospitals at or above county 1evel are divided into comprehensive and specialized hospitals. according to business nature.

Medical Technical Personnel refers to all permanent medical staff and workers employed by medical institutions, includingdoctors Of Chinese and Western medicine. senior doctors who integrate traditional Chinese therapeutics with Western therapeutics in practice, senior nurses, pharmacists of Chinese and Western medicine, laboratory specialists, other specialists, paramedics of Chinese and Westem medicine, nurses, midwives, druggists in Chinese and Western medicine, laboratory technicians, other technicians, other practiffoners Of Chinese medicine. nursing attendants. pharmacological workers of Chinese and Western medicine, laboratory workers, and other primary medical personnel.

Doctors refer to qualified professional medical workers approved to practice by public health departments. They are classified in to doctors Of Chinese medicine. doctors of Western medicine, senior doctors who integrate traditional Chinese therapeutics with Western therapeutics in practice, paramedicS of Chinese medicine and Western medicine, and other specialists of Chinese medicine.

Social Welfare Institutions refer to institutions taking care of old people without children, handicapped people and orphans, They include social weflare institutions run by civil affairs departments, children's welfare institutions, social welfare institutions for mental patients, and collective - owned old peopleS homes in rural areas.

Number of People Taken in by Social Welfare institutions refers to the number of old people, children, totally dependent handicapped people and mental patients taken in by social welfare institutions run by civil" affairs departments and those run by collective units in urban and rural areas.

Lawyers are legal workers who are employed by legal counseling firms to act as legal advisers, agents in criminal or civil lawsuits, or defenders in criminal lawsuits, or to handle non litigious legal affairs, to advise on matters of law or to write legal papers for others. Both full - time and part - time lawyers are included.

Notary Personnel refer to judicial workers of the state notary offices handling notarization work according to law.

They include notaries, assistant notaries, and other people working for notary offices.

Notarized refer to the wuinber of documents settled by notary offices in a certain period. The notarized documents are drawn up in ac - cordance with the regulations of the Ministry of Justice. including domestic documents and foreign related documents. Domestic documents are divided into two major categories。 documents on economic contracts and documents on civil legal relations.

Volume of Industrial Waste Water up to the Standard for Discharge refers to the volume of discharged industrial waste water that, with or without treatment, has come up to the national or local standards for discharge. For the national standards for discharge, plese see GB8978 - 88.

Volume of Industrial Waste Gas Emission refers to the volume waste gas emitted from burning of fuels and from production process in the area of the factory, and is weasured by standard condotion [273k, 101325Pa].

Volume of Industrial Soot Discharged refers to the volume of solid soot, in the smoke discharged in the process of fuel burning in the area of the factory.

Volurme of Industrial Dust Discharged refers to the total weight of solid dust discharged by industrial enterprises in the production process, such as dust of refractory materials from iron plants, dust from coke screening system or from sintering machines of coking plants, dust from lime kilns, cement dust from building material enterprises, etc. , but excluding smoke and dust discharged by power plants.

Volume of industrial Solid Wastes Produced refers to the total volume of solid. semi - solid or highconcentration liquid residue produced by industrial enterprises in their production process, including dangerous wastes, residues from melting, slag, powdered coal ash, gangue, chemical residues, tailings, radioactivc residues; and other residues, but excluding stripped or dug stones in mining(except gangue and acid or alkali stones which stones are washed or soaked by water with a PH value smaller than 4 or larger than 1 0. 5.)

Output Value or Products Made from Utilization of Waste Gas. Waste Water and industrial Solid Wastes refers to the value of products(calculated at current prices) made by industrial enterprises using recovered waste water, waste gas or solid wastes as main raw materials. Only the value of the products that have been sold or are ready to be sold should be included. The value of the products that will be used in the production of the enterprises should not be included.

十二、分区资料

STATISTICS FOR DISTRICT

简要说明

本篇资料包括分区人口、生产总值、财政收入、规模以上工业主要经济指标、乡村人口与劳动力、耕地面积、农业投入、农林牧渔业产值、主要农作物产量、乡镇企业基本情况、城镇和农村常住居民人均可支配收入、固定资产投资、社会消费品零售额等。有关资料来源与计算方法详见本年鉴各相关分篇说明。

Brief Description

The data in this chapter include population by district, gross domestic product by district, government revenue by district, main economic indicators of industrial enterprises above designated size by district, rural population and labor forces by district, area under cultivation by district, consumption of agricultural producer goods by district, gross agricultural output value by district, yield of farm crops by district, basic conditions of township enterprises by district, per capita dosposable income of urban residents and rural residents, total investment infixed assets by district, total retail sales of consumer goods by district etc. Sources and computational method related data see relevant materials in details in this yearbook.

12－1　分区户籍人口（2016 年户籍统计）
STATISTICS ON HOUSEHOLD POPULATION BY DISTRICT(2016)

单位:万人　　(10 000 person)

地区 District	总人口 Total	男 Male	女 Female	城镇人口 Urban population	出生人口 Borned Population
全市 Whole City	**833.85**	**425.45**	**408.40**	**598.19**	**9.54**
江岸区 Jiang'an	72.62	36.01	36.61	72.62	0.70
江汉区 Jianghan	48.62	24.50	24.12	48.62	0.44
硚口区 Qiaokou	52.46	26.17	26.29	52.46	0.44
汉阳区 Hanyan	44.04	22.17	21.86	44.04	0.50
武昌区 Wuchang	104.17	52.64	51.53	104.17	0.97
青山区 Qingshan	42.88	21.80	21.08	42.88	0.32
洪山区 Hongshan	53.83	28.14	25.69	53.40	0.82
东西湖区 Dongxihu	29.65	14.87	14.78	23.18	0.41
汉南区 Hannan	11.39	5.79	5.60	6.48	0.11
蔡甸区 Caidian	45.99	23.31	22.68	13.50	0.52
江夏区 Jiangxia	59.83	30.75	29.08	29.70	0.85
黄陂区 Huangpi	113.28	57.99	55.30	21.84	1.21
新洲区 Xinzhou	96.88	50.91	45.96	31.50	1.11
武汉经济技术开发区 Wuhan Economic Technological Development Zone	15.55	8.16	7.39	15.55	0.24
东湖新技术开发区 East Lake High－Tech Development Zone	35.71	18.75	16.95	31.29	0.82
东湖生态旅游风景区 East Lake Ecotourism Scenic Zone	3.60	1.79	1.81	3.60	0.04
武汉化学工业区 Wuhan Chemical Industry Par	3.35	1.69	1.66	3.35	0.05

备注:1. 从 2015 年起,公安户籍数据调整统计口径,由原来的农业人口、非农业人口调整为乡村人口、城镇人口。

2. 江汉区人口数据包含水上分局人口数据,其中水上分局总人口 7871 人,男 6929 人,女 942 人,城镇人口 7871 人,出生人口 29 人。

Note:1. Statistic caliber of population data has changed since 2015, urban and rurall population data replacing agricultural and non－agricultural population data.

2. The population of Jianghan includes that of Water Bureau. Total Number of Water Bureau's population is 7871, in which there are 6929 men and 942 women, including 7871 people of urban population and 29 borned people

12-2 分区常住人口
STATISTICS ON PERMANET POPULATION BY DISTRICT

单位:万人 (10 000 person)

地区 District	2014	2015	2016
全市 Whole City	**1033.80**	**1060.77**	**1076.62**
江岸区 Jiang'an	93.70	95.43	96.13
江汉区 Jianghan	71.90	72.64	72.95
硚口区 Qiaokou	85.63	86.49	86.71
汉阳区 Hanyan	62.40	63.92	64.85
武昌区 Wuchang	123.80	125.06	125.64
青山区 Qingshan	51.70	52.35	52.68
洪山区 Hongshan	110.10	114.18	116.67
东西湖区 Dongxihu	50.82	52.70	54.11
汉南区 Hannan	12.90	13.10	13.16
蔡甸区 Caidian	43.90	45.10	45.31
江夏区 Jiangxia	67.80	69.49	70.40
黄陂区 Huangpi	91.10	94.51	96.71
新洲区 Xinzhou	86.00	88.27	89.48
武汉经济技术开发区 Wuhan Economic Technological Development Zone	23.70	25.25	26.68
东湖新技术开发区 East Lake High-Tech Development Zone	46.00	49.70	52.16
东湖生态旅游风景区 East Lake Ecotourism Scenic Zone	7.98	8.13	8.38
武汉化学工业区 Wuhan Chemical Industry Park	4.37	4.45	4.60

12－3　分区常住人口城镇化率
URBANIZATION RATE OF PERMANENT POPULATION

单位：%

地　区 District	2014	2015	2016
全　市 Whole City	**79.36**	**79.41**	**79.77**
江岸区 Jiang'an	100.00	100.00	100.00
江汉区 Jianghan	100.00	100.00	100.00
硚口区 Qiaokou	100.00	100.00	100.00
汉阳区 Hanyan	100.00	100.00	100.00
武昌区 Wuchang	100.00	100.00	100.00
青山区 Qingshan	100.00	100.00	100.00
洪山区 Hongshan	95.74	95.79	96.17
东西湖区 Dongxihu	63.12	63.28	64.51
汉南区 Hannan	58.45	58.56	59.37
蔡甸区 Caidian	37.63	37.78	38.01
江夏区 Jiangxia	51.45	51.61	52.70
黄陂区 Huangpi	42.32	44.16	45.52
新洲区 Xinzhou	50.06	50.21	51.21
武汉经济技术开发区 Wuhan Economic Technological Development Zone	86.24	86.30	86.90
东湖新技术开发区 East Lake High－Tech Development Zone	61.50	61.66	62.54
东湖生态旅游风景区 East Lake Ecotourism Scenic Zone	40.60	40.89	42.03
武汉化学工业区 Wuhan Chemical Industry Park	30.21	30.48	31.45

12－4 按行政区分常住人口
STATISTICS ON PERMANET POPULATION BY DISTRICT

单位：万人　　　　(10 000 person)

地区 District	2016	2015	2014
全市 Whole City	**1076.62**	**1060.77**	**1033.80**
江岸区 Jiang'an	96.13	95.43	93.70
江汉区 Jianghan	72.95	72.64	71.90
硚口区 Qiaokou	86.71	86.49	85.63
汉阳区 Hanyan	64.85	63.92	62.40
武昌区 Wuchang	127.40	126.80	125.51
青山区 Qingshan	52.68	52.35	51.70
洪山区 Hongshan	160.99	156.51	149.89
东西湖区 Dongxihu	54.11	52.70	50.82
汉南区 Hannan	13.16	13.10	12.90
蔡甸区 Caidian	71.99	70.35	67.60
江夏区 Jiangxia	89.46	87.70	84.65
黄陂区 Huangpi	96.71	94.51	91.10
新洲区 Xinzhou	89.48	88.27	86.00

备注：常住人口中，武昌区含东湖生态旅游风景区 1.76 万人，洪山区含东湖新技术开发区 33.10 万人、东湖生态旅游风景区 6.62 万人和武汉化学工业区 4.60 万人，蔡甸区含武汉经济技术开发区 26.68 万人，江夏区含东湖新技术开发区 19.06 万人。

Note：Resident population of Wuchang district includes 17.6 thousand people of East Lake Ecotourism Scenic Zone. Hongshan district includes 331 thousand people of East Lake high－Tech Development Zone，66.2 thousand people of East Lake Ecotourism Scenic Zone and 46 thousand people of Wuhan Chemical Industry Park. Caidian district includes 266.8 thousand people of Wuhan Economic and Technological Development Zone. Jiangxia district includes 190.6 thousand people of East Lake High－Tech Development Zone.

12-5 按行政区分常住人口城镇化率
URBANIZATION RATE OF PERMANENT POPULATION BY DISTRICT

单位:% (%)

地区 District	2016	2015	2014
全市 Whole City	**79.77**	**79.41**	**79.36**
江岸区 Jiang'an	100.00	100.00	100.00
江汉区 Jianghan	100.00	100.00	100.00
硚口区 Qiaokou	100.00	100.00	100.00
汉阳区 Hanyan	100.00	100.00	100.00
武昌区 Wuchang	100.00	100.00	100.00
青山区 Qingshan	100.00	100.00	100.00
洪山区 Hongshan	85.48	85.25	85.20
东西湖区 Dongxihu	64.51	63.28	63.12
汉南区 Hannan	59.37	58.55	58.45
蔡甸区 Caidian	56.29	55.20	54.67
江夏区 Jiangxia	52.98	51.78	51.65
黄陂区 Huangpi	45.52	44.16	42.32
新洲区 Xinzhou	51.21	50.21	50.06

12-6 分区生产总值(一)(2016年)
GROSS DOMESTIC PRODUCT BY DISTRICT(TABLE 1)(2016)

单位:亿元 (100 million yuan)

地区 District		生产总值 Gross Dometic Product	比上年增长(%) Increase Rate 2016 over 2015(%)	第一产业 Primary Industry	比上年增长(%) Increase Rate 2016 over 2015(%)
全市	Whole City	11912.61	7.8	390.62	3.4
江岸区	Jiang'an	960.99	9.1	0.13	-24.9
江汉区	Jianghan	1034.62	9.0		
硚口区	Qiaokou	599.36	7.3		
汉阳区	Hanyang	867.26	-0.8		
武昌区	Wuchang	971.64	7.4		
青山区	Qingshan	471.09	-0.9		
洪山区	Hongshan	834.79	8.7	2.26	-8.7
东西湖区	Dongxihu	655.65	4.1	15.76	2.4
蔡甸区	Caidian	357.84	7.1	47.98	3.5
江夏区	Jiangxia	681.73	12.8	101.63	3.5
黄陂区	Huangpi	634.93	8.1	129.52	4.0
新洲区	Xinzhou	607.52	7.2	87.80	2.6

12-7 分区生产总值(二)(2016年)
GROSS DOMESTIC PRODUCT BY DISTRICT(TABLE 2)(2016)

单位:亿元 (100 million yuan)

地区 District		第二产业 Secondary Industry	比上年增长(%) Increase Rate 2016 over 2015(%)	第三产业 Tertiary Industry	比上年增长(%) Increase Rate 2016 over 2015(%)
全市	Whole City	5227.05	5.7	6294.94	9.9
江岸区	Jiang'an	188.06	4.7	772.80	10.2
江汉区	Jianghan	81.94	4.4	952.67	9.4
硚口区	Qiaokou	140.67	8.7	458.70	6.8
汉阳区	Hanyang	599.20	-5.8	268.06	13.2
武昌区	Wuchang	137.55	9.7	834.09	7.0
青山区	Qingshan	302.49	-4.2	168.60	5.9
洪山区	Hongshan	183.19	9.1	649.34	8.7
东西湖区	Dongxihu	489.27	3.3	150.61	7.0
蔡甸区	Caidian	201.38	8.2	108.48	6.5
江夏区	Jiangxia	417.42	17.7	162.68	7.0
黄陂区	Huangpi	291.87	8.7	213.53	9.8
新洲区	Xinzhou	340.33	6.2	179.39	11.7

12-8 分区财政收入(2016年)
GOVERNMENT REVENUE BY DISTRICT(2016)

单位:亿元 (100 million yuan)

地区 District	地方一般公共预算收入 Local General Public Budget Revenue	比上年增长(%) Increase Rate 2016 over 2015(%)
全市 Whole City	1322.10	10.1
江岸区 Jiang'an	109.56	14.6
江汉区 Jianghan	123.50	17.7
硚口区 Qiaokou	62.97	21.3
汉阳区 Hanyang	83.46	27.6
武昌区 Wuchang	122.53	13.4
青山区 Qingshan	33.47	-13.1
洪山区 Hongshan	100.13	19.6
东西湖 Dongxihu	93.65	12.3
蔡甸区 Caidian	34.38	5.0
江夏区 Jiangxia	60.03	11.9
黄陂区 Huangpi	55.16	11.8
新洲区 Xinzhou	38.66	11.8
武汉经济技术开发区(含汉南区) Wuhan Economic Technological Development Zone(Including Hannan)	133.93	1.3
东湖新技术开发区 East Lake High-Tech Development Zone	114.99	12.6
东湖生态旅游风景区 East Lake Ecotourism Scenic Zone	16.04	147.2
武汉化学工业区 Wuhan Chemical Indurstry Park	6.61	-10.5

12－9　分区规模以上工业主要经济指标(2016 年)

单位:亿元

地　　区 District	企业单位数(个) Number of Enterprise(unit)	工业总产值 Gross Industrial Output Value at Current Prices	流动资产合计 Total current assets
全　市 Whole City	2516	13159.09	6728.80
江 岸 区 Jiang'an	26	302.77	120.50
江 汉 区 Jianghan	20	46.74	34.75
硚 口 区 Qiaokou	28	146.94	116.07
汉 阳 区 Hanyang	62	891.20	448.77
武 昌 区 Wuchang	24	216.06	48.86
青 山 区 Qingshan	105	1038.49	670.76
洪 山 区 Hongshan	79	194.48	181.23
东西湖区 Dongxihu	272	1155.30	436.80
蔡 甸 区 Caidian	246	735.42	199.12
江 夏 区 Jiangxia	256	1294.85	348.01
黄 陂 区 Huangpi	337	839.69	107.73
新 洲 区 Xinzhou	297	696.62	254.87
武汉经济技术开发区(含汉南区) Wuhan Economic Technological Development Zone(Including Hannan)	357	2948.99	1372.56
东湖新技术开发区 East Lake High－Tech Development Zone	388	2398.22	2357.08
武汉化学工业区 Wuhan Chemical Indurstry Park	19	155.93	31.69

MAIN INDUTRIAL INDEX BY DISTRICT(2016)

(100 million yuan)

固定资产合计 Total fixed assets	主营业务收入 The main business income	利税总额 Total Profit and Tax	应交增值税 Value - added Tax Payable	全部从业人员年平均人数(万人) The average number of employees(10 000 person)
4199.03	12124.70	1647.74	396.08	80.15
8.79	58.88	5.72	1.79	0.45
7.03	44.49	3.82	0.99	0.83
98.50	164.75	15.01	5.74	2.14
129.41	827.03	558.39	88.90	1.82
22.73	42.24	5.39	1.56	0.74
834.75	1157.04	113.56	46.92	8.20
994.76	980.25	53.40	35.96	9.91
147.80	736.68	76.72	15.39	5.73
69.73	590.16	22.19	4.95	3.48
193.84	966.20	111.84	22.75	5.55
69.54	769.91	38.97	8.51	4.43
221.86	572.22	37.92	13.94	4.19
557.82	2613.04	377.56	90.98	13.28
700.16	2442.58	196.39	50.86	19.00
142.32	159.24	30.85	6.83	0.40

12－10　分区乡村户数、人口、从业人员(2016 年)

单位:万人

项　　目	Item	武汉经济技术开发区(含汉南区) Wuhan Economic Technological Development Zone(Including Hannan)
一、乡村户数(万户)	**Rural Households(10 000 Households)**	**2.71**
乡村人口	Rural Population	8.19
二、乡村从业人员合计	**Total Rural Laborers**	**4.19**
#女　性	Female	1.95
乡村从业人员按部门分组	Rural Laborers Grouped By Sector	
1.农林牧渔业	Farming, Forestry, Animal Husbandry and Fishery	1.57
2.工　业	Industry	1.13
3.建筑业	Construction	0.47
4.交通运输业	Transportation	0.20
5.仓储业和邮电业	Storage, Postal and Telecommunications Services	0.04
6.信息传输、计算机服务和软件业	Information Transfer, Computer and Software Services	0.02
7.批发零售业	Wholesale and Retail Trade	0.23
8.住宿和餐饮业	Hotel and Catering Services	0.16
9.其他非农行业	Other Non－agriculture Trades	0.37
三、国营农林牧渔场从业人员	**Laborers of State－owned Farms**	**0.24**
1.农业从业人员	Agricultural Laborers	0.11
2.非农业从业人员	Non－agricultural Laborers	0.13

RURAL HOUSEHOLDS, POPULATION & LABOR FORCES BY DISTRICT(2016)

(10 000 person)

蔡甸区 Caidian	江夏区 Jiangxia	黄陂区 Huangpi	新洲区 Xinzhou	江岸区 Jiang'an	洪山区 Hongshan	东西湖区 Dongxihu	其他 Others
9.03	**10.80**	**24.28**	**19.16**	**0.14**	**0.10**	**2.12**	**2.84**
32.56	36.10	79.24	72.87	0.38	0.41	6.33	9.18
17.63	**19.96**	**45.16**	**40.23**	**0.32**	**0.28**	**3.12**	**5.25**
8.35	9.19	19.69	19.29	0.16	0.14	1.48	2.53
							0.00
6.27	6.88	13.77	11.44	0.10	0.07	1.22	1.66
5.37	4.22	7.60	8.43	0.05	0.03	1.11	1.10
2.24	2.52	14.03	10.23		0.03	0.17	0.44
0.93	1.24	1.94	1.87	0.01	0.04	0.11	0.43
0.15	0.22	0.32	0.59		0.02	0.05	0.04
0.15	0.22	0.28	0.40	0.01		0.03	0.04
1.27	1.15	2.78	2.21	0.05	0.04	0.06	0.20
0.86	1.05	2.15	1.56	0.05	0.04	0.05	0.24
0.39	2.46	2.29	3.50	0.06	0.03	0.32	1.11
0.25	**0.80**	**2.25**		**0.00**	**0.00**	**2.57**	**0.00**
0.10	0.52	0.58		0.00	0.00	1.31	0.00
0.15	0.28	1.67				1.26	0.00

12-11 分区耕地面积(2016 年)
AREA UNDER CULTIVATION BY DISTRICT(2016)

单位:千公顷 (1000 hectares)

地区	District	年末耕地资源 Cultivated Area (year-end)	水田 Paddy Fields	旱地 Dry Land	年内减少 Decrease in Cultivated Area in the Year	国家基建占地 State Capital Construction	其他基建占地 Other Construction
全 市	**Whole City**	**191.37**	**113.32**	**76.77**	**7.35**	**1.12**	**3.71**
江岸区	Jiang'an	0.07		0.07	0.44		
江汉区	Jianghan						
硚口区	Qiaokou						
汉阳区	Hanyang						
洪山区	Hongshan	1.84	0.12	1.64	0.43	0.03	
东西湖区	Dongxihu	10.67	3.08	7.32	0.18		0.18
蔡甸区	Caidian	23.99	13.18	10.79	0.16	0.03	0.05
江夏区	Jiangxia	35.73	22.11	12.85			
黄陂区	Huangpi	52.24	41.47	10.69	0.23	0.16	0.05
新洲区	Xinzhou	49.88	28.43	21.44	0.47	0.17	0.01
武汉经济技术开发区(含汉南区)	Wuhan Economic Technological Development Zone(Including Hannan)	7.30	0.36	6.89	3.42		3.42
其 他	Others	9.65	4.57	5.08	2.02	0.73	0.00

12-12 分区农业投入(2016年)
AGRICULTURAL CONSUMPTION BY DISTRICT(2016)

地区	District	农村用电量(万千瓦时) Consumption of Electricity in Rural Area (10 000 kwh)	化肥施用量(折纯) Consumption of Chemical Fertilizers (100%, ton)	塑料薄膜使用量(吨) Consumption of Plastic Film (ton)	农用柴油(吨) Consumption of Diesel Oil for Agri. Production (ton)	农药使用量(吨) Consumption of Pesticides (ton)
全　市	**Whole City**	**150159**	**125444.70**	**7347**	**23052**	**3940**
江岸区	Jiang'an	31	30.62	7	44	4
江汉区	Jianghan					
硚口区	Qiaokou					
汉阳区	Hanyang					
洪山区	Hongshan	746	125.14	5	10	7
东西湖区	Dongxihu	4313	8437.52	1116	1610	325
蔡甸区	Caidian	19343	13200.65	1604	2444	508
江夏区	Jiangxia	12812	18411.88	712	3122	690
黄陂区	Huangpi	62717	36971.95	1664	6372	756
新洲区	Xinzhou	41753	38496.37	1529	6931	1206
武汉经济技术开发区(含汉南区)	Wuhan Economic Technological Development Zone(Including Hannan)	4298	4916.98	310	1983	283
其　他	Others	4146	4853.59	400	536	161

12－13　分区按当年价格计算的农林牧渔业总产值(2016 年)

GROSS AGRICULTURAL OUTPUT VALUE AT CURRENT PRICE BY DISTRICT(2016)

单位:万元　　　　(10 000 yuan)

地　　区 District		合　计 Total	按可比价计算的增长速度(±%) Grouth Rate According to comparable Prices(±%)	农　业 Farming	林　业 Forstry	牧　业 Animal Husbandry	渔　业 Fishery	农林牧渔服务业 Farming Forestry Animal Husbandry Fishery Services
全　市	**Whole City**	**6696469**	**3.6**	**3922745**	**81363**	**1392981**	**1018035**	**281345**
江岸区	Jiangán	2376	－24.8	1806		51	453	65
江汉区	Jianghan							
硚口区	Qiaokou							
汉阳区	Hanyang							
洪山区	Hongshan	41835	－8.6	19067	36	1	21731	1000
东西湖区	Dongxihu	268805	2.5	172415	476	15386	78242	2286
蔡甸区	Caidian	771665	3.5	516547	2932	73080	161106	18000
江夏区	Jiangxia	1654216	3.7	985622	30380	378316	213984	45914
黄陂区	Huangpi	2082569	4.0	1171034	29479	538572	244529	98955
新洲区	Xinzhou	1409645	2.5	796272	16454	313786	171480	111653
武汉经济技术开发区(含汉南区)	Wuhan Economic Technological Development Zone(Including Hannan)	265367	3.0	115708	687	62985	84601	1386

12－14 分区农村常住居民人均可支配收入

PER CAPITA DISPOSABLE INCOME OF RURAL RESIDENTS BY DISTRICT

单位：元 (yuan)

地区	District	2012	2013	2014	2015	2016
全市	**Whole City**	**11190**	**12713**	**16160**	**17722**	**19152**
东西湖区	Dongxihu	11568	13211	17753	19466	21140
汉南区	Hannan	11289	12802	15292	16653	18040
蔡甸区	Caidian	11054	12568	15021	16502	17748
江夏区	Jiangxia	11289	12836	15101	16641	17972
黄陂区	Huangpi	10897	12444	14713	16228	17559
新洲区	Xinzhou	10687	12140	14410	15894	17046

注:2012 年起国家进行了住户收支调查城乡一体化改革,2014 年开始公布新口径数据,所有收支调查指标名称前均冠以城镇（农村）常住居民;2014 年以前的所有数据均为老口径。

Note: In 2012, the state has carried out reform about Household income and expenditure survey of urban and rural integration, began to publish new caliber data since 2014. All income and expenditure survey indicators are preceded by the name of the town (rural) resident. All data in this table are old caliber data before 2014.

12-15 分区农作物总产量(2016年)

单位:吨

地区	District	粮食作物 Grains	夏收粮食 Summer Grains	秋收粮食 Autumn Grains
全市	**Whole City**	**1100145**	**74452**	**1025693**
江岸区	Jiang'an			
江汉区	Jianghan			
硚口区	Qiaokou			
汉阳区	Hanyang			
洪山区	Hongshan			
东西湖区	Dongxihu	20159	2896	17263
蔡甸区	Caidian	112932	13300	99632
江夏区	Jiangxia	249100	8702	240398
黄陂区	Huangpi	404000	15400	388600
新洲区	Xinzhou	283100	26300	256800
武汉经济技术开发区(含汉南区)	Wuhan Economic Technological Development Zone(Including Hannan)	28510	5510	23000
其他	Others	2344	2344	0

GROSS OUTPUT OF FARM CROPS BY DISTRICT(2016)

(ton)

棉　花 Cotton	油　料 Oil - bearing Crops	麻　类 Fiber Crops	糖　料 Sugar Crops	烟　叶 Tobacco	蔬　菜 Vegetables	瓜　类 Melons
7622	**181361**	**111**	**46107**		**7749141**	**569655**
					7603	
90	780		15		42465	6025
168	563		10068		524018	32904
2004	11558		1		840445	150020
292	40887	40			1588385	109280
2070	64527		28460		2354905	97290
2713	55743		7563		1585186	58411
257	991				286890	50778
28	6312	71	0		519244	64947

12－16　分区全社会固定资产投资(2016 年)
TOTAL INVESTMENT IN FIXED ASSETS IN THE WHOLE CITY BY DISTRICT(2016)

单位:亿元　　　　　　　　　　　　　　　　　　　　(1 0000 yuan)

地　区	District	全社会投资额 Investment in Fixed Assets	比上年增长(%) Increase Rate in 2016 over 2015(%)
全　市	Whole City	7093.1658	-2.6
江岸区	Jiang'an	505.4209	-4
江汉区	Jianghan	462.5577	3.8
硚口区	Qiaokou	229.5729	-41.5
汉阳区	Hanyang	404.7793	-15.3
武昌区	Wuchang	201.4736	-46.2
青山区	Qingshan	109.1018	-32.6
洪山区	Hongshan	369.3701	-30.1
东西湖区	Dongxihu	500.5053	0.4
蔡甸区	Caidian	351.3100	0.7
江夏区	Jiangxia	510.0178	-13.7
黄陂区	Huangpi	500.2950	-20.2
新洲区	Xinzhou	466.7906	-7.1
武汉经济技术开发区(含汉南区)	Wuhan Economic Technological Development Zone(Including Hannan)	774.2105	2.4
东湖新技术开发区	East Lake High - Tech Development Zone	870.0563	16.1
东湖生态旅游风景区	East Lake Ecotourism Scenic Zone	7.4840	-63.7
武汉化学工业区	Wuhan Chemical Indurstry Park	15.8479	13.4

12－17 分区房地产开发投资和销售面积(2016年)
THE INVESTMENT OF REAL ESTATE DEVELOPMENT AND AREA SOLD BY DISTRICT(2016)

地区 District	房地产开发投资 (亿元) Investment in Real Eatate Development (100 million yuan)	比上年增长 (%) Increase Rate in 2015 oner 2014 (%)	商品房销售面积 (万平方米) Area of Commercialized Housing Sold (10 000 m²)	比上年增长 (%) Increase Rate in 2015 over 2014 (%)
全 市 Whole City	**2517.44**	**－2.5**	**3255.66**	**23.9**
江岸区 Jiang'an	380.99	0.8	314.57	25.9
江汉区 Jianghan	330.17	10.4	233.14	25.3
硚口区 Qiaokou	183.45	－42.4	141.72	－7.1
汉阳区 Hanyang	328.29	－11.8	374.10	56.8
武昌区 Wuchang	140.06	－37.7	169.46	－11.5
青山区 Qingshan	68.99	0.9	68.87	16.3
洪山区 Hongshan	269.06	－0.9	323.05	6.3
东西湖区 Dongxihu	74.91	20.7	163.89	15.9
蔡甸区 Caidian	80.14	26.5	141.20	11.0
江夏区 Jiangxia	96.17	11.8	198.63	23.3
黄陂区 Huangpi	164.68	17.3	471.97	23.9
新洲区 Xinzhou	40.94	2.0	129.37	25.2
武汉经济技术开发区(含汉南区) Wuhan Economic Technological Development Zone	53.34	－3.7	121.35	69.4
东湖新技术开发区 East Lake High－Tech Development Zone	306.24	51.4	404.33	55.6

12-18 分区建筑业总产值(2016年)
TOTAL GROSS OUTPUT VALUE OF CONSTRUCTION BY DISTRICT(2016)

单位:亿元 (100 million yuan)

地区 District	建筑业总产值 Gross Output Value	比上年增长(%) Increase Rate in 2016 orve 2015 (%)
全市 Whole City	6980.37	16.0
江岸区 Jiangán	470.50	6.3
江汉区 Jianghan	357.86	7.0
硚口区 Qiaokou	544.18	18.4
汉阳区 Hanyang	341.52	1.9
武昌区 Wuchang	925.74	16.6
青山区 Qingshan	221.18	17.3
洪山区 Hongshan	1100.33	54.4
东西湖区 Dongxihu	553.28	8.3
蔡甸区 Caidian	100.80	9.6
江夏区 Jiangxia	135.44	67.6
黄陂区 Huangpi	422.05	14.5
新洲区 Xinzhou	1203.49	6.1
武汉经济技术开发区(含汉南区) Wuhan Economic Technological Development Zone	295.62	14.9
东湖新技术开发区 East Lake High - Tech Development Zone	308.38	0.7

12－19 分区建筑业增加值(2016 年)
ADDED VALUE OF CONSTRUCTION BY DISTRICT(2016)

单位:亿元 (100 million yuan)

地　区 District	建筑业增加值 Added Value of Construction	比上年增长 (%) Increase Rate in 2016 orve 2015 (%)
全　市 Whole City	997.59	10.0
江岸区 Jiang'an	85.52	6.9
江汉区 Jianghan	66.63	7.0
硚口区 Qiaokou	76.30	13.9
汉阳区 Hanyang	58.91	5.1
武昌区 Wuchang	89.29	10.4
青山区 Qingshan	45.37	11.5
洪山区 Hongshan	123.70	17.4
东西湖区 Dongxihu	111.34	7.1
蔡甸区 Caidian	24.53	7.2
江夏区 Jiangxia	33.91	18.2
黄陂区 Huangpi	74.87	10.1
新洲区 Xinzhou	113.58	5.5
武汉经济技术开发区(含汉南区) Wuhan Economic Technological Development Zone	57.64	10.7
东湖新技术开发区 East Lake High－Tech Development Zone	32.42	3.0

12 - 20 分区社会消费品零售额(2016 年)
TOTAL RETAIL SALES OF CONSUMER GOODS BY DISTRICT(2016)

单位:亿元 (10 000 yuan)

地区 District	社会消费品零售额 Total Retail Sales of Consumer Goods	比上年增长% Growth Rate over the previones year (%)
全市 Whole City	5610.5883	10.0
江岸区 Jiang'an	598.1219	10.5
江汉区 Jianghan	997.5488	8.2
硚口区 Qiaokou	878.1726	7.5
汉阳区 Hanyang	516.9747	10.8
武昌区 Wuchang	643.1289	9.4
青山区 Qingshan	139.4980	10.5
洪山区 Hongshan	562.8381	11.5
东西湖区 Dongxihu	140.6829	12.3
蔡甸区 Caidian	107.9565	10.0
江夏区 Jiangxia	191.5731	10.6
黄陂区 Huangpi	242.8623	10.2
新洲区 Xinzhou	325.6300	12.9
武汉经济技术开发区(含汉南区) Wuhan Economic Technological Development Zone (Including Hannan)	93.1687	10.4
东湖新技术开发区 Eeast Lake High - Tech Development Zone	136.7984	12.1
东湖生态旅游风景区 East Lake Ecotourism Scenic Zone	8.9832	8.6

12－21 分区城镇常住居民年人均可支配收入
ANNUAL PER CAPITA DISPOSABLE INCOME OF URBAN RESIDENTS

单位:元 (yuan)

地区	District	2016	2015
全市	Whole City	39737	36436
江岸区	Jiang'an	44182	40687
江汉区	Jianghan	44386	40521
硚口区	Qiaokou	36652	33655
汉阳区	Hanyang	40310	36776
武昌区	Wuchang	43975	40432
青山区	Qingshan	39810	36782
洪山区	Hongshan	42189	38518
东西湖区	Dongxihu	32634	29810
汉南区	Hannan	29177	26946
蔡甸区	Caidian	29360	27060
江夏区	Jiangxia	29174	26716
黄陂区	Huangpi	28979	26562
新洲区	Xinzhou	27037	24798

12－22 分区城镇常住居民年人均消费支出
ANNUAL PER CAPITA LIVING EXPENDITURES FOR CONSUMPTION OF URBAN RESIDENTS

单位：元 (yuan)

地区	District	2016	2015
全　　市	Whole City	26535	23943
江 岸 区	Jiang'an	32310	30539
江 汉 区	Jianghan	27177	25164
硚 口 区	Qiaokou	25438	21724
汉 阳 区	Hanyang	25969	23608
武 昌 区	Wuchang	29365	26570
青 山 区	Qingshan	27753	25697
洪 山 区	Hongshan	29994	27662
东西湖区	Dongxihu	19071	16433
汉 南 区	Hannan	19342	18522
蔡 甸 区	Caidian	20523	18722
江 夏 区	Jiangxia	16412	14942
黄 陂 区	Huangpi	15299	13908
新 洲 区	Xinzhou	14368	12963

12－23 分区单位GDP能耗及规模以上工业单位增加值能耗情况

ENERGY CONSUMPTION PER 10000 YUAN GDP AND PER 10000 YUAN ADDED VALUE OF INDUSTRY ABOVE SCALE BY DISTRICTS

地　　区 District	单位GDP能耗上升或下降(±%) Increase Rate of Energy consumption per 10000 yuan GDP (±%)		规模以上工业增加值能耗上升或下降(±%) Increase Rate of Energy Consumption per 10000 yuan added Value of industry above scale(±%)	
	2016	2015	2016	2015
江岸区 Jiang'an	-5.75	-3.80	-1.03	-3.11
江汉区 Jianghan	-5.58	-3.51	-32.29	-4.54
硚口区 Qiaokou	-4.06	-3.20	7.70	-35.36
汉阳区 Hanyang	-3.90	-3.23	14.33	-15.43
武昌区 Wuchang	-4.22	-3.81	20.30	32.87
青山区 Qingshan	-4.01	-4.90	10.29	-0.12
洪山区 Hongshan	-5.59	-3.71	-43.42	-7.34
东西湖区 Dongxihu	-4.00	-4.02	-1.57	-14.74
蔡甸区 Caidian	-3.92	-3.04	-8.98	-5.71
江夏区 Jiangxia	-6.53	-4.20	-13.70	-24.52
黄陂区 Huangpi	-4.21	-3.59	-20.12	-31.25
新洲区 Xinzhou	-5.28	-4.04	-11.45	-8.45
武汉经济技术开发(含汉南区) Wuhan Economic Technological Development Zone (Including Hannan)			-8.31	-2.82
东湖新技术开发区 Eeast Lake High－Tech Development Zone			-31.07	-12.29
武汉化学工业区 Wuhan Chemical Industry Par			-3.80	—

12-24 分区规模以上工业高新技术产业情况
THE MAIN INDICATORS OF THE INDUSTRIAL INDUSTRY ABOVE DESIGNATED SIZE OF HIGH TECH INDUSTRY BY DISTRICT

地区 District	企业数（户） Number of Enterprises	从业人数（人） Employees (person)	总产值（千元） Total Output Value (100 million yuan)
全市 **Whole City**	**863**	**391740**	**699680644**
江岸区 Jiang'an	10	2263	2131043
江汉区 Jianghan	4	299	229687
硚口区 Qiaokou	13	8779	7662009
汉阳区 Hanyang	31	5917	9479881
武昌区 Wuchang	13	3760	1595483
青山区 Qingshan	21	34858	46529329
洪山区 Hongshan	42	13148	12288226
东西湖区 Dongxihu	64	12477	20974776
蔡甸区 Caidian	53	12080	36116642
江夏区 Jiangxia	79	27787	63201452
黄陂区 Huangpi	61	9564	12456599
新洲区 Xinzhou	47	9832	21473903
武汉经济技术开发区（含汉南区） Wuhan Economic Technological Development Zone (Including Hannan)	154	83125	231600553
其中：汉南区 Hannan	31	3300	5439673
东湖新技术开发区 East Lake High-Tech Development Zone	267	165903	225507314
武汉化学工业区 Wuhan Chemical Indurstry Park	4	1948	8433747

12－25　分区"三上"文化产业企业数和营业收入
NUMBER AND OPERATING REVENUE OF ABOVE－SCALE CULTURE INDUSTRIAL ENTERPRISES BY DISTRICT

地　　区 District	"三上"企业数(个) Number of Enterprises(unit)			"三上"企业营业收入(亿元) Operating Revenue(100 million yuan)		
	2014 年	2015 年	2016	2014 年	2015 年	2016 年
全　市 Total	**422**	**459**	**505**	**670.05**	**915.82**	**1027.18**
江　岸　区 Jiang'an	73	71	75	99.49	135.90	131.80
江　汉　区 Jianghan	81	81	87	55.28	60.93	53.53
硚　口　区 Qiaokou	31	33	33	95.40	169.00	102.01
汉　阳　区 Hanyan	17	19	21	5.32	5.31	5.88
武　昌　区 Wuchang	41	36	42	139.18	154.54	165.35
青　山　区 Qingshan	5	5	6	3.96	3.72	4.33
洪　山　区 Hongshan	31	29	23	27.27	27.61	109.28
东 西 湖 区 Dongxihu	29	31	34	58.22	70.89	81.93
蔡　甸　区 Caidian	7	8	11	16.07	20.35	26.19
江　夏　区 Jiangxia	12	14	15	18.90	33.07	44.63
黄　陂　区 Huangpi	23	25	25	21.90	33.20	50.54
新　洲　区 Xinzhou	11	18	29	5.52	4.44	6.30
武汉经济技术开发区(含汉南区) Wuhan Economic Technological Development Zone(Including Hannan)	14	21	18	47.71	68.79	68.75
东湖新技术开发区 East Lake High－Tech Development Zone	44	65	83	39.71	90.60	140.10
东湖生态旅游风景区 East Lake Ecotourism Scenic Zone	3	3	3	36.13	37.48	36.57